Showdown in Mogadischu

Martin Rupps

# Showdown in Mogadischu

Die Entführung der „Landshut" und
Helmut Schmidts Krisenmanagement

Martin Rupps
Mainz, Deutschland

ISBN 978-3-658-46729-6   ISBN 978-3-658-46730-2 (eBook)
https://doi.org/10.1007/978-3-658-46730-2

Die Deutsche Nationalbibliothek verzeichnet diese Publikation in der Deutschen Nationalbibliografie; detaillierte bibliografische Daten sind im Internet über https://portal.dnb.de abrufbar.

© Der/die Herausgeber bzw. der/die Autor(en), exklusiv lizenziert an Springer Fachmedien Wiesbaden GmbH, ein Teil von Springer Nature 2025, korrigierte Publikation 2025

Das Werk einschließlich aller seiner Teile ist urheberrechtlich geschützt. Jede Verwertung, die nicht ausdrücklich vom Urheberrechtsgesetz zugelassen ist, bedarf der vorherigen Zustimmung des Verlags. Das gilt insbesondere für Vervielfältigungen, Bearbeitungen, Mikroverfilmungen und die Einspeicherung und Verarbeitung in elektronischen Systemen.
Die Wiedergabe von allgemein beschreibenden Bezeichnungen, Marken, Unternehmensnamen etc. in diesem Werk bedeutet nicht, dass diese frei durch jede Person benutzt werden dürfen. Die Berechtigung zur Benutzung unterliegt, auch ohne gesonderten Hinweis hierzu, den Regeln des Markenrechts. Die Rechte des/der jeweiligen Zeicheninhaber*in sind zu beachten.
Der Verlag, die Autor*innen und die Herausgeber*innen gehen davon aus, dass die Angaben und Informationen in diesem Werk zum Zeitpunkt der Veröffentlichung vollständig und korrekt sind. Weder der Verlag noch die Autor*innen oder die Herausgeber*innen übernehmen, ausdrücklich oder implizit, Gewähr für den Inhalt des Werkes, etwaige Fehler oder Äußerungen. Der Verlag bleibt im Hinblick auf geografische Zuordnungen und Gebietsbezeichnungen in veröffentlichten Karten und Institutionsadressen neutral.

In den ersten Minuten des 18. Oktober 1977 befreiten Angehörige der westdeutschen Grenzschutztruppe 9 („GSG 9") Passagiere und Crew einer Lufthansa-Maschine auf dem Flughafen in Mogadischu, der Hauptstadt von Somalia. Ein palästinensisches Terrorkommando hatte die Lufthansa-Maschine „Landshut" am 13. Oktober 1977 auf ihrem Linienflug von Palma de Mallorca nach Frankfurt am Main gekapert und bis an das Horn von Afrika entführt. Das Foto zeigt die GSG 9-Angehörigen Mike F. (im Bild oben links) und Detlef K. (Bildmitte) mit Passagieren. Es stammt von einem GSG 9-Angehörigen, der die „Aktion Feuerzauber" dokumentiert hat. Die Pressestelle des Bundesministeriums für Inneres und Heimat stellte das Bild freundlicherweise zur Verfügung.

Planung/Lektorat: Jan Treibel
Springer ist ein Imprint der eingetragenen Gesellschaft Springer Fachmedien Wiesbaden GmbH und ist ein Teil von Springer Nature.
Die Anschrift der Gesellschaft ist: Abraham-Lincoln-Str. 46, 65189 Wiesbaden, Germany

Wenn Sie dieses Produkt entsorgen, geben Sie das Papier bitte zum Recycling.

*Für die Kinder, Frauen und Männer in der Geflüchtetenunterkunft
„Housing Area" in Mainz-Gonsenheim*

*„Ich will nur der deutschen Regierung sagen, dass es ihre Schuld ist, wenn wir sterben. Und wir werden sterben. Ich weiß, sie werden es machen, sie haben schon alles vorbereitet. ... Wir sind ihnen nicht egal. Aber der deutschen Regierung ist unser Leben egal. ... Ergreifen Sie jede Möglichkeit, ich flehe Sie an, versuchen Sie es, bitte versuchen Sie es. Denken Sie an die Kinder, die Frauen, denken Sie an uns! Denken Sie an die Menschen, die schon gestorben sind. Können Sie das mit Ihrem Gewissen vereinbaren, können Sie wirklich damit leben, mit einem solchen Gewissen, bis ans Ende Ihres Lebens?"*

Funkspruch der „Landshut"-Stewardess Gabriele von Lutzau (geb. Dillmann) an den Flughafentower Mogadischu am 17. Oktober 1977[1]

*„Wer weiß, dass er so oder so, trotz allen Bemühens, mit Versäumnis und Schuld belastet sein wird, wie immer er handelt, der wird von sich selbst nicht sagen wollen, er habe alles getan und alles sei richtig gewesen. Er wird nicht versuchen, Schuld und Versäumnis den anderen zuzuschieben; denn er weiß: Die anderen stehen vor der gleichen unausweichlichen Verstrickung. Wohl aber wird er sagen dürfen: Dieses und dieses haben wir entschieden. Jenes und Jenes haben wir aus diesen oder jenen Gründen unterlassen. Alles dies haben wir zu verantworten. Gott helfe uns."*

Bundeskanzler Helmut Schmidt in einer Regierungserklärung vor dem Deutschen Bundestag am 20. Oktober 1977[2]

---

[1] Hermann 1977, S. 177.
[2] Plenarprotokoll des Deutschen Bundestages, 8. Wahlperiode/50. Sitzung, S. 3756–3760.

# Ein Wort des Dankes

Den Geiseln des „Landshut"-Entführungsflugs Gaby Coldewey, Beate Keller (ehem. Zerbst), Beate Knauff (vormals Brod), Gabriele von Lutzau (geb. Dillmann), Daniela Müll, Birgitt Röhll, Stefan Röhll und Jürgen Vietor gilt mein Dank für ihre freundschaftliche Begleitung meiner Arbeit. Weiter ihren Befreiern Ulrich Wegener (gestorben am 28. Dezember 2017) und Dieter Fox.

Ruedeger von Lutzau, Lufthansa-Co-Pilot des Fluges am 17. Oktober 1977 von Frankfurt am Main nach Mogadischu, ist am 2. August 2021 gestorben. Die Gespräche und der Mail-Austausch mit ihm waren immer wertvoll. Ruedeger von Lutzau hat mein erstes Buchmanuskript zum Thema, „Die Überlebenden von Mogadischu", engagiert lektoriert. Ruedeger, Du fehlst!

Dorothea Hauser machte mir ihre Zeitzeugen-Gespräche, die sie im Rahmen eines Forschungsprojekts der Helmut und Loki Schmidt-Stiftung geführt hat, zugänglich. Dafür danke ich ihr sowie für wichtige Hinweise und Einordnungen.

Ludwig Hildebrand stellte mir die Abschrift des Lufthansa-internen Funkverkehrs zwischen Frankfurt und Mogadischu zur Verfügung.

Karin Ellermann von der Helmut und Loki Schmidt-Stiftung und Sven Haarmann vom Archiv der Sozialen Demokratie der Friedrich-Ebert-Stiftung haben mich bei Besuchen tatkräftig und geduldig unterstützt.

Karlheinz Viehmann trägt seit Jahren unermüdlich Informationen über die Identität und den weiteren Lebensweg der ehemaligen „Landshut"-Geiseln und ihre Befreier zusammen. Danke für diese akribische Forschungsarbeit!

Sophie Hartmann, Laura Nührenbörger, Robert Jung und Christian Stücken lasen das frühe Manuskript und gaben wertvolle Hinweise.

Laura Nührenbörger hat bei der Übersetzung des Manuskripts ins Englische geholfen.

Danke Christina, Christine, Doris, Elvira, Ute-Beatrix, Renata, Hans-Jürgen, Marc und Robert für Eure Freundschaft.

Björn verdanke ich die Episode: „Und dann war für mich das Maß voll. Die Entscheidung endgültig, da nicht mehr hinzugehen. Am nächsten Morgen bin ich wieder hin."

Danke Bülent und Deinem Team im „Caipi": Anastasiia, Carina, Eda, Fiza, Meli, Rama, Sabrina, Albert und Tom. Besonders Rosl und Mani.

Danke, Maja und Vedran, für Euren wunderbaren „Hartenberger Treff".

Mainz, Deutschland
10. Mai 2025

# Vorwort

Das neue Buch von Martin Rupps über Helmut Schmidt zeichnet sich durch umfassende Quellenverwertung und durch zahlreiche Gespräche mit Zeitzeugen aus. So ist ein äußerst lebendiges und vielfältiges Bild zu den Ereignissen des „*Deutschen Herbstes*" entstanden, das nicht zuletzt neue Erkenntnisse zu den damaligen Entscheidungsprozessen enthält und einen vertieften Einblick in das Denken und Handeln des Bundeskanzlers Schmidt ermöglicht.

So wird deutlich, dass Schmidt mit der festen Überzeugung in die Beratungen des *Großen Krisenstabs* gegangen ist, den erpresserischen Forderungen nach Freilassung der einsitzenden RAF-Terroristen keinesfalls nachgeben zu dürfen. Ihm war bewusst, dass er bereits in der ersten Sitzung die dort versammelten Repräsentanten des politischen Systems von seiner Linie überzeugen musste. Die Unterstützung für seine Position erreichte er im Wesentlichen durch zwei Argumente: Der Entführungsfall Lorenz habe gezeigt, dass ein Nachgeben des Staates nur zu weiteren schweren Straftaten geführt habe. Die Bevölkerung erwarte im Übrigen auch von der Regierung eine harte Haltung im Kampf gegen den Terror. Er werde aber alle polizeilichen und nachrichtendienstlichen Mittel zur Befreiung der Geisel einsetzen und man werde auch ungewöhnliche Vorschläge prüfen, um das Leben Schleyers zu retten, ohne der Erpressung nachgeben zu müssen. Dabei war dem Bundeskanzler – so viel weiß ich aus den Gesprächen mit ihm – das Risiko der Ermordung der Geisel sehr bewusst. Dies müsse man im Interesse eines wehrhaften Staates in Kauf nehmen.

Von Anfang an war dennoch klar, dass der Kanzler nicht einlenken werde. So blieb auch ihm im Falle der Geisel (und später der Geiseln der „Landshut") nur die Hoffnung, dass die Befreiungsversuche gelingen würden, – was in dem letzteren Fall gelang, in dem anderen nicht. An dieser unnachgiebigen Haltung hat Schmidt bis zuletzt festgehalten. Er hat auch nicht ernsthaft Lösungsvorschläge verfolgen lassen, wie sie etwa die „Ruhnau-Gruppe" unterbreitet hatte. Einer dieser Vorschläge betraf das Ausfliegen der Inhaftierten in einen kooperationswilligen Drittstaat, der nach Freilassung von Hanns Martin Schleyer diese RAF-Mitglieder wieder hätte festsetzen sollen. Eine solche Gelegenheit hätte sich unter Einbeziehung der Passagiere der „Landshut" in Mogadischu ergeben. Mit Präsident Siad Barre, der im Übrigen für seine Unterstützung honoriert wurde, hätte eine solche Vereinbarung getroffen werden können, so wie ich das zu diesem Zeitpunkt auch öffentlich gefordert hatte. Stattdessen hat der „Kanzler der Stärke" den Einsatz der GSG9 angeordnet, bei dem das Risiko zahlreicher Opfer unter den Passagieren außerordentlich hoch gewesen ist. Schmidt war sich dessen bewusst. Menschenleben zählten in dieser Situation letztendlich nicht, auch nicht die Tatsache, dass mittlerweile seit vielen Wochen die Geisel Schleyer unter unzumutbaren Umständen in ständiger Todesangst gefangen gehalten wurde.

Aus Briefen meines Vaters an die Regierung und auch aus Gesprächen, die wir beide weit vor der Zeit seiner Entführung geführt hatten, wusste ich, dass er eine wie auch immer geartete rasche Entscheidung der Bundesregierung akzeptiert hätte, nicht aber eine so lange unmenschliche Leidenszeit. Auch das hat mich veranlasst, eine Entscheidung des Bundesverfassungsgerichts herbeizuführen, nachdem der Bundeskanzler eine solche nach außen nicht treffen wollte. Das Gericht hat dann eine, aus meiner Sicht, in sich widersprüchliche Entscheidung verkündet. Über viele Seiten hat es die grundsätzliche Verpflichtung des Staates zum umfassenden Schutz konkret gefährdeten Lebens eines Staatsbürgers überzeugend begründet, dann aber in einer knappen Schlusspassage der Bundesregierung im „Entführungsfall Schleyer" einen eigenen Ermessensspielraum zugebilligt. In einem späteren Gespräch hat der damalige Präsident des Bundesverfassungsgerichts, Ernst Benda, mir gegenüber eingeräumt, dass die Beratungen zu dieser Entscheidung unter gewissem Druck der Bundesregierung gestanden hätten.

Ich bin davon überzeugt, dass Schmidt aus einem von sehr persönlichen Erfahrungen geprägten Staatsverständnis heraus ein Menschenleben geopfert und viele gefährdet hat. Damit hat er keineswegs verhindern können, dass die RAF weitere Terrorakte begangen und Menschen ermordet hat. Mit den Morden an Siegfried Buback und Jürgen Ponto im Jahr 1977 hatte die RAF bereits bei vielen ihrer Unterstützer wachsende Zweifel an der Berechtigung ihres *„politischen Kampfes"* gegen Strukturen und Repräsentanten der damaligen Bundesrepublik geweckt. Die „klammheimlichen Sympathien" für die Terrorgruppe und deren Gewalt gegen Personen lehnten inzwischen auch Meinungsbildner zunehmend öffentlich ab. Die politisch moralische Auseinandersetzung, die Schmidt in der ersten Bundestagsdebatte nach der Ermordung meines Vaters einforderte, hatte somit längst begonnen und auch letztlich, wenn auch erst Jahre später, zur Auflösung der RAF geführt.

Spätestens mit der Geiselnahme meines Vaters hätte der Bundeskanzler die Gelegenheit wahrnehmen können, eine humane und verfassungsrechtliche gebotene Entscheidung zugunsten der Geiseln zu treffen und gleichzeitig den gemeinsamen Widerstand gegen die Bedrohung der freiheitlichen Ordnung zum Gegenstand seines politischen Handelns zu machen. Gespräche und öffentliche Diskussionen mit Persönlichkeiten aus Wissenschaft und Kultur, gerade auch solchen, auf die sich linksextreme Gruppierungen bezogen hatten, haben deren Bereitschaft zur Mitwirkung und Gestaltung einer politisch-moralischen Auseinandersetzung erwiesen.

Schmidt hat sich in der Bekämpfung des Terrorismus darauf zurückgezogen, vor allem gesetzliche und polizeiliche Maßnahmen anzuwenden. Auch wenn er von der Humanisierung der Politik sprach, vom Verständnis für junge Menschen und deren Sinnfragen und der notwendigen Bereitschaft zu gemeinsamen Lösungen bei unterschiedlichen gesellschaftlichen Positionen kommen zu müssen, hat er in seiner Regierungszeit wenig politische Führungskraft bei diesen drängenden Fragen entwickelt. Dass ihn diese Probleme zwar umgetrieben haben, dass er aber dennoch von der Richtigkeit seiner Entscheidung überzeugt war und dafür auch uneingeschränkt Verantwortung übernommen hat, dies zeigt nicht zuletzt in eindrucksvoller Weise das Buch von Martin Rupps.

München, Deutschland               Hanns-Eberhard Schleyer
26. Mai 2024

# Editorische Hinweise

Die Schreibweise von Personennamen, etwa der politisch Verantwortlichen in Dubai oder Aden, kann von der Schreibweise in anderen Artikeln oder Büchern abweichen.

Der Führer des „Landshut"-Terrorkommandos wird einmal mit seinem vollen Namen genannt. Danach verwende ich das von ihm selbst gewählte Pseudonym „Captain Machmud". Diese Bezeichnung haben befreite Geiseln unmittelbar nach ihrer Befreiung gebraucht, die meisten tun es bis heute. Das Pseudonym macht deutlich: Betroffene erinnern den Chef des Terrorkommandos weniger als Person mit einem Vor- und Nachnamen, sondern als teuflisches Monstrum.

Die Frauen aus der befreiten „Landshut" werden mit ihrem Namen nach der Eheschließung bezeichnet. Es folgt in Klammern der Mädchen- oder Ehename von 1977. Damit setzt die Erzählung in der Gegenwart an, macht aber kenntlich, dass die traumatischen Ereignisse in der Vergangenheit liegen.

Die entführte „Landshut" hat verschiedene Zeitzonen durchflogen. Alle Zeitangaben in diesem Buch orientieren sich an der mitteleuropäischen Zeit. Dies trägt dem Umstand Rechnung, dass Bundeskanzler Helmut Schmidt selbstredend zur westdeutscher Zeit Gespräche geführt und Entscheidungen getroffen hat. Wo die Zeitverschiebung zwischen Mitteleuropa und dem arabischen bzw. afrikanischen Raum von Bedeutung ist, wird dies erwähnt. Co-Pilot Jürgen Vietor zum Beispiel versucht, mit der

# XVI Editorische Hinweise

„Landshut" möglichst lange in Aden zu bleiben, damit die Maschine mit kaputten Landescheinwerfern den nächsten Flughafen bei Tageslicht erreicht.

Manche Quellen werden wortgleich wiedergegeben, wie sie überliefert sind, zum Beispiel Telegramme oder Protokollauszüge. Das soll ein atmosphärisches Licht werfen auf die Übermittlung von Nachrichten in dieser Zeit.

Beim sogenannten Operationstagebuch von Bundeskanzler Helmut Schmidt handelt es aktentechnisch um „Kraut und Rüben". Der Bundeskanzler ließ das Material zusammenstellen, aber nicht weiter ordnen. Manches, darunter die wichtigen Deckblätter der Akten, ist nach fast fünf Jahrzehnten nur noch schwer bis gar nicht zu entziffern. Ich habe im Abstand von mehreren Jahren zwei Datenträger erhalten, das Problem tritt bei beiden auf. Weiter sind offenbar Seiten wegen ihrer schlechten Papierqualität verloren. Frühe Techniken der Vervielfältigung erwiesen sich als vergänglich.

Das Manuskript ist in vielen Jahren entstanden aus Aktenstudien in Archiven, Gesprächen mit Protagonisten und dem Begleiten der wissenschaftlichen Forschung. Gleichwohl kann es nicht frei von sachlichen Fehlern und persönlichen Irrtümern sein. Im Anhang findet sich meine Adresse mit der herzlichen Bitte, mich auf Fehler und Irrtümer hinzuweisen.

Verzeichnis der Abkürzungen

| | |
|---|---|
| Archiv BK | Archiv des Bundeskanzleramts |
| AdsD | Archiv der sozialen Demokratie der Friedrich-Ebert-Stiftung, Helmut-Schmidt-Archiv |
| BArch | Bundesarchiv Koblenz und Potsdam |
| GSG9 | Grenzschutztruppe 9 des Bundesgrenzschutzes |
| HSA | Archiv Helmut und Loki Schmidt-Stiftung |
| LH-Archiv | Archiv der Deutschen Lufthansa |
| o. S. | ohne Seitenzahl |
| o. V | ohne Verfassername |
| PA AA | Politisches Archiv des Auswärtigen Amts |

# Inhaltsverzeichnis

Olaf Scholz und Helmut Schmidt  1

Verbrechen mit Ansage  15

Die Brutalität des Zufalls  69

Eine Nacht von Leben und Tod  183

Auf dem Laufsteg  189

Herr Vietor, wir machen Sie zum Kapitän  201

Herzlichen Glückwunsch zur Wiedergeburt  211

Versuchskaninchen  221

Ein rotes Fahrrad von Herrn Bundeskanzler  231

Unsere neuen Freunde, die Scheichs 253

Triumph und Abgang einer Generation 275

Aussöhnung 283

Staatsraison 289

Erratum zu: Showdown in Mogadischu E1

Quellen und Literatur 299

Anhang 317

# Olaf Scholz und Helmut Schmidt

Am 24. Februar 2022 beginnt der russische Präsident Wladimir Putin einen Angriffskrieg auf die Ukraine. Damit bringt er Tod und Verwüstung über das Nachbarland mitten in Europa. Viele tausend Menschen auf beiden Seiten werden getötet, Millionen von Ukrainerinnen und Ukrainern verlieren ihr Dach über dem Kopf und fliehen. Auch die Deutschen reagieren angstvoll auf den Krieg (fast) vor ihrer Haustür.

Am 27. Februar 2022 gibt der sozialdemokratische Bundeskanzler Olaf Scholz im Deutschen Bundestag eine Regierungserklärung ab, in der er den russischen Angriff eine „Zeitenwende" nennt. Nichts ist mehr, sagt er sinngemäß, wie es war. Die Großmacht Russland nicht mehr berechenbar. Und gefährlich für ihre Nachbarn, für Europa und die Welt.

Gleichzeitig kündigt der Bundeskanzler ein 100-Milliarden-Euro-Paket zur Modernisierung der Bundeswehr an. An der Armee war jahrelang kräftig gespart worden in der Annahme, dass konventionelle Waffentechnik mit dem Ende des Kalten Krieges überflüssig würde. Deutschland und Russland knüpften wirtschaftlich immer engere Verbindungen,

---

Die Originalversion des Kapitels wurde revidiert. Ein Erratum ist verfügbar unter https://doi.org/10.1007/978-3-658-46730-2_14

etwa im Gasgeschäft. Russland würde ja wohl niemals seine neue Rolle politisch missbrauchen!

Der sozialdemokratische Außenseiter Olaf Scholz verdankte seinen überraschenden Wahlsieg dem schwachen Kanzlerkandidaten von CDU und CSU, Armin Laschet, der es für die regierungsverwöhnte Union vergeigt hat. Der Sozialdemokrat Olaf Scholz bildete mit den Grünen und der FDP eine Regierung.

Olaf Scholz ist ein Politiker ohne Charisma, ein Funktionärstyp, der seine Politik nicht zu erklären weiß und zum Hochmut neigt. Seine intellektuelle Brillanz und ökonomisches Know-how waren im vorherigen Amt als Bundesfinanzminister ein Glück. Im wichtigsten politischen Amt kann er sich zu keiner Zeit „freischwimmen".

Die Unzufriedenheit mit aktuellen Spitzenpolitikern wie dem Bundeskanzler schafft den Nährboden zur Verklärung früherer. Viele Bundesbürgerinnen und -bürger wünschen sich seit der Corona-Pandemie, dem russischen Angriff auf die Ukraine und der Energiekrise einen vermeintlich „starken Mann" im Kanzleramt zurück.[1] Einen wie Helmut Schmidt. Er war der selbsterklärte Krisenmanager während der Hamburger Flutkatastrophe 1961 und im Deutschen Herbst 1977, als die linksterroristische „Rote Armee Fraktion" eine Art Entscheidungsschlacht mit den Repräsentanten des freiheitlich-demokratischen Westdeutschlands suchte.

Diese Sehnsucht verstärkt der in den 2020ern erworbene Kultstatus, den sich Helmut Schmidt im politischen Unruhestand erworben hat. In Reden, Artikeln, Büchern, aber vor allem in den Talkshows des öffentlich-rechtlichen Fernsehens. Als Gast von Sandra Maischberger oder Reinhold Beckmann. Der Altkanzler redete Klartext ohne Rücksicht auf Regierende. Dabei tat Helmut Schmidt etwas, das in einem Fernsehstudio oder Restaurant schon lange verboten war – er rauchte.

„Der macht sein Ding", befanden viele Zuschauende mit einem Wort von Sänger Udo Lindenberg wohlwollend.

Helmut Schmidt ist am 10. November 2015 gestorben. Olaf Scholz, ebenfalls Hanseat, sprach als Hamburger Regierender Bürgermeister bei der Trauerfeier für den fünften Bundeskanzler. Er nannte Helmut

---

[1] „Impfdesaster in den Pflegeheimen. Wo steckt Helmut Schmidt?" überschrieb Hans-Jörg Vehlewald einen Artikel in der Bild am Sonntag vom 27. Januar 2021.

Schmidt einen „Giganten" und fügte hinzu: „Es mag pathetisch klingen und ist doch wahr." So bilden Sozialdemokraten füreinander Legenden.

Nach Helmut Schmidts Tod genehmigte der Deutsche Bundestag Geld für eine Bundeskanzler-Helmut-Schmidt-Stiftung. Mehrere Millionen Euro jährlich. Leider behielten sich die Abgeordneten kein Mitspracherecht bei der Organisation und dem Personal der Stiftung vor – so wenig wie bei Stiftungen für frühere Bundeskanzler.

Der einst vom Altkanzler persönlich ausgerufene, allerdings gescheiterte SPD-Kanzlerkandidat Peer Steinbrück darf seither immer neue sozialdemokratisch gesinnte Mitarbeitende einstellen. Nicht zur historischen Forschung über das Lebenswerk von Helmut Schmidt, sondern um das Schmidt-Bild, das die Wochenzeitung „Die Zeit" während der langjährigen Mitarbeit des Altkanzlers malte, fortzuschreiben.

Autorinnen und Autoren der Bundeskanzler-Helmut-Schmidt-Stiftung schreiben gern vom „Krisenkanzler" Helmut Schmidt, womit sie sich die Selbstdarstellung des Protagonisten unkritisch zur eigenen machen. Das Buch wird am Beispiel von Helmut Schmidts größter politischer Herausforderung, dem Deutschen Herbst 1977, zu einem neuen Blick einladen.

Im Wahlkampf 2021 wirbt die SPD selbstbewusst mit dem Etikett des „Krisenkanzlers" Helmut Schmidt. Ein Wahlwerbespot der Partei kündigt an, Olaf Scholz werde als Bundeskanzler nicht allein dasselbe Pflichtbewusstsein wie Helmut Schmidt beweisen, sondern auch dieselbe Führungsstärke.

Dieses Versprechen bleibt Olaf Scholz auch in der zweiten Hälfte der Legislaturperiode schuldig bis zum Bruch der Koalition im November 2024.

Ziemlich konstruiert wirkt der anschließende Hinweis im Spot, Olaf Scholz sei als junger Mann der Sozialdemokratie genau zu jener Zeit beigetreten, „als Schmidt Deutschland aus der Krise führte". Das war 1975, im Jahr einer Weltwirtschaftskrise.[2] Will heißen: Nicht Helmut Schmidt, sondern das Schicksal ließ Olaf Scholz der SPD beitreten.

---

[2] Vgl. Kellerhoff, Sven Felix: Führung in der Zeitenwende. Kontinuitäten zwischen Helmut Schmidt und Olaf Scholz, in: Kellerhoff/Stubbe da Luz 2024, S. 248–261.

Olaf Scholz führt die Bundesregierung im Krisenmodus wie einst sein sozialdemokratischer Amtsvorgänger Helmut Schmidt. Die Krise seit dem russischen Angriffskrieg auf die Ukraine und die Krise im Deutschen Herbst 1977 haben verschiedene Ursachen. Gleichwohl handelt es sich in beiden Fällen um ernste Herausforderungen, die für das politische Gemeinwesen der Bundesrepublik Deutschland damals wie heute eine Kraftprobe bedeuten. Und um Situationen, die bei vielen Menschen Ängste auslösen und sie an der Fähigkeit des Staates, ihre Sicherheit zu schützen, zweifeln lassen.

„Auf den Kanzler kommt es an", lautete der Slogan der Union im Bundestagswahlkampf 1969. Er stand auf Wahlplakaten von Amtsinhaber Kurt Georg Kiesinger. Zugleich erinnert der Satz an eine verfassungspolitische Tatsache: Eine Bundeskanzlerin, ein Bundeskanzler verfügt laut dem Grundgesetz über weniger Macht, als es gemeinhin scheint. Sie bzw. er bestimmt die Richtlinien der Politik, aber nicht das Regierungshandeln. Letzteres wird vom Kabinett, von Bundesministerinnen und -ministern, gemacht.

Ziemlich viel kommt in einer Krise darauf an, welchen Ton eine Bundeskanzlerin, ein Bundeskanzler wählt; auf die Erklärungen im Deutschen Bundestag und vor der Fernsehnation. Daraus verschafft sich die Bevölkerung einen Eindruck, wie sehr sie bzw. er die Erwartung nach politischer Führung erfüllt. Wie sie bzw. er mit der Angst umgeht, die viele Menschen erfasst hat. Im Deutschen Herbst war es die Sorge, Gewalttäter könnten die freiheitlich-demokratische Grundordnung zerstören. Mit dem Ukraine-Krieg die Angst vor einem Krieg in Mitteleuropa und seinen wirtschaftlichen Folgen.

Die Frage, wie Bundeskanzler Helmut Schmidt im Deutschen Herbst regierte, ist ein Thema zeithistorischer Forschung. Zugleich lieferte er ein Beispiel für politisches Handeln, aus dem sich bis heute Schlüsse ziehen lassen. Manches, was Helmut Schmidt tat, war dem Augenblick geschuldet oder seiner politischen Persönlichkeit. Vieles liefert bis heute ein Lehrstück für Krisensituationen.

So wenig die Krise von 1977 und die Folgen des russischen Angriffskrieges für Deutschland in der Sache vergleichbar sind, gibt es doch eine historische Gemeinsamkeit: In beiden Fällen stand bzw. steht eine

Bundesregierung vor einer bislang nicht gekannten Herausforderung. Es gab zuvor kein vergleichbares Ereignis.

Der Deutsche Herbst brachte der Bundesrepublik ihre realpolitisch bislang schlimmste Zeit. Der grausame Höhepunkt eines Terror-Jahres 1977 mit Entführungen und Morden. Der Deutsche Herbst erlebte ein schreckliches und ein glückliches Ende. Er forderte Menschenleben, doch es wurden auch Menschen gerettet.

Der Deutsche Herbst, darüber herrscht heute unter Zeithistorikern Einigkeit, war eine Art zweite Geburtsstunde dieses Staates.

Nachgeborene haben keine Vorstellung von der kollektiven Angst, die das Land im Terror-Jahr 1977 und besonders in seinem Herbst erfasst. Zum Glück nicht. In allen großen Städten gibt es Polizeikontrollen an Verkehrsachsen oder vor Brücken. Unbescholtene Bürgerinnen und Bürger werden aus Autos und Zügen geholt, an eine Wand gestellt und gefilzt. Im Bonner Regierungsviertel patrouillieren gepanzerte Fahrzeuge. In den Foyers von Behörden und Postämtern hängen Fahndungsplakate mit Fotos der gesuchten Terroristinnen und Terroristen. Nach der Festnahme einer bzw. eines von ihnen streicht jemand das Konterfei mit einem Filzstift durch.

Schriftsteller wie Golo Mann oder Journalisten der „Frankfurter Allgemeinen Zeitung" bringen die Einführung der Todesstrafe ins Gespräch. Von einem Fernsehteam befragte Bürgerinnen und Bürger in Stuttgart-Stammheim, wo die erste Führungsgeneration der „Roten Armee Fraktion" in Haft sitzt, wollen RAF-Mitglieder „auf der Flucht erschießen" oder „am nächsten Baum aufhängen". Der Stuttgarter Oberbürgermeister Manfred Rommel wird in einem Seniorenheim gefragt, „ob wir Alten vor den Terroristen geschützt werden können und noch ein bisschen leben dürfen".[3]

Die Nachrichtensendungen von ARD und ZDF zeigen Videobotschaften von Hanns Martin Schleyer, dem entführten Arbeitgeberpräsidenten, der gefasst wirkt in seiner Geiselhaft und mitgenommen zugleich. Wochen später gehen Bilder einer entführten Lufthansa-Maschine um die Welt. Sie scheint zu verglühen in der Wüstenhitze auf dem Flughafen des Emirats Dubai. Flugkapitän Jürgen Schumann sitzt an der ge-

---

[3] Rommel 1998, S. 268.

öffneten Tür vorne links, der Anführer der Terroristen richtet eine Pistole auf ihn. Äußerlich eine Szene wie im Kinofilm. In Wirklichkeit ein Gewaltverbrechen vor den Augen der Welt.

Tage später hat die nur für Kurzstrecken gebaute Boeing 737 „Landshut" das Horn von Afrika erreicht. Den Flughafen von Mogadischu, der Hauptstadt von Somalia. An der Flugzeugtür hinten rechts wird um 6.32 Uhr deutscher Zeit etwas über die Notrutsche herabgelassen. Es handelt sich, wie sich erweisen wird, um die Leiche von Kapitän Jürgen Schumann. Der Führer des Terrorkommandos hat ihn kaltblütig erschossen. Nach Anbruch der Dunkelheit stürmen Angehörige der Grenzschutztruppe 9 (GSG9), einer Spezialeinheit des Bundesgrenzschutzes, die Maschine und befreien alle Geiseln. Bei der Aktion werden drei von vier Mitgliedern des Terrorkommandos getötet.

Das Terrorjahr 1977 trifft die Identität der erst 28 Jahre jungen Bundesrepublik ins Mark. Seit den 60er-Jahren gilt sie als Schauplatz eines beispiellosen „Wirtschaftswunders". Unerwartet rasch erholt sich der Rumpfstaat aus den ehemals westlichen Besatzungszonen von den Zerstörungen des Weltkriegs. Trotz zweier Wirtschaftskrisen Mitte der 1960er- und Anfang der 1970er-Jahre haben die Westdeutschen mit jedem Jahr mehr Geld in der Tasche. Ihre Wochenarbeitszeit geht stetig zurück. Zugleich gibt es immer mehr Urlaub für die sprichwörtlich schönsten Wochen des Jahres in Italien, dem damaligen Jugoslawien oder auf der spanischen Insel Mallorca.

Konsumrausch und Wohlstandsglück erzeugen Gegner. Feinde. Mit den Angehörigen der sogenannten Roten Armee Fraktion treten seit Ende der 1960er-Jahre Frauen und Männer auf den Plan, die diesen demokratischen, freiheitlichen, wirtschaftlich erfolgreichen Staat wegbomben wollen. Im Mantel einer kruden linksextremistischen Theorie – die Arbeiterschaft des Landes soll mit Gewalttaten für die Revolution gewonnen werden – zünden sie Bomben in Kaufhäusern, den vermeintlichen Tempeln des Konsums. Später entführen oder ermorden sie Repräsentanten dieses Staates. Im Jahr 1977 mit einer bisher nicht gekannten Häufigkeit und Härte.

In dieser Situation, da Politik und Öffentlichkeit in einen Abgrund schauen, gibt Helmut Schmidt, wie das Buch erweisen wird, gerade nicht den Krisenmanager im Sinne eines einsamen, harten Entscheiders. Nie vorher und nie mehr danach wird die Bundesrepublik so einvernehmlich regiert wie im Deutschen Herbst. Nichts entscheidet der Bundeskanzler allein. Entgegen seiner persönlichen Ungeduld in Sitzungen („Kein Quallenfett bitte!") lässt er Aussprachen in den Krisenstäben laufen. Helmut Schmidt, der einsame Lotse, der furchtlose Steuermann? Mythen, die ihm politische Freunde andichten, und die er selbst zeitlebens nähren wird.

Helmut Schmidts Leistungen im Deutschen Herbst liegen anderswo. Er nimmt Politik und Öffentlichkeit emotional mit. Er mäßigt, beruhigt mit seiner Rationalität das verängstigte Volk. Auf dieser Klaviatur ist er der Beste seiner Zeit. Sein mäßigender Führungsstil bleibt ein historisches Verdienst.

Die Erzählung kann auf viele bisher nicht zugängliche Quellen zurückgreifen. Darunter sehr frühe, authentische wie die Vorstandsprotokolle der Deutschen Lufthansa zur Aufarbeitung des „Landshut"-Dramas. Außerdem auf unmittelbar nach dem Ereignis geführte Gespräche mit Betroffenen, denen das Geschehene frisch vor Augen steht.

Die „Landshut"-Stewardess Gabriele von Lutzau (geb. Dillmann) und Co-Pilot Jürgen Vietor zum Beispiel erzählen direkt nach dem Ereignis im Gespräch mit „Stern"-Reporter Gerd Heidemann und in Einzel- und Gruppengesprächen vor Lufthansa-Führungskräften aus spürbarer Betroffenheit. Monika Schumann, die Witwe des ermordeten Kapitäns, charakterisiert im Folgejahr authentisch die Persönlichkeit ihres Mannes und erläutert schlüssig Jürgen Schumanns Verhalten auf dem Entführungsflug. Befreite „Landshut"-Geiseln geben dem Südwestfunk-Redakteur Ebbo Demant 1981 Interviews in einer atmosphärischen Dichte, die sich später nicht wiederholen wird.

Hinzu kommen Zeitzeugengespräche mit Bonner Entscheidern im Deutschen Herbst. Die Historikerin Dorothea Hauser führte Jahrzehnte später auf Bitten der Helmut und Loki Schmidt-Stiftung. Bis auf eine Ausnahme gingen diese Gespräche in das Manuskript ein.

Auch ich selbst hatte das Glück, Betroffene des Deutschen Herbstes – Angehörige der Familie Schleyer, ehemalige „Landshut"-Geiseln und ihre Befreier – für Buch- und Filmprojekte zu treffen. 2017 gelang es mir nach jahrelanger Vorarbeit, die Bundesregierung für eine Rückholung des Entführungsflugzeugs aus Brasilien nach Deutschland zu gewinnen.

Beim Eintreffen in zwei Antonov-Maschinen auf dem Flugplatz Friedrichshafen waren ebenfalls sehr viele Betroffene am Ort.

So fällt mehr Licht denn je auf Täter und Opfer der Verbrechen, auf das Handeln der Bundesregierung, auf ihre politischen Freunde bzw. Gegner im Deutschen Herbst. Wie genau führt der Bundeskanzler? Wer unterstützt Helmut Schmidt in seiner härtesten Bewährungsprobe, wer lässt ihn im Stich? Worin zeigen sich die Bonner Verantwortlichen hellsichtig, was beurteilen sie falsch? Das Buch gibt Antworten auf diese Fragen – Überraschungen eingeschlossen.

Zugleich erlaubt es Einblicke in den Regierungsapparat der Bundesrepublik Deutschland in jener Zeit. Im Zeitalter von Wählscheibentelefonen, Fernschreibern und IBM-Kugelkopfschreibmaschinen – Jahrzehnte, bevor Computer, Handys und das Internet zum technischen Rüstzeug in Bonn bzw. Berlin gehören. Alles Regierungshandeln erfolgt unter den Bedingungen der jeweils verfügbaren Technik mit ihren Möglichkeiten und Begrenzungen, Chancen und Gefahren.

Zeitgenössische Technik sorgt auch schon 1977 dafür, dass die Ereignisse rund um die Entführung von Arbeitgeberpräsident Hanns Martin Schleyer und die „Landshut"-Entführung gut dokumentiert sind. Schleyers Entführer selbst tragen mit Videobotschaften ihrer Geiseln und zahlreichen schriftlichen oder telefonischen Nachrichten zur Dokumentation bei.

Den Funkverkehr zwischen dem Flughafen-Tower und der entführten „Landshut" in Mogadischu schneiden nicht nur die Somalis mit (auf Tonbandgeräten der westdeutschen Marke Uher), sondern auch der amerikanische Auslandsgeheimdienst CIA. Weil die Somalis den Deutschen keine Kopien überlassen wollen, springen die Amerikaner ein. „I have just received from Washington copies (…). I hope you and your colleagues will find them of some use."[4] Diese Abschrift der Gespräche wird kurz nach dem Ereignis dem „Stern" gesteckt. Er wird sie in voller Länge drucken.

Der Lufthansa-interne Funkverkehr zwischen Frankfurt und Mogadischu blieb bis heute unbekannt. Es handelt sich um ein Dokument der

---

[4] Brief George A. Carver Jr. (Angehöriger der amerikanischen Botschaft in Deutschland) an Horst Herold vom 9. Dezember 1977, in: BArch 136/16982.

Verzweiflung, das seinen Weg auf ein Tonbandgerät des Hobbyfunkers Ludwig Hildebrand fand. Er stellt für dieses Buch erstmals eine Abschrift zur Verfügung.[5]

Zur umfangreichen Dokumentation des „Landshut"-Dramas wie des Deutschen Herbstes trägt ein weiterer, ziemlich trauriger Umstand bei, die Teilung Deutschlands in zwei Staaten. Als der Schüler Franz Joepgen – seine Großeltern saßen in der entführten „Landshut" – bei der inzwischen aufgelösten „Birthler-Behörde" die Stasi-Akten zur „Landshut"-Entführung bestellt, erhält er Wochen später ein dickes Paket – darunter viele Dokumente, die sich auch im sagenumwobenen „Kriegstagebuch" von Helmut Schmidt befinden (von diesem „Kriegstagebuch" später mehr).

Die Stasi, so zeigen die Unterlagen, liest im Deutschen Herbst erschreckend viel mit. Mitarbeiterinnen und Mitarbeiter in Helmut Schmidts Behörde geben Material aus Bonn direkt nach Ost-Berlin weiter. Georg Bönisch und Sven Röbel werden Jahrzehnte später faktenreich und spannend über dieses deutsch-deutsche Spionagekapitel erzählen.[6]

Weiter wirft das Buch ein Licht auf das Doppelgesicht der damaligen Bundesrepublik – wirtschaftlich eine Weltmacht, politisch ein Zwerg. Bundeskanzler Helmut Schmidt verkörpert im Deutschen Herbst Härte und Entschlossenheit, doch auf dem internationalen Parkett ist er ein Bittsteller, der Abfuhren kassiert. Die italienische Regierung möchte die entführte „Landshut" nach ihrer Landung in Rom so schnell wie möglich loswerden, die britische lässt die Einsatztruppe GSG9 nicht auf einen ihrer Militärstützpunkte. Während Bundeskanzler Helmut Schmidt mit einem arabischen Scheich telefoniert, um die „Landshut" auf dem Flughafen in Dubai festzuhalten, gibt der Scheich ein Zeichen, dass die Maschine starten darf.

Die Westdeutschen mögen 1977 dank ihres jahrelangen Arbeitsfleißes und ihrem lebhaften Konsumverhalten erfolgreich verdrängt haben, dass ihr Staat erst 28 Jahre jung ist – der Rest der Welt nicht. Helmut Schmidt führt ein Rumpfdeutschland, das unter Aufsicht der westlichen Siegermächte des Zweiten Weltkriegs steht. Im offiziellen Sprachgebrauch hei-

---

[5] Hildebrand 1977.
[6] Vgl. Bönisch/Röbel 2021.

ßen sie Alliierte, Verbündete. Tatsächlich sind es Besatzer. Außenpolitisch muss ein deutscher Bundeskanzler jeden Schritt mit ihnen abstimmen.

Vor diesem geschichtlichen Hintergrund ist die Bundesrepublik Deutschland Mitte der 1970er-Jahre vielerorts nicht diplomatisch vertreten. In den Arabischen Emiraten, eine der „Landshut"-Entführungsziele, gibt es keinen westdeutschen Botschafter. In Aden, der vorletzten Station der entführten „Landshut", residiert ein Botschafter der DDR. In Somalia, wo die „Landshut" ihren Irrflug beendet, muss die Entourage von Staatsminister Hans-Jürgen Wischnewski die Reisepässe abgeben.

Die Entführung der Lufthansa-Maschine „Landshut" hat wegen der palästinensischen Entführer eine internationale Dimension. Auch weil sie auf ihrem Irrflug häufig Station macht. Papst Paul VI. bietet sich als Geisel im Austausch für die Frauen, Männer und Kinder in der Maschine an. Gegen Ende des Geiseldramas weiß die ganze Welt davon.

Weiter fragt das Buch nach den außen- und innenpolitischen Folgen des Deutschen Herbstes. „Mogadischu" stößt der kleinen Bundesrepublik das Tor in neue Weltregionen auf. Die Bundesrepublik macht mit der Palästinensischen Befreiungsorganisation (PLO) von Jassir Arafat ihren Frieden, was zum Zerwürfnis mit der israelischen Regierung führen wird. Helmut Schmidt reist in die saudi-arabische Hauptstadt Riad, wo die Scheichs ihr Interesse am deutschen „Leopard II"-Panzer bekunden. (Helmut Schmidt ist für das Rüstungsprojekt, Bundesaußenminister Hans-Dietrich Genscher dagegen, es kommt nicht zustande.) Der Bundeskanzler gewinnt den ägyptischen Staatspräsidenten Anwar as-Sadat für Waffenlieferungen an Somalia, das sich im Krieg mit dem Nachbarn Äthiopien befindet. Bei den Verhandlungen um die Freilassung der US-amerikanischen Botschaftsangehörigen im Iran nehmen deutsche Diplomaten – auch der Bundeskanzler persönlich – eine Mittlerrolle ein.[7] „Bonn" wirkt nach dem Deutschen Herbst endgültig auf dem weltpolitischen Parkett.

Innenpolitisch kehrt sich die mutmaßliche Einschränkung von Grundrechten im Deutschen Herbst in ihr Gegenteil um. Bundesjustizminister Hans-Jochen Vogel holt sich im Kabinett Mittel, um erstmals die Motive der RAF-Terroristen wissenschaftlich erforschen zu lassen. Auf den

---

[7] Vgl. Bötsch 2015.

zurückgetretenen Bundesinnenminister Werner Maihofer folgt der viel freiheitlichere Geist und Kämpfer Gerhard Baum. Unter ihm nimmt der Präsident des Bundeskriminalamts, Horst Herold, bald seinen Hut.

Der Deutsche Herbst zwingt, wie das Buch zeigen wird, die Generation Helmut Schmidt zum vorgezogenen Abtritt aus politischen Spitzenämtern. Langfristig sind die Folgen sogar epochal. Ein Bundesaußenminister Joschka Fischer (Grüne) wäre Jahre später mutmaßlich nicht möglich ohne die geistige und verfassungsrechtliche Debatte im Nachgang des Deutschen Herbstes. Genauso wenig ein Bundesinnenminister Otto Schily (zuerst Grüne, dann SPD), einst ein Terroristen-Verteidiger im Stammheim-Prozess.

Anders verhält es sich im Umgang der Bundesregierung mit den zwar befreiten, aber traumatisierten Geiseln und ihren Angehörigen. Die Entscheider von „Mogadischu" – Staatsminister Hans-Jürgen Wischnewski, der Chef des Bundeskanzleramts Manfred Schüler, auch Bundeskanzler Helmut Schmidt selbst – bleiben auf diesem Feld Kinder ihrer Zeit. Sie behandeln die Betroffenen als Versicherungsfälle. Mit wenig bis null Einfühlung. Wir haben sie doch, so die vorherrschende Meinung, unter hohen Risiken aus der Maschine holen lassen – was wollen die noch?

Dieses Buch handelt somit auch vom Triumph und der Tragik der Generation Helmut Schmidt. Der Triumph war nicht ohne die Tragik zu bekommen. Ein politisches Drama, wie es nur das Leben selbst schreiben kann.

In bald fünf Jahrzehnten haben Legenden die Ereignisse im Deutschen Herbst überwuchert wie Unkraut einen nie gepflegten Garten. Bereits ganz am Anfang stehen schlechte, weil eilig zusammengeschusterte Publikationen, etwa die „Stern"-Artikelserie bzw. das spätere Buch von Kai Hermann und Peter Koch.[8] Das „Stern"-Buch, das zum Referenzbuch wird, wimmelt nur so von sachlichen Fehlern, wie „Landshut"-Co-Pilot Jürgen Vietor[9] und die Purserette des Entführungsflugs, Hannelore Brauchardt (vormals Piegler)[10] früh nachweisen werden.

---

[8] Vgl. Hermann/Koch 1977.
[9] CF-Analyse der „Landshut"-Entführung vom 19. Dezember 1977, S. 2 f.
[10] Schreiben von Hannelore Piegler an Christa Schmiedl FRA NB 54 vom 23. Januar 1978.

Bundesregierung und Deutsche Lufthansa wollen nach dem Deutschen Herbst völlig verständlich den Eindruck erzeugen, alles richtig gemacht zu haben. Ehemalige Geiseln werden sich mit den Jahren unterschiedlich an Ereignisse oder überhaupt nicht erinnern. Die überlebende Terroristin Souhaila Andrawes wird ihre Schuld vor Gericht kleinreden. Journalistinnen und Journalisten dichten alle paar Jahre Neues hinzu, damit auch ihr Buch bzw. Spielfilm ein Erfolg wird.

Den Höhepunkt erreicht die jahrzehntelange Mythenbildung mit dem Spielfilm „Mogadischu" aus dem Jahr 2008, produziert von Nico Hofmann mit einem Drehbuch von Maurice Philip Remy. Der öffentlich-rechtliche Rundfunk gibt Millionen Euro dafür aus. Nico Hofmann, gut vernetzt mit den Fernsehfilm-Entscheiderinnen und -Entscheidern im öffentlich-rechtlichen Fernsehen, darf den Film machen ohne äußeren Anlass – etwa einer runden Jahreszahl oder einer Neuerzählung auf der Basis historischer Quellen.

Nicht die Zeitgeschichte spricht zu Hofmann und Remy, sondern die beiden sprechen zu ihr. Der Plot für mutmaßlich hohe Einschaltquoten lautet, dass „Landshut"-Kapitän Jürgen Schumann für sein Heldentum sterben musste. Jürgen Schumann nahm wissentlich hohe Risiken in Kauf, wie das Buch zeigen wird.

Dieses Buch gibt den Blick frei auf die tatsächlichen, historisch belegten Ereignisse. Ich lasse nichts weg trotz der Drastik, die von manchen Quellen ausgeht. Zeitgeschichte muss erzählen, was war. Die Geiseln erlebten eine Tortur an der Grenze zwischen Leben und Tod. Sie war noch schlimmer als die Vorstellung, die wir bislang davon haben.

Leitend auf den folgenden Seiten bleibt stets mein tief empfundener Respekt vor den Opfern des Deutschen Herbstes und ihren Angehörigen. Vor der Leidensfähigkeit der Familie Schleyer und ihrem schweren Verlust. Vor der Familie Schumann mit ihrem schweren Verlust. Dem Überlebenswillen der Kinder, Frauen und Männer in der entführten „Landshut". Und im Weiterleben mit dem Trauma danach.

Hoffentlich erreicht das Buch viele Leserinnen und Leser aus Generationen, die den Deutschen Herbst nicht selbst erlebt haben. Wer vom persönlichen Schrecken dieser Wochen mit ihrem jahrelangen Vorlauf verschont blieb, soll die Fakten kennen. Sie geben Auskunft über die fortgesetzte terroristische Bedrohung, der die alte Bundesrepublik ausgesetzt war. Und über die Verletzbarkeit der freiheitlich-demokratischen Grundordnung, damals wie heute.

Umso unverständlicher bleibt, dass die Bundesregierung wichtige Quellen, etwa die Verlaufsprotokolle der Bonner Krisenstäbe („*Kleine Lage*", „*Großer politischer Beratungskreis*") noch immer geheim halten darf. Dies wird durch Urteile des Bundesgerichtshofs regelmäßig bestätigt. Stereotyp nennt das Gericht als Grund, aus diesen Protokollen gehe vermeintlich die Reaktion von Politik und Polizei auf eine terroristische Bedrohungslage hervor.

Ich kann das nicht glauben. Die verantwortlichen Entscheider im Herbst 1977 hatten keine Handys, sondern Wählscheibentelefone. Keine PCs, sondern mechanische oder elektrische Schreibmaschinen. Kein Internet, sondern Telex zum Übermitteln von Dokumenten. Moderne Technik erlaubt moderne und damit unvergleichlich bessere Routinen. Auch in Sachen Polizeitaktik hat sich in fast 50 Jahren sehr viel getan.

Ich konnte ziemlich viel, das unter Verschluss liegt, rekonstruieren. Der Chef des Bundeskriminalamts Horst Herold zum Beispiel diskutierte allen Ernstes in der Kleinen Lage und im Großen politischen Beratungskreis, ob und welche verdächtigen Wohnungen observiert bzw. gestürmt werden sollen. Er machte die Herren im Sitzungssaal zu Mit-Fahndern. Das war schlau. Damit gingen Misserfolge bei der Fahndung nicht mit ihm allein heim. Und die Herren Mit-Fahnder waren beschäftigt, fühlten sich wichtig – und steckten keine Informationen durch, wie das heute üblich ist.

Ebenfalls nicht zugänglich sind die Ermittlungsakten des Bundeskriminalamts in Wiesbaden. Der damalige Präsident Horst Herold hat sie im Folgejahr des Deutschen Herbstes an die Karlsruher Generalbundesanwaltschaft abgegeben. Auch diese Akten darf niemand einsehen mit dem stereotypen Verweis, es handele sich um ein laufendes Verfahren. Der Generalbundesanwalt könnte nach fast 50 Jahren einen Haken darunter machen. Er will oder soll es nicht.

Die Souveränität und das Selbstbewusstsein eines demokratischen Rechtsstaats drücken sich meines Erachtens auch darin aus, wie bereitwillig Bundesregierung und Bundesbehörden früheres Handeln offenlegen. Hier muss letztlich die Politik das Sagen haben, nicht die Polizei.

# Verbrechen mit Ansage

## Köln

Das Jahr 1977 beginnt schlecht für Helmut Schmidt. Nach der Bundestagswahl im Oktober 1976 kann die sozial-liberale Koalition nur mit knapper Mehrheit weitermachen. Gleich zu Beginn schießt sie mit dem „Rentendebakel" einen schweren Bock – eine versprochene Rentenerhöhung wird von Helmut Schmidt wegen neuer Zahlen abgeblasen. Später kommt sie auf Druck seiner eigenen Bundestagsfraktion schließlich doch. Um die Jahreswende 1976/77 stecken die Umfragewerte der Bundesregierung im Keller.

Im Winterurlaub in Marbella, einer Stadt an der Costa del Sol, sammelt sich der Bundeskanzler gedanklich für einen Neustart. Helmut Schmidt schreibt „Erwägungen für 1977",[1] wie er sein Papier nennt, in denen er die Rolle der Bundesrepublik in der Welt analysiert und kom-

---

[1] HSA 1/HSAA006567, Typoskript.

mende Regierungsaufgaben skizziert. Die „Erwägungen" erhalten zunächst nur der SPD-Vorsitzende Willy Brandt und Herbert Wehner als Vorsitzender der SPD-Bundestagsfraktion. Helmut Schmidt arbeitet ihre Anmerkungen ein und verschickt das Papier am 10. April 1977 an die Mitglieder der SPD-Bundestagsfraktion.

Zum Thema Innere Sicherheit findet sich in den „Erwägungen" kein Wort. Offenbar sieht der Bundeskanzler zum Jahresanfang 1977 keine terroristische Bedrohungslage. Im Jahr 1976 gab es zum Glück keinen Anschlag von Linksterroristen. Sie bereiteten Aktionen für 1977 vor, wie sich im Frühjahr herausstellen wird.

Am 7. April erschießen Angehörige der Roten Armee Fraktion in Karlsruhe Generalbundesanwalt Siegfried Buback, seinen Fahrer Wolfgang Göbel und den Leiter der Fahrbereitschaft der Bundesanwaltschaft, Georg Wurster. Auf offener Straße, an einer roten Ampel. Georg Wurster war als Mitfahrer spontan in den Wagen gestiegen. Die Bilder der notdürftig zugedeckten Leichen auf der Straße sorgen für Trauer und Entsetzen. Bundeskanzler Helmut Schmidt bekräftigt bei Siegfried Bubacks Beisetzung die Wehrhaftigkeit der westdeutschen Demokratie gegen ihre Feinde.

Am 30. Juli 1977 soll Jürgen Ponto, Vorstandsvorsitzender der Dresdner Bank, aus seinem Haus in Oberursel nahe Frankfurt am Main verschleppt werden. Seine Patentochter Susanne Albrecht hatte ihren Besuch angekündigt und kommt mit Blumen an die Tür. Sie bringt zwei Freunde mit, in Wahrheit RAF-Mitglieder wie sie selbst. Es kommt zu einem Handgemenge mit Jürgen Ponto, bei dem ihn Schüsse treffen. Zwei Stunden später erliegt er in einem Krankenhaus seinen Verletzungen.

5. September 1977, 17.28 Uhr. Arbeitgeberpräsident Hanns Martin Schleyer ist auf dem Weg in seine Kölner Dienstwohnung. Neben ihm im S-Klasse-Mercedes sitzt sein Fahrer Heinz Marcisz und auf dem Rücksitz der Polizist Reinhold Brändle. Hinter ihnen begleitet sie ein Mercedes W123 mit den Polizisten Helmut Ulmer als Fahrer und Roland Pieler als Beifahrer. Die Autos erreichen die Vinzenz-Statz-Straße. Danach wollen sie auf die Aachener Straße einbiegen zu dem Gebäude, wo Hanns Martin Schleyer, sein Fahrer und die Personenschützer jeweils wohnen.

Dazu kommt es nicht. Vor Schleyers Wagen wird ein blauer Kinderwagen auf die Straße gerollt. Heinz Marcisz bremst scharf ab, der kleine

Mercedes fährt auf den großen auf. Fünf Personen stellen sich im Halbkreis um die beiden Autos und schießen mit Maschinenpistolen auf Schleyers Begleitkommando. Eine weitere zerrt den 62-Jährigen aus dem Wagen zu einem weißen VW-Bus, der an der Ecke zur Friedrich-Schmidt-Straße wartet. Am Steuer sitzt die siebte an der Tat beteiligte Person. Schleyer bekommt ein Beruhigungsmittel gespritzt. Dann geht es in halsbrecherischer Fahrt zu seinem ersten Versteck.

So brutal, wie die Täter vorgehen, haben Schleyers Fahrer und die beiden Polizisten keine Überlebenschance. Allerdings können die Polizisten im Begleitauto auch wenig Gegenwehr leisten. Ihre Maschinenpistolen liegen im Kofferraum. Roland Pieler ist 20, Helmut Ulmer 24 Jahre alt. Reinhold Brändle, 41, scheint die zwei nicht zum Mitführen in ihrer Nähe aufgefordert zu haben. Dabei gilt für ihren Schützling Hanns Martin Schleyer seit dem 2. August 1977 die Sicherheitsstufe 1 („erheblich gefährdet; mit einem Anschlag ist zu rechnen").[2]

Ein massives polizeiliches Versagen, das der oberste Polizist im Land, der Chef des Bundeskriminalamtes Horst Herold, natürlich abstreiten wird. Wie es wirklich war, bekommt er von Hanns Martin Schleyer aus dessen Geiselhaft gesagt. Aus triftigen Gründen fühlte sich der Arbeitgeberpräsident vor und mit seiner Entführung dilettantisch geschützt.

Ein Passant hat sich das Kennzeichen des weißen VW-Busses gemerkt, K – C 3849. In den „heute"-Nachrichten wird nach dem Wagen gefahndet. Da steht das Auto schon längst in einer Kölner Tiefgarage fernab von Hanns Martin Schleyers Versteck. Ein Passant wird auf den Bus aufmerksam und alarmiert die Polizei. Beamte finden im Wagen die erste Nachricht der Entführer:

„an die bundesregierung

Sie werden dafür sorgen, dass alle öffentlichen fahndungsmaßnahmen unterbleiben oder wir erschießen schleyer sofort, ohne dass es zu verhandlungen über seine freilassung kommt. raf."[3]

Das „Kommando" will – das wird in den folgenden Mitteilungen klar – mit Schleyers Entführung elf Gesinnungsgenossinnen und -genossen aus

---

[2] Das Versagen von Polizisten, der eigene Anteil an ihrem tragischen Tod wurde damals nicht thematisiert, so wenig wie heute, wenn Polizistinnen und Polizisten auch durch eigene eklatante Fehler zu Tode kommen.

[3] Presse- und Informationsamt der Bundesregierung 1977, S. 13.

ihrer Haft holen: Andreas Baader, Gudrun Ensslin, Jan-Carl Raspe, Verena Becker, Werner Hoppe, Karl-Heinz Dellwo, Hanna Krabbe, Bernhard Rössner, Ingrid Schubert und Irmgard Möller sowie Günter Sonnenberg, der bei seiner Festnahme schwer verletzt wurde und haftunfähig ist.

# Stuttgart

Hanns Martin Schleyers Ehefrau Waltrude und die vier Söhne, Hanns-Eberhard, Arndt, Dirk und Jörg kommen nach der schockierenden Nachricht im Stuttgarter Haus am Ginsterweg zusammen. Der 32-jährige Jurist Hanns-Eberhard Schleyer, deutlich älter als seine Brüder, weiß, er muss jetzt Verantwortung übernehmen. Für die Familie sprechen.

Die Schleyers sind tief erschüttert über die Entführung des Vaters, aber nicht wirklich überrascht. Anders als die Morde an Generalbundesanwalt Siegfried Buback und seinen Begleitern, anders als der Entführungsversuch von Jürgen Ponto ist die Verschleppung von Hanns Martin Schleyer ein Verbrechen mit Ansage. Der Arbeitgeberpräsident zählt nach Polizeierkenntnissen wie erwähnt zu den am meisten gefährdeten Personen in der Bundesrepublik Deutschland. Das Wohnhaus wurde aus diesem Anlass mit schusssicheren Fenstern versehen, wogegen Hanns Martin Schleyers Frau erfolglos protestiert hat.

Als die Familie Schleyer im Sommer 1977 im eigenen Ferienhaus am Bodensee Urlaub macht, tauchen in der Nachbarschaft unbekannte Personen auf. Anwohnern kommt das merkwürdig vor, sie alarmieren die örtliche Polizei. Das bleibt folgenlos. Tatsächlich wird das Ehepaar Schleyer und seine vier Jungs von RAF-Terroristen rund um die Uhr überwacht.

Ehemalige Angehörige des Polizeidienstes in den 70er-Jahren erzählen, warum: Schlechte Ausbildung, mäßige Dienstbereitschaft, Schludrigkeit bei Ermittlungen. Die westdeutsche Polizei versteht sich als „Dein Freund und Helfer". Tatsächlich hat sie die Schlagkraft einer Gurkentruppe.

Es gibt in diesem letzten gemeinsamen Urlaub eine Mischung aus Arglosigkeit und Verdrängung in der Familie. „Wir konnten uns das einfach nicht vorstellen",[4] wird der älteste Sohn Hanns-Eberhard Schleyer

---
[4] Gespräch mit dem Autor am 25. August 2022.

Jahrzehnte später mit Blick auf die Bedrohung des Vaters sagen. Der Sommerurlaub 1977 in Meersburg am Bodensee verläuft in seiner Erinnerung friedlich und erholsam wie immer.

Hanns Martin Schleyer widmet alle Zeit im Urlaub seiner Familie. Auch wenn der bullige Mann mit den schwulstigen Lippen nicht so wirkt – Hanns Martin Schleyer hat ein großes Herz. Nicht nur für Frau und Kinder. Er hilft, wo er helfen kann. Überheblichkeit geht ihm ganz ab.

Der Gefährdete selbst kann sich eine Entführung oder einen Anschlag sehr wohl vorstellen. Er zählt zu den führenden Vertretern der westdeutschen Wirtschaft. Die Politik ist ein gefügiger Helfershelfer der Wirtschaft, sind zu dieser Zeit nicht wenige Linke und Linksextreme überzeugt. Zu den eigentlich Mächtigen im Land zählen sie Arbeitgeberpräsident Hanns Martin Schleyer.

Schleyer verbirgt seine Gedanken darüber nicht vor der Familie. So wie er auch keine Scheu zeigt, über seine Zeit im Nationalsozialismus zu sprechen. Altersmäßig ist unter den Söhnen erst Hanns Eberhard so weit, dass sie sich vollumfänglich austauschen können.

Hanns Martin Schleyer offenbart Hanns Eberhard, dass er sich im Fall einer Entführung eine rasche Entscheidung der Bundesregierung wünscht. Er will nicht lange hingehalten werden, sondern hofft auf eine kurze Zeit der Unsicherheit, mit welchem Ausgang auch immer. So denkt er in diesem Sommer, so wird er im Deutschen Herbst denken.

Möglicherweise hat die äußere Ruhe der Ferientage Hanns Martin Schleyers innere Unruhe verstärkt. Zurück in Stuttgart bzw. Köln, versucht er, sein Schicksal in die Hand zu nehmen. Hanns Martin Schleyer fährt zu Bundeskanzler Helmut Schmidt, der im eigenen Ferienhaus am schleswig-holsteinischen Brahmsee Urlaub macht. Die zwei sind keine politischen Freunde, doch beiden gilt Verlässlichkeit als wichtige Tugend. Eine einmal gegebene Zusage steht! Beide teilen auch die Neigung, Klartext zu reden.

Hanns Martin Schleyer offenbart im Gespräch mit dem Bundeskanzler seine Angst vor einer Entführung. Er bittet Helmut Schmidt, ihm einen Termin beim Präsidenten des Bundeskriminalamtes in Wiesbaden, Horst Herold, zu besorgen. Der Arbeitgeberpräsident möchte mit dem höchsten deutschen Polizisten über den eigenen Schutz sprechen.

Zurück in Bonn, folgt Helmut Schmidt dieser Bitte und informiert Horst Herolds Büro. Es ist Sommer. Urlaubszeit. Verabredungen kommen schwieriger zustande als früher oder später im Jahr. Auch Horst Herold macht Urlaub. In Bayern.

Helmut Schmidt – so wird es Horst Herold später wiedergeben – notiert am 5. September 1977: „Mit Herold sprechen."[5] Stunden später befindet sich Hanns Martin Schleyer bereits in den Händen seiner Entführer. Horst Herold bricht seinen Urlaub ab und eilt nach Bonn.

Im ersten Versteck angekommen, muss Hanns Martin Schleyer einen Schrank beziehen. Die Terroristen haben ihn eigens für ihn gebaut – geräumig genug, um das Möbel mit Matratzen auszukleiden. Kein Laut von Schleyer soll nach außen dringen. Entführer und Opfer leben in einer weitläufigen Hochhauswohnung mit vielen Parteien, da geht es anonym zu.

Dort sitzt oder liegt jetzt der 62-Jährige in seinem Gefängnis und gibt den Frauen und Männern, die ihn über den „Scheißstaat" Bundesrepublik Deutschland ausfragen, bereitwillig Auskunft. Nicht aus Opportunismus, sondern weil er so „tickt". Kommunikativ, selbstkritisch, ein guter Zuhörer. Er wird sich nicht als der politische Gutsherr entpuppen, für den ihn seine Entführer gehalten haben. Und er zeigt den Vater, der Sehnsucht nach seiner Familie hat.

„Es gibt mich also noch", darf Hanns Martin Schleyer am Tag nach der Entführung, am 8. September 1977, an Sohn Hanns-Eberhard lakonisch schreiben.

## Bonn

Der erste Notruf am Anschlagstag geht um 17.33 Uhr ein. Der Bundeskanzler wird kurz nach 18.00 Uhr informiert. In den folgenden Stunden und am kommenden Tag berät sich Helmut Schmidt mit Bundesaußenminister und Vize-Kanzler Hans-Dietrich Genscher, Bundesinnenminister Werner Maihofer, Bundesjustizminister Hans-Jochen Vogel, Staatsminister Hans-Jürgen Wischnewski, dem Chef des Bundeskanzleramtes

---

[5] Herold/Hauser, S. 17.

Staatssekretär Manfred Schüler und dem Regierungssprecher, Staatssekretär Klaus Bölling. Außerdem mit dem Präsidenten des Bundeskriminalamts, Horst Herold.

Bei dieser Handvoll fachlich zuständiger Personen könnte es bleiben. Doch Helmut Schmidt ersinnt zwischen dem Abend von Hanns Martin Schleyers Entführung und dem Nachmittag des kommenden Tages einen anderen Weg. Mutmaßlich fürchtet er, dass seine Kraft und Zeit fortan nicht nur von Hanns Martin Schleyers Entführern gebunden werden, sondern auch von Unionspolitikern auf der Oppositionsbank im Bundestag.

Oppositionsführer Helmut Kohl (CDU) hat schon einmal einen Vorgeschmack geliefert. Am Abend von Hanns Martin Schleyers Entführung gab er im Zweiten Deutschen Fernsehen um 21.00 Uhr eine Erklärung ab. Ihr Tenor: „Wir alle müssen jetzt begreifen, dass es fünf Minuten vor zwölf ist (...), um diese unerträgliche Gefahr (des RAF-Terrorismus, Anm. M. R.) für unsere innere Freiheit endlich zu beenden."[6]

Das Statement mochte persönlich motiviert sein – Hanns Martin Schleyer und Helmut Kohl sind Freunde. Zugleich erscheint es zu diesem Zeitpunkt unangemessen. Noch ehe sich Bundeskanzler Helmut Schmidt versieht – seine Fernsehansprache wird um 21.30 Uhr ausgestrahlt – ist ihm Helmut Kohl zuvorgekommen.

Helmut Schmidts zeigt mit seiner Erklärung im Fernsehen nichts weniger als große Staatskunst. Klartextsätze auf den Punkt gebracht, entsetzt und entschlossen vorgetragen. Helmut Schmidt schaut ernst und bedrohlich drein. Er wirkt authentisch dabei. Helmut Schmidt als der Mann, der im Krieg war. Jetzt ist wieder Krieg.

Er spricht „den Gegner", wie er die Terroristen im kleinen Kreis nennt, direkt an. „Während ich hier spreche", so Helmut Schmidt wörtlich, „hören irgendwo sicher auch die schuldigen Täter zu. (...) Sie sollen sich nicht täuschen. (...) Gegen den Terrorismus steht nicht nur der Wille der staatlichen Organe, gegen den Terrorismus steht der Wille des ganzen Volkes."[7] Ein Hinweis auf die krude RAF-Strategie, mit ihrem Terror das Volk gegen die Regierung aufzuwiegeln.

---

[6] Presse- und Informationsamt der Bundesregierung 1977, S. 13.
[7] Ebd., S. 3 des Anlagenteils.

Der Bundeskanzler setzt zwei Beratungsgremien ein: Der „Kleinen Lage" gehören Helmut Schmidts engste Berater an, darunter der Chef des Bundeskanzleramtes, Manfred Schüler, sein Regierungssprecher Klaus Bölling, Justizminister Hans-Jochen Vogel, der Präsident des Bundeskriminalamtes, Horst Herold, und Generalbundesanwalt Kurt Rebmann. In einen „Großen politischen Beratungskreis" beruft er die Partei- und Fraktionsvorsitzenden aller im Deutschen Bundestag vertretenen Parteien. Außerdem die Ministerpräsidenten der Länder, in deren RAF-Terroristen inhaftiert sind. Journalisten taufen diese Versammlungen bald der sprachlichen Einfachheit halber „Kleiner Krisenstab" bzw. „Großer Krisenstab".

Die Kleine Lage und der Große politische Beratungskreis sind Erfindungen von Helmut Schmidt. Das Grundgesetz sieht für besondere sicherheitspolitische Lagen einen sogenannten Bundessicherheitsrat vor, der den Bundeskanzler in Fragen der äußeren, nicht der inneren Sicherheit berät. Eine Ironie der Geschichte will es, dass Helmut Schmidts Amt seit dem Frühjahr 1977 eine Übung für den militärischen Ernstfall plant. Die Mitglieder des Bundessicherheitsrates sollen in den abhörsicheren NATO-Saal des Bundeskanzleramtes gerufen werden, um die Kommunikation unter Alarmbedingungen zu testen. Die Mitarbeitenden des Bundeskanzleramts waren kurz zuvor in einen Neubau gezogen, die Sicherheitstechnik hochmodern, aber noch nicht im Ganzen getestet.

Akten im Koblenzer Bundesarchiv belegen, dass es exakte Alarmpläne mit vorbereiteten Telefonnummern gibt. Die Übung soll Ende August dieses Jahres stattfinden. Die tatsächliche „Offensive 77" der „Roten Armee Fraktion" macht das Planspiel obsolet. Die Wirklichkeit holt es auf blutige Weise ein.

Entscheidungen bereitet Bundeskanzler Helmut Schmidt in der Kleinen Lage vor. Im Großen Kreis bindet er quasi den zweiten Ring um das Bundeskanzleramt ein. Die Konstruktion soll tagespolitischen Streit verstummen lassen. Helmut Schmidt fürchtet, Bundestagsdebatten über Entscheidungen seiner Regierung könnten die aufgewühlte Stimmung in der Öffentlichkeit befeuern. Zugleich nimmt der Bundeskanzler politische Freunde und Gegner in die Pflicht. Sie müssen verschwiegen sein, damit die sogenannte Nachrichtensperre gegenüber Presse und Rundfunk – eine von mehreren Entscheidungen am Rand der Verfassungsmäßigkeit – hält.

Die Beratungskreise entstehen im Geist von Zuckerbrot und Peitsche – das politische Bonn beteiligen und zugleich in die Pflicht nehmen. Debatten zulassen und zugleich kanalisieren. Die eigene Rolle als Letztentscheider herausstellen und zugleich einen Teil der Verantwortung abwälzen. Mit einem Wort: Der Bundeskanzler vergattert politische Freunde wie Gegner.

Unweigerlich kommt der Ausruf von Kaiser Wilhelm II. am Beginn des Ersten Weltkriegs in den Sinn: „Ich kenne keine Parteien mehr. Ich kenne nur Deutsche."

Auf die Idee, dass zwei mit dem Grundgesetz nicht konforme Beratungskreise den Rechtsstaat vor seinen Feinden bewahren helfen, kann wohl nur ein „gelernter Demokrat"[8] kommen. (Auch zu der faktischen Einschränkung der Grundrechte, davon wird später die Rede sein.) Helmut Schmidt bekleidet in einer Demokratie ein wichtiges Amt, doch wurde er in einer Diktatur politisch sozialisiert. So gut er später das Handwerk eines Demokraten lernt und praktiziert, bleiben abweichende Denkmuster erhalten. In diesem Fall baut er mal schnell das politische Bonn um für sein Krisenmanagement.

Helmut Schmidt eckt damit nicht an, weil die meisten Entscheider dieser Zeit „gelernte Demokraten" sind und damit frei von Skrupeln. Der Vorsitzende der CSU-Landesgruppe im Deutschen Bundestag, Friedrich Zimmermann, sieht im Großen Krisenstab, wie das Gremium bald landläufig heißen wird, „eine Art Experiment – und wahrscheinlich auch für die Regierung."[9] Warum sollte sich ein Friedrich Zimmermann verweigern? Jetzt redet er politisch kräftig mit.

Zweifel und Widerspruch gibt es nur in Helmut Schmidts innerstem Kreis. Sein wichtigster Mitarbeiter, der Chef des Bundeskanzleramtes Manfred Schüler, rät von dieser Strategie ab. Manfred Schüler ist ein intellektuell brillanter Kopf, der den Regierungsapparat geräuschlos führt. Ein introvertierter, vorsichtiger Mann. Er plädiert dafür, dass die Fahndung nach den Schleyer-Entführern in den Händen der fachlich zuständigen Kabinettsmitglieder, Bundesinnenminister Werner Maihofer und Bundesjustizminister Hans-Jochen Vogel, bleibt. Der Bundeskanzler

---

[8] Vgl. Stephan 1988.
[9] Hauser/Zimmermann, S. 2.

soll kraft seines Amtes über dem Geschehen schweben. Die Fahndung nach den Entführern kann gelingen oder scheitern, Hanns Martin Schleyer lebend oder tot aus der Sache herauskommen – politisch soll das nicht mit dem Bundeskanzler heimgehen.

Auch Helmut Schmidts Parteifreund Heinz Ruhnau, Staatssekretär im Bundesverkehrsministerium, warnt: „Du darfst Dich hier nicht zum Kriminalkommissar der Nation machen."[10] Heinz Ruhnau fürchtet, dass die Bundesregierung in der kommenden Zeit hauptsächlich mit dem Entführungsfall Schleyer beschäftigt ist. Dass wichtige Themen der Innen- und Außenpolitik liegen bleiben.

Heinz Ruhnau soll mit dieser Voraussage recht behalten. Helmut Schmidts Staatsminister im Bundeskanzleramt, Hans-Jürgen Wischnewski, wird nach dem Deutschen Herbst einräumen, „wir haben unsere Regierungsarbeit weitgehend sausen lassen".[11]

Helmut Schmidt bleibt bei seiner Meinung. Er weiß um seine politische Führungsstärke in Krisen. Und dass die Deutschen ihm, dem Krisenmanager, vertrauen. Unabhängig von seinem tatsächlichen Verhalten gilt er ihnen als vielfacher Lebensretter in der Hamburger Sturmflut 1962, als Reformer der Bundeswehr und Retter der Staatsfinanzen (als Bundesverteidigungsminister und als Superminister für Wirtschaft und Finanzen).

Hinzu kommt Helmut Schmidts starkes Selbstbewusstsein: Er hält sich für den Besten in Bonn (und mutmaßlich nicht nur dort). Weshalb die Sache mutmaßlich schwächeren Männern des Fachs überlassen? Er würde schäumen, wenn Maihofer und Vogel es vermasselten.

Was den Bundesinnenminister angeht, erscheint Helmut Schmidts Einschätzung in der Rückschau berechtigt. Werner Maihofer sei kein Mann der Tat gewesen, wird sein Amtsnachfolger Gerhard Baum Jahrzehnte später sagen. „Besprechungen dauerten sehr lange. Es kam dann nicht von ungefähr, dass der Bundeskanzler ihm das Heft aus der Hand genommen hat. Dem Genscher (Bundesaußenminister, vorher Bundesinnenminister, Anm. M. R.) wäre das nie passiert, als Innenminister."[12]

---

[10] Ruhnau/Hauser, S. 6.
[11] Wischnewski/Hauser, S. 37.
[12] Gespräch Baum/Treuter 2017b.

Hans-Dietrich Genscher gehört ursprünglich Helmut Schmidts Kleiner Lage an, zusammen mit seinem FDP-Parteikollegen Burkhard Hirsch, dem Innenminister von Nordrhein-Westfalen, wo ebenfalls RAF-Mitglieder einsitzen. Doch beide Namen verschwinden schon nach wenigen Tagen von der Teilnehmerliste.[13] Helmut Schmidt wünscht keine FDP-Kollegen im engsten Kreis.

Dem Großen politischen Beratungskreis darf der Vorsitzende der FDP-Bundestagsfraktion, Wolfgang Mischnick, angehören. Schmidt vertraut Mischnick, anders als Genscher und Hirsch.

Helmut Schmidt gibt also selbst den „Kriminalkommissar der Nation". Nicht den Bundesinnenminister, sondern BKA-Chef Horst Herold, SPD-Mitglied, macht er zu seinem wichtigsten Berater. Die gemeinsame Aufgabe ist nicht geringer als einen Krieg zu gewinnen.

Die RAF hat über die Jahre einen Bürgerkrieg gegen die Bonner Politik geführt, jetzt steht – so empfinden es die meisten Akteure im politischen Bonn – eine Art Entscheidungsschlacht an. „Der Gegner" gibt seiner Truppe sogar einen Namen. Die RAF-Mitglieder, die Hanns Martin Schleyers Entführung vorbereiten und ausführen, nennen sich „Kommando Siegfried Hausner". Siegfried Hausner war einer der RAF-Terroristen bei der Besetzung der Deutschen Botschaft in Stockholm. Er wurde dabei schwer verletzt und erlag später seinen Verletzungen im Gefängnis-Krankenhaus von Stuttgart-Stammheim.

Andreas Baader und Co., die RAF-Häftlinge dort, sehen sich nicht als Verbrecher oder gar Mörder, sondern stilisieren sich zu Freiheitskämpfern, die eine – wie sie es sehen – kapitalistische, inhumane Staatsordnung zerstören wollen. Der Zweck heiligt aus ihrer Sicht alle Mittel. „Und natürlich darf geschossen werden", gehört zu den bekanntesten Sätzen der RAF-Terroristin Ulrike Meinhof. In der Mitte des RAF-Logos prangt die schon erwähnte Maschinenpistole (Modell MP5 der westdeutschen Firma Heckler & Koch). Das ist keine Attitüde, sondern drückt die Mordbereitschaft der RAF-Mitglieder aus.

Den Bonner Entscheidern kommt diese eindeutig verbrecherische Sichtweise zupass. Die Angehörigen der Generation Helmut Schmidt

---

[13] Vermerk Referat 131 vom 13. September 1977. Herrn Chef BK. Betr.: Teilnehmer der Besprechungen zur Entführung Schleyer, in: Archiv BK 13-211 20 (3), Beiakte 3, o. S.

bekamen, um eine saloppe Formulierung zu wählen, den Zweiten Weltkrieg voll ab. Sie nahmen mehrere Jahre daran teil und machten als Unteroffiziere oder Offiziere in der Wehrmacht Karriere. Sie begannen als einfache Soldaten. Später wurden sie Offiziere und bekamen Einheiten unterstellt.

Der Krieg war die Hölle auf Erden, auch ihre persönliche Hölle. Die Soldaten der Wehrmacht – darunter spätere Spitzenpolitiker der Bonner Republik – nahmen Aufputschmittel, um tage- und nächtelang vorrücken zu können ohne Schlaf. Sie haben bei Kampfhandlungen getötet und Kameraden sterben sehen. Sie kennen das Gefühl von Todesangst. Sie kennen die verdammte Pflicht, als Vorgesetzte nicht durchzudrehen, obwohl die Nerven blank liegen und der Verstand auszusetzen droht.

Wer was genau erlebt hat, behalten die ehemaligen Soldaten nach dem Weltkrieg für sich. Viele sprechen nicht einmal in der eigenen Familie darüber. In künftigen Spitzenpositionen als Unternehmer, Juristen oder Politiker legen sie sich Sprachregelungen zurecht, auf dass alle Fragen verstummen sollen für das weitere Leben.

Das hat einen pragmatischen Grund – kein Politiker, Wissenschaftler, Journalist will im neuen, demokratischen Staat seine Karriere aufs Spiel setzen. Zugleich dient dieses Schweigen mutmaßlich als Schutzmechanismus der eigenen Seele. Sie wird zubetoniert, damit sie keinen Mucks macht. Manchmal wird der Beton im Alter brüchig. Bei Helmut Schmidt nie.

Acht der zehn Mitglieder, die im Deutschen Herbst der „Kleinen Lage" angehören, waren im Krieg. Einige von ihnen übten militärische Befehlsgewalt aus. Im Einzelnen:

- Klaus Bölling, Regierungssprecher, Jahrgang 1928, Flakhelfer, entlassen nach der Verhaftung seiner jüdischen Mutter
- Günther Erkel, Staatssekretär im Bundesjustizministerium, Jg. 24, Soldat, Leutnant
- Siegfried Fröhlich, Staatssekretär Bundesinnenministerium, Jg. 20, Captain
- Hans-Dietrich Genscher (Bundesaußenminister), Jg. 27, Gefreiter in den letzten Kriegstagen

- Horst Herold, Präsident Bundeskriminalamt, Jg. 23, Leutnant, im Krieg schwer verwundet
- Otto Graf Lambsdorff, Jg. 26, Offiziersanwärter (Bundeswirtschaftsminister vom 7. Oktober 1977 an)
- Georg Leber, Bundesverkehrsminister, Jg. 20, Unteroffizier
- Werner Maihofer, Bundesinnenminister, Jg. 18, Oberleutnant
- Wolfgang Mischnick (Vorsitzender FDP-Bundestagsfraktion), Jg. 21, Leutnant
- Kurt Rebmann, Generalbundesanwalt, Jg. 24, mit 19 Jahren schwer verwundet
- Helmut Schmidt, Bundeskanzler, Jg. 18, Oberleutnant
- Franz Josef Strauß (CSU-Vorsitzender und Bayerischer Ministerpräsident), Jg. 15, Oberleutnant
- Hans-Jochen Vogel, Bundesjustizminister, Jg. 26, Unteroffizier, zweimal verwundet.

Damals als Soldaten im Weltkrieg, im Jahr 1977 als Verteidiger eines freiheitlich-demokratischen Rechtsstaats, müssen sie in Grenzsituationen Verantwortung tragen. Im politischen Amt funktionieren. Kein Zweifel, die persönliche Biografie dieser Männer prägt die Atmosphäre in der Kleinen Lage und im Großen politischen Beratungskreis. „Um sich herum verbreitet Helmut Schmidt, wie schon zur Zeit der Hamburger Flutkatastrophe, wieder ein Generalstabsklima, dem sich selbst die eingefleischtesten Zivilisten nicht entziehen können."

Wie erwähnt ist die Rede vom „Gegner". Und der „operativen Lage". Der militärisch-anonymisierende Begriff „Gegner" findet sich auch mehrfach in schriftlichen Notizen, die Bundeskanzler Helmut Schmidt während der Sitzungen der Kleinen Lage und des Großen politischen Beratungskreises macht. Damit ruft er ein altes Denkmuster auf. Zugleich anonymisiert er die Mitglieder der Roten Armee Fraktion, um kein menschliches Mitgefühl zu empfinden.

Die Wahrnehmung der handelnden Politiker und ehemaligen Soldaten in der Wehrmacht, in einem Krieg zu stehen, mag als eine sehr männliche erscheinen. Tatsächlich gibt es in der Kleinen Lage und im Großen politischen Beratungskreis keine Frau, die eine solche Sichtweise abschwächen oder die Männer davon abbringen könnte. Die wenigen

Frauen in der Bonner Politik dieser Zeit kümmern sich um „Gedöns", wie ein Parteifreund und Amtsnachfolger von Helmut Schmidt, Gerhard Schröder, Jahre später abfällig sagen wird. Um vermeintlich weniger wichtige Felder der Politik.

Sitzungen – die erste des Großen politischen Beratungskreises spätabends am Tag zwei von Hanns Martin Schleyers Entführung – haben stets denselben, mit militärischen Begriffen versehenen Verlauf. „Lage der eigenen Kräfte", „Kommunikationssituation mit dem Gegner" stehen als feste Tagesordnungspunkte auf dem Zettel des früheren Oberleutnants der Wehrmacht Helmut Schmidt.

Überhaupt wirkt die Wortwahl von der Anspannung in diesen Wochen gefärbt. Zur Bezeichnung der späteren „Landshut"-Entführer wird der Bundeskanzler deftige Worte wählen wie „dumme Schäferhunde", „abgerichtete Schäferhunde" und „dressierte Schäferhunde".

Der Chef des Bundeskriminalamts, Horst Herold, und Bundeskanzler Helmut Schmidt nutzen die beiden Krisenstäbe für ein – um ein modernes Wort zu wählen – Brainstorming. Horst Herold in polizeitaktischer, Helmut Schmidt in politischer Hinsicht. Sie tragen persönliche Überlegungen vor und stellen sie zur Diskussion. Sie hören zu, wägen ab, verwerfen Gedanken oder greifen sie auf.

Die allermeiste Zeit geht es um Maßnahmen zur Fahndung nach Hanns Martin Schleyer. Horst Herold liest – falls vorhanden – Nachrichten der Schleyer- bzw. „Landshut"-Entführer vor und macht Formulierungsvorschläge für Antworten. Er berichtet über das Bewegungsprofil der Terroristen und ihre möglichen Aufenthaltsorte. Die Polizei hat RAF-Dokumente sichergestellt und geht unzähligen Hinweisen aus der Bevölkerung nach. Immer wieder kommt die Frage auf: Ein Objekt observieren? Stürmen? Horst Herold holt sich für jede Maßnahme das Okay von „Bonn".

Leider nicht für die Stürmung der Wohnung in Erftstadt-Liblar, Zum Renngraben 8 (Wohnung 104, dritte Etage). Der Hinweis auf das erste Schleyer-Versteck, das Fernschreiben 827, kommt bei der „Soko 77" nie an. Jemand muss es auf seinem Dienstweg aus dem Fach genommen haben. Diese bzw. dieser „Jemand" wird sich wohl niemals ermitteln lassen.

Nach dem Vortrag von Horst Herold schildert Helmut Schmidt die Lage aus seiner Sicht. Er berichtet über zurückliegende Telefonate mit

Staatschefs, lässt seine Minister vortragen und stellt nächste Handlungsschritte zur Debatte.

Die Kleine und Große Lage dienen auch als Diskussionsräume für grundsätzliche Themen. Bundesjustizminister Hans-Jochen Vogel lässt in seiner Behörde die Möglichkeit von „Zeitgesetzen" prüfen – gemeint sind zeitlich begrenzte Gesetze für eine Art Ausnahmezustand, hier: eine terroristische Bedrohung. Sie würden möglicherweise Gesetze, die Grundrechte berühren, vorübergehend außer Kraft setzen. Sehr viel mehr als das, was sich die Bundesregierung im Deutschen Herbst erlauben wird.

Hans-Jochen Vogels Ministerium kommt zu dem Ergebnis, dass „Zeitgesetze" juristisch möglich, aber als „Notstandsgesetze" politisch schwer vorstellbar wären.

Eine andere Studie aus Hans-Jochen Vogels Ministerium listet die gesetzgeberischen Stellschrauben auf, die der Bundesregierung im Kampf gegen den RAF-Terror zur Verfügung stehen. Etwa das Abhören von Gesprächen zwischen Häftlingen und Verteidigern. Die Liste der Maßnahmen ist lang. Alle umgesetzt, würde die Bundesrepublik mutmaßlich zu einem anderen Land.

Helmut Schmidt und Co. handeln im Licht ihrer politischen Erfahrungen. Bei der ersten Terroraktion während Helmut Schmidts Kanzlerschaft, der Entführung des Berliner CDU-Politikers und Kandidaten für das Amt des Regierenden Bürgermeisters, Peter Lorenz, im Frühjahr 1975, gibt die Bundesregierung nach. Fünf inhaftierte Terroristen dürfen in die südjemenitische Hauptstadt Aden ausfliegen, damit die Geisel freikommt. Helmut Schmidt wird die – wie sich später herausstellt – falsche Entscheidung auf seine eingeschränkte Handlungsfähigkeit während dieser Tage zurückführen. „Ich (…) hatte 40 Grad Fieber, und da hatten in Wirklichkeit andere an meiner Stelle die Entscheidung schon getroffen gehabt, als ich mithilfe von ärztlichen Kunststücken und Spritzen für kurze Zeit verhandlungsfähig gemacht wurde."[14]

Der Umstand, dass der Bundeskanzler zu dieser Zeit das Bett hüten muss, war nur ein Entscheidungsfaktor von vielen.[15] Weder die Bundesregierung noch der Berliner Senat hatten ein Geisel-Szenario auf dem

---

[14] Helmut Schmidt im Gespräch mit dem Autor am 17. Mai 1995.
[15] Vgl. Dahlke 2007.

Schirm. Eine allgemeine Hilflosigkeit bestimmte das Handeln von Politik und Polizei – auch wegen des Schauplatzes Westberlin, wo die westlichen Alliierten das Sagen haben. Die für Peter Lorenz freigelassenen Terroristen werden nach Deutschland zurückkehren und neue Verbrechen begehen.

Nur Wochen später besetzten Gesinnungsgenossen die deutsche Botschaft in Stockholm. Diesmal bleibt Helmut Schmidt hart entgegen dem Rat des schwedischen Ministerpräsidenten Olof Palme, auf den der Bundeskanzler große Stücke hält. Jetzt ging es für Helmut Schmidt nicht länger um das Für und Wider eines Polizeieinsatzes, sondern um einen Willenskampf, „an dem am Ende der Stärkere obsiegt".[16]

Helmut Schmidt und viele weitere Politikerkollegen führen fortan Vokabeln wie „Härte und Entschlossenheit", „Unnachgiebigkeit", „Pflicht" und „Pflichtbewusstsein" oder auch „Opferbereitschaft" gegen Terroristen im Mund. Als gälte es nicht, politische Straftaten zu verfolgen, sondern einen Krieg zu führen und zu gewinnen. Man muss diese Vorgeschichte mitbedenken zum Verständnis der rhetorischen Hochrüstung zwischen Bundesregierung und Terroristen im Deutschen Herbst.

Mit jedem weiteren Tag, da sich Hanns Martin Schleyer in den Händen seiner Entführer befindet, steigt der Druck auf das politische Bonn, die Bundesregierung, die Mitglieder der Krisenstäbe. Sie werden von politischen Freunden und von der Öffentlichkeit zum Nachgeben gedrängt in Briefen und öffentlichen Aufrufen. Am wirkungsvollsten über Presse und Rundfunk.

Mit jedem weiteren Entführungstag von Hanns Martin Schleyer lastet die Verantwortung für das Leben des Arbeitgeberpräsidenten – später der „Landshut"-Geiseln – schwerer auf den Schultern der politisch Verantwortlichen. Sie bleiben standhaft im Krisenmodus, exakter: im Kriegsmodus.

In der Sache entscheidet Bundeskanzler Helmut Schmidt bereits am Abend von Hanns Martin Schleyers Entführung, den Forderungen der Terroristen nicht nachzugeben. Die Brutalität der Täter, die für ihr Ziel Menschen kaltblütig erschossen haben, schließt jede Art von politischem Entgegenkommen aus. Eine Freilassung inhaftierter Terroristen würde

---
[16] Metzler 2014, S. 1 f.

den Eindruck erzeugen, die Bundesregierung billige im Nachhinein die Morde von Köln, Oberursel, Karlsruhe und den anderen.

Der Bundeskanzler befasst die Teilnehmer der Kleinen Lage und des Großen politischen Beratungskreises von Anfang an mit der Frage, wie die Entführer hingehalten werden können bis zur Ergreifung und – im glücklichen Fall – Befreiung von Hanns Martin Schleyer. Die Bundesregierung will Zeit gewinnen und dabei Kurzschlussreaktionen von Hanns Martin Schleyers Entführern vermeiden.

Helmut Schmidt hofiert die Opposition von CDU und CSU nicht nur im Großen politischen Beratungskreis, sondern auch im Deutschen Bundestag. In seiner ersten Regierungserklärung zum Entführungsfall Schleyer am Donnerstag, dem 15. September 1977[17], folgt er dem Wunsch der Union, „bei meiner Erklärung die für heute vorgesehen gewesenen Themen der Außenpolitik, des Wachstums und der Beschäftigung auszuklammern (…)".[18] Wenig später betont er: „Ich will heute Morgen keinerlei Anlass zur Kontroverse liefern."[19]

Helmut Schmidt dankt für die konstruktive Haltung der Öffentlichkeit, der Familie Schleyer, die Redaktionen der Medien, die Angehörigen der Polizei, der Justiz. Seine besondere Erwähnung gilt den Partei- und Fraktionsvorsitzenden und den Mitgliedern des Deutschen Bundestages – „ob Opposition oder Koalition".[20] Danach dankt er den betroffenen Ministerpräsidenten und ihren Landesministern. Der Bundeskanzler drückt sein Vertrauen darin aus, „dass diese allseitige Zusammenarbeit bis zur Lösung der schlimmen Zwangslage andauern wird (…)".[21]

Danach nimmt Helmut Schmidt alle erwähnten gesellschaftlichen Gruppen in die Pflicht, weiter „nichts zu versäumen und nichts zu verschulden".[22] Und wendet sich einmal mehr direkt an Hanns Martin Schleyers Entführer: „Sie irren sich: Wir werden uns von Ihrem Wahnsinn nicht anstecken lassen. (…) Sie irren sich: Die Massen sind gegen

---

[17] Vgl. Plenarprotokoll des Deutschen Bundestages. 42. Sitzung vom 15. September 1977, S. 3164–3166.
[18] Ebd., S. 3164.
[19] Ebd.
[20] Ebd.
[21] Ebd.
[22] Ebd., S. 3165.

Sie."[23] Am Schluss erwähnt Helmut Schmidt entgegen seiner sonstigen Zurückhaltung in eigener Sache, was ihn, den Kriegsteilnehmer, persönlich geprägt hat – überhaupt die Angehörigen seiner Generation. „Wir Älteren, die Diktatur und Gewalt, Zuchthäuser und Vertreibung, Elend und Not erlebt haben, wir wissen, was Krieg ist."[24]

Der Historiker Golo Mann, der Westdeutschland nach dem Anschlag von Köln in einem Bürgerkrieg sah, wird Schmidts Erklärung im Bundestag „in allerhöchstem Grade würdig und überzeugend" nennen.[25]

Zu dieser Zeit pflegt Bundeskanzler Helmut Schmidt keinen Kontakt mehr mit der Familie von Hanns Martin Schleyer. Er hat mit Waltrude Schleyer am Tag nach der Entführung ihres Mannes telefoniert. Außerdem – gemeinsam mit Hans-Jochen Vogel – Hanns Eberhard Schleyer zu einem Gespräch im Kanzleramt empfangen.[26] Danach hält ausschließlich Hans-Jochen Vogel namens der Bundesregierung Kontakt in den Ginsterweg. Der Minister verschweigt dabei, dass sich die Bundesregierung bereits gegen einen Austausch der Terroristen für Hanns Martin Schleyer entschieden hat.[27]

Die Familie Schleyer bleibt nicht im passiven Wartestand, sondern beginnt eine Art öffentliches Leben. Koordiniert von Sohn Hanns-Eberhard, wendet sich Waltrude Schleyer über die „Bild"-Zeitung an Politik und Öffentlichkeit. Sogar Briefe des Vaters an den ältesten Sohn machen sie öffentlich, um Druck auf die Bonner Entscheider auszuüben.

Schleyers Entführer wiederum informieren ihr Opfer über die Nachrichten und Aktivitäten der Familie. Nach einem Aufruf von Waltrude Schleyer in der „Bild"-Zeitung, ihren Mann freizulassen, reagiert Hanns Martin Schleyer in einer seiner Nachrichten: „Ich bedanke mich vor allen Dingen bei meiner Frau, der der Appell von gestern sicher nicht leichtgefallen ist."

---

[23] Ebd., S. 3166.
[24] Ebd.
[25] Brief von Golo Mann an Hans-Martin Gauger vom 12. Oktober 1977, in: Lahme/Lüssi 2006, S. 244.
[26] Vgl. Entwurf eines Vermerks für Herrn Bundeskanzler. Betr.: Entführung von Hanns Martin Schleyer. Hier: Gespräch mit dem Sohn des Entführten. O. D., in: Archiv BK 13-211 20 (2), Beiakte OTB, Bd. 2, S. 40–44.
[27] Vgl. Hanns-Eberhard Schleyer im Gespräch mit dem Autor am 25. August 2022.

Hanns-Eberhard Schleyer, der kurz vor seinem 33. Geburtstag steht, wächst in diesen Wochen über sich hinaus. Er sucht nicht nur den Kontakt mit einflussreichen Journalisten, sondern nutzt auch das politische Netzwerk des Vaters. Eberhard von Brauchitsch, der starke Mann im Flick-Konzern, stellt ihm eine Millionensumme für die Entführer zur Verfügung. Die Bundesregierung wird die Übergabe des Geldes verhindern, um das Leben von Hanns-Eberhard Schleyer nicht zu gefährden.

Hanns Martin und Hanns-Eberhard Schleyer teilen eine Art Ehrenkodex. Bei aller Verzweiflung bleiben sie zu jeder Zeit beherrscht. Sie scheuen die Eskalation. Hanns Martin Schleyer könnte damit drohen, Geheimes auszuplaudern so wie der italienische Politiker Aldo Moro, der im kommenden März in die Hände der Roten Brigaden fallen wird.

Der 62-Jährige, der von seinen Entführern nicht einmal frische Wäsche bekommt, wirkt in den Video-Botschaften zunehmend ratloser, verzweifelter. Aber er spricht bzw. schreibt in seinen Briefen stets vernunftgeleitet. Er belässt es bei Sätzen wie: „Wenn Bonn ablehnt, dann sollen sie es bald tun, obwohl der Mensch, wie es auch im Kriege war, gerne überleben möchte."

Hanns-Eberhard Schleyer könnte den Ton der Familie gegenüber der Bundesregierung verschärfen. Die ohnehin verängstigte Öffentlichkeit aufwiegeln. Er, der korrekte Jurist, im Herzen harmoniebedürftig wie sein Vater, tut es nicht. Sein schärfstes Schwert, das er dem Bundeskanzler bereits früh ankündigt, ist ein juristisches, der Gang zum Bundesverfassungsgericht nach Karlsruhe.

Hanns Martin Schleyer zeigt Disziplin und Scharfsinn zugleich. Politisch ein Fuchs, spielt er immer wieder die psychologische Karte. „Das Ziel der Entführer", schreibt der Vater an Sohn Hanns-Eberhard, „wird sie bei Ablehnung der Forderungen und nach meiner Liquidierung nur veranlassen, das nächste Opfer zu holen. (…). Dass (sic!) sollte Helmut Schmidt ebenso wissen wie Helmut Kohl + (sic!) HD Genscher."

Wenige Tage nach seiner Entführung schickt Hanns Martin Schleyer Briefe an Helmut Kohl und Flick-Chef Eberhard von Brauchitsch. Von ihnen – der eine politisch, der andere wirtschaftlich mächtig – hofft er, dass sie Druck auf den Bundeskanzler ausüben. Hanns Martin Schleyer tut das ihm Mögliche, die Bonner Entscheider an ihrem Gewissen und Herzen zu packen.

Über Wochen gehen Nachrichten zwischen Hanns Martin Schleyers Entführern, der Bundesregierung und mittelbar der Schleyer-Familie hin und her wie in einem Art Stellungskrieg. Die Bundesregierung verlangt regelmäßig Belege dafür, dass Hanns Martin Schleyer lebt.

„Welches Glück, dass der Spiegel, der in unserer Offenburger Wohnung in das Kinderbett von ARND (sic!) fiel, ihn nicht erschlagen hat."

„Heute wäre der Geburtstag meiner Cousine Anny Müller. Sie ist 1904 in Würzburg geboren."

Dieser Stellungskrieg spiegelt die Düsterkeit von Hanns Martin Schleyers Entführungswochen. Einerseits gibt er Persönliches preis zum Nachweis, dass er lebt. Andererseits wird dieses Persönliche sofort maximal öffentlich. Der Mann, der sich an einem versteckten Ort befindet, wird von Millionen Menschen gelesen, gehört und gesehen.

Auch die Reaktion der Bundesregierung darauf. Der Präsident des Bundeskriminalamts, Horst Herold, formuliert jede Mitteilung an die Entführer persönlich. Er stimmt sie mit dem Bundeskanzler unter vier Augen" in der Kleinen Lage und im Großen politischen Beratungskreis ab. Alle sollen die von ihm gewählte Linie mittragen bis in die Wortwahl hinein.

Das Spannungsbarometer zwischen den Kriegsparteien geht rauf und runter. „Es wird von uns keine weitere Erklärung gegeben, bevor die Gefangenen nicht abgeflogen sind", lautet eine frühe Mitteilung des „Kommandos Siegfried Hausner". Drei Tage später verlangen die Terroristen, dass einer der auszufliegenden Terroristen im Deutschen Fernsehen auftritt.

Horst Herold, nervenstark und psychologisch versiert, lässt den immensen Druck, den die Entführer aufbauen wollen, ins Leere laufen. Und nimmt die „Stammheimer" ins Visier. „Das BKA wird Vorbereitungen einleiten", heißt es selbstbewusst in einer Mitteilung der Bundesregierung. „Im Laufe der Nacht werden hierzu Befragungen der Gefangenen (sic!) erfolgen." Baader und Co. sollen Staaten nennen, in die sie ausgeflogen werden wollen.

Die Entführer von Hanns Martin Schleyer und die Häftlinge in Stuttgart-Stammheim lassen sich auf Horst Herolds Prozedere ein. Plötzlich verhandeln sie vermeintlich auf Augenhöhe mit der Bundesregierung in Gestalt eines Mannes, der sich in ihre Seelen einzufühlen weiß wie niemand sonst.

Der BKA-Chef tritt mal beschwichtigend, mal forsch gegenüber den Terroristen auf. „Es ist unzumutbar", schreibt er in einer seiner Mitteilungen, „die Gefangenen (sic!) freizugeben, ohne mit Sicherheit zu wissen, dass Hanns Martin Schleyer nicht von den Entführern ermordet wird."

Zur Hinhaltetaktik der Bundesregierung gehört nicht nur das Befragen der Stammheimer Häftlinge über ihre Flugziele, sondern auch die Verabredung mit den infrage kommenden Regierungen, eine Aufnahme der Terroristen zu verweigern. Hierzu fliegt Staatsminister Hans-Jürgen Wischnewski – davon wird noch ausführlich die Rede sein – in die jeweiligen Staaten, um Gespräche zu führen mit dem Ziel einer Abfuhr. Die Suche nach einem Aufnahmeland soll kein Ende nehmen.

Hanns Martin Schleyers Entführer und die RAF-Häftlinge dürften die Hinhaltetaktik der Bundesregierung durchschauen – durchkreuzen können sie das Manöver nicht. Allenfalls mit Zwangsmaßnahmen gegen ihre Geisel. Aber damit setzen sie das Leben von Hanns Martin Schleyer aufs Spiel als das Faustpfand für ihre Forderungen.

In den Sitzungen der Bonner Krisenstäbe ist es Bundesjustizminister Hans-Jochen Vogel, der die Haltung der Bundesregierung nicht nur juristisch, sondern auch moralisch begründet. Er tut es in seiner nüchtern-analytischen Diktion. Immer wieder trifft er eine Abwägung zwischen der mutmaßlichen Gefahr für Personen, die in Zukunft Opfer der „Roten Armee Fraktion" werden könnten, und der akuten Lebensgefahr von Hanns Martin Schleyer. Hans-Jochen Vogel kommt zu dem Schluss, dass absehbar weitere Tote politisch und moralisch schwerer wiegen als der Verlust eines Einzelnen, unmittelbar Gefährdeten. Diese Abwägung wird der Bundesjustizminister auch vor dem Bundesverfassungsgericht vertreten.

Die Terroristen stellen die Haltung der Bundesregierung auf eine harte Probe, denn sie verfügen über die damals modernste Technik. Sie schicken aktuelle Polaroid-Sofortbilder, sprich Fotos, die in keinem Labor entwickelt werden müssen. Mithilfe einer Schwarz-Weiß-Videokamera zeichnen sie in Wort und Bild Botschaften von Hanns Martin Schleyer auf. Außerdem darf der Entführte Kompaktkassetten besprechen, die an ausgewählte Personen geschickt werden.

Die politischen Entscheider und die Öffentlichkeit begleiten auf diese Weise so authentisch wie noch nie das Leiden eines Entführungsopfers. Die schlechte Fotoqualität und der Schwarz-Weiß-Film mit vielen Wacklern und Bildstörungen lassen Hanns Martin Schleyer schmerzhaft fern erscheinen und doch nah. Der Arbeitgeberpräsident wirkt mit jeder Entführungswoche persönlich mitgenommener, im Ton flehender. Seine Entführer lassen die Öffentlichkeit daran teilhaben.

Hanns Martin Schleyer. Ein Mann von „denen da oben". Er dient seinen Entführern als Repräsentant eines korrupten Staates, den sich eine wirtschaftliche und politische Elite bemächtigt hat. Männer mit undurchsichtiger Vergangenheit, die schon im Hitlerdeutschland ihr Ding machten und später in der Bundesrepublik. Vermeintlich skrupellose Vertreter eines Weltkapitalismus, der alle Politik für eigene Ziele missbraucht.

Hanns Martin Schleyer ist bei den Deutschen nicht besonders bekannt oder beliebt. Ein intellektuell brillanter, um ein konstruktives Verhältnis zwischen Arbeitgebern und Gewerkschaften bemühter Kopf. Aber kein Medientalent. Ein Funktionärstyp, der den Eindruck macht, sein Leben in Gesprächen und Sitzungen zu verbringen.

Hanns Martin Schleyers öffentliches Bild ändert sich mit der Entführung schlagartig. Die Videobänder mit Erklärungen des Entführten, der im Unterhemd vor die Kamera muss, wühlen die Öffentlichkeit auf. Die Entführer verlangen die Ausstrahlung der Bänder nicht nur im deutschen Fernsehen, sondern auch im westeuropäischen Ausland. Ausstrahlungen im Ausland kann die Bundesregierung verhindern. Im eigenen Land bekommen die Zuschauer des ersten und zweiten Programms Ausschnitte des zugespielten Videomaterials zu sehen. Schon diese Auswahl macht betroffen.

Aufnahmen, in denen Hanns Martin Schleyer besonders verzweifelt wirkt, verlassen das Bundeskriminalamt erst gar nicht und wandern für alle Zeit in den Giftschrank. Wer außer Horst Herold und seine Mitarbeiter sieht die Videobänder überhaupt? Gut möglich, dass der Bundeskanzler und die Fachminister dazugehören. Vielleicht auch die Teilnehmer der beiden „Lagen". Gleichwohl wird später niemand darüber Auskunft geben, wie viel von dem Material er gesehen hat.

Bei aller Infamie der Motive und den zuvor begangenen bzw. folgenden Verbrechen – auch in einer anderen Hinsicht, der Logistik zur

Geheimhaltung von Hanns Martin Schleyers Versteck und der Kommunikation mit der Bundesregierung, handeln die Mitglieder der Roten Armee Fraktion hoch professionell. Sie wirken gut vorbereitet und in jeder Phase konzentriert. Es handelt sich um Frauen und Männer überwiegend aus dem studentischen Milieu. Sprich um intelligente Köpfe, die ihre Intelligenz für eine schreckliche Sache verwenden.

1977 gibt es noch keine Handys und kein Internet, aber die Doppelaufgabe, über Wochen unerkannt zu bleiben und mit der Geisel mehrfach das Versteck zu wechseln, ist schon damals komplex. Komplexer als jede Terroraktion der „Roten Armee Fraktion" zuvor.

Die Mitglieder des „Kommandos Siegfried Hausner", wie sich die Entführer von Hanns Martin Schleyer nach einem ihrer Gesinnungsgenossen nennen, und ihre Helferinnen und Helfer werden im Deutschen Herbst nicht weniger als 139 Briefe schreiben und verschicken. Der Versand erfolgt jeweils am Ort, wo der Brief verfasst wurde, oder von einem anderen Ort aus, wohin ihn ein Kurier gebracht hat. Es kommt auch vor, dass Kuriere Post an leicht auffindbaren Stellen, etwa in Hotellobbys, hinterlegen.

Fast alle Briefe sind fehlerfrei, was Ausdruck und Rechtschreibung angeht. Und von korrekter Grammatik. Nur ein einziger Adressat wird doppelt angeschrieben. So lautet kurzgefasst eine Auswertung der Nachrichten durch das Bundeskriminalamt, das Eingang in Helmut Schmidts „Kriegstagebuch" findet. Der Bericht beschreibt deutsche Präzisionsarbeit für einen schlimmstmöglichen Zweck.

Die Analyse erweist: Hanns Martin Schleyers Entführer und spätere Mörder behalten zu jeder Zeit die vollständige Übersicht über zu Erledigendes bzw. Erledigtes. Sie wissen immer, wer gerade was tut. Nichts geschieht unbedacht. Es passieren keine Fehler.

Sich zu Wort melden, aber keine Spuren hinterlassen – dieses Prinzip hat die RAF offenkundig lange vor dem Vollzug der „Offensive 77" geübt. Mitteilungen an die Bundesregierungen gehen bei Zeitungsredaktionen, der Deutschen Presse-Agentur, in Hotels oder Pfarrhäusern ein. Sie lassen keinen Rückschluss auf den Aufenthaltsort von Hanns Martin Schleyer und seinen Entführern zu. Kein Zweifel, Hanns Martin Schleyers Entführer wussten, dass sie auf Wochen planen und organisieren müssen. Sie tun es.

Offenkundig wissen sie auch um die intellektuelle Brillanz einiger ihrer Gegner. „Baader und Herold" nennt die Historikerin Dorothea Hauser den Zweikampf zwischen dem inhaftierten Kopf der RAF und Horst Herold, dem Chef des Bundeskriminalamtes und wichtigsten Berater von Bundeskanzler Helmut Schmidt.

Die Historikerin greift hier zu keinem dramaturgischen Mittel, sondern erzählt ein reales Duell. Tatsächlich hat Andreas Baader auf diversen Kommunikationswegen die „Offensive 77" gefordert und ihre Planung zusammen mit den in Stuttgart-Stammheim einsitzenden Terroristen Gudrun Ensslin, Irmgard Möller und Jan-Carl Raspe begleitet. Das Maß dieser Führung und Steuerung wird sich bei der polizeilichen Aufarbeitung nach dem Deutschen Herbst erweisen.

Eine Mitteilung der Entführer, die gleich nach dem ersten Forderungspapier das Bundeskriminalamt erreicht, sei hier in Gänze zitiert. Sie zeigt die Perfidie, mit der Schleyers Entführer vorgehen, und ihren Hass auf den westdeutschen Staat.

Es handelt sich um ein mutmaßlich erfundenes „Verhör" von Hanns Martin Schleyer durch seine Entführer. Der Hinweis „Identifikation: Kassette" soll die Echtheit bezeugen, doch einige Antworten des Arbeitgeberpräsidenten erscheinen wenig glaubhaft in Kenntnis der Persönlichkeit und dem politischen Denken des Entführten.

Hanns Martin Schleyers mutmaßliches Verhör sei hier in der Reihenfolge und Schreibweise wiedergegeben, wie die einzelnen Blätter Aufnahme in das „Operationstagebuch" fanden.[28]

„es ist für uns keine frage der moral, wenn wir bestimmten wünschen nachkommen, die der gefangene h. m.schleyer für den fall seiner exekution geäußert hatte. Vielmehr gehen wir davon aus, daß der exekutierte unter seinesgleichen persönliche feinde besaß, die uns jetzt interessieren.

Mit größten aufmerksamkeit werden wir deshalb verfolgen, was SIE aus den beigefügten aussagen h. m. schleyers machen, und dann entscheiden, ob wir IHNEN weitere bandkopien und -abschriften zustellen.

Identifikation: Kassette
kommando siegfried hausner
raf

---

[28] Archiv BK 13-211 20 (3), Bd. 1, S. 135–139.

aufzeichnung o. k. schleyers, 10.9.77
…
Schleyer: … will ich direkt antworten: man braucht märtyrer, und jetzt bin ich an der reihe …
Frage: kohl und strauß tanzen da wirklich nach der pfeife von schmidt?
Schleyer: … falls SIE mich ein paar tage überleben sollten, wird IHNEN spätestens dann diese dramaturgie offensichtlich werden …
Hinweis: da haben SIE ja tolle politische freunde, aber SIE würdens ja mit ihnen nicht anders machen …
…
Aufzeichnung o. k. schleyers, 11.9.77
…
frage: warum sagen SIE uns das jetzt erst? das hätten wir doch zum beispiel IHREM sohn –
schleyer: und SIE meinen, schmidt kapiert das, wenn wir bei kohl auf herold anspielen?
Schleyer: ich hoffe es … trotzdem mache ich mir sorgen um meine familie …
Hinweis: … aber gut: wenn wir auch nichts mit IHNEN gemein haben, das eine können wir IHNEN versichern: selbst den raffiniertesten meierbullen wird es nicht gelingen, einen von der raf auszutricksen, damit er womöglich aus IHRER familie ne heldenfamilie wie die kennedys macht.
Aufzeichnung o.k. schleyers, o. d.
…
Hinweis: … hier ist auch die bestätigung, daß die ersten drei kassetten angekommen sind.
Ihr gewährsmann hat unsere bedingungen wunschgemäß akzeptiert, so daß uns jetzt die inititiative überlassen bleibt. Damit ist nun fast alles geregelt … an der deutschen weinstr.
Schleyer: danke … wenn Sie davon gebrauch machen, kann ich nur bitten, die erklärung zu meinen beweggründen ni (sic!) zu unterschlagen –
Sie haben eindeutige sicherheitsgarantien, was soll also … allerdings …
Schleyer: … das risiko muß ich eingehen … hatte er sonst noch bedenken?

Hinweis: bedenken und empfehlungen. Bedenken vor allem zur … adresse. Er meint wie wir, daß die csu in … herumwühlt, und wenn die bänder strauß in die hände fallen, ginge weder IHRE noch unsere rechnung halbwegs auf …

Schleyer: es soll ja nur eine vorläufige aufbewahrung sein, bis da material komplett ist …

Frage: übrigens wollte er in diesem zusammenhang wissen, ob vielleicht nicht doch IHR sohn eine der adressen kennt, ist das so?

Schleyer: nein, nur … SIE und ich … aber SIE sprachen auch von empfehlungen –

Hinweis: richtig, ich habe mir einiges aufgeschrieben –

Schleyer: warten SIE, ich notiere mir das auch, SIE wissen ja mein konzentrationsvermögen …

Hinweis: ja, ja, machen SIE nur – also:

1. Die sache mit meier und herold, die anschuldigungen gegen schmidt, maihofer usw. – nee, das ist in ordnung …

2. zum dickwurst: bei dem sogenannten selbstmord von dem ries sollen SIE genauer aussagen, welche rolle dabei das straußweib und die tandlers gespielt haben –

Schleyer: mm. Ja.

Hinweis: weiter zu strauß: SIE möchten möglichst im einzelnen ausführen, wohin die lockheed-schmiergelder geflossen sind – wer dazu im besitz von belegen ist, also einschließlich IHRER eigenen – außerdem: warum heubl seine lockheed-kenntnisse zuerst an wehner verkaufen wolle, dann aber kohl vorgezogen hat – ebenfalls möglichst genau: wann überall und wie kohl diese informationen gegen strauß ausgespielt hat. –

Schleyer: das ist jetzt auf der vierten kassette drauf.

Hinweis: aha – da ist aber noch mehr:

Was biedenkopf von der ganzen geschichte weiß –

Schleyer: schwirig, mir ist nur bekannt, daß er etwas weiß …

Hinweis: dann geben SIE eben IHRE informanten an –
so:

3. die geschichte mit den schmiergeldern, pardon, natürlich spendengeldern der wirtschaftsverbände für die einzelnen parteien ist klar – ach nee: SIE sollen eine programmatische begründung geben, warum die wirtschaftsverbände dregger als bundeskanzlerkandidaten favorisieren …

schleyer: alles?
Hinweis: ja, nur noch ne kleinigkeit: in IHREM lebenslauf fehlt IHRE ss-nummer. Wissen SIE die nicht mehr? Werden SIE doch noch wissen ...
Schleyer: ... gut, ich versuche dann, bis ... fertig zu werden
Hinweis: Sie müssen, wir haben nämlich ne gute nachricht von unseren genossen bejkommen ... außerdem sind wir wohl kaum hier, um großartige racheaktionen anzulegen ...
..."

Offenkundig wollen die Entführer von Hanns Martin Schleyer mit dieser Mitteilung Zwietracht streuen unter den Entscheidern im politischen Bonn. Helmut Kohl und Horst Herold sollen gegeneinander ausgespielt werden. Hanns Martin Schleyer könnte im Lauf seiner Entführung „auspacken" über Skandale und Skandalfiguren in der Bundesrepublik Deutschland. Der Bundeskanzler, so mutmaßlich das Kalkül der Entführer, würde diesen Enthüllungen früher oder später ein Ende setzen, indem er ihre Forderungen erfüllt.

Die Bundesregierung schweigt zu der Mitteilung. Und hält sie vor Medien und Öffentlichkeit geheim. Es bleibt bei diesem einen Versuch, einen Keil zwischen Bonner Spitzenpolitiker zu treiben. Offenbar gelangen Hanns Martin Schleyers Entführer zu dem Schluss, auf diesem Weg nichts zu erreichen.

Nach den ersten Entführungstagen gerät der Austausch zwischen der Bundesregierung und den Entführern von Hanns Martin Schleyer ins Stocken. Keine der beiden Seiten weiß Neues zu berichten. Beide Seiten sind wie erwähnt in eine Art Stellungskrieg geraten.

Ein Genfer Rechtsanwalt, Dennis Payot, bietet sich per Zeitungsinterview als Vermittler an. Von dem Mann ist nicht viel bekannt, außer dass er als Präsident der Schweizerischen Liga für Menschenrechte die Mütter von Gudrun Ensslin und Andreas Baader – unermüdliche Verteidigerinnen ihrer Tochter bzw. ihres Sohnes – getroffen hat. Diese biografische Vorgeschichte reicht aus, um von beiden „Kriegsparteien" akzeptiert zu werden.

Die Personalie birgt Risiken. Dennis Payot spricht kein Deutsch. Das kann zu sprachlichen Missverständnissen führen. Dennis Payot schaut auf die Bundesrepublik von außen, kennt somit die Bonner Verhältnisse nicht. So wenig wie die Mitarbeitenden seines Anwaltsbüros, die er für diese Aufgabe braucht.

Worin liegt das jeweilige Interesse? Ein Vermittler macht es aus Sicht der Terroristen überflüssig, mit der Bundesregierung direkt zu verhandeln. Sie können besser im Verborgenen bleiben. Die Bundesregierung wiederum mag froh sein, über einen Ansprechpartner zu verfügen. Sie braucht künftig weniger die Medien. Außerdem sorgt der Vermittler für eine Art geordnetes Verfahren. Kurzschlusshandlungen der Entführer erscheinen weniger wahrscheinlich. Und mutmaßlich wird Zeit gewonnen.

Hanns Martin Schleyer ist im Herbst 1977 Vorstandsmitglied bei Daimler-Benz, zuständig für das Personal- und Sozialwesen, und führt zwei mächtige Verbände, als Präsident der Bundesvereinigung der Deutschen Arbeitgeberverbände (BDA) und als Präsident des Bundesverbandes der Deutschen Industrie (BDI). Nicht alle Vertreter (1977 keine Vertreterinnen) dieser Organisationen halten jetzt zu ihm.

„Das Präsidium des BDI (Vizepräsidenten)", schreibt der Chef Bundeskanzleramt Manfred Schüler am 6. September einen Vermerk an den Bundeskanzler, „ist in Köln beisammen und hat Sorge, dass Wolf von Amerongen (Präsident des Deutschen Industrie- und Handelstages, Anm. M. R.) bei ihnen um Unterstützung für eine öffentliche Erklärung des Gemeinschafsausschusses bittet. Der BDI wolle das gegenwärtig nicht (...). Beim BDI wolle man zunächst den weiteren Fortgang der Ermittlungen abwarten."[29]

Wenige Tage später hat Manfred Schüler Besuch von Johannes Niemeyer vom Kommissariat der katholischen Bischöfe. „Die katholische Kirche werde von der Familie Schleyer bedrängt, auf Regierung und Öffentlichkeit einzuwirken, Schleyer durch Freilassung der Gefangenen zu befreien", heißt es in einem Vermerk von Schüler vom selben Tag.[30] „Die katholische Kirche sei dazu nicht bereit." Niemeyer „steckt" Schüler, dass der Bischof von Rottenburg (sprich der Diözese, in der die Schleyer-Familie lebt) im Laufe des Tages einen Appell an die Entführer

---

[29] Vermerk Chef BK an Herrn Bundeskanzler vom 6. September 1977, in: Archiv BK 13-211 20 (3), Beiakte 3, o. S.
[30] Vermerk Chef BK vom 13. September 1977, in: Archiv BK 13-211 20 (2), Beiakte OTB, Bd. 2, S. 53; Archiv BK 13-211 20 (3), Beiakte 3, o. S.

richten will. Manfred Schüler informiert sofort Hans-Jochen Vogel, der sogleich den überraschten Bischof davon abbringt.

Erwähnt gehört ein in diesen Tagen aufkommender Konflikt zwischen zwei Spitzenpolitikern, die zugleich Brüder sind. Hans-Jochen und Bernhard Vogel gehören unterschiedlichen Parteien an. Der eine sozialdemokratischer Bundesjustizminister, der andere christdemokratischer Ministerpräsident von Rheinland-Pfalz.

Hans-Jochen Vogel hält auf Bitten des Bundeskanzlers den politischen Kontakt zu Schleyers Familie. Er muss sie hinhalten. Über die von Helmut Schmidt bereits getroffene Entscheidung schweigen. Bernhard Vogel hingegen zählt nicht nur zu den persönlichen Freunden von Hanns Martin Schleyer, sondern auch von Schleyers Familie.

Bernhard Vogel hält während der Entführungswochen engen Kontakt zu Waltrude Schleyer und den vier Kindern. Häufig fährt er nach seinem Arbeitstag von Mainz aus für einen Besuch nach Stuttgart und in der Nacht wieder zurück. Es geht Bernhard Vogel um persönlichen Beistand. In der Sache weiß er nichts zu berichten, denn er hat während dieser Zeit keinen Kontakt zur Bundesregierung und Mitgliedern von Helmut Schmidts Krisenstäben. Und nur sporadisch zum Bruder Hans-Jochen. Man geht einander aus dem Weg.[31]

Hanns Martin Schleyer befindet sich seit neun Tagen in Geiselhaft, als der „Stern" berichtet, Bundesregierung und Opposition seien sich einig darin, dass ein Austausch der Terroristen grundsätzlich nicht infrage komme.[32] Das Gleiche gelte für Bundesinnenminister Werner Maihofer und den Präsidenten des Bundeskriminalamtes, Horst Herold.

Kein Zweifel, ein Mitglied der Kleinen Lage oder des Großen politischen Beratungskreises hat „geplaudert". Der Sachverhalt trifft zu, doch er verträgt, wie es im Volksmund heißt, das Schnaufen nicht. „Stern"-Chef Henri Nannen darf man unterstellen, dass er sich seiner publizistischen Verantwortung im Deutschen Herbst bewusst ist. Er lässt sein Magazin zündeln, um klarzumachen: Wir sind gut informiert. Und können

---

[31] Vgl. Bernhard Vogel im Gespräch mit dem Autor am 8. März 2023.
[32] Vgl. Erklärung von StS Bölling und Brief StS Bölling an Henri Nannen vom 15. September 1977, in: Archiv BK 13-211 20 (2), Bd. 1, Anlagen zum Protokoll 2.

auch anders. Nach diesem „Warnschuss" an die Bundesregierung hält Nannen publizistisch still.

Mutmaßlich für eine Gegenleistung, ein Versprechen. Der „Stern" wird am Ende des Deutschen Herbstes über Informationen und Fotos der Ereignisse verfügen wie kein anderes Medium sonst. Er wird zum Beispiel Bilder drucken, die Beamte des Bundeskriminalamts in der gestürmten „Landshut" gemacht haben.

Bundeskanzler Helmut Schmidt hat, wie erzählt, die Mitglieder der beiden Krisenstäbe aufgefordert, vermeintlich Undenkbares zu denken. Diese geistige Freiheit nimmt sich auch eine vom Chef des Bundeskanzleramtes, Manfred Schüler, eingesetzte Arbeitsgruppe. Den Namen „Ruhnau-Gruppe" verdankt sie ihrem Leiter Heinz Ruhnau, Staatssekretär im Bundesverkehrsministerium und späterer Vorstandsvorsitzender der Deutschen Lufthansa. Außer ihm gehören dem Kreis Dieter Posser, Landesjustizminister von Nordrhein-Westfalen, sowie der Abteilungsleiter 2 (auswärtige und innerdeutsche Beziehungen, äußere Sicherheit)[33] im Bundeskanzleramt, Jürgen Ruhfus, und der Abteilungsleiter 3 (innere Angelegenheiten)[34], Gerhard Konow, an.

Die Ruhnau-Gruppe entwirft Szenarien, wie Hanns Martin Schleyer freikommen kann, ohne die Terroristen laufen zu lassen.

Ihr Planspiel sieht eine Zusammenarbeit der Bundesregierung mit dem Präsidenten von Togo vor. Das westafrikanische Land war einmal eine deutsche Kolonie. Seit Januar 1967 führt Präsident Gnassingbé Eyadéma diktatorisch das Land. Menschenrechtsverletzungen und die Verfolgung politischer Gegner gehören in Togo zum Alltag.

Ende der 60er-Jahre hat der Präsident eine Idee, die Unternehmen aus Europa anlocken soll mit Niederlassungen. Das bedeutet viele neue und gut bezahlte Arbeitsplätz in dem armen Land.[35] Gnassingbé Eyadéma hebt das religiös begründete Verbot, Schweinefleisch zu essen, auf. Der CSU-Vorsitzende und bayerische Ministerpräsident Franz Josef Strauß bekommt davon Wind und wittert das große Geschäft. Strauß, selbst

---

[33] Busse/Hofmann 2010, S. 116 f.
[34] Ebd.
[35] Vgl. Schwarzes Patenkind, in: Der Spiegel Nr. 11 vom 7. März 1977; vgl. Ein Schwarzer in Afrika, in: Der Stern Nr. 13 vom 17. März 1977.

Metzger-Sohn, überredet den Rosenheimer Fleischwaren-Millionär Josef März („Marox – aus Freude am Essen") zu Investitionen in Togo.

Das Beispiel wird auf dem afrikanischen Kontinent Schule machen. Der Diktator des Kongo, Mobutu Sese Seko – den Deutschen bekannt als Ausrichter des „Rumble in the Jungle", dem Schwergewichtsboxkampf zwischen George Foreman und Muhammad Ali am 30. Oktober 1974 in Kinshasa – kommt nach Rosenheim, um die Fabrik von Josef März zu besuchen. Die Herren werden sich handelseinig. Auch der Kongo bekommt bayerische Fleischfabriken.

Franz Josef Strauß und Mitglieder seines Landeskabinetts reisen mehrfach nach Togo zur Pflege der neuen, zünftigen Freundschaft. Dort erfahren Strauß und Co. den – wie sie finden – verdienten Ruhm für ihr politisches Genie, der ihnen in Westdeutschland – völlig zu Unrecht, wie sie ebenfalls finden – versagt bleibt.

Für einen Besuch in Togo im März 1977 lässt der CSU-Vorsitzende Franz Josef Strauß sogar eine Rede auf einem CDU-Bundesparteitag sausen. In der togolesischen Hauptstadt Lomé wird er geradezu triumphal empfangen. Ein riesenhaftes Banner trägt die Aufschrift: „PRAESIDENT STRAUSS SEIN SIE ZU HAUSE IN TOGO". Ein „Stern"-Reporter begleitet Franz Josef Strauß auf der Reise. In seinem Artikel später halten sich Spott und Staunen die Waage.

Auf dem diktatorischen, aber der Bundesrepublik freundlich gesinnten Regime dieses Landes ruht die Hoffnung der „Ruhnau-Gruppe", einem heimlichen Brainpool von Bundeskanzler Helmut Schmidt. Zum Szenario von Heinz Ruhnau und Co. gehört, dass alle Regierungen der Staaten, wohin die „Stammheimer" ausgeflogen werden wollen, eine Aufnahme ablehnen. Auf Bitten der Bundesregierung soll sich nur Togo dazu bereitfinden. Nolens volens stimmen die inhaftierten RAF-Terroristen zu – unter der Voraussetzung, dass „Charakter des Regimes in Togo nicht durchschaut wird. Tatsächlicher Inhalt der Aktion muss vor Häftlingen, Entführern und Begleitern geheim bleiben."[36]

Die elf Terroristen werden aus dem Gefängnis zu einem Flughafen gebracht, wo sie in eine vermeintliche Linienmaschine mit Touristen

---

[36] Unternehmen „Lomé". Auslösung durch Bundesregierung, um Entführung zu beenden, oder durch Ultimatum der Entführer, in Archiv BK 13-211 20 (2), Beiakte OTB, Bd. 7, o. S.

steigen. Tatsächlich handelt es sich um bewaffnete Polizeibeamte in Zivil. Alternativ befindet sich in der Maschine nur die Crew, sprich Piloten und Begleitpersonal. Polizisten kommen erst in der Luft aus ihrem Versteck.

Die Maschine fliegt nach Lomé. Präsident Gnassingbé Eyadéma gibt eine glaubwürdig klingende Erklärung ab, dass die Terroristen nach Bekanntgabe des Code-Worts an Hanns Martin Schleyers Entführer – das Signal zu seiner Freilassung – politisches Asyl erhalten. Nach dem Freikommen des Arbeitgeberpräsidenten werden die Terroristen wieder „eingesammelt".

Die Verfasser des Planspiels zweifeln selbst am Erfolg ihres Plans. Einerseits sollten sie vermeintlich Undenkbares denken. Andererseits glauben sie nicht, dass der Fake, um ein modernes Wort zu benutzen, geheim bleibt. Bei der Aktion wären zwei Regierungen, sprich viele Behörden im Spiel. Die Logistik wäre kompliziert.

Zweifel gibt es auch an der Glaubwürdigkeit des togolesischen Diktators bei Hanns Martin Schleyers Entführern und den RAF-Häftlingen in Stuttgart-Stammheim. Die Damen und Herren beschäftigen sich mit der internationalen Politik, aber wissen sie, wo der afrikanische Staat Togo liegt?

Gut möglich, so die Einschätzung von Ruhnau und Co., dass der Plan auf andere Weise scheitert. Dass sich keine Lufthansa-Crew bereiterklärt, das Flugzeug nach Lomé zu fliegen mit Terroristinnen und Terroristen an Bord.

Trotz aller Zweifel geht das „Unternehmen Lomé" in das Papier der „Ruhnau-Gruppe", das dem Bundeskanzler verschiedene Szenarien entwickelt, ein.[37] Mit Datum vom 10. Oktober 1977 schreibt Staatsminister Hans-Jürgen Wischnewski eine Stellungnahme zum Papier der Ruhnau-Gruppe, darunter dem Vorschlag einer Zusammenarbeit mit der Republik Togo. Sie fällt skeptisch, aber nicht negativ aus. Die Aufent-

---

[37] Die weiteren Szenarien lassen sich aus dem im OTB enthaltenen Seiten nicht vollständig erschließen. Es handelt sich um schematische Darstellungen von Wenn-dann-Szenarien ohne nähere Erläuterung. Darin wird versucht zu beschreiben, welche mutmaßlichen Folgen ein Handeln der Bundesregierung oder der Entführer von Hanns Martin Schleyer für die Geisel und die Öffentlichkeit hätte. Interessant, ja aufschlussreich, dass die Bundesregierung die öffentliche Wirkung ihrer Entscheidungen stets mitbedenkt.

haltszeit in Lomé könne erheblich herabgesetzt werden, „wenn mit zwei Flugzeugen gearbeitet wird".[38]

Bundeskanzler Helmut Schmidt bekommt mutmaßlich das Papier der „Ruhnau-Gruppe" auf den Tisch und spricht mit ihren Mitgliedern darüber. Heinz Ruhnau ist ein SPD-Parteifreund, auf Jürgen Ruhfus hält er fachlich große Stücke. Dass sich er oder Franz Josef Strauß für ein „Unternehmen Lomé" tatsächlich an den togolesischen Präsidenten wenden, ist nicht überliefert.

Anfang Oktober 1977 lässt Hanns Martin Schleyer in einem Brief an seine Frau durchblicken, wie sehr ihn die Ungewissheit über sein Schicksal belastet. Er schreibt von einem „jetzt über einen Monat dauernden Dahinvegetieren". Dieser Zustand sei „von mir nicht mehr lange zu verkraften".

Der Entführte spürt, dass die Auseinandersetzung zwischen der Bundesregierung und den Terroristen einen toten Punkt erreicht hat. Die Entführer des Arbeitgeberpräsidenten lassen inzwischen Tage vergehen bis zu einer nächsten Wortmeldung und einem Lebenszeichen von Hanns Martin Schleyer. Vermittler Denis Payot kann nur weitergeben, was ihn erreicht.

Helmut Schmidts wichtigster Berater Horst Herold nimmt an, dass sich Hanns Martin Schleyer nicht mehr in der Bundesrepublik befindet und damit die Aussicht, ihn aufzuspüren und zu befreien, schwindet. Ein Zugriff auf Hanns Martin Schleyers Entführer erscheint mit jedem Tag weniger wahrscheinlich. Andererseits halten die Terroristen ihre Forderungen aufrecht, sprich, sie brauchen den Arbeitgeberpräsidenten als Faustpfand.

Ein Dokument dieser psychisch fordernden Zwischenzeit ist die Rede, mit der Bundeskanzler Helmut Schmidt am 6. Oktober 1977 eine Bundeskonferenz des Juniorenkreises der Deutschen Wirtschaft eröffnet.[39] Sowohl der Vorsitzende des Juniorenkreises als auch Helmut Schmidt selbst kommen auf das Thema, das die Menschen in der Bundesrepublik bedrückt wie kein anderes, zu sprechen. Die Gedanken

---

[38] Stm (Wischnewski, da eigenhändig von ihm unterschrieben): Vermerk an Herrn Bundeskanzler vom 10. Oktober 1977, in: Archiv BK 13-211 20 (2), Beiakte OTB, Bd. 8, o. S.
[39] Bundespresseamt. Steor. Dienst. Poles vom 6. Oktober 1977, in: AdsD, 1/HSAA010350.

aller Versammelten in der Heilbronner Festhalle „Harmonie" gelten dem Mann, von dem sie nicht wissen, ob er lebend aus seiner Geiselhaft kommt.

Der Bundeskanzler bekennt in Heilbronn, dass er mit einem Terroropfer dieses Jahres, Jürgen Ponto, seit langen Jahren „in freundschaftlicher Verbindung gestanden" sei. „Ich glaube, es ist ein Vierteljahrhundert her, dass meine Frau einen seiner Söhne in der Schule unterrichtet hat." Weiter spricht er von einem „sehr intensiven Kontakt und Meinungsaustausch mit Hanns Martin Schleyer" vor dessen Entführung. Er fühle sich persönlich von diesen beiden Verbrechen betroffen „und nicht nur als einer von 60 Mio. Bürgern und auch nicht nur als der Bundeskanzler".

Dann spricht Helmut Schmidt seine Gastgeber an. „Ich muss Sie warnen. Ich habe keine Möglichkeit, Ihnen eine Festrede zu halten. Darauf mich vorzubereiten, hatte ich in den letzten 14 Tagen keine Gelegenheit." Danach spricht der Bundeskanzler über das aus seiner Sicht intakte Verhältnis zwischen Unternehmensleitungen einerseits und Betriebs- bzw. Personalräten und Gewerkschaften andererseits. Es folgt die Schmidt-typische, sprichwörtliche „Weltwirtschaftsoper", eine Analyse der nationalen Konjunktur und ihrer globalen Ursachen.

Eine Stunde redet der Bundeskanzler wie immer. Zum Schluss kommt er noch einmal auf den entführten Arbeitgeberpräsidenten Hanns Martin Schleyer zu sprechen. Helmut Schmidt erzählt „vom letzten Gespräch, das wir vor dem Verbrechen gegen ihn miteinander hatten, sehr ausführlich, zwei oder drei Stunden (…)." Sehr indirekt, sehr umständlich drückt der Bundeskanzler damit aus, wie sehr er Hanns Martin Schleyer schätzt. Und jetzt um ihn bangt.

## Stuttgart

In der Spätphase von Hanns Martin Schleyers Entführung bittet Generalbundesanwalt Kurt Rebmann den Leiter der Justizvollzugsanstalt Stuttgart-Stammheim, Horst Nusser, mit Andreas Baader ein Gespräch zu führen. Der Generalbundesanwalt möchte den toten Punkt, an dem die Auseinandersetzung zwischen der Bundesregierung und den Schleyer-Entführern, angekommen ist, überwinden. Nusser soll Baader fragen, ob er eine Erklärung abgeben wolle. Es passiert nicht vielen Insassen der Justizvollzugsanstalt Stuttgart-Stammheim, dass sie der oberste Chef im Haus zum Gespräch empfängt.

Andreas Baader teilt Horst Nusser mit, dass er ein Treffen mit dem Chef des Bundeskanzleramtes, Manfred Schüler, wünscht. Nusser nimmt mutmaßlich an, dass Baader, der selbst ernannte Guerillakämpfer, damit seine Eitelkeit bedienen will. Ungefähr so: Wenn ich schon mit einem Repräsentanten dieses Schweinestaats spreche, muss es der engste Mitarbeiter von Helmut Schmidt sein!

Horst Nusser weiß natürlich nicht, dass Andreas Baader in seiner Zelle über eine Pistole verfügt. Die bekäme der Kanzleramtsminister bei seinem Besuch mutmaßlich an den Kopf gehalten. Die Welt würde sich über „Bonn" lustig machen für so viel Fahrlässigkeit.

Nach dem Gespräch telefoniert Horst Nusser zuerst mit Manfred Schüler, dann mit Generalbundesanwalt Kurt Rebmann. Bundeskanzler Helmut Schmidt lässt die Protokolle der beiden Telefongespräche in das „Operationstagebuch" aufnehmen. Sie seien hier zitiert.

Nusser zu Schüler: Baader habe gesagt, „es wäre sehr wichtig, über die Situation mit jemandem zu sprechen, der kompetent ist, der entscheiden kann und der kein Polizist ist (Hans Nusser ist kein Polizist, sondern Jurist, wird aber mit der Polizeiarbeit identifiziert, Anm. M. R.). (…) Er hat dann – das ist vielleicht die einzige Andeutung gewesen, die etwas kritisch sein könnte – gesagt, na nun, wenn der Herr Schüler nicht bald kommt, dann muss er möglicherweise weit reisen. Auf meine Frage, ob er das, was er sagen wolle, mir mitteilen könne, hat er glatt verneint (…)." (…)

Schüler: „Und die eine Bemerkung, wenn er nicht bald kommt, dann muss er möglicherweise bald weit reisen, hat er gesagt, also das ist so eine Andeutung, dass sie da auch nicht mitnehmen wollten, oder wie ist das zu verstehen? Oder rechnet er damit, dass es die zweite Möglichkeit wäre, dass er damit rechnet, ausgeflogen zu werden und dass man ihn dann am Zielort – so haben Sie das verstanden?"

Nusser: „Ja."

Schüler: „Ja, das ist ja doch interessant, dass sie also dann doch noch damit rechnen." (…)[40]

---

[40] Telefonprotokoll eines nicht datierten Gesprächs zwischen StS Manfred Schüler und Hans Nusser, in: Archiv BK 13-211 20 (2), Beiakte OTB, Bd. 8, o. S.

Wie erwähnt folgt ein Telefonat zwischen Horst Nusser und Generalbundesanwalt Kurt Rebmann.

Rebmann: „Hier Rebmann. Kann das sein, dass die vielleicht durch Radioapparate, die andere auf ihren Zimmern haben, informiert sind?"

Nusser: „Das kann man nicht ausschließen. (…) Sie kennen ja diesen Hof, der ist sehr schalltragend. Es ist also durchaus zu hören, wenn das Radio in einiger Entfernung steht. (…) Ich war beim Baader. (…) Die Gesamtsituation bedürfe seines Erachtens eines aber nicht telefonisch durchzuführenden Gespräches mit einem kompetenten Mann aus Bonn, das er führen sollte. (…) Das Gespräch, das er nun wünsche, wenn das nicht bald zustande käme, dann könnte es ja sein, dass der richtige Gesprächspartner weit reisen müsste. Ich habe dies auch alles dem Staatssekretär Schüler gesagt. (…)"

Rebmann: „Okay, gut. Besten Dank, Herr Nusser."[41]

Tage später werden Schüler und Nusser wissen, was Baader mit der „weiten Reise" gemeint hat. Schüler muss nach Baaders Selbstmord tot sein für ein „Wiedersehen".

Im Deutschen Herbst erkärt sich der Chef Bundeskanzleramt Manfred Schüler zu einem Gespräch mit Andreas Baader bereit. Sprich zum Gang in die Justizvollzugsanstalt Stuttgart-Stammheim. Der Große politische Beratungskreis gibt hierfür grünes Licht. Alles, was zur Rettung der Geisel Hanns Martin Schleyer beitragen kann, soll unternommen werden.

Als ein Hubschrauber im Garten des Bundeskanzleramts landet, um den Chef des Hauses nach Stuttgart zu fliegen, legt Bundesjustizminister Hans-Jochen Vogel sein Veto ein. „Darüber müssen wir noch einmal reden."[42] Tage später wird Manfred Schüler mehr als einmal für das Veto danken.[43]

Nicht nur Andreas Baader, sondern auch Gudrun Ensslin und Jan-Carl Raspe machen Andeutungen von Suizidgedanken. Der Polizist, der für die RAF-Häftlinge zuständig ist, erstellt Wortprotokolle von Ge-

---

[41] Telefonprotokoll eines nicht datierten Gesprächs zwischen GBA Kurt Rebmann und Hans Nusser, in: Ebd., o. S.
[42] Vogel/Hauser, S. 21.
[43] Ebd.

sprächen mit Baader und Co. Über den Anstaltsleiter werden sie der Bundesregierung zugeleitet. Polizei und Politik wissen insgesamt zwei Wochen lang von der Drohung der Terroristen, bevor sie diese Drohung wahr machen. Dazu später mehr.

In der Rückschau ist man immer klüger, wird der damalige Bundesjustizminister Hans-Jochen Vogel sinngemäß Jahrzehnte später im Gespräch mit Dorothea Hauser sagen. „Es gab aus diesem Personenkreis keinen einzigen Fall, dass einer, wenn er sich wirklich umgebracht hätte, vorher davon spricht",[44] so Hans-Jochen Vogel wörtlich.

„*dpa meldet CvD, dass in den Abendstunden in verschiedenen dpa-Büros merkwürdige Anrufe getätigt wurden. dpa hat das noch nicht gemeldet.*
*Frankfurt: 20.40 Uhr „Die Maus ist tot"*
*Trier: 20.53 Uhr „Der Igel ist tot"*
*Hamburg: 21.25 Uhr „Die Maus ist tot""*[45]

Immer wieder, so in den Besprechungen am 7. und 21. September, geht es in den Krisenstäben um die Zusammenarbeit zwischen den Behörden des Bundes und der Länder. Was darf und soll die Polizei machen, die den Ländern unterstellt ist, was die Grenzschutztruppe 9 (GSG9) des Bundes? 1977 gibt es darüber noch wenig Erfahrungen. Und Eifersüchteleien, damals wie heute. Ulrich Wegeners GSG9, die ihre Feuertaufe noch vor sich hat, wirkt bei Routineaufgaben mit wie dem Personenschutz des Bundespräsidenten und beim Sturm von Wohnungen oder Häusern. Sie hat vor „Mogadischu" ein schwieriges Standing.

Die Kleine Lage und der Große politische Beratungskreis sind wie gehört im Grundgesetz nicht vorgesehen. Deshalb braucht es einen Kniff, um Gesprächsverläufe – keine formalen Entscheidungen! – zu dokumentieren. Helmut Schmidt bittet den Chef des Bundeskanzleramtes, Manfred Schüler, am 13. September 1977, er möge „einen fähigen Beamten (…) zum Verantwortlichen für lückenlose Dokumentation (…) bestimmen."[46] In einem Konvolut, das Helmut Schmidt mal „Kriegstage-

---

[44] Vogel/Hauser, S. 42.
[45] Vermerk Chef vom Dienst Dr. Liebau für StS vom 5. Oktober 1977, in: Archiv BK 13-211 20 (2), Beiakte OTB, Bd. 4, S. 321.
[46] Handschriftliche Notiz von Helmut Schmidt auf seinem persönlichen Briefpapier (Briefkopf „Helmut Schmidt"), in: Archiv BK 13-211 20 (2), Beiakte OTB, Bd. 7, o. S.

buch", mal „Operationstagebuch" nennen wird, sollen Protokolle aus der Kleinen Lage und dem Großen politischen Beratungskreis gesammelt werden, ergänzt um wichtige Dokumente – Briefe der Familie Schleyer, Erklärungen der in Stuttgart-Stammheim inhaftierten Terroristen, Telefonprotokolle, kriminaltechnische Untersuchungen. Ein Aktensammelsurium zur Dokumentation einer Ausnahmesituation. So kann Helmut Schmidt hinterher sagen: Ich habe alle Entscheidungen nach jeweils intensiver Diskussion getroffen (siehe Abb. 1a, b).

Das „Kriegstagebuch" kommt nach dem Deutschen Herbst in den sprichwörtlichen Giftschrank. Nicht einmal die Mitglieder der Krisenstäbe erhalten auf Anfrage Einsicht. Weder der damalige baden-württembergische Ministerpräsident Hans Filbinger noch Klaus Kinkel, seinerzeit Staatssekretär im Bundesaußenministerium, oder der Chef der CSU-Landesgruppe im Bundestag, Friedrich Zimmermann. Eine Ausnahme wird für den CSU-Bundestagsabgeordneten Hermann Höcherl gemacht als Autor eines Untersuchungsberichts über Pannen bei der

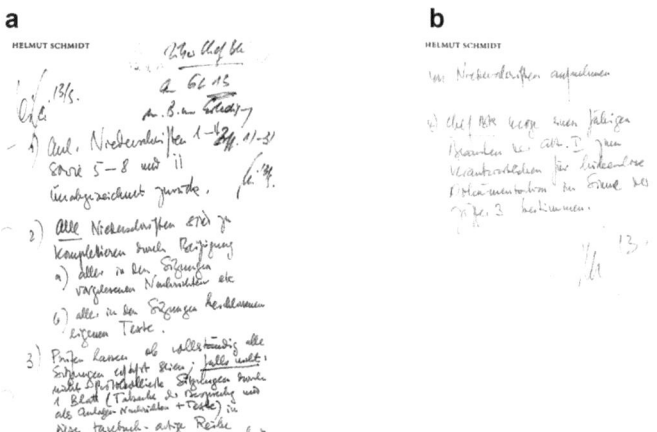

**Abb. 1** (a, b) Handschriftliche Notiz von Helmut Schmidt auf seinem persönlichen Briefpapier (Briefkopf „Helmut Schmidt"). (Quelle: Archiv BK 13-211 20 (2), Zusatzakte OTB, Bd. 7)

Fahndung nach Hanns Martin Schleyer. Er kann die Protokolle von Schleyers ersten Entführungstagen einsehen.

Nur BKA-Chef Horst Herold lässt sich mutmaßlich das komplette Material kopieren für ein Buch, das er im Ruhestand schreiben will. Er wird es nicht schreiben, aber was geschah mit der Kopie nach Herolds Tod im Dezember 2018?

Helmut Schmidt holt sich Jahre später die Genehmigung, dass die Historikerin Dorothea Hauser das komplette Tagebuch einsehen kann. Dorothea Hauser betreut wie eingangs gehört ein Forschungsprojekt der Helmut und Loki Schmidt-Stiftung. Mithilfe des Kriegstagebuches kann sie sich hervorragend auf ihre Zeitzeugeninterviews vorbereiten.

48 Jahre nach dem Deutschen Herbst sind Dokumente des „Operationstagebuchs" im Umfang von acht Aktenordnern zugänglich. Eine Ausnahme bilden insgesamt 122 Protokolle der Krisenstäbe – jeweils ein Protokoll für jeden Beratungstag. Auch Sitzungen über den Deutschen Herbst hinaus wurden protokolliert. Für Wissenschaftler und Journalisten zugänglich ist immerhin ein später im Bundeskanzleramt erstelltes Inhaltsverzeichnis.

Gut möglich, dass die 122 Protokolle irgendwann „entsperrt" werden. Dass sie ein neues, anderes Licht auf das Verhalten der politischen Akteure im Deutschen Herbst werfen, erscheint als wenig wahrscheinlich. Wie eingangs erwähnt, lässt das veröffentlichte Material viele Rückschlüsse auf das verschlossene zu. Die Entscheidungsspielräume des Bundeskanzlers und die Art, wie er politisch führte, liegen schon heute offen zutage.

Abgesehen vom Operationstagebuch befinden sich im Bundesarchiv in Koblenz und in anderen Archiven zahlreiche weitere, frei zugängliche Akten aus dem Deutschen Herbst, zum Beispiel alle Telefonprotokolle der Gespräche zwischen Bundeskanzler Helmut Schmidt und Staatsminister Hans-Jürgen Wischnewski während der „Landshut"-Entführung. Es handelt sich um authentische, eindringliche Zeugnisse des Denkens und Regierungshandelns der wichtigsten Akteure. Nach dem Ablauf der Sperrfrist haben unter anderen der „Spiegel" und „Bild" über sie berichtet. Eine Einordnung in den historischen Gesamtzusammenhang erfolgt hier zum ersten Mal.

Geschichtliche Quellen geben Auskunft über Ereignisse, nicht Emotionen. Empfinden die im Weltkrieg geprägten Persönlichkeiten wie Helmut Schmidt, Hans-Jochen Vogel oder Werner Maihofer im Deutschen Herbst Angst? Sicher Sorge, aber auch Angst um das Leben von Hanns Martin Schleyer? Angst, selbst Opfer eines Verbrechens zu werden (es gibt persönliche Drohungen)? Angst, im Amt zu versagen, weil der auferlegten Verantwortung nicht gewachsen zu sein?

Später, zum Teil viel später, werden damalige Entscheider solche Ängste offenbaren. Im Deutschen Herbst treten sie nur indirekt zum Vorschein. In aller Stille erreichen den BKA-Präsidenten Horst Herold Bitten von Spitzenpolitikern, darunter Bundesfinanzminister Hans Apel, um Personenschutz oder, wenn es einen solchen Schutz bereits gibt, um seine Verstärkung.

Was die Spitzenpolitiker in diesen Wochen eint, ist ihre gemeinsame Sicht auf die Dinge. Vom Weltkrieg als Folie biografischer Erinnerung im Denken und Sprechen war schon die Rede. Als Justizminister Hans-Jochen Vogel am 5. September 1977 am Tatort in Köln eintrifft, kehrt die „Erinnerung an den Krieg, an Tote und Gefallene"[47] zurück. Auch das Entführungsopfer Hanns Martin Schleyer (Jg. 1915) zieht Parallelen zum Krieg. „Wenn Bonn ablehnt, dann sollen sie es bald tun, obwohl der Mensch – wie es auch im Krieg war – gerne überleben möchte", heißt es in einem Brief aus der Geiselhaft mit Datum vom 8. September.[48]

Diese Männer erleben, um das moderne Wort zu gebrauchen, ein Flashback. Das Gefühl einer maximalen, fast übermenschlichen Herausforderung ist zurück. „In der eigenen Aufopferung, der eigenen Erfahrung physischer und psychischer Grenzen, spiegelte sich ein nachgerade soldatisches Pflichtethos, das die Sache des Staates mit beglaubigen sollte."[49]

Helmut Schmidt und die Seinen sind im „Deutschen Herbst" 1977 überzeugt: Nur sie können diese schwierige Situation meistern. Ihr Handeln ist Beruf und Berufung zugleich. „Herold lebte im Krieg mit den

---

[47] Zit. nach Richter 2014, S. 241.
[48] Zit. nach ebd., S. 240.
[49] Metzler 2014, S. 4.

Terroristen, er war Kriegspartei, es war sein Krieg. Er erweckte den Eindruck, als hätte man ihm persönlich diesen Krieg erklärt.",[50] sagt Dieter Schenk, ein ehemaliger Mitarbeiter des BKA, über den früheren Chef. Horst Herold wird in der Rückschau nicht mit Selbstlob sparen. „Offiziere in der alten Armee hatten ja eine hervorragende Ausbildung, einen erstklassigen Schliff. Wir kannten das Handwerk."[51]

In ihrem Flashback als Weltkrieger nehmen die westdeutschen Spitzenpolitiker die Terroristen und ihre sogenannten Sympathisanten viel zu wichtig. RAF-Angehörige zünden Bomben, entführen, morden, sie begehen schreckliche Verbrechen, aber diese Verbrechen treffen zum Glück zahlenmäßig wenige. Im schlimmsten Terror-Jahr 1977 ein Dutzend Personen.

Diese Verbrecher sind ebenfalls zahlenmäßig wenige, die von ein paar hundert Helfern logistisch unterstützt werden. Sie stilisieren sich zu einer Art Stadtguerilla, die einen bewaffneten Kampf gegen die amerikahörige und konsumberauschte Bundesrepublik führt. RAF-Manifeste sind Kriegserklärungen. Als inhaftierte Verbrecher beanspruchen die Terroristen den Status von politischen Gefangenen beziehungsweise Kriegsgefangenen mit entsprechenden Rechten.[52] In der Zelle von Andreas Baader steht natürlich ein Bett, doch er schläft nicht darin. Er liegt auf dem Boden wie ein Guerilla-Kämpfer, der sich ein Nachtlager unter freiem Himmel wählt. Das Bett gilt als Schlafplatz persönlich spießiger und politisch zahnloser Bürgerinnen und Bürger in einem vermeintlich faschistischen Staat.

„In der Paranoia immerhin", wird Friedrich Christian Delius 20 Jahre später schreiben, „waren sich die Feinde einig. (...) Es gab also, bei allen Gegensätzen, ein symbiotisches Verhältnis der RAF mit ihrem Gegner."[53]

Die Paranoia ist nicht nur ein psychologischer Befund zwischen zwei „Kriegsparteien". Sie leitet auch das Verhalten der ehemaligen Weltkrieger gegenüber Andersdenkenden und besonders Jüngeren. Vertreter anderer, differenzierter Denkmuster spielen bei den Beratungen keine Rolle. Der SPD-Vorsitzende Willy Brandt hat den Weltkrieg im Exil

---

[50] Zit. nach Hachmeister 2004, S. 325.
[51] Herold/Hauser, S. 144.
[52] Vgl. Musolff 2006, S. 309.
[53] Delius 1997.

erlebt, „von draußen", wie der ehemalige Batteriechef Helmut Schmidt im Alter verächtlich sagen wird. Willy Brandt, knapp fünf Jahre älter als Schmidt, kommt selten in die Sitzungen des Großen politischen Beratungskreises und bringt sich dort auch wenig ein. Das apodiktische, militärisch geprägte Entweder-oder-Denken ist seine Sache nicht. Ihm geht ohnehin jede Form von soldatischem Habitus ab.

Der Deutsche Herbst vertieft mutmaßlich die Entfremdung zwischen Willy Brandt und Helmut Schmidt, diesen beiden für die deutsche Sozialdemokratie und die Geschichte der Bundesrepublik bedeutenden, persönlich so grundverschiedenen Männer.

Die Angehörigen der sogenannten Kriegsgeneration – diesen Begriff nimmt Helmut Schmidt selbst früh auf[54] – halten außerdem die Angehörigen der Folgegenerationen für Weicheier. Der CDU-Vorsitzende Helmut Kohl zum Beispiel gehört bereits der „skeptischen Generation", wie der Soziologe Helmut Schelsky sie genannt hat, an. Sie erfährt ihre biografische Prägung in der Endphase des Krieges, allenfalls als letztes Aufgebot. Als einfache Soldaten, nicht als Unteroffiziere oder Offiziere.

Ein Helmut Kohl, Jahrgang 1930, musste in der Wahrnehmung des ehemaligen Oberleutnants Helmut Schmidt nicht so lang und so tief durch die „Scheiße des Krieges" (Schmidts stehende Redewendung) gehen. Folglich kann er auf eine Herausforderung wie den Deutschen Herbst nicht ausreichend vorbereitet sein. Helmut Schmidt spottete nach der Lorenz-Entführung 1975 über das Verhalten von Helmut Kohl, wie er um die Rettung des politischen Freundes gefleht habe.

Von einer besonderen Situation, einem Ausnahmezustand, gar einem Krieg sprechen und schreiben auch Journalisten und prominente Publizisten. Der Historiker Golo Mann erklärt in einem „Welt"-Beitrag, „wir befinden uns im Krieg, wir stehen zum Töten entschlossenen Feinden gegenüber. Und an diesem Krieg ist die Bundesrepublik unschuldig wie ein Engel."[55]

Diese Feinde arbeiten sich am Bundeskanzler als wichtigstem politischen Akteur dieses Landes persönlich ab. Mutmaßlich brauchen sie für ihre „Kampfkraft" die Fixierung auf eine Person. „Wir werden Schmidt

---

[54] Vgl. Helmut Schmidt 1968.
[55] Zit. nach Botzat 1977, S. 23.

diese Bluttat nie vergessen", heißt es zum Beispiel in einer RAF-Erklärung am Ende des Deutschen Herbstes, nachdem Baader, Ensslin und Raspe Selbstmord begangen haben. Vorher erwogen sie eine Zeit lang, dem Bundeskanzler die Leiche von Hanns Martin Schleyer vor seine Behörde zu legen. Nur die Angst vor dem massiven Polizeiaufgebot im Regierungsviertel hielt sie davon ab.[56]

Helmut Schmidt spricht in Fernsehansprachen und bei Reden im Bundestag Drohungen aus wie ein General im Krieg. Seine beiden Krisenstäbe bilden – wie schon sein Stab bei der Hamburger Flutkatastrophe 1962 – eine Art Oberste Heeresleitung. Die Grenzen zwischen Bundesregierung und Opposition sind dem Anschein nach verwischt. Helmut Schmidt nimmt im Lauf des Deutschen Herbstes alle Gewalten des Staates in die Pflicht: Die im Bundestag vertretenen Parteien, das Bundesverfassungsgericht, die eigene Bundesregierung und sogar die „vierte" Gewalt, Presse und Rundfunk.

Die politische Führung der Bundesrepublik Deutschland wähnt sich in einem Krieg. Trotzdem geht es in den Sitzungen der Kleinen Lage und dem Großen politischen Beratungskreises nüchtern zu. Die Teilnehmer führen konzentrierte, sachliche Debatten, wie aus den Schilderungen von Teilnehmern Jahrzehnte später hervorgehen wird. Dasselbe Bild liefern auch die bislang zugänglichen Akten.

Bundeskanzler Helmut Schmidt führt die Sitzungen entlang einer festen Tagesordnung. Horst Herold trägt – davon war eingangs kurz die Rede – in den Sitzungen jeweils die aktuelle Nachrichtenlage der Schleyer- bzw. später auch den „Landshut"-Entführer vor.

Helmut Schmidt gibt sich in diesen Sitzungen duldsamer als sonst. Er lässt Debatten laufen zum eigenen Nachdenken und um die Eitelkeit der Teilnehmer zu bedienen. Nur Schwafler wie Bundesinnenminister Werner Maihofer ruft er weiter zur Ordnung.

Der Chef des Bundeskriminalamts, Horst Herold, wird sich noch Jahrzehnte später über den Jura-Professor und Bildungsbürger beschweren: „Jedes Problem wurde bei ihm bei den Hethitern begonnen, und bis er sich dann über Sumerer, Akkader, Phönizier usw. in die Neuzeit

---

[56] Vgl. Bönisch/Röbel 2021, S. 16.

vorgearbeitet hatte, verging unendlich viel Zeit. Und Schmidt sagte: „Kommen Sie auf den Punkt!""[57]

Die Mitglieder des politischen Beratungskreises sollen, so Helmut Schmidts Kalkül, stets besser informiert sein als ihre wenigen Kolleginnen und vielen Kollegen in Bonn. Das bindet sie ein. Macht sie zahm. Nimmt sie in die Pflicht zur Geheimhaltung.

„Einseifen" muss man in der historischen Rückschau die Taktik von Bundeskanzler Helmut Schmidt und dem Chef des Bundeskriminalamts, Horst Herold, nennen. Sie bereiten Entscheidungen detailliert vor. Die Herren sollen darüber diskutieren und am Ende zustimmen – in der vermeintlichen Annahme, die Entscheidungen selbst getroffen zu haben.

Die Darstellung von den „einsamen Entscheidern" Helmut Schmidt in politischer und Horst Herold in polizeilicher Hinsicht gehört zu den Mythen des Deutschen Herbstes. Fraglos tragen die beiden jeweils die Verantwortung. Doch sie vermeiden Alleingänge. Alles, was sie tun, legen sie den beiden Krisenstäben zur Genehmigung vor.

Helmut Schmidt wird diesen kollegialen Führungsstil später mit dem Ernst der Lage begründen, in der kein Raum sein durfte für parteipolitischen Streit. Es ist auch schlau, was er macht, denn damit verteilt er die Verantwortung für das Leben von Hanns Martin Schleyer und später der „Landshut"-Geiseln auf viele Köpfe.

Helmut Schmidts Rechnung wird aufgehen. Nach der Ermordung von Hanns Martin Schleyer und dem Ende des Deutschen Herbstes werden Schuldzuweisungen der parlamentarischen Opposition gegen die Bundesregierung unterbleiben.

In der Kleinen Lage und im Großen politischen Beratungskreis herrscht Gedankenfreiheit. Die Situation soll von möglichst allen Seiten beleuchtet, sogar abseitige Handlungsschritte diskutiert werden. Wenigstens einmal in diesem Kreis will der Bundeskanzler alle Möglichkeiten auf dem Tisch liegen haben. Er will die kollektive Intelligenz der Teilnehmer maximal abschöpfen.

---

[57] Herold/Hauser, S. 53.

Wie früher erwähnt gibt es Hinweise, dass Franz Josef Strauß im Großen politischen Beratungskreis „von Erschießungen gesprochen"[58] hat. Wörtlich lautet das mutmaßliche Zitat: „Wir haben auch Geiseln." Franz Josef Strauß kommt nicht oft in die Sitzungen,[59] und wenn doch, mit Pegel. „Aber er war ja meistens besoffen, es war widerlich. Er war jedes Mal so besoffen, dass er eigentlich kaum richtig sprechen konnte."[60]

1980 macht der „Spiegel" die Äußerung von Franz Josef Strauß, Unionskandidat für die Bundestagswahl im selben Jahr publik.[61] Die Zeitschrift will eine Kanzlerschaft des jahrzehntelangen Erzfeindes mit allen Mitteln verhindern. Der Artikel löst einmal mehr eine Debatte über die Eignung des impulsiven Bayern für das wichtigste politische Amt in der Bundesrepublik Deutschland aus. Strauß, der Unberechenbare, dem gelegentlich alle Sicherungen durchbrennen.

Gut möglich, dass der Tipp mit dem Strauß-Zitat vom inzwischen verrenteten Präsidenten des Bundeskriminalamts, Horst Herold, kommt. Er pflegt ein gutes Verhältnis zur Redaktion, gibt immer wieder Interviews, auch nach seinem Ausscheiden aus dem Amt. Mutmaßlich verfügt er über eine Kopie von Helmut Schmidts Kriegstagebuch – oder erinnert sich einfach an das umstrittene Wort.

Auch Jahrzehnte später, im Gespräch mit der Historikerin Dorothea Hauser, wird Horst Herold keinen Zweifel daran aufkommen lassen, dass Strauß diese Bemerkung tatsächlich gemacht hat.

Nachdem der „Spiegel" das Zitat in die Welt brachte, verlangt Friedrich Zimmermann, Chef der CSU-Landesgruppe in der Unionsfraktion des Bundestages, ein Dementi – aber nicht vom „Spiegel", sondern von der Bundesregierung. Damit bringt er den Chef des Bundeskanzleramts, Manfred Schüler, in Erklärungsnot. In einem Leserbrief an den „Spiegel"[62] weist Schüler auf den informellen Charakter der Sitzungsaufzeichnungen im Deutschen Herbst hin. Nach nochmaliger Durch-

---

[58] Herold/Hauser, S. 96 f.
[59] Vgl. Hauser/Zimmermann, S. 3.
[60] Herold/Hauser, S. 96 ff.
[61] Vgl. Exotische Lösung, in: Der Spiegel Nr. 7 vom 11. Februar 1980, S. 27 f.; vgl. Archiv BK 12-211 20 (2), Bd. 5, S. 122/9.
[62] Manfred Schüler: Vertrauliche Aufzeichnungen, in: Der Spiegel Nr. 8 vom 17. Februar 1982, S. 7.

sicht, so Manfred Schüler sinngemäß, kann er eine solche Äußerung von Franz Josef Strauß in den Aufzeichnungen nicht bestätigen.

Eine lapidare, in der historischen Rückschau allenfalls halbwahre Antwort. Es erscheint unwahrscheinlich, dass Strauß' Bemerkung den Weg in das Operationstagebuch gefunden hat. Gleichwohl waren die Diskussionen viel mehr als informell.

Die heftige Debatte über Franz Josef Strauß' vermeintliche Bemerkung – viele Medien greifen das Thema auf – erklärt sich nur zum Teil mit dem Bundestagswahlkampf 1980. „Bonn" hat bis jetzt unter der Decke halten können, wie konsequent die politischen Entscheider dem Aufruf von Bundeskanzler Helmut Schmidt zu exotischen Vorschlägen gefolgt sind. Mit anderen Worten: Grenzwertige, radikale, verfassungsrechtlich problematische Vorschläge.

Historische Quellen belegen, dass auch andere Spitzenpolitiker die „Hausaufgabe" des Bundeskanzlers zu exotischen Lösungen gemacht haben. Wolfgang Mischnick, der sprichwörtlich liberale, weil besonnene Vorsitzende der FDP-Bundestagsfraktion plädiert für ein bundeseinheitliches Polizeirecht. Damit würde den Ländern ihre Polizeihoheit genommen. Wolfgang Mischnick macht diesen Vorschlag „ohne Widerspruch des Koalitionskreises", wie es im Protokoll eines Koalitionsgesprächs vom 21. September 1977 heißt.[63]

„Dabei besteht", setzt das Protokoll fort, „im Koalitionskreis Klarheit darüber, dass es gegen diesen Vorschlag Widerspruch nicht nur von der Opposition, sondern auch von sozialliberaler Seite geben wird."[64] Kein Zweifel, die Herren wissen, was sie tun.

In dieser Sitzung wird auch das spätere sogenannte Kontaktsperregesetz geboren, das im Protokoll noch „Vorschaltgesetz betreffend die Verteidigersperre" heißt.[65] Verteidigerinnen und Verteidiger inhaftierter Terroristinnen und Terroristen sollen ihre Mandantinnen und Mandanten nicht mehr besuchen dürfen. Auch davon wird noch die Rede sein.

---

[63] O. A.: Betr.: Ergebnis des Koalitionsgesprächs über Fragen der Gesetzgebung zur Terrorismus-Bekämpfung am 21. September 1977, in: Archiv BK 12-211 20 (2), Bd. 7, o. S.
[64] Ebd.
[65] Ebd.

Wolfgang Mischnicks Vorschlag kommt im Vergleich zu anderen in diesem Herbst zivil daher. Anders die Vorschläge eines Papiers, das mit „Repressalien" überschrieben ist.[66] Es enthält keinen Hinweis auf den bzw. die Auftraggeber oder den bzw. die Verfasser. Mutmaßlich kam es dem Chef des Bundeskanzleramtes und dem Bundeskanzler selbst auf den Tisch, denn es findet Eingang in Helmut Schmidts Kriegstagebuch. Mutmaßlich sitzt der oder die Autoren im selben Haus. Der informelle Charakter des Papiers lässt auf eine Art Hausmitteilung schließen.

Das Papier „Repressalien" zählt mögliche Strafmaßnahmen gegen die RAF-Terroristinnen und -Terroristen auf, die mit der Entführung von Hanns Martin Schleyer und später der Lufthansa-Maschine „Landshut" freikommen sollen. Es diskutiert Wege, die Inhaftierten psychisch und physisch unter Druck zu setzen. Das soll wiederum Druck ausüben auf die Entführer von Hanns Martin Schleyer.

Der oder die Autoren ist bzw. sind sich der Brisanz solcher Gedanken bewusst. Es handelt sich um das Drehbuch für eine Art Folter, die in einem freiheitlich-demokratischen Rechtsstaat keinen Platz hat. Mit guten Gründen diskutiert der bzw. diskutieren die Autoren des Papiers zunächst die mögliche Wirkung der Maßnahmen auf die deutsche und internationale Öffentlichkeit.

Es folgt die Vorschlagsliste möglicher Maßnahmen.

„1) Veränderung der Haftbedingungen (einschl. U-Haft)
- Weiterbestehende Einzelhaft (zusätzlich primitive Unterbringung)
- Unterbindung aller Kontakte
- Entzug jeglicher Information
- Entzug Hofgang
- Grundsätzliche Zwangsernährung
- Keine Zwangsernährung
- Folter
a) Physische: Entzug von Nahrung, Schlaf, Tageslicht
Züchtigungen, Verstümmelungen
b) Psychische: Licht, Ton, Pharmaka
- Zwangsarbeit

---

[66] Archiv BK 13-211 20 (2), Beiakte OTB, Bd. 7, o. S.

(2) Hinrichtung
a) Freizupressende
b) unbeteiligte Häftlinge
c) Täter
3) Internierung von Familienangehörigen und/oder Sympathisanten
4) Ausweisung von Sympathisanten und unterstützender Familienangehöriger"

Der Autor bzw. die Autoren des Papiers verwirft bzw. verwerfen am Ende ihre exotischen Lösungen. Die Zahl der Personen, so die Conclusio des Papiers, „gegen die sich Repressalien richten könnten, ist in jedem Fall verschwindend gering gegen die Zahl der Personen, die Repressalien der Terroristen unterliegen könnten. Daher: Jede Repression löst Spiralwirkung in Brutalität aus."[67]

In der historischen Rückschau erweist das Papier, wie wenig Rechtsbewusstsein ein oder mehrere Mitarbeiter des Bundeskanzleramts im Deutschen Herbst an den Tag legt bzw. legen. Sein bzw. ihre Vorschläge für den Bundeskanzler als politisch mächtigsten Mann im Staat setzen die freiheitlich-demokratische Grundordnung außer Kraft.

Ein weiteres Papier[68] im Kriegs- oder Operationstagebuch geht über mögliche Druckmittel gegen inhaftierte RAF-Terroristen hinaus. Für die Einführung der Todesstrafe, so das Papier, sei eine Zweidrittelmehrheit des Bundestages erforderlich, um das Grundgesetz und das Strafgesetzbuch zu ändern. Dies berge die Gefahr „großer Polarisierung", die Terroristen in die Hand arbeitet. Die Einführung der Todesstrafe wird auf die Öffentlichkeit in Deutschland als positiv, auf die im Ausland als negativ bezeichnet.

Das Papier diskutiert auch die Szenarien

- „höhere Strafe für Geiselnahme und kriminelle Vereinigung"
- „Einführung des Strafvollzugs Zuchthaus bzw. Zwangsarbeit"
- „U-Haft-Verschärfung für Terroristen"
- „Sicherungsverwahrung".

---

[67] Ebd.
[68] Im Folgenden ebd.

Der oder die Autoren kommen zum Ergebnis, Maßnahmen, die sich im Rahmen des Grundgesetzes halten, seien für ein Gegenultimatum ungeeignet. „Sie wirken sich auf die Lebenschance Schleyers eher negativ aus." Am Ende wird empfohlen, die Einführung der Todesstrafe zu verwerfen, weil sie den erwarteten Konsens in anderen Fragen der Terrorismusbekämpfung gefährden könne.

Fast 50 Jahre später lesen sich derlei Papiere in einem anderen Licht. Man muss sie als krude Dokumente ihrer Zeit sehen. Als Zeugnisse der allgemeinen Hysterie, die so ziemlich alle Westdeutschen trifft, darunter offenkundig auch Ministerialbeamtinnen und -beamte in der Bundeshauptstadt Bonn. Auch die politischen Entscheider in Spitzenämtern.

Bei ihnen ist das auch eine Frage der persönlichen Kondition. Bundeskanzler Helmut Schmidt lässt die Gremien ad hoc tagen, mit einem Vorlauf von wenigen Stunden. Der Tag-Nacht-Rhythmus ihrer Mitglieder wird für Wochen ausgesetzt. Hinter den Sitzungsräumen gibt es – mit den Worten von Hans-Jochen Vogel – „eine Liegestätte".[69] Ein Abteilungsleiter im Bundeskanzleramt sei zu später Stunde mit einer Lampe unterwegs gewesen. „Man ging da nachts den Gang entlang, und plötzlich kam da so einer um die Ecke."[70]

Nicht nur die Zeiten sind schwer, die Zeit selbst scheint aufgehoben. Bundesinnenminister Werner Maihofer wird während der „Landshut"-Entführung überhaupt nicht mehr schlafen aus Sorge, dass man ihn nicht wach bekommt. Nehmen andere Akteure der Bonner Politik Wachmacher wie einst als Teilnehmer im Weltkrieg? Auch Helmut Schmidt und Co. können den Biorhythmus eines Menschen nicht außer Kraft setzen. Die Herren sind das hinterher offenbar nie gefragt worden.

Die hanseatische Nüchternheit des Bundeskanzlers prägt die Diskussionskultur von Kleiner Lage und Großem politischen Beraterstab. Zu dieser Atmosphäre trägt auch der Schauplatz bei, an dem die „Oberste Heeresleitung" tagt. Das erst kurz zuvor bezogene Gebäude des Bundeskanzleramtes strahlt, so empfindet es sein erster Dienstherr Helmut Schmidt, den Charme einer Sparkassenfiliale aus. Es geht in dem Gebäudekomplex weitläufig, aber sachlich zu. Das neue Haus ist ein Prunk-

---

[69] Vogel/Hauser, S. 29 f.
[70] Ebd.

stück deutscher Effizienz. Insignien politischer Macht fehlen völlig. Ein Ort für Vielarbeiter. Helmut Schmidt behauptet, sein Arbeitstag dauere 18 Stunden. Er begründet das gern mit seinem von Immanuel Kant inspirierten Pflichtgefühl. Dass er Freude an politischer Verantwortung hat, kommt einem Mann aus der Kriegsgeneration nicht über die Lippen.

Zum gesteigerten Schlafdefizit im Deutschen Herbst tritt die enorme emotionale Belastung, die Sorge um das Leben von Hanns Martin Schleyer und später auch der „Landshut"-Geiseln. Der enorme Druck von politischen Freunden und der Öffentlichkeit, den Forderungen der Entführer nachzugeben. Beziehungsweise es auf keinen Fall zu tun.

Der gefühlte Ausnahmezustand im Bundeskanzleramt findet sein Pendant auf den Straßen und Plätzen der Bundesrepublik, wo so viele Polizisten patrouillieren wie noch nie. Gefühlt jede Bundesbürgerin und jeder Bundesbürger gerät zu dieser Zeit in eine Polizeikontrolle. Sie müssen aus dem Auto steigen, ihren Personalausweis vorzeigen, werden am ganzen Körper gefilzt. Sie müssen den Kofferraum ihres Wagens öffnen. Wegen der Kontrollen bilden sich kilometerlange Schlangen.

Reisende mit der Deutschen Bahn steigen aus einem Zug, werden von Polizisten umringt, an eine Wand gestellt und gefilzt. Die Polizisten finden nichts und ziehen ohne ein Wort der Entschuldigung ab. Diese Erfahrung im Deutschen Herbst 1977 wird bei vielen Menschen haften bleiben.

Der damalige Referatsleiter Innere Sicherheit und Protokollant der Sitzungen von Kleiner Lage und Großem politischen Beratungskreis, Volker Busse, erinnert sich, Bürgerinnen und Bürger hätten in Briefen die Folterung oder Erschießung von RAF-Terroristen gefordert. Ein Filmteam des Süddeutschen Rundfunks schnappt Stimmen aufgebrachter Bürgerinnen und Bürger in Stuttgart-Stammheim auf, wo sich das Gefängnis der führenden RAF-Terroristen befindet. Sie verlangen, man solle die Terroristen „am nächsten Baum aufhängen" oder „standrechtlich erschießen".

Der Oberbürgermeister von Stuttgart, Manfred Rommel, trägt zu dieser Zeit eine „geladene Pistole"[71] bei sich. Er akzeptiert wie viele Politiker, dass Polizeiautos vor seinem Haus patrouillieren. Manfred Rommel be-

---

[71] Ebd.

endet den Objektschutz, nachdem sich einer der Polizeibeamten versehentlich mit der eigenen Maschinenpistole erschossen hat.[72]

Kein Tag vergeht ohne irgendwelche Drohanrufe auf einer westdeutschen Polizeidienststelle oder in Bundesministerien. Die Polizei hat Mühe zu unterscheiden zwischen fingierten und wirklichen Bedrohungen gegenüber prominenten Persönlichkeiten und öffentlichen Einrichtungen.

*„Entweder zahlt das Gesundheitsministerium ein Lösegeld von fünf Millionen DM, oder wir verseuchen in einem Ballungsgebiet Trinkwasserversorgungsnetze und Schwimmbäder mit Cholera- und Typhuserregern. Es wurden große Mengen dieser Erreger von uns produziert und warten nur auf den Einsatz (…) Wenn Sie nicht zahlen wollen, werden die Erreger ohne nochmalige Verwarnung eingesetzt."*[73]

Ende September erhält der Chef des Bundeskanzleramts, Manfred Schüler, die Mitteilung, „dass Anzeichen einer Bedrohung von Herrn Birnbaum vorliegen".[74] Hans Birnbaum ist Generaldirektor der Salzgitter AG. Zu seinen Nebentätigkeiten gehört der Vorsitz des Aufsichtsrates der Volkswagen AG. Schüler bittet Fröhlich, die zuständige Behörde des Landes Niedersachsen zu informieren, um Schutzmaßnahmen zu veranlassen.

Loki und Helmut Schmidt sorgen sich um ihre Tochter Susanne. Ein Jahr vorher, am 26. Mai 1976, hatte das Bundeskanzleramt eine „anonyme Eingabe aus Hamburg mit Drohung gegen die Tochter des Herrn Bundeskanzlers" erhalten.[75] Im Deutschen Herbst lebt Susanne Schmidt schon nicht mehr in Deutschland. Sie zog nach Großbritannien, ihre Wahlheimat bis heute.

---

[72] Vgl. ebd.
[73] Anonymer Brief an das Bundeskanzleramt, aufgegeben am 8. September, 24.00, in: Mainz, in: Archiv BK 13-211 20 (3), Beiakte 3, o. S.
[74] Chef BK, St Dr. M. Schüler vom 23. September 1977. Vgl. 1.) Vermerk für Herrn Staatssekretär Dr. Fröhlich. Betr.: Schutzmaßnahmen für Herrn Birnbaum, Vorstandsvorsitzender der Salzgitter AG vom 23. September 1979, in: Archiv BK 13-211 20 (2), Beiakte 3.
[75] BArch B136/15632. Der Gedanke, den Bundeskanzler zu entführen, wurde offenbar früh verworfen. In den 70er-Jahren fand die Polizei in einer Wohnung aus dem RAF-Umfeld einen Zettel, wonach das Risiko, „an den Kanzler ranzugehen", zu groß sei. Er sei zu gut geschützt. Vgl. Hella Kemper: Die Sache mit der Tasche. Otti Heuer war 26 Jahre lang Leibwächter von Helmut Schmidt, in: Die Zeit. Helmut Schmidt zum 90., Hamburg 2013, S. 38.

Helmut Schmidt weiß aus sichergestellten RAF-Kassibern, dass die Terroristen seine Entführung diskutiert, aber wegen des umfangreichen Personenschutzes verworfen haben. Der Codename für Helmut Schmidt in den RAF-Papieren lautete „Zwerg". Gleichwohl treffen Loki und Helmut Schmidt Vorkehrungen. Bei einem Spaziergang im Garten des Bundeskanzleramts beschließen sie für den Fall, dass eine bzw. einer von ihnen entführt wird, keine Terroristen freikommen sollen. Loki und Helmut Schmidt legen diesen Wunsch schriftlich nieder. Erst Jahrzehnte später, anlässlich der NDR-Dokumentation „Die RAF" 2013, wird Helmut Schmidt über die gemeinsame Verabredung erzählen.[76]

Als im Großen politischen Beratungskreis die Rede auf RAF-Terroristen kommt, die ein Objekt in Schleswig-Holstein observieren, wird der Bundeskanzler hellhörig. Die Schmidts besitzen am nahe gelegenen Brahmsee ein Ferienhaus. Helmut Schmidt bittet Horst Herold zu klären, ob das Ferienhaus observiert wurde. Das Bundeskriminalamt kann dies nach kurzer Zeit verneinen.[77]

Der Oppositionsführer im Deutschen Bundestag, Helmut Kohl, erinnert sich in seinen Memoiren, „dass viele Männer nicht mehr bei mir im Auto sitzen. Aus Angst vor Attentätern."[78] Er trägt nicht nur politisch, sondern persönlich schwer am Schicksal von Hanns Martin Schleyer. Beide gehören derselben Jagdgesellschaft an.

Helmut Kohl schlägt dem Bundeskanzler vor, sich den Entführern als Austauschgeisel anzubieten. Der Vorschlag geht mutmaßlich auf einen Korps-Bruder von Hanns Martin Schleyer aus der gemeinsamen Studentenzeit zurück, auf den pfälzischen Unternehmer Fritz Ries („Pegulan Werke Frankenthal"). Er ist ein Duzfreund sowohl von Hanns Martin Schleyer als auch von Helmut Kohl.

Helmut Schmidt lehnt Kohls Angebot wirsch ab. Und mag sich einmal mehr darin bestätigt fühlen, dass der emotionale Helmut Kohl kein Format zum Bundeskanzler hat.

---

[76] Vgl. Alt-Kanzler Schmidt. Kein Austausch im Entführungsfall, in: Focus Online vom 13. November 2013. Aufgerufen am 2. Februar 2023.
[77] Archiv BK 13-211 20 (3), Bd. 1, S. 179.
[78] Zit. nach Bahners 1998, S. 178.

Vier Jahre vor dem Deutschen Herbst sprachen schon Alt-Bundespräsident Gustav Heinemann und seine Frau über die Möglichkeit eines Kidnappings. „Für den Fall", dass ich Erpressern in die Hände falle (…)", heißt es in einem Brief von Gustav Heinemann an Staatssekretär Dieter Spangenberg im Bundespräsidialamt,[79] „bitte und erwarte ich nach reiflicher Überlegung von allen, die es angeht, die Entscheidung *ohne Rücksicht auf meine Person* (Hervorhebung von G. H., Anm. M. R.) zu treffen."[80]

Nach der Entführung von Hanns Martin Schleyer kommen die Heinemanns auf diesen Brief zurück. Hilda Heinemann bittet das Bundespräsidialamt Mitte September 1977, die Erklärung ihres Mannes an den Bundeskanzler weiterzugeben.[81] Dies geschieht auch.

Zur selben Zeit – oder auf Hilda Heinemanns Initiative hin? – wird der Personenschutz für den Nachfolger von Gustav Heinemann, Bundespräsident Walter Scheel, verstärkt. Polizisten halten sich nun rund um die Uhr an seinem Privathaus auf. Beamte der Grenzschutztruppe 9 (GSG9) ergänzen das Begleitkommando des Bundespräsidenten, wenn er Termine außerhalb seines Amtssitzes hat.

Der Deutsche Herbst strapaziert auch die Geduld der Bonner Politiker untereinander. Bundesinnenminister Werner Maihofer wird in der Wahrnehmung von Kollegen zum Sorgenfall. Friedrich Zimmermann nennt den FDP-Politiker in der Rückschau einen „arglosen Schlittschuhläufer", bei dem man das Gefühl gehabt habe, „er ist jetzt aus seinen Jungmädchenträumen jäh herausgerissen worden".[82] Werner Maihofer sei mit der Zeit verhärtet, „von einem Über-Saulus zu einem Über-Paulus geworden".[83]

Auch Regierungssprecher Klaus Bölling kommt im Rückblick anderer Mitglieder der Krisenstäbe schlecht weg. „Bölling gehörte zu den Leuten,

---

[79] Archiv BK 13-211 20 (2), Beiakte OTB, Bd. 4, S. 23.
[80] Ebd.
[81] Vgl. Brief des Chefs des Bundeskriminalamtes an den Chef des Bundeskanzleramtes vom 15. September 1977, in: Archiv BK 13-211 20 (2), Beiakte OTB, Bd. 4, S. 22.
[82] Ebd., S. 11.
[83] Ebd., S. 14.

die immer aufgeben wollten. Bölling (…) ist immer auf Konsens aus. Das ist sein Charakter."[84]

In einer Fernsehdokumentation zehn Jahre nach dem Deutschen Herbst wirkt der frühere Regierungssprecher noch immer persönlich erschüttert. Er macht sich Vorwürfe, nicht auf eine Rettung von Hanns Martin Schleyer gedrungen zu haben.[85] Damit bleibt er ein Einzelfall unter den Bonner Entscheidern im Deutschen Herbst.

---

[84] Ruhnau 1995, S. 3.
[85] Vgl. Kienzle 1987.

# Die Brutalität des Zufalls

## Palma de Mallorca

Am 13. Oktober 1977 steht vormittags auf dem Flughafen Palma de Mallorca die Lufthansa-Maschine „Landshut," Kennzeichen D-ABCE. Eine Boeing 737-200, wegen seiner gedrungenen Form auch „Bobby" genannt. Die Flugnummer lautet LH 181. Die Maschine war am Morgen aus Frankfurt am Main gekommen. Kapitän Jürgen Schumann hatte sie geflogen. Außer ihm bilden Co-Pilot Jürgen Vietor, Purserette Hannelore Brauchart (ehem. Piegler) sowie die Stewardessen Annamaria Staringer und Gabriele von Lutzau (geb. Dillmann) die Crew.

Zum Lufthansa-Alltag gehört, dass Crew-Mitglieder im Bedarfsfall kurzfristig zum Dienst gerufen werden. Es gibt einen Dienstplan, der häufig umgeschmissen werden muss. Statt Jürgen Vietor soll eigentlich ein Kollege, mit einer Maschine aus Hamburg kommend, in der „Landshut" Dienst tun. Doch über Hamburg hängt Nebel, der Kollege kommt nicht weg. Jürgen Vietor, im hessischen Bensheim zu Hause, wird aus dem Stand-by gerufen, sprich aus der Rufbereitschaft, um einzuspringen.

---

Die Originalversion des Kapitels wurde revidiert. Ein Erratum ist verfügbar unter
https://doi.org/10.1007/978-3-658-46730-2_14

© Der/die Autor(en), exklusiv lizenziert an Springer Fachmedien Wiesbaden GmbH, ein Teil von Springer Nature 2025, korrigierte Publikation 2025
M. Rupps, *Showdown in Mogadischu*, https://doi.org/10.1007/978-3-658-46730-2_3

An diesem Morgen kommt er spät aus dem Bett. Abgehetzt, aber rechtzeitig trifft er am Startplatz der Maschine auf dem Frankfurter Flughafen ein.

Auch Gabriele von Lutzau (geb. Dillmann) befindet sich an diesem Morgen im Stand-by. Und erfährt, dass sie fliegen muss an Stelle einer Kollegin. Ihr Freund Ruedeger von Lutzau, seit Kurzem Co-Pilot der Deutschen Lufthansa, fährt sie zum Flughafen. Anders als Autoren später glauben machen wollen, führen die beiden auf dem Weg dorthin kein tiefgründiges Gespräch. Keines übers Heiraten oder Kinderkriegen. An diesem vermeintlich ganz normalen Tag verabschiedet Ruedeger von Lutzau seine Freundin wie immer: „Hab einen guten Flug. Bis heute Abend. Ich liebe Dich."

Auf dem Flughafen Palma de Mallorca wird das kleine, für Kurzstrecken konstruierte Flugzeug mit Fracht beladen. Flughafen-Mitarbeitende schieben zwei Zinksärge mit zu überführenden Toten in den Laderaum. Einen Käfig voller exotischer Vögel für einen Zoo. Eine Tapisserie, einen Wandteppich von Pablo Picasso, dem bedeutendsten Künstler des 20. Jahrhunderts. Das wertvolle Stück – Pablo Picasso hat nicht viele Tapisserien gestaltet – soll in einem deutschen Museum ausgestellt werden.

Die Frauen und Männer auf diesem Kurzstreckenflug kommen aus allen Himmelsrichtungen. Cäcilia Meijer-Werner hat in ihrem Ferienhaus auf Mallorca Urlaub gemacht und möchte per Zwischenstopp in Frankfurt am Main zurück nach Hamburg. Genauso Hartwig Faby und sein Kumpel Rhett Waida, der Sohn Steffen, knapp drei Jahre jung, auf dem Arm trägt. Hartwig Faby ist noch nie geflogen. Rhett Waida schenkte seiner Frau mit dem Urlaub die ersten freien Tage nach Steffens Geburt.

Julia Filius (ehem. Sost) trägt rote Lackschuhe. Ihre Handtasche ist aus echtem Krokodilleder gefertigt. Julia Filius und ihr Mann Dietrich haben auf Ibiza Urlaub gemacht, aber die Insel langweilte sie. Sie beschlossen, so früh wie möglich nach Deutschland zurückzukehren. Dafür nahmen sie sogar einen Zwischenstopp in Kauf: Von Ibiza aus ging es nach Palma de Mallorca und jetzt nach Frankfurt am Main.

Ziemlich spät checken zwei arabische Frauen und zwei arabische Männer ein. Ein paar Passagiere werden später sagen, sie hätten die vier im Terminal als eigenartig wahrgenommen. Das passiert an diesem Vormittag auf ziemlich vielen Flughäfen der Welt. In diesem Fall werden die Passagiere sich lebenslang an ihren Eindruck erinnern.

Last but noch least, im ganz wörtlichen Sinn, will eine Gruppe junger Frauen auf die „Landshut". Wilhelmine „Helma" van Dreumel, Jutta Knauff (vormals Brod), Nomi Wilkens Jensen, Diana Müll, Simone Regelmann (ehem. Liedke), Dorothea Selter und Beate Keller (ehem. Zerbst) haben eine Woche Urlaub in El Arenal gemacht. Und an einem Schönheitswettbewerb in der Diskothek „Graf Zeppelin" teilgenommen, mit Jutta Knauff (vormals Brod) als Gewinnerin.

Der Barkeeper, ein Deutscher mit Spitznamen „Otte", soll sie an diesem Morgen einsammeln und zum Flughafen fahren. Die jungen Frauen haben in der Nacht noch einmal kräftig gefeiert und kommen zu spät und verkatert aus dem Bett. „Otte" weiß, er kann die geplante Abflugzeit der „Landshut" nicht erreichen. Er alarmiert seinen Chef Manfred Riek, den Betreiber der Diskothek „Graf Zeppelin".

Manfred Riek ruft beim Flughafenschalter der Deutschen Lufthansa an und drängt darauf, dass die Maschine auf die Frauen wartet. Anderenfalls, droht er sinngemäß, wird er künftigen Disco-Gästen aus Deutschland empfehlen, nicht mehr mit LH zu fliegen. Und selbst auch nicht mehr. Die Drohung zeigt Wirkung, die Lufthansa-Beschäftigten bitten die „Landshut"-Piloten zu warten. Was macht es schon, wenn ein Kurzstreckenflieger später abhebt als geplant?

Diana Müll und die anderen wissen nichts von Manfred Rieks Initiative. Sie werden davon erst 40 Jahre später, anlässlich eines Besuchs für eine Fernsehdokumentation[1] in „Ottes" Restaurant, erfahren. Die ehemaligen „Landshut"-Geiseln können zunächst nicht fassen, dass sie fast ihre eigene Entführung verschlafen haben. Diana Müll bricht in Tränen aus.

Die Flugzeugtüren werden geschlossen. Die Maschine mit acht Sitzen in der First Class und 85 in der Economy ist fast voll besetzt. 86 Passagiere und fünf Besatzungsmitglieder nehmen ihre Plätze ein. Es geht eng zu in einer Boeing 737-200. Die Grundfläche beträgt 73 m². Der amerikanische Flugzeugbauer hat die „Bobby" erst auf Druck der Deutschen Lufthansa konstruiert. Die Airline brauchte ein Kurzstreckenflugzeug,

---

[1] Gespräch Baum/Treuter 2017.

das Geschäftsleute zwischen europäischen Hauptstädten befördert. „Bobby" wird von Anfang an zum Verkaufserfolg, denn nicht nur in Deutschland, sondern in ganz Europa geht es weit enger zu als in den USA.

In einer fast vollen „Bobby" ist die Enge besonders groß.

Was „Landshut"-Passagiere normalerweise nicht wissen: Das Flugzeug kann noch mehr. Schweres schleppen. Bei einigen 737-Exemplaren der Deutschen Lufthansa werden abends die Sitze ausgebaut, um die Nacht hindurch Frachtgut zu fliegen. Die „Landshut" ist eine dieser Maschinen, erkennbar an der großen Frachttür vorne links. Dank ihrer Doppelrolle als Passagier- und Frachtmaschine ist die 737 robust konstruiert. Sie kann viel aushalten. Ein kleiner, treuer Lastesel.

Die „Bobby" ist nicht schön, aber zuverlässig. Eine Art VW Käfer der Lüfte. Die „Landshut" wird ihre phänomenale Robustheit unter Beweis stellen müssen.

Gleich nach dem Start kommt Partystimmung auf.[2] Irgendjemand spendiert den „Schönheitsköniginnen" eine Flasche Sekt. Die beiden Stewardessen Eva Maria Staringer und Gabriele von Lutzau geben das Mittagessen aus.

Als die „Landshut"-Passagiere damit fast fertig sind, springen zwei Frauen und zwei Männer auf, schreien und fuchteln mit Waffen. Pistolen, Handgranaten, Sprengstoff herum. Ein Mann und eine Frau rennen, während sie Schläge austeilen, nach vorne zum Cockpit. Dort erklärt der Mann den Flug für entführt. Er tritt den Co-Piloten Jürgen Vietor, der das Cockpit verlassen muss. Die zweite Frau treibt die Stewardessen aus der Küche.

Der Co-Pilot und die Crew-Frauen müssen freie Plätze im Heck aufsuchen. Genauso die First-Class-Passagiere und die Passagiere der ersten Economy-Reihe. Die Entführer beanspruchen die First Class für sich. In der hinteren Economy müssen sich Männer vom Gang wegsetzen auf einen Fensterplatz. Von dort aus können sie nicht spontan aufspringen, um die Entführer zu überwältigen.

Die Passagiere leisten keinen Widerstand, wie auch. Die für das Mittagessen aufgeklappten Tische, auf denen Geschirr steht, machen eine

---

[2] Vgl. Götschenberg 2022, S. 55.

Gegenwehr unmöglich. Die Entführer verstehen offenkundig ihr verbrecherisches Handwerk.

Die Maschine fliegt auf einer Höhe von 33.000 Fuß. Jürgen Vietor fürchtet, dass der Terroristenführer einen Schuss abfeuert, „dann gibt es 'ne Rapity Compression (…), da hat man ja keine Überlebenschance (…)."[3] Kapitän Jürgen Schumann wird gezwungen, den Kurs der Maschine zu ändern. „Captain Machmud", wie der Anführer sich anreden lässt, nennt als Flugziel Larnaka auf Zypern. Kapitän Jürgen Schumann rechnet den Spritbedarf bis dorthin aus. Keine Chance. Die „Landshut", erklärt er, muss früher landen! Jetzt verlangt Captain Machmud, Rom-Fiumicino anzufliegen. Kapitän Jürgen Schumann nimmt Kurs auf Rom.

Im Rumpf der Maschine spulen die anderen Terroristen die Routinen ab, die sie in den Wochen zuvor gedrillt haben. Alle Geiseln müssen ihre Pässe abgeben zu ihrer persönlichen Entmündigung. Das Handgepäck wird eingesammelt und an der Cockpit-Tür vorne rechts gestapelt. Die Passagiere dürfen nur noch Englisch sprechen, damit die Entführer alles verstehen. Wer zur Toilette muss, hat die Hand zu heben und auf die Erlaubnis zu warten.

Die Entführer setzen alles daran, die Geiseln körperlich und seelisch mürbe zu machen. Sie sollen in eine Apathie fallen, in der Widerstand nicht mehr möglich ist. Als erste Maßnahme dürfen sie für Stunden nicht auf die Toilette. Das lässt sie an wenig anderes denken. Und setzt soziale Standards aus. Eine Schönheitskönigin sagt zu einer neben ihr: „Ich kann es nicht mehr halten." Darauf die Nachbarin: „Lass es laufen."

Es folgt Schikane auf Schikane. Ehepaare, Familien, gemeinsam Reisende, die Besatzung werden voneinander weggesetzt. Jedes Gefühl von Zusammengehörigkeit soll unterbunden werden. Männer müssen Kämme, Schlüssel, Taschenmesser, Kugelschreiber, Feuerzeug und Spiegel abgeben. Zur Vermeidung von Selbstverletzungen, wie die Entführer erklären. Frauen geben ihre Handtaschen ab. Sie sollen nicht für sich sorgen können.

Um 15.40 Uhr setzt die „Landshut" auf dem römischen Flughafen Fiumicino auf. Der Tower lotst sie in einen abgelegenen, von einem

---

[3] Gespräch Vietor/Salewski 1977. Bd. S I, keine Seitennummer, mutmaßlich S. 1.

hohen Zaun umgebenen Bereich. Der Anführer der Terroristen, der sich dem Tower als „Captain Mohammed" zu erkennen gibt, fordert das Auftanken der Maschine.

Der Anführer weiß, er braucht die Piloten und die Crew zum Ausführen seiner Pläne. Er nimmt den zwei das Versprechen ab, keine Tricks zu versuchen. „No tricks. No fools, otherwise, You will be executed, or the airplane will be blown."[4] „We promise You: no tricks"[5], sichern ihm Kapitän Jürgen Schumann und Co-Pilot Jürgen Vietor zu.

## Bonn

Um 14.38 Uhr hatte sich das Drama angedeutet. Die Flugsicherung bemerkt, dass Flug LH181 über Alghero, einer italienischen Küstenstadt auf Sardinien, „unkontrollierte Kurven"[6] fliegt. Um 15.00 Uhr über Cagliari (Sardinien). Um 15.30 Uhr herrscht Gewissheit darüber, dass die „Landshut" in Richtung Rom fliegt. Bundesinnenminister Werner Maihofer wird informiert. Er wiederum verständigt den Bundeskanzler – und mutmaßt bereits in diesem Gespräch über eine Entführung.

BKA-Chef Horst Herold hat mit einer Folgeaktion von Terroristen, die den Druck auf die Bundesregierung erhöhen soll, gerechnet. Mit einem Anschlag auf eine deutsche Botschaft im Ausland oder der Entführung einer weiteren Person in der Bundesrepublik. Aber nicht mit der Operation eines internationalen Kommandos, das 86 Passagiere und fünf Besatzungsmitglieder eines Lufthansa-Linienflugs in seine Gewalt bringt. Ausgerechnet eine Maschine der Deutschen Lufthansa, der vermeintlich sichersten Airline der Welt. Auf dem Routineflug einer kleinen Maschine, einer besseren Eisenbahn, nur dass sie nicht fährt, sondern fliegt.

„Tödlich. Da war tödliches Entsetzen", wird Horst Herold später die Reaktion in der Kleinen Lage und im Großen politischen Beratungskreis beschreiben.[7] „Endgültig war", wird Helmut Schmidts Biograf Harald Steffahn treffend feststellen, „aus der Sache nicht mehr herauszukommen

---

[4] Diess., Bd. S I, S. 14.
[5] Ebd.
[6] Deutsche Lufthansa: Flight log, S. 1.
[7] Herold/Hauser, S. 103.

mit einem Triumph ohne jeden Verlust, möglicherweise nur mit Verlusten ohne jeden Triumph."[8]

Frauen, Männer und Kinder in der Gewalt unberechenbarer Terroristen. Eine völlig neue „Lage", um die Militärsprache von Helmut Schmidt zu wählen. Plötzlich „wird das Leben von Schleyer (…) ganz klein im Verhältnis zu dieser großen Zahl von Geiseln", so Horst Herold wortwörtlich Jahrzehnte später.[9] Die Aufmerksamkeit geht weg vom Arbeitgeberpräsidenten hin zur Rettung von vielen in der „Landshut". Weiter wird alles versucht, Hanns Martin Schleyer lebend zu befreien. Doch die Teilnehmer in der Kleinen Lage und im Großen politischen Beratungskreis wissen, dass jetzt die nationale und internationale Aufmerksamkeit den Menschen in der „Landshut" gehört. Und der politische Erfolg ihres Handelns daran gemessen wird, ob und wie viele Passagiere lebend die Maschine verlassen.

Schnell kommt die Diskussion darauf, „die Sache auszuschießen", wie einer der Teilnehmer sagt, sprich die Geiseln mit Spezialkräften zu befreien. „Was denn sonst?",[10] raunt darauf der SPD-Fraktionsvorsitzende Herbert Wehner, der in den Sitzungen wenig sagt. Bundeskanzler Helmut Schmidt mag es gern zur Kenntnis nehmen. Er empfindet tiefen Respekt für Herbert Wehners politische Lebensleistung nach 1949 und für seinen scharfen Verstand. „Wir können doch nicht achtzig Menschen hinrichten wegen eines Prinzips.", wird Horst Herold die Stimmung in beiden Krisenstäben Jahrzehnte später zusammenfassen.[11]

# Rom

*Standzeit „Landshut": Donnerstag, 13. Oktober 1977, 15.40 Uhr bis 17.42 Uhr*

Um 15.40 Uhr setzt die „Landshut" auf dem Flughafen Rom-Fiumicino auf. Rom. Italien. Ein enger politischer Verbündeter der Bundes-

---
[8] Steffahn 1990, S. 10.
[9] Ebd., S. 104.
[10] Vgl. Wischnewski/Hauser, S. 27.
[11] Ebd., S. 104.

republik Deutschland. Ein schwieriger. Die italienische Politik ist so temperamentvoll wie die Menschen, die sie regieren soll. Regierungen halten selten eine volle Legislaturperiode lang, Regierungsbrüche und vorzeitige Neuwahlen gehören zum politischen Alltag. Der Staat kommt mit seinem Geld nicht aus. Damals so wenig wie heute.

Im Herbst 1977 regiert ein Christdemokrat, Mario Andreotti, ohne Mehrheit im Parlament, geduldet ausgerechnet von den Kommunisten. Das lässt die wichtigsten Verbündeten – USA, Frankreich, Großbritannien und die Bundesrepublik Deutschland – auf Distanz gehen. Im Kalten Krieg gelten Kommunisten im Westen als Vorposten des „Ostblocks". Als die italienische Regierung die westlichen Industriestaaten um Kredite bittet, blitzt sie ab. Auch beim deutschen Bundeskanzler.

Nicht nur in der Bundesrepublik Deutschland, auch in Italien wütet der Terror, dort sogar von rechts und von links. Die Angehörigen der „Roten Brigaden" begehen noch häufiger Gewalttaten als Mitglieder der „Roten Armee Fraktion". Die Polizei kommt mit der Verfolgung der vielen Verbrechen nicht nach.

Nicht nur Italien und Deutschland erleben in diesen Jahren ein beispielloses Blutvergießen, auch Nordirland. Es wird Jahrzehnte brauchen zur politischen Konfliktlösung dort. Mutmaßlich liegt diese Häufung europäischer Konfliktherde am Ende der Nachkriegszeit. Die Bewältigung ihrer politischen und wirtschaftlichen Folgen hat Zeit und Kraft gebraucht. Jetzt wird das eigene Land zum Schauplatz heftiger Konflikte. Die Bundesrepublik kommt vergleichsweise glimpflich davon.

Italien. Rom. Die kleine Lufthansa-Maschine „Landshut" mit palästinensischen Entführern an Bord ruft traumatische Erinnerungen wach. Am 17. Dezember 1973 hatte ein fünfköpfiges palästinensisches Kommando auf demselben Flughafen für ein Blutbad gesorgt. Im Transitbereich eröffneten Terroristen das Feuer, zündeten zwei Phosphorbomben und kaperten eine Lufthansa-Maschine mitsamt ihrer Crew. Über 30 Menschen fanden den Tod, 15 wurden schwer verletzt.[12]

Auch innenpolitische Gründe führen dazu, dass die italienische Regierung während des Aufenthalts der „Landshut" in Rom-Fiumicino nichts

---

[12] Vgl. Terhoeven 2014, S. 506.

sehen, nichts hören, nichts sagen will. Und Tage später die NATO-Partner mit widersprüchlichen Erklärungen zusätzlich verärgern wird.

Die Regierung mit einem rechten Ministerpräsidenten, Giulio Andreotti, und einem kommunistischen Dulder, Enrico Berlinguer, neutralisiert sich politisch selbst. Jetzt, da eine gekidnappte Maschine vor der Hauptstadt steht, ergreift kein Spitzenpolitiker so wirklich die Initiative. Die Regierung könnte dem deutschen Bündnispartner beispringen, doch erscheinen die innen- und außenpolitischen Folgen nicht abschätzbar. Über die Identität und Motive der Terroristen ist in dieser frühen Phase der Entführung noch nichts bekannt.

Der italienische Außenminister Amaldo Forlani steht vor dem praktischen Problem, dass die wichtigsten Politiker des Landes nicht rasch zu greifen sind. Innenminister Francesco Cossiga mag sich auch an das politische Schicksal seines Amtsvorgängers Paolo Emilio Taviani erinnern. Dieser musste nach dem Blutbad von 1973 zurücktreten.

Um 17.39 Uhr meldet sich der Staatssekretär im Bundesverkehrsministerium, Heinz Ruhnau, beim italienischen Innenministerium. Später telefonieren Bundesinnenminister Werner Maihofer und sein Amtskollege Francesco Cossiga miteinander. Werner Maihofer bittet darum, die Maschine auf keinen Fall starten zu lassen. Die italienische Polizei soll die Reifen der „Landshut" durchschießen. Wie kommt der Mann darauf? Eine drakonische Maßnahme, die eine Kurzschlussreaktion der Entführer auslösen kann.

Deutsche Botschaftsangehörige gewinnen auf dem Flughafen den Eindruck, dass sie durch falsche Auskünfte, Zuständigkeitswirrwarr und Unauffindbarkeit der gewünschten Gesprächspartner hingehalten werden. Die Italiener lassen die „Landshut" um 16.53 Uhr auftanken mit 9700 L Kerosin. Das ist eine Ansage. Später werden sie behaupten: Wir haben versucht, das Auftanken zu verzögern durch eine entsprechende Postierung des Tankwagens.

Tatsächlich war italienische Polizei „in voller Stärke aufgefahren, greift aber nicht ein (…)".[13]

Überraschung, Entsetzen, Unfähigkeit zum Krisenmanagement bestimmen die Lage. Auf den paar Bildern, die das deutsche Fernsehen am

---

[13] Deutsche Lufthansa, Ereignis-Log, S. 1.

Abend zeigt, steht die „Landshut" in einem hellen, spätherbstlichen Licht. Wegen seiner charakteristischen Schnauze ist es die Bobby und irgendwie auch nicht. Ihr Aufenthalt in Rom ein von den Terroristen geplantes Intermezzo, auf das weitere folgen sollen.

Der Terroristenführer richtet seine Pistole in Richtung von Jürgen Vietors Schläfe und sagt: „You take off now." Der Co-Pilot schiebt die Gashebel vor. Um 17.42 Uhr setzt sich die „Landshut" in Bewegung. Ohne Starterlaubnis. Ihre Lichter bleiben ausgeschaltet. Sie rollt auf die Startbahn und hebt ab.

Angeblich trifft eine Weisung von Innenminister Cossiga, die Maschine aufzuhalten, erst zweieinhalb Minuten später ein. Bundeskanzler Helmut Schmidt wird später behaupten, Francesco Cossiga habe Werner Maihofer das Festhalten der „Landshut" in Rom zugesagt, aber diese Zusage gebrochen.[14]

Francesco Cossiga will das Verhalten der italienischen Regierung am 20. Oktober im Parlament erklären. Italien hat die Maschine ziehen lassen „auf Grund der angedrohten Reaktionen und der von den Flugzeugentführern und demjenigen, der das Flugzeug unter Kontrolle hatte, durchgeführten Entscheidung, die ihnen keine andere Möglichkeit als die einer Gewaltaktion mit extrem hohem Risiko ließ, ohne dass es in der kurzen Zeit möglich gewesen wäre, die notwendigen Maßnahmen – auch im Hinblick auf die psychologische Handhabung – anzuwenden."[15]

Bundeskanzler Helmut Schmidt reagiert enttäuscht, ja erzürnt. Beim britischen Premierminister James Callaghan wird er sich Tage später über die „negativen Erfahrungen" mit den Italienern empören.[16] Aus Helmut Schmidts Sicht hat „Rom" etwas vermissen lassen, auf das der Bundeskanzler und ehemalige Soldat im Weltkrieg besonderen Wert legt: Verlässlichkeit.

---

[14] Vgl. Terhoeven 2014, S. 509.
[15] Der Staatssekretär des Auswärtigen Amts. – Der persönliche Referent –. An den persönlichen Referenten des Chefs des Bundeskanzleramtes Herrn Staatssekretär Dr. Schüler. Bonn, den 24.10.1977. Betr.: Italienisches Verhalten bei der Entführung der LH-Maschine „Landshut". Übersetzung der Erklärung des italienischen Innenministers Cossiga vor dem italienischen Parlament am 20. Oktober 1977, in: Archiv BK 13-211 20 (2), Beiakte OTB, Bd. 7, S. 133.
[16] Vgl. Terhoeven 2014, S. 509.

# Larnaka

*Standzeit „Landshut": Donnerstag, 13. Oktober 1977, 20.40 Uhr bis 22.50 Uhr*

Urlauber und Geschäftsleute. Wahllos herausgegriffen – Hauptsache, die meisten von ihnen haben einen deutschen Pass. Ein weiteres Gewaltverbrechen palästinensischer Terroristen, mit dem sie auf ihre politische Rechtlosigkeit und schrecklichen Lebensbedingungen aufmerksam machen.

Erinnerungen kommen auf an das Attentat von München. Fünf Jahre vorher stachen Landsleute in das Herz der Olympischen Spiele, indem sie die israelischen Sportler im Olympischen Dorf als Geiseln nahmen. Die Terroristen morden skrupellos. Ein dilettantischer Befreiungsversuch der deutschen Polizei auf dem Flughafen Fürstenfeldbruck besiegelte die Katastrophe. Zu den ohnmächtigen Zeugen zählte Ulrich Wegener, der nach dem Fiasko mit dem Aufbau der Grenzschutztruppe 9 (GSG9) betraut wurde.

Die „Landshut"-Entführung trifft wieder in das Herz der Bundesrepublik Deutschland in ihrem 32. Jahr nach Kriegsende und dem 28. Jahr seit ihrer Gründung. Westdeutschland zählt zu den führenden Wirtschaftsnationen der Welt. Als Folge eines „Wirtschaftswunders" stiegen die Löhne in den 60er- und Anfang der 70er-Jahre stark an. Jährlich um bis zu zehn Prozent und mehr. Die sogenannte Ölkrise 1973 sorgte für einen Konjunktureinbruch, den die Bundesregierung mit Schulden dämpfte – der Beginn einer gigantischen Verschuldungspolitik bis heute.

Die Westdeutschen leben konsumorientiert mit wenig Interesse an der Politik. Die Politikerinnen und viele Politiker in Bonn finden das sehr in Ordnung. Sie glauben, alles besser zu machen als die Jungen, und bleiben in Spitzenämtern, solange es ihre Gesundheit erlaubt. Herbert Wehner, Willy Brandt, Franz Josef Strauß, Helmut Schmidt – seit Jahrzehnten dieselben Gesichter an den Schaltstellen der Macht.

Das Wirtschaftswunder ist nach 1949 kein Selbstläufer. Die Verfechter der sogenannten Sozialen Marktwirtschaft machen sich auf einen langen, steinigen Weg, der die Geduld der Menschen auf eine harte Probe stellt. Erst gegen Ende der 50er-Jahre greifen die Maßnahmen der Wirtschaftswunder-Architekten. Der bekannteste von ihnen, Bundeswirtschaftsminister Ludwig Erhard, wendet sein politisches Scheitern auf den letzten Metern ab.

Zu diesem Wirtschaftswachstum trägt bei, dass es auf dem Gebiet der alten Bundesrepublik viele Produktionsstätten gibt als Kernland eines ehemals größeren Deutschen Reiches. Mit dem Zweiten Weltkrieg verlorene Gebiete wie Schlesien und Ostpreußen haben vergleichsweise wenig zum Bruttosozialprodukt des Reiches beigetragen.

Hinzu kommt, dass viele Betriebe, die bislang in der sogenannten Ostzone bzw. der späteren DDR angesiedelt waren, im Westen neu begründet wurden. Schott zum Beispiel oder Zeiss. Die Bundesrepublik erlebte auch nicht das Schicksal der DDR, dessen Industrieanlagen den Weg in die Sowjetunion nahmen. Ihre neuen Verbündeten im Westen behandelten sie besser als die Sowjets die DDR.

Der holprige Anfang wird rasch verdrängt, es geht mit jedem Jahr aufwärts. Mithilfe vor allem der Amerikaner und aus eigener Leistung. Die Arbeit macht ein auskömmliches Leben möglich und betäubt Schmerzen der Seele. Traumata aus Hitlerdeutschland und dem Weltkrieg. Zusammen mit Zigaretten und Alkohol. Die Tabak- und Spirituosenindustrie hat ihre Freude am prosperierenden Rumpfdeutschland.

An jenem Oktobertag 1977, als eine Lufthansa-Maschine auf dem Weg nach Frankfurt am Main von ihrem Ziel abgebracht und bis an das Horn von Afrika entführt wird, leben die Deutschen in großem Wohlstand. In einer Küche dieser Zeit steht die orangefarbene „Moulinex", eine Vorläuferin des aktuellen „Thermomix". Im Wohnzimmer ein Fernseher von Marken wie Telefunken oder Grundig. Die meisten Westdeutschen schauen schon in Farbe. Die deutsche Unterhaltungselektronik ist eine der führenden in der Welt. Auch die Feinmechanik von Fotoapparaten und Kameras. Von Leica, Rollei oder Bauer.

Villeroy und Boch stattet westdeutsche Haushalte mit Geschirr aus. Normalverdienende wählen das Service „Avocado", Besserverdienende greifen zur „Wildrose". Nie vorher und nie mehr danach haben derlei Unterschiede eine solche Bedeutung. AEG oder Miele. Opel oder Mercedes-Benz.

Deutschland ist geteilt, das sogenannte Bundesgebiet von den Westmächten des Zweiten Weltkriegs besetzt. In dieser Klemme gedeiht und blüht ein Rumpfdeutschland, das fast 50 Jahre später bei vielen älteren und jungen Deutschen nostalgische Gefühle wecken wird. Die „alte" Bundesrepublik der 70er-Jahre erlebt mutmaßlich ihre beste Zeit – politisch ein Zwerg, aber wohlhabend und modern. Muffig und behaglich. Einfach spitze! Wie es Hans Rosendahl in seiner Sendung „Dalli-Dalli" auf den Punkt bringt.

Apropos Fernsehen. Das Programm steht für Behaglichkeit mit einem nur kleinen Anteil Politik. An diesem Donnerstag, 13. Oktober 1977, beginnt im Zweiten Deutschen Fernsehen um 17.40 Uhr „Die Drehscheibe", um 20.30 Uhr läuft „Tegtmeiers Reisen – Jürgen von Manger in den USA". Die ARD zeigt am folgenden Abend, 21.55 Uhr, den „Bericht aus Bonn" mit Friedrich Nowottny. Um 23.15 Uhr wird die „Tatort"-Folge „Kassensturz" mit Kommissar Franz Gerber (Heinz Schimmelpfennig) wiederholt.

1977 können sich viele Westdeutsche einen Sommerurlaub auf Mallorca leisten zusätzlich zum guten Leben unterm Jahr. Spanische und westdeutsche Geschäftsleute treiben erfolgreich Handel zwischen ihren Ländern. Horst-Gregorio Canellas zum Beispiel, zeitweise Präsident des Fußball-Bundesligisten Kickers Offenbach und Geisel in der „Landshut", verkauft wirtschaftlich erfolgreich Obst und Gemüse nach Deutschland.

Die „Landshut"-Geisel Julia Filius (geb. Sost) trägt ihre roten Lackschuhe in der „Landshut" als ein Statement. Die mittelständische Familie kann sich Kinder, ein Haus, Urlaube und Modeartikel leisten. Dass der Urlaub 1977 langweilig war, wie sich Julia Filius in der Rückschau erinnert, steht auf einem anderen Blatt. Abgehakt.

Der Führer des Terrorkommandos weist Co-Pilot Jürgen Vietor als Ziel die zypriotische Hauptstadt Larnaka an. Die Stimmung ist angespannt. Die Geiseln sind noch nicht müde und könnten Gegenwehr leisten. Allerdings stehen sie unter Schock, fühlen sich in einen Albtraum versetzt.

Um 19.11 Uhr bringt Kapitän Schumann in einer Positionsbeschreibung eine Botschaft unter: „2 Männer, 2 Frauen, mit Pistolen und Handgranaten."[17] Der Kapitän des Lufthansa-Flugs 640/13 hört zufällig mit und gibt die Information weiter.

---

[17] Deutsche Lufthansa, Ereignis-Log, S. 2.

Um 20.40 Uhr landet die entführte Maschine dort, wo sie „Captain Machmud" schon früher am Tag haben wollte, im griechischen Teil des Flughafens Larnaka auf Zypern. Der Außenminister der Inselrepublik, Ioannis Christophides, hält sich gerade in New York auf. Er sichert dort dem Botschafter der Bundesrepublik bei den Vereinten Nationen, Rüdiger von Wechmar, seine Unterstützung zu. Finanzminister Andreas Patsalides verspricht Bundesinnenminister Werner Maihofer am Telefon, einen Weiterflug der „Landshut" notfalls mit Gewalt zu verhindern.

Doch die Zypern-Griechen – die Insel ist zwischen Griechenland und der Türkei geteilt – halten es wie zuvor die Italiener. Das eine sagen, das andere tun ... Ihr diplomatischer Spielraum ist klein. In der ständigen Konfrontation mit den Zypern-Türken bzw. der Mittelmacht Türkei brauchen sie Unterstützung aus anderen Teilen der Welt, etwa von den Arabern. Da kommt ihnen ein arabisches Terrorkommando, das sie auf Bitten des deutschen Bundesinnenministers aufhalten sollen, nicht zupass.

„Captain Machmud" verlangt das Auftanken der Maschine. Die Behörden versuchen ihn hinzuhalten. Sie wollen Zeit gewinnen für Verhandlungen eines Vertreters der palästinensischen Befreiungsorganisation (PLO) im Tower. Der PLO-Mann redet eine Stunde lang mit „Captain Machmud", der während des Funkgesprächs herumtobt und schreit. Bereits jetzt muss er erkennen, dass viele seiner Landsleute die Entführung missbilligen.

In Larnaka gibt es für die Piloten eine erste Gelegenheit zu türmen. Der Terroristenführer hält sich zeitweise hinten auf, um auf Sprit zu warten. Kapitän Jürgen Schumann und Co-Pilot Jürgen Vietor befinden sich allein im Cockpit. Jürgen Schumann will weg. „Er wollte immer weg."[18] Schumann sagt zu seinem Co-Piloten: „Mensch komm, wir hauen ab. (...) Wir gehen durch die Cockpit-Fenster (...)."[19] Durch die Fenster kann man aus dem Cockpit steigen und auf das Flugfeld springen oder sich per Leine, die zur Cockpit-Ausstattung gehört, abseilen.

Jürgen Vietor winkt ab: „(...) Du kannst abhauen, ich bleibe hier an Bord. Ich mach das nicht, ich bleib bei den Passagieren."[20]

---

[18] Gespräch Vietor/Salewski, Bd. S I, S. 11.
[19] Ebd.
[20] Ebd.

Es sei, erzählt Jürgen Vietor weiter, eine Unterhaltung zwischen dem Kapitän und ihm gewesen, „keine Streitigkeit". „Ich habe meine Meinung zu dem Thema gesagt, ich habe gesagt, Du kannst gehen, ich bleib."[21]

Auch vom Zwischenstopp der „Landshut" in Larnaka gibt es nur wenige Fotos und Fernsehbilder – eine Maschine steht in völliger Dunkelheit auf einem Flugfeld, Lichter blinken. Um 21.57 Uhr wird der Terroristenführer ungeduldig und droht mit der Sprengung der Maschine, wenn nicht sofort ein Tankwagen kommt. Um 22.50 Uhr hebt die „Landshut" vollgetankt in Richtung Beirut ab – trotz des vorherigen Hinweises aus dem Tower, der Flughafen von Beirut sei gesperrt.

Die zypriotische Regierung wird später behaupten, ihre Sicherheitskräfte besäßen keine geeigneten Waffen, um die Reifen eines Flugzeugs zu zerschießen. Offenbar hatte die Bundesregierung diesen Wunsch nicht nur gegenüber der italienischen, sondern auch der zypriotischen Regierung geäußert.

Der Unwille der Zyprioten, der Bundesregierung zu helfen, wird im Umgang mit einer anderen Maschine deutlich. Das Flugzeug brachte Beamte des Bundeskriminalamts und der Grenzschutztruppe 9 (GSG9) von Ulrich Wegener zum britischen Militärflugplatz Akrotiri an der Südküste der Republik. Von dort aus soll es, so der Plan, weitergehen zum etwa 60 km entfernten Larnaka.

Das Flugzeug erhält erst um 0.54 Uhr eine Landeerlaubnis für die Hauptstadt. Da ist die „Landshut" schon fast zwei Stunden wieder weg. Niemand in der Maschine von BKA und BGS darf aussteigen. Entgegen einer Zusage an die Deutsche Botschaft, die Maschine dürfe sich auf Zypern beliebig lange aufhalten, drängen die Behörden zum Abflug. Die deutsche Maschine startet mit unbekanntem Ziel. Zu diesem Zeitpunkt liegt keine Landeerlaubnis eines anderen Staates vor. Schließlich kommt sie in der türkischen Hauptstadt Ankara herunter.

Dort ist sie gleichfalls unerwünscht. Ihre Landung soll auf Bitten der türkischen Regierung geheim bleiben. Passagiere und Crew müssen 39 h in der Maschine verbringen. Nur Raucher dürfen für die Länge einer Zigarette aussteigen.[22]

---
[21] Ebd.
[22] Vgl. Herzog 2022, S. 197.

## Bahrein

*Standzeit „Landshut": Freitag, 14. Oktober, 01.52 Uhr bis 03.24 Uhr*

Der Flughafen Beirut ist tatsächlich blockiert, auch der Flughafen Damaskus will die „Landshut" nicht haben. Genauso wenig „Jordanien".[23] Auf Befehl von „Captain Machmud" fliegt die „Landshut" das Königreich Bahrein an. Der Tower lässt sich überzeugen, dass die Maschine dringend Sprit braucht, und gibt die Frequenzen für das Instrumenten-Landesystem durch. Um 01.52 Uhr landet die entführte „Landshut" in Bahrein – politisch eine absolute Monarchie, die von einem Clan geführt wird.

Erwünscht ist die „Landshut" auch hier nicht. Auf dem Flugfeld wird die Maschine sofort von Soldaten umstellt. Ein klarer Hinweis darauf, dass politische Verhandlungen nicht vorgesehen sind. Der Terroristenführer verlangt vom Tower, dass die Soldaten abgezogen werden. Er gibt ihnen fünf Minuten. Sonst werde er Jürgen Vietor erschießen. In dieser ersten Phase der Entführung trifft sein Zorn den Co-Piloten, noch nicht den Kapitän – vielleicht, weil der Anführer selbst eine Pilotenausbildung durchlaufen hat und Respekt vor einem deutschen Kapitän empfindet.

„Captain Machmud" sitzt auf dem First-Observer-Sitz hinter dem des Kapitäns und drückt Jürgen Vietor die Pistole an den Kopf. „I shoot You. You will be killed!", brüllt „Captain Machmud". Jürgen Vietor fleht den Tower an, den Befehl auszuführen. „Ich habe um mein Leben gewinselt", wird der Co-Pilot später zu „Stern"-Reporter Gerd Heidemann sagen.[24] Auch Jürgen Schumann bittet inständig darum, Jürgen Vietor am Leben zu lassen.

Die fünf Minuten sind fast um. Plötzlich gibt es Bewegung unter den Soldaten. Sie weichen zurück. Die „Landshut" steht allein auf dem Flugfeld. Der Terroristenführer lässt vom Co-Piloten ab und steckt die Pistole ein.

Jürgen Vietor gerät in Bahrein durch eigenes Zutun ein zweites Mal in Gefahr. In einer Durchsage an den Tower nennt er das Entführungskommando „terrorists". „We are no terrorists! We are peacefighters!",

---

[23] Deutsche Lufthansa, Ereignis-Log, S. 3. Gemeint ist wohl die jordanische Hauptstadt Amman.
[24] Gespräch Vietor/Heidemann 1977.

schreit „Captain Machmud" in das Mikrofon. Es braucht wieder den energischen Einsatz von Jürgen Schumann und der Crew, den cholerischen Mann zu beruhigen.

Schon in dieser frühen Phase der Entführung wird klar: Die zwei Frauen und zwei Männer des Kommandos sind auf ihre Aufgabe gut vorbereitet. Sie wirken körperlich fit und haben das psychologische Knowhow, 91 Menschen tagelang in Schach zu halten. Mit Zuckerbrot und Peitsche. Auf seelische und körperliche Demütigungen folgen freundliche Gesten, ja Herzlichkeiten. Dann wieder Drohungen und Schikanen. Die Geiseln sollen nie wissen, woran sie bei „Captain Machmud" gerade sind.

Das Kommando erscheint mit Bedacht zusammengestellt. „Captain Machmud" ist mit der jüngeren der beiden Terroristinnen liiert, die Frau himmelt ihn an. Die zweite Terroristin und der zweite Terrorist verfügen über keine vergleichbare Energie wie der Boss. Sie setzen seine Befehle loyal um. Zu keiner Zeit während dieser schrecklichen Tage passt ein Blatt Papier zwischen die Mitglieder des Entführungskommandos.

Bahrein war für die Entführer ein notwendiger und zugleich politisch nützlicher Zwischenstopp. Die für die Kurzstrecke gebaute „Landshut" muss immer wieder landen, damit ihr nicht der Sprit ausgeht, aber jeder Ortswechsel produziert auch Bilder und macht Schlagzeilen rund um die Welt. Starts und Landungen sorgen jeweils für neue politische Verwerfungen. Mutmaßlich lautet die Strategie des Terrorkommandos, die deutsche Bundesregierung mürbe zu machen.

Die „Landshut" bleibt keine zwei Stunden in Bahrein. Weitere Drohungen des Terroristenführers führen zum Auftanken der Maschine. Um 03.24 Uhr rollt die „Landshut" auf die Startbahn und hebt mit unbekanntem Ziel ab. Zu dieser Zeit sind bereits alle Flughäfen am Persischen Golf geschlossen.

## Bonn

In Bonn tappen die Verantwortlichen von Politiker und Polizei über die Identität der Terroristen im Dunkeln. „Captain Machmud" ließ bisher nur durchblicken, dass er die Forderung der „Roten Armee Fraktion" nach Freilassung von Terroristen teilt. BKA-Chef Horst Herold gewinnt die spanische Polizei für eine sogenannte Rasterfahndung, auf Mallorca werden 22.000 Hotelanmeldungen auf die Echtheit der Namen geprüft. Das braucht Zeit.

Kurz nach 01.00 Uhr morgens erreichen die Bundesregierung Botschaften aus dem Büro des Genfer Rechtsanwalts Denis Payot, der zwischen den Entführern von Hanns Martin Schleyer und der Bundesregierung vermittelt. Die Schleyer-Entführer bestätigen den Zusammenhang zwischen beiden Entführungsaktionen. Einmal mehr zeigt sich ihre Professionalität im Umgang mit den damals modernsten Kommunikationsmitteln. Jetzt kommt eine reibungslose Kommunikation mit den Urhebern der „Landshut"-Entführung zustande. Beide Gruppen drohen der Bundesregierung Hand in Hand.

„Wir haben Helmut Schmidt jetzt genug Zeit gelassen, um sich in seiner Entscheidung zu winden (…)",[25] wenden sich die Schleyer-Entführer einmal mehr in einer Mitteilung direkt an den Regierungschef. „Das Ultimatum der Operation Kofre Kaddum des Kommandos ‚Martyr Halimeh' und das Ultimatum des Kommandos ‚Siegfried Hausner, der RAF sind identisch."[26] Es taucht ein Bekennerschreiben mit dem Titel „kommuniqué der operation kofre kaddum" auf.

Kaddum ist ein von Israelis zerstörtes Palästinenserdorf in der Nähe von Nablus. Es liegt im Gebiet der von Israel besetzten Westbank, die früher zu Jordanien gehörte.

Kofre Kaddum. Martyr Halimeh. Die Terroristen selbst nennen sich das Kommando „martyr halimeh" („Märtyrerin Halima"). Den Decknamen „Halima" trug die deutsche Terroristin Brigitte Kuhlmann bei der Entführung eines Passagierflugzeugs der israelischen Airline El Al nach Entebbe, Uganda, im Juni 1976. Brigitte Kuhlmann wurde bei der gewaltsamen Befreiung der Geiseln durch israelische Soldaten getötet. In arabischen Ländern gilt „Halimeh" (englische Schreibweise) als Märtyrerin. Die „Landshut"-Entführung ist offenkundig auch ein Racheakt für das Scheitern in Entebbe.

---

[25] Erklärung „Kommando Siegfried Hausner" vom 13. Oktober 1977, in: Archiv BK 13-211 20 (2), Beiakte OTB, Bd. 5, S. 238.
[26] Ebd.

„Am heutigen Donnerstag, 13. Oktober 1977, hat unser Kommando ‚martyr halimeh'[27] die Lufthansa-Maschine, Flugnr. 191, auf ihrem Weg von Palma de Mallorca nach Frankfurt unter ihre vollständige Kontrolle gebracht", beginnt die Mitteilung der „Landshut"-Entführer.[28] Es folgt eine schwurblige Verurteilung der westlichen Staaten, die sich gemeinsam mit Israel „gegen alle arabischen Massen" verbündet hätten. Die Entführer bezichtigen diese Staaten des „Welt-Imperialismus". Demnach will der Westen – mithilfe der „Zionisten" – Juden – über die Araber herrschen.

Zum Forderungskatalog zählen die Freilassung der elf RAF-Terroristen, die schon die Entführer von Arbeitgeberpräsident Hanns Martin Schleyer erwirken wollen, sowie zweier Angehöriger des extremen Palästinenser-Flügels PFLP (dazu später mehr), die sich in Istanbul in Haft befinden. Außerdem 15 Mio. US-Dollar als Handgeld. Sogenannte Zielländer, wohin die Terroristen ausgeflogen werden wollen, sind die Demokratische Republik Vietnam, die Republik Somalia und die Demokratische Volksrepublik Jemen. Bei Nicht-Erfüllung der Forderungen würden Hanns Martin Schleyer und das Flugzeug mit Passagieren und Crew in die Luft gesprengt.

Die zweiseitige Erklärung offenbart die Nähe, aber auch Distanz zum RAF-Terrorismus in der Bundesrepublik Deutschland. Einerseits bekräftigt sie die Forderung der Schleyer-Entführer. Andererseits macht sie deutlich, dass es den Palästinensern um etwas völlig anderes geht. Der Hass auf Westdeutschland bezieht sich auf seine enge politische und wirtschaftliche Zusammenarbeit mit dem Hauptfeind der Palästinenser, der israelischen Regierung. „Tatsächlich wird der ähnliche Charakter des Neo-Nazismus in Westdeutschland und der Zionismus in Israel immer klarer."[29] Von beiden Staaten, so die Argumentation, geht ein Kampf

---

[27] Bereits vier Jahre vorher war die Verbindung palästinensischer mit deutschen Terroristen offenkundig geworden. Bei den Olympischen Spielen 1972 stürmte ein palästinensisches Terrorkommando die Unterkunft der israelischen Sportler. Zu den Forderungen der Geiselnehmer gehörte die Freilassung von Mitgliedern der „Baader-Meinhof-Bande", wie die RAF damals noch landläufig hieß.

[28] Kommuniqué der Operation Kofre Kaddum, in: Presse- und Informationsamt der Bundesregierung 1977, S. 88 ff.

[29] Ebd., S. 90.

gegen Freiheitskämpfer in aller Welt aus, in Deutschland gegen Angehörige der Roten Armee Fraktion, in Israel gegen die Palästinenser.

Der Zusammenhang erscheint künstlich. Das Kommando ignoriert, dass die deutschen Bundeskanzler der 70er-Jahre, Willy Brandt und Helmut Schmidt, sich zwar nicht so heftig für die Palästinenser ins Zeug legen wie ihr österreichischer Amtskollege Bundeskanzler Bruno Kreisky. Gleichwohl tragen ihre Bundesregierungen internationale Erklärungen zum Selbstbestimmungsrecht der Palästinenser mit. Die „Landshut"-Entführer solidarisieren sich mit den RAF-Mitgliedern in ihrem terroristischen Kampf, doch sie nutzen auch die Gunst der Stunde, wieder einmal auf die eigene, die palästinensische Sache aufmerksam zu machen.

Die „Landshut"-Entführung ist, wie sich rasch herausstellt, keine politische Trittbrettfahrt. Laut einer unbekannten palästinensischen Quelle, die sich an die Bundesregierung wendet (eine entsprechende Notiz befindet sich in Helmut Schmidts Operationstagebuch), war die Entführung eines Flugzeugs schon länger geplant. Sie sollte zeitgleich mit der Entführung von Hanns Martin Schleyer beginnen. Weshalb es nicht dazu kam, geht aus der Information nicht hervor.

Der Präsident des Bundeskriminalamts, Horst Herold lässt wie erwähnt die aktuellen Hotelanmeldungen auf Mallorca durchkämmen. Der Abgleich mit den Namen auf dem „Landshut"-Flug ergibt, dass vier Personen auf Mallorca unter falschem Namen logiert haben. Vier falsche Namen – und die richtigen?

Den Durchbruch bringen Fotos, die der Adjutant von GSG9-Kommandeur Ulrich Wegener, verkleidet als Mitglied der Versorgungscrew auf dem Flughafen Dubai, macht. Es gelingt ihm, Mitglieder des Terrorkommandos an der linken offenen Cockpit-Tür zu fotografieren. Mitarbeitenden des britischen Geheimdienstes, an das sich das Bundeskriminalamt unter anderem wendet, kommen die Gesichter bekannt vor.[30] Nach weiteren Recherchen stehen die Identitäten der Entführer fest. Im Einzelnen:

Zohair Yousif Akache alias Ali Hyderi, 23, geboren in Beirut. Er wählt gegenüber Geiseln und Verhandlungspartnern den Namen „Captain Martyr Machmud".

---

[30] Vgl. Herzog 2022, S. 181.

Nabil Harb alias Biza Abbasi, 22, geboren in Beirut. Von der „Landshut"-Crew heimlich „der Junge" genannt.

Nadia Shehadah Yousuf Duaibes alias Shahnaz Gholam, 22, geboren im Libanon. Von der „Landshut"-Crew heimlich „Die Kleine" genannt.

Souhalia Sayeh Andrawes alias Souhaila Sayeh alias Souhaila Sami Endrawis al Sayeh alias Soraya Ansari, 22, geboren in Hadath bei Beirut. Von der „Landshut"-Crew heimlich „Die Dicke" genannt.

## Dubai

*Standzeit „Landshut": Freitag, 14. Oktober 1977, 05.51 Uhr, bis Sonntag, 16. Oktober 1977, 12.23 Uhr*

Auf dem Flughafen des Emirats Dubai stehen Militärfahrzeuge und Feuerwehrwagen. Sie blockieren das Flugfeld. Der Tower erteilt Jürgen Vietor keine Landeerlaubnis. „Flugzeug wird landen!", brüllt „Captain Machmud" in das Mikrofon. Erst als der Boeing der Treibstoff ausgeht, ergreift ein zufällig anwesender britischer Fluglotse im Tower die Initiative und lässt die Landebahn räumen. Damit handelt er gegen eine Weisung der Regierung. Co-Pilot Jürgen Vietor bekommt von ihm eine Frequenz genannt, damit die Maschine sicher landen kann – eines der Wunder, die dem „Wunder von Mogadischu" vorausgehen sollen.

Die „Landshut" setzt am 14. Oktober 1977 um 5.51 Uhr Bonner Zeit auf dem Flughafen des Scheichtums Dubai auf. Sofort wird sie auf einen Außenplatz beordert, um den Flugbetrieb nicht zu stören.

Dubai ist ein Wüstenflughafen mit starker Hitze am Tag und klirrender Kälte in der Nacht. Die kleine Boeing steht ungeschützt in der sengenden Sonne. Soldaten im Wüstensand richten ihre Maschinengewehre auf sie.

Endgültig haben Entführer und Entführte die politische Einflusszone der Bundesrepublik verlassen. Belgien, Frankreich, Großbritannien, Japan, Österreich und die USA unterhalten Botschaften in der Hauptstadt der Vereinigten Arabischen Emirate, Abu Dhabi, die deutsche Bundesregierung nicht. Für sie ist es diplomatisches Niemandsland.

Helmut Schmidt muss sich aufschreiben lassen, wer politisch das Sagen hat: „Staatsoberhaupt: Seiner Hoheit Scheich Zayed Bin Sultan al-Nahyen, Präsident der Vereinigten Arabischen Emirate, Abu Dhabi. Regierungschef: Seiner Hoheit Scheich Maktoom Bin Rashid Al-Maktoom, Ministerpräsident der Vereinigten Arabischen Emirate, Abu Dhabi."[31]

Die vier Jahre vorher gegründeten Arabischen Emirate bilden einen losen Zusammenschluss von Scheichtümern in der Region. Politisch bleiben die Emirate souverän, sie geben sich aber gemeinsame Ministerien zu ihrer Verwaltung. Die Emirate Abu Dhabi und Dubai werden von der Bundesregierung als am höchsten entwickelt beurteilt.[32]

Die Bundesregierung weiß, sie ist jetzt auf die Unterstützung ihrer Verbündeten – Frankreich, Großbritannien, die USA – angewiesen. Die haben aber, wie sich zeigen wird, eigene Interessen. Die Mitglieder der beiden Krisenstäbe ahnen es. „Es gab dann zunächst eine Phase der Ratlosigkeit, was man denn machen solle – außerhalb unseres Territoriums, in Ländern, deren Verhältnisse nicht leicht zu beurteilen waren", wird Hans-Jochen Vogel Jahrzehnte später sagen.[33]

Um 7.15 Uhr fordert das „Landshut"-Cockpit, eine Frau solle Softdrinks und Sandwiches heranfahren (und damit kein als Flughafenmitarbeiter getarnter Polizist). Die Deutsche Lufthansa beschäftigt in Dubai keine Frauen. Einheimische wollen sich nicht für die Aufgabe zur Verfügung stellen.

Bereits zehn Minuten später bringt dann doch ein Mann Trinkwasser zur „Landshut". Die Geiseln sollen, so will es „Captain Machmud", zu jeder Zeit genug Wasser und Essen zur Verfügung haben. Kollabierende Geiseln oder plötzliche Todesfälle kämen dem Terrorkommando ungelegen. Die Stimmung könnte dann auch im arabischen Raum kippen.

Als eine „Landshut"- Geisel das gelieferte Essen – Hühnchen mit Mayonnaise – nicht anrührt, befiehlt ihr „Captain Machmud" zu essen. Die „Überwachung" besorgt er selbst, mit der Pistole auf den Mann gerichtet.

Ein Patient braucht ein Medikament, das er auch erhält. Ein Arzt darf für einen Diabetiker Insulin-Spritzen bringen. Für sich selbst fordert

---

[31] Operationstagebuch, lfd. Nr. 289.
[32] Vgl. Fernschreiben an den Chef Bundeskanzleramt vom 14. Oktober 1977. Betreff: Lage Vereinigte Arabische Emirate (vae) hier: Dubai, in: OTB, S. 291.
[33] Hauser/Vogel, S. 17.

„Captain Machmud" Hustenbonbons an. Der deutsche Psychologe Wolfgang Salewski sieht darin einen Hinweis, dass der Mann überleben will. Tatsächlich hat die Stewardess Gabriele von Lutzau (geb. Dillmann) „Captain Machmud" dazu gedrängt.[34] Seine heiseren Durchsagen an Bord und zum Tower waren zuletzt immer schwerer zu verstehen.

Um 7.51 Uhr kommt der Außenminister der Arabischen Emirate, Scheich Mohammed Bin Rashid a-Maktoum, in den Tower, um mit „Captain Machmud" zu verhandeln. Er wird es 55 h lang tun.

„Captain Machmud" stellt der Bundesregierung ein Ultimatum bis Samstag, 13.00 Uhr. Später am Tag verlängert er es bis Sonntag, 13.00 Uhr.

Auf dem Abstellplatz des Wüstenflughafens Dubai arbeiten die Entführer ihre Checkliste ab. Sie durchsuchen akribisch das Handgepäck von Passagieren und Crew. Besonders interessiert sie, ob Jüdinnen und Juden an Bord sind. Das kann aus den Pässen hervorgehen oder aus Gegenständen, die den Davidstern tragen. „Captain Machmud" stößt in einer Handtasche auf einen Bierdeckel der Marke „Pfungstädter Bier". Das Logo zeigt ein Hufeisen, darunter kleine rote Sterne. „Was ist das?", schreit er und muss mühsam beruhigt werden.

Am Vormittag des Samstags fällt dem hochnervösen, stets misstrauischen Terroristenführer die Armbanduhr von Jürgen Vietor auf. Ihr Zifferblatt zeigt ein Emblem, eine Art Zahnrad, das „Captain Machmud" für den Davidstern hält. Tatsächlich handelt es sich um das Firmenlogo der deutschen Uhrenfirma Junghans.

„What's Your religion?", fängt der Terrorist an zu schreien. „You are a Zionist! You have a Zionist clock! You are a fool that, I will shoot You. You are a Zionist and You will be executed. You will be killed!", so die Erinnerung von Jürgen Vietor. „Captain Machmud" drückt seine Pistole an Jürgen Vietors Stirn. „Evangelic", stammelt der Beschimpfte. „Lutheric." Als der Terrorist ihn nicht zu verstehen scheint, fragt Jürgen Vietor die Stewardessen nach dem richtigen Wort. „Was heißt evangelisch auf Englisch?" „Protestant", sagt eine von ihnen.

Auch Kapitän Jürgen Schumann redet auf „Captain Machmud" ein. In einem ruhigen, bestimmten Ton. Captain Machmud entscheidet, dass

---

[34] Vgl. Gespräch von Lutzau (geb. Dillmann)/Heidemann 1977.

Co-Pilot Jürgen Vietor am Leben bleiben darf, aber seine Uhr zerstören muss. Jürgen Vietor wirft die Uhr zu Boden und trampelt auf ihr herum. Es dauert eine Weile, bis er sie kaputtkriegt.

Jürgen Vietor erwartet, dass ihn „Captain Machmud" bei nächster Gelegenheit erschießt. Einem Flughafen-Mitarbeiter, der Essen an die Maschine brachte, flüstert er auf Englisch zu: „Ich bin der Co-Pilot der Maschine und werde erschossen. Sagen Sie alles Gute an meine Frau."

Zurück im Cockpit, greift Jürgen Vietor zum Flugbuch. Wenn die Maschine hochgeht, so seine Hoffnung, wird das Flugbuch allenfalls angekokelt, die Seiten in der Mitte schadlos bleiben. „Lieber Schatz", schreibt Jürgen Vietor auf eine Seite in der Buchmitte, „das Leben war schön, aber kurz. Es grüßt Dich Dein Jürgen."

„Captain Machmud" verwendet viel Zeit und Energie darauf, Passagiere mit jüdischer Herkunft zu ermitteln. Die Historikerin Sophie Hartmann hält den Terroristenführer gleichwohl für keinen ideologischen Antisemiten. „Sein Hass auf die Juden entsprang keiner rassistischen Gesinnung, sondern war geprägt durch die Auswirkung israelischer Politik auf seine Lebensbedingungen als Palästinenser."[35] „Captain Machmud" wettert nicht gegen Juden, sondern gegen Israelis. Die israelische Regierung, ist er fanatisch überzeugt, hält sein Volk in Geiselhaft.

So wie jetzt er selbst die „Landshut"-Passagiere.

„Captain Machmud" verlangt, dass die Geiseln Postkarten an ihre Familien schreiben. Er braucht die Adressen der Passagiere, um sie, wie er ankündigt, persönlich verfolgen zu können, wenn sie ihn nach einem Austausch „verraten". Auch die Geisel Karl Hanke muss eine Postkarte schreiben. Seine Familie weiß: Karl Hanke pflegt hinter seiner Unterschrift in der altdeutschen Sütterlin[36] einen Punkt zu machen. Wenn einmal kein Punkt dahinter ist, hat er diese Unterschrift unter Zwang geleistet. Auf der Postkarte, die Karl Hanke aus der „Landshut" schreibt, fehlt der Punkt.[37]

---

[35] Hartmann 2009, S. 73.
[36] Eine von dem deutschen Schriftgestalter Ludwig Sütterlin 1911 entstandene Schrift, mit der Schulanfänger das Schreiben erlernen sollten. Die Sütterlin-Buchstaben waren geschwungener als die der lateinischen Schrift.
[37] Vgl. Hanke 1978.

Gabriele von Lutzau (geb. Dillmann) weist „Captain Machmud" darauf hin, dass ihre Kollegin Anna-Maria Staringer an diesem Tag Geburtstag hat. Sie wird 28 Jahre jung. Gabriele von Lutzau schlägt vor, eine Torte bringen zu lassen für einen schönen Moment. „Captain Machmud" ist einverstanden unter der Bedingung, dass Crew-Mitglied Jürgen Vietor, den er auf einen hinteren Sitzplatz verwiesen hat, nichts abbekommt. Heimlich wird er später dennoch ein Kuchenstück erhalten.

Um 08.11 Uhr bestellt Kapitän Jürgen Schumann beim Tower die Torte. Er fordert auch vier Kartons Zigaretten an. Auf die Nachfrage welche, antwortet er: „Nix, 2 plus 2".[38] Ein Kamerateam der ARD filmt, wie ein Flughafen-Mitarbeiter die Geburtstagstorte zum Frachtauto trägt. Die Bilder laufen abends in der „Tagesschau". Der Lufthansa-Pressesprecher schließt aus ihnen im „Tagesschau"-Interview, dass die Stimmung in der Maschine gut sei.

## Bonn

In einem Fernschreiben vom 14. Oktober 1977, 14.10 Uhr, an den Chef des Bundeskanzleramtes, Manfred Schüler, fällt der Name des Mannes, der für die „Landshut"-Entführung verantwortlich sein soll.

„subversive aktivitaeten der radikalen palästinensischen gruppen werden hauptsächlich mit anhängern wadi haddads in verbindung gebracht. Ende August 1977 berichtet eine quelle ueber aktivitaeten von pflp-angehoerigen in dubai, die auf terroristische vorbereitungen in der bundesrepublik fuer den fall des endgültigen scheiterns der genfer nahostverhandlungen zielten."[39]

Bundeskanzler Helmut Schmidt bittet die politisch Verantwortlichen in Dubai, „not to allow the plane to take off. I therefore urge you to instruct them to block the runaway and to disenable the tires of the plane if the engines of the plane are started."[40] Die Maschine soll – wie schon seit der Landung in Rom – an einem Abflug gehindert werden.

---

[38] Deutsche Lufthansa, Ereignis-Log, S. 7.
[39] Ebd. 292.
[40] Archiv BK 13-211 20 (2), Beiakte OTB, Bd. 5, S. 292.

An diesem Tag telefoniert der Bundeskanzler mit den Regierungschefs der wichtigsten Verbündeten in Europa, Frankreich und Großbritannien. Um 14.15 Uhr kommt das Gespräch mit dem britischen Premierminister James Callaghan zustande. Helmut Schmidt will von Callaghan wissen, ob er eine militärische Aktion für sinnvoll und erfolgversprechend hält. Plötzlich bricht die Leitung zusammen. Die beiden Männer setzen das Gespräch von 16 Uhr an fort. Jetzt erklärt der Premierminister, auch er halte es für richtig, den Forderungen der Terroristen nicht nachzugeben.[41] James Callaghan will sein Statement als persönliche, nicht offizielle Meinung seiner Regierung verstanden wissen. Callaghan weiter: Der Regent von Dubai habe „eine sehr eigenständige Position" innerhalb der Vereinigten Emirate. Er werde seine Entscheidung jedenfalls unabhängig von der Meinung in Abu Dhabi fällen.[42]

James Callaghan – in diesem Augenblick ein Hellseher.

Der französische Staatspräsident Valery Giscard d'Estaing rät Helmut Schmidt ebenfalls hart zu bleiben. Er würde auch jetzt, da 90 (sic) Menschenleben auf dem Spiel stehen, nicht aufgeben und die Gefangenen nicht ausliefern.[43] Auch Frankreichs Staatspräsident legt Wert darauf, als persönlicher Freund des Bundeskanzlers zu sprechen, nicht im Namen aller Franzosen. Er rät zum Sturm der Maschine. „Es ist aber wichtig, dass die militärische Aktion durch ein gutes Team durchgeführt wird. In diesem Falle wird es vielleicht einige Tote geben, aber sicher werden nicht alle Passagiere ums Leben kommen."[44]

Helmut Schmidt überhört willentlich das Schlupfloch der beiden Herren, nur für sich selbst und nicht im Namen ihrer Völker zu sprechen. Er wird bei künftigen Gelegenheiten betonen, James Callaghan und Valery Giscard d'Estaing hätten ihm nicht nur zu einem harten Kurs geraten, sondern ihn zu diesem gedrängt. Damit instrumentalisiert der deutsche Bundeskanzler den britischen Premierminister und den französischen

---

[41] Vgl. Gesprächsaufzeichnung über das Telefonat von BK Schmidt und PM Callaghan am 14. Oktober 1977, 14.15–14.30 Uhr, in: Archiv BK 13-211 20 (2), Beiakte OTB, Bd. 5, S. 327.

[42] Ebd., S. 328.

[43] Vermerk. Telefongespräch Bundeskanzler/Staatspräsident Giscard am 14. Oktober 1977, 14.30–14.45 Uhr, in: Archiv BK 13-211 20 (2), Beiakte OTB, Bd. 5, S. 28X f. (dritte Zahl nicht lesbar).

[44] Ebd. auf der Folgeseite.

Staatspräsidenten für seine zentrale Entscheidung im Deutschen Herbst. Das ist einerseits schlau als Berufung auf höhere Autoritäten. Andererseits drückt es mangelnden Mumm aus. Der Bundeskanzler glaubt, seine Autorität im Amt mithilfe Dritter aufwerten zu müssen.

Im landläufigen Verständnis zeichnet einen guten Krisenmanager aus, dass er über Eigenschaften wie Mut und Entschlossenheit verfügt. Helmut Schmidt selbst hat dieses Bild sein politisches Leben lang gezeichnet. Im Deutschen Herbst, seiner größten Herausforderung, zeigt er keinen persönlichen Mut im Sinne von: „Hier stehe ich und kann nicht anders." Seine Kraft und Zeit verwendet er auf die Abstimmung und Rückversicherung seiner Politik mit anderen. Gern darf die Rückversicherung mit Callaghan und Giscard d'Estaing erfunden sein.

„Sehr geehrter Herr Bundeskanzler", beginnt ein Brief, der am Morgen des 14. Oktober im Bonner Kanzleramt eintrifft, „ich weiß nicht, ob der Gedanke an Ersatzgeiseln für die entführte Boeing je erwogen worden ist (…). Gleichwohl teile ich Ihnen mit, dass ich jederzeit und unverzüglich gemäß meinen Grundrechten bereit wäre, die entführte Maschine zu besteigen, wenn dafür wenigstens die fünf Kinder, möglichst auch die Frauen, hinausgelassen werden."[45]

Bundeskanzler Helmut Schmidt verfügt mit grünem Filzstift, dass der Brief geheim bleibt. Amtschef Manfred Schüler hat ihn schon gesehen, Staatssekretär und Regierungssprecher Klaus Bölling darf „persönlich" – dieses Wort jeweils unterstrichen – davon Kenntnis erhalten. Manfred Schüler selbst soll, weist Helmut Schmidt an, dem Briefschreiber antworten. Diese Antwort ist der Akte nicht beigefügt.

Am Mittag dieses Tages, um 12.55 Uhr, geht in der Ständigen Vertretung der Bundesrepublik Deutschland in Ost-Berlin ein Anruf ein. „Hier ist die Rote-Armee-Fraktion. Wenn die Forderungen den (sic) nicht erfüllt werden, geht die ständige Vertretung am Sonntag hoch (oder ‚in die Luft')."[46]

---

[45] Brief Hans-Roderich Schneider an Herrn Bundeskanzler Helmut Schmidt vom 14. Oktober 1977, in: AsD 1/HSAA010016.

[46] Telex-Nachricht der Ständigen Vertretung an das Bundeskanzleramt, Lagezentrum, vom 14. Oktober 1977, in: ebd.

Helmut Schmidt will schon in Dubai eine militärische Lösung. Am 15. Oktober, 11.00 Uhr, telefoniert er mit Hans-Jürgen Wischnewski – diesmal terminbedingt von einem Hotel aus, wo die Abhörgefahr größer ist als am Telefon in seinem Büro. Um das Gespräch kurz zu halten, liest er dem Staatsminister vier Punkte vor, Hans-Jürgen Wischnewski schreibt mit.

Die Bundesregierung denkt an einen Sturm der Maschine „morgen früh in der Morgendämmerung oder vor der Morgendämmerung. (…) Aber ihr habt freie Hand: Insbesondere, wenn örtlich einzelne Erschießung stattfindet, müsstet Ihr ja handeln."[47]

Helmut Schmidts Plan: 32 Männer der von Kommandeur Ulrich Wegner geführten Grenzschutztruppe 9 (GSG9) sollen spätestens am Samstag, 15. Oktober, 19.00 Uhr Ortszeit, in Dubai eintreffen und mithilfe britischer oder israelischer Spezialisten die Stürmung vorbereiten. Das Kartenmaterial für den Flughafen hat Ulrich Wegner bereits von den Briten erhalten. Vorher sollen die Entführer dazu gebracht werden, Frauen und Kinder freizulassen.[48]

Wunsch und Wirklichkeit sind auch für einen deutschen Bundeskanzler zwei Paar Stiefel. Helmut Schmidt fragt seinen Unterhändler Hans-Jürgen Wischnewski in einem Telefongespräch am späten Vormittag, wie groß die Wahrscheinlichkeit sei, „dass Ihr es in der kommenden Nacht macht".[49] Die Antwort des Staatsministers: „Ich glaube, nicht so groß."[50]

## Dubai

Hans-Jürgen Wischnewski und Ulrich Wegner tragen dem Außenminister der Arabischen Emirate eine Befreiungsaktion durch die Grenzschutztruppe 9 (GSG9) an. Der Scheich besteht wegen der Souveränität seines Landes auf Einheimische. Ulrich Wegner bietet an, sie zu trai-

---

[47] Telefongespräch zwischen BK Schmidt und StM Wischnewski 15.10.77, 11.00 Uhr, in: Archiv BK 13-211 20 (2), Beiakte OTB, Bd. 6, S. 156.
[48] Vgl. BArch B136/16982.
[49] Telefongespräch zwischen BK Schmidt und StM Wischnewski am 15. Oktober, 11.00 Uhr, in: Archiv BK 13-211 20 (2), Beiakte OTB, Bd. 6, S. 158.
[50] Ebd.

nieren, und bekommt ein Okay. Zur Gruppe von 30 Fallschirmjägern gehören auch britische Söldner. Als Übungsflugzeug dient eine zufällig abgestellte Boeing 737 der Gulf Air. Das Training findet auf dem Flughafen in aller Öffentlichkeit statt. Es wäre ein Leichtes, die „Landshut"-Entführer über das Radio zu warnen.

Ulrich Wegener merkt schnell, dass die Truppe eine solche Aktion noch nie geübt hat. Mit ihr kein Sturm zu machen ist. Zu Mohammed Bin Rashid a-Maktum sagt er: Entweder die eigenen Leute oder keine.

Der Scheich treibt ein Doppelspiel. Persönlich würde er, so seine Versicherung, der GSG9 die Erlaubnis erteilen, wenn er hierzu berechtigt wäre. Tatsächlich lässt er kurz danach über Radio Abu Dhabi die Nachricht verbreiten, ein Lufthansa-Flugzeug sei mit einer Spezialeinheit nach Dubai unterwegs.

Eine ziemlich unfreundliche Indiskretion. Sie macht klar: Das Scheichtum akzeptiert keine Befreiungsaktion von Deutschen. Auch hier wie schon bei der Übung auf dem Flughafen nimmt der junge Scheich und Minister in Kauf, dass die „Landshut"-Entführer davon erfahren. Er setzt die Geiseln einem erheblichen Risiko aus.[51]

Das Doppelspiel bleibt der Bundesregierung nicht verborgen. Der Bundeskanzler reagiert verärgert. Nach dem „vorgemachten Türken" – Originalton Helmut Schmidt im erwähnten Gespräch mit Hans-Jürgen Wischnewski – muss er, was eine GSG9-Aktion angeht, auf die Bremse treten.

Die Hoffnung stirbt zuletzt. Am nächsten Tag, einem Samstag, diskutiert Helmut Schmidt im Bundeskabinett eine polizeiliche Aktion „nach dem Beispiel von Entebbe", wie es in einer Beschlussnotiz heißt.[52] Im Entwurf lautete die Formulierung „nach dem Vorbild von Entebbe", doch der Protokollant, Helmut Schmidts Büroleiter Klaus-Dieter Leister, muss das Wort „Vorbild" auf Geheiß des Bundeskanzlers durchstreichen und darüber das Wort „Beispiel" schreiben.

---

[51] Hartmann 2009, S. 31.
[52] Klaus-Dieter Leister, Büroleiter des Bundeskanzlers (mutmaßlich, da Blatt mit seiner Unterschrift versehen): Kabinettssitzung vom 16. Oktober 1977, in: Archiv BK 13-211 (2), Beiakte OTB, Bd. 6, S. 78.

In Entebbe, der Hauptstadt von Uganda, hatten israelische Polizeikräfte Flugzeuggeiseln gegen den Willen der örtlichen Regierung befreit. Es bestehe Einvernehmen, wird die Diskussion im Bundeskabinett protokolliert, dass gegenwärtig keine vergleichbare Aktion in Dubai durchzuführen sei. Nur Bundeslandwirtschaftsminister Josef Ertl schert aus. „Vorbehalt BM Ertl, der diese Möglichkeit offengehalten haben möchte", heißt es im Beschlussprotokoll.[53]

An diesem Samstagvormittag sind Kapitän Jürgen Schumann und Co-Pilot Jürgen Vietor im Cockpit wieder zeitweise allein. Erneut schlägt der Kapitän vor, gemeinsam auszubüchsen. Darauf Jürgen Vietor wieder sinngemäß: Du kannst gehen, ich bleib.[54]

Fluchtgedanken äußert der „Landshut"-Kapitän in Dubai auch gegenüber Purserette Hannelore Brauchardt (vormals Piegler). „Ich schreib auch in meinem Buch", sagt die ehemalige Purserette ein Jahr nach dem Drama, „dass Schumann durchaus die Möglichkeit hatte, am Tag zuvor in Dubai (…) rauszuspringen, denn da saßen wir ganz allein am Eingang." Und da habe er noch gesagt: „Jetzt könnten wir abhauen. Da habe ich gesagt: Ja, könnten wir …"[55]

In einem Moment, als sich keiner der Entführer im Cockpit aufhält, spricht Jürgen Vietor seinen Kapitän auf dessen Herausgeben von Nachrichten an. „Jürgen, ich würde es nicht tun. Wir sind hier in einem unbekannten Land. Wir wissen, dass die PLO überall ihre Vertrauensleute hat, vermutlich auch hier."[56] Dabei bleibt es. Die Piloten kommen nicht mehr auf das Thema zurück.[57]

Kapitän Jürgen Schumann folgt dem Rat seines Co-Piloten nicht, im Gegenteil. Er weist Jürgen Vietor an, VIER englischsprachige und VIER arabische Zeitungen zu bestellen. Später wird der Kapitän vier nicht gerauchte Zigarren auf einen Müllsack legen ohne Jürgen Vietors Wissen.

Welches Motiv leitet Jürgen Schumann? Einerseits sieht er sich als Kapitän in der Verantwortung, das ihm Mögliche zum Ende der Geisel-

---

[53] Ebd.
[54] Gespräch Vietor/Salewski, Bd. S I, S. 11.
[55] Hannelore Brauchardt (ehem. Piegler) in: Berliner Abendschau vom 21. Oktober 1978, Sender Freies Berlin.
[56] Ebd., S. 3.
[57] Vgl. ebd.

nahme beizutragen. Andererseits begibt er sich damit persönlich in Lebensgefahr. Seine Ehefrau Monika wird dafür später eine schlüssige Erklärung liefern. Die von der Lufthansa vorgeschriebene Unterwerfung – etwa im LH-Lehrfilm „Verhalten von Flugzeugbesatzungen bei Terrorakten im Luftverkehr" – widerstrebte seinem Wesen. Das amerikanische Passive command, ein vorsichtiger Widerstand, lag ihm mehr.[58]

„Und dass man sich gar nicht erst auf Argumentieren einlassen sollte. Und das ist ein Grund, warum ich glaube, dass er gar nicht anders konnte, als er gehandelt hat. Für ihn war das eine völlig normale und wichtige Sache, dass er versuchte, möglichst viel über die Entführer nach draußen zu bringen. Er hätte nie mit ihnen wirklich paktiert. Diese Leute waren für ihn Kriminelle."[59]

In seinen persönlichen Notizen von 1995 wird Jürgen Vietor zu einem klaren Urteil kommen über Kapitän Schumanns Verhalten. „Die Herausgabe von Nachrichten aus dem Flugzeug ist natürlich für die zu treffenden Maßnahmen, z. B. eine Befreiungsaktion, von großer Wichtigkeit. Noch wichtiger ist nach meiner Auffassung jedoch die Sicherheit der Passagiere. Hier ist Cpt. Schumann von den Empfehlungen des Films ‚Verhalten bei Entführungen' und meinen Bedenken abgewichen."[60]

Die Redaktion des Lehrfilms aus Mitte der 70er-Jahre hatte bei dem Psychologen Wolfgang Salewski gelegen, der deshalb auch zur Beratung der Bundesregierung eingeladen wurde. Er wird am letzten Standplatz Mogadischu eine wichtige Rolle spielen.

Am Samstag, 15. Oktober, 13.14 Uhr, ist der Treibstoff aufgebraucht. „Captain Machmud" hatte gleich nach der Landung neuen Treibstoff verlangt, aber nicht bekommen. Der wenige Rest hielt die flugzeugeigene Hilfsturbine (APU) am Laufen. Sie versorgt das Flugzeug am Boden mit Elektrizität und die Klimaanlage mit Druckluft. Jetzt allerdings geht nichts mehr. Eine Bruthitze erreicht den „Landshut"-Innenraum.

Der Treibstoff hat länger gereicht als gedacht, aber das spielt jetzt keine Rolle. Nach einer halben Stunde beginnen Passagiere reihenweise umzukippen. Oder drehen durch. Ein älterer Mann will immer wieder aufste-

---

[58] Tumler 1978.
[59] Ebd.
[60] Ebd., S. 13.

hen und seinen Hut nehmen. Er fragt seinen Sitznachbarn, „wann wir endlich da sind mit dem Bus". Seine Sitznachbarinnen und -nachbarn machen sich einen Witz daraus. Die Geisel auf dem Sitz dahinter stellt dem verwirrten Mann ein Glas Wasser auf den Kopf. Er hofft, dass sich der Mann bewegt und das Glas herunterfällt. Der alte Mann bemerkt das Glas, nimmt es vom Kopf und sagt zu seiner Frau: „Mutti, Mutti, wann sind wir endlich da, ich habe doch eine Verabredung."

Seine Frau ist bisher nicht aufgefallen. Irgendwann spricht auch sie in wirren Sätzen. Sie könne jetzt leider nicht mehr länger hierbleiben, sagt sie, „ich muss zum Friseur, ich habe eine Verabredung beim Friseur, ich muss da hin, meine Haare sitzen nicht mehr." Die Stewardess Gabriele von Lutzau (geb. Dillmann) nimmt sich dem Paar an, tröstet die zwei wie Kinder.

„Jetzt spielen sich ziemliche Szenen ab", wird Jürgen Vietor später im Gespräch mit „Stern"-Reporter Jürgen Heidemann sagen. Crew und Geiseln ergreifen Sofortmaßnahmen. „Captain Machmud" erlaubt, dass die Türen vorne und hinten geöffnet werden. Immerhin weht jetzt ein leichter Wind durch die Maschine.

Ein kaputtes Flugzeug mit körperlich und seelisch erschöpften Geiseln. Die Entführer in die Bewältigung einer Notsituation verstrickt. Draußen alles still. Kein Mensch ist zu hören, geschweige denn zu sehen. Jetzt könnte die „Landshut" gestürmt und die Geiseln befreit werden, wird Co-Pilot Jürgen Vietor später zu „Stern"-Reporter Jürgen Heidemann sagen. Seine Hoffnung erfüllt sich nicht.

Um 16.47 Uhr gibt auch der Funkverkehr den Geist auf. Kompletter Stromausfall. Jürgen Vietor besinnt sich darauf, dass er bei der Marine das Morsen gelernt hat. Auch das Lichtmorsen. Mit einer Stablampe („Jet-Light"), die jedes Flugzeug zum technischen Außencheck an Bord hat, lichtmorst er in die dunkle Nacht. Dabei kündigt er dem Terroristen vorher jedes Wort – natürlich in englischer Sprache – an. „Jetzt lichtmorse ich ‚we'." Er lichtmorst „we". „Jetzt lichtmorse ich ‚need'." Jetzt lichtmorst er „need". Und so weiter. Seine Botschaft: „We need communication." Jürgen Vietor muss sicherstellen, dass sich „Captain Machmud" nicht hintergangen fühlt.

Drei, vier Mal lichtmorst der Co-Pilot „We need communication.". Niemand lichtmorst zurück.

Irgendwann fährt ein Tankwagen an die Maschine heran. Die Männer vom Flughafen versuchen eine Druckbetankung. Sie scheitert, weil die Elektrik der Maschine ausgefallen ist. Danach entscheiden sich die Helfer für eine sogenannte Overwing-Betankung. Die Betankungscrew füllt Sprit in den rechten Tank. Was sie offenbar nicht wissen: Ein Fueltransfer vom rechten zum linken Tank ist wegen der fehlenden Batteriespannung von 115 V nicht möglich. Nur über dem linken Tank kann die APU mit Treibstoff versorgt werden

Jürgen Vietor weist die Flughafenmitarbeiter darauf hin. Sie halten das für einen Trick, um mehr Kerosin zu erschleichen. Sie fahren weg, ohne eine weitere Gallone dazulassen. Einige Zeit später kehrt der Tankwagen zurück. Die Einheimischen füllen jetzt auch die linke Tragfläche. Offenbar haben sie sich vergewissert, dass Jürgen Vietor die Wahrheit sagt.

Kapitän Jürgen Schumann versucht derweil, die APU zu starten trotz fast leerer Batterie. Das verbraucht den allerletzten Strom. Jürgen Vietor riet dem Kapitän zuvor davon ab. Später werden Journalisten daraus die Theorie entwickeln, Jürgen Schumann habe absichtlich eine aussichtslose Situation erzeugen wollen. Ein offenkundiges Chaos in Cockpit und Kabine sollte den Sturm der Maschine erleichtern.

Um 23.03 Uhr fährt wieder ein Wagen an das Flugzeug, der Wasser bringt. Gleichzeitig steuern zwei Männer eine sogenannte Ground Power, ein mobiles Stromaggregat, auf die Maschine zu. Einer von ihnen nimmt mit dem Terroristenführer per Megafon Kontakt auf. „I am a friend of You. Talk to me like a gentleman." Worauf es Kapitän Jürgen Schumann entfährt: „Das sind doch Deutsche!"

Richtig. Martin Gaebel, Flugbetriebsdirektor und Chefpilot bei der Deutschen Lufthansa, und der Kollege Peter Heldt, Flottenchef der Hauptabteilung Flugzeugführer B 737. „Captain Machmud" rastet aus. Deutsche Agenten! Das ist eine List! Er feuert vier Schüsse in die Dunkelheit ab. Martin Gaebel und Peter Heldt weichen in einer Zickzack-Bewegung Richtung Tower zurück. Die Ground Power lassen sie stehen. „You must help yourselves!", ruft Peter Heldt den Kollegen noch zu.

Was bisher nicht bekannt ist: Martin Gaebel und Heldt pirschen sich bereits am Morgen dieses Tages zwischen den Sanddünen rund um den Flughafen bis auf 20 m an die „Landshut" heran. Und dann von hinten unter den Rumpf der Maschine. Im Cockpit kann das niemand sehen, es sei denn, die zwei werfen Schatten. Die Aktion ist mit dem Verteidigungsminister im Tower abgesprochen.

Martin Gaebel und Heldt haben Sprechgeschirr dabei, sprich Kopfhörer und Mikrofon. Unter dem Rumpf gibt es Kontaktstellen, um mit den Piloten im Cockpit zu sprechen. Beim Anlassen der Triebwerke verständigen sich darüber die Piloten und der Mechaniker auf dem Rollfeld. Gaebel und Heldt wollen die Gespräche im Cockpit mithören und die Kommunikation aus dem Cockpit mit den Stewardessen.

Es erweist sich, dass nur eine Kontaktstelle an der rechten vorderen Rumpfseite betriebsbereit ist. Der Vorteil dieser Kontaktstellen – es geht beim Herstellen eines Kontaktes keine Lampe oder Anzeige im Cockpit an – erweist sich in diesem Fall als Nachteil. Weder die Piloten noch der Terroristenführer nutzen diesen Weg der Kommunikation. Jürgen Schumann und Jürgen Vietor kommen gar nicht auf die Idee, ab und zu hineinzuhören. Martin Gaebel und Heldt ziehen unverrichteter Dinge ab.[61]

Bei der Gelegenheit fällt Martin Gaebel und Peter Heldt auf, dass Kerosin aus dem Tank tropft („leichtes Fuel Leak").[62]

Bemühungen, Gespräche in der Kabine mithören zu können, gehen auch von der Bundesregierung aus. Sie diskutiert die Idee, dass als Caterer verkleidete Personen Abhörgeräte an der „Landshut"-Außenwand anbringen. Techniker des Bundeskriminalamts winken ab. Es gebe keine Geräte, die das könnten. Trotzdem setzt das Amt zwei Männer in Marsch. Sie sollen die Geräte in Essenscontainer schmuggeln, damit die Crew sie heimlich in Cockpit und Kabine platziert.

Die Scheichs am Ort dürfen davon nichts erfahren. Die zwei Techniker werden mit einer Sondermaschine nach Teheran geflogen, um dort in die nächste Linienmaschine nach Dubai zu steigen. In Teheran stellt sich heraus, dass einstweilen keine Maschine nach Dubai fliegt. Als die Techniker auf dem Flughafen des Scheichtums landen, ist die „Landshut" schon wieder weg.

Im Tower des Flughafens Dubai herrscht nach dem gescheiterten Heranfahren eines Notstromaggregats schlechte Stimmung. Staatsminis-

---

[61] Vgl. Verhörprotokoll Heldt, S. 3.
[62] Deutsche Lufthansa, Ereignis-Log, S. 6.

ter Wischnewski denkt laut darüber nach, Wasser in den Kraftstoff zu mischen, damit die „Landshut" nicht mehr starten kann. Ein Lufthansa-Mitarbeiter weist ihn auf die „Sinnlosigkeit des Vorhabens" hin.[63]

Jürgen Vietor bittet „Captain Machmud" um Erlaubnis, das Flugzeug zu verlassen, damit er die von Gaebel und Heldt herangebrachte, in einiger Entfernung abgestellte Ground-Power-Unit (GPU) anschließen kann. Zustimmung. An einer Wolldecke, die zwei Geiseln – der Lehrer Hartwig Faby und Box-Promoter Hans Hasse-Heyn – an der Cockpit-Tür festhalten, hangelt sich Vietor zum Flugfeld hinab. Jürgen Vietor hat noch nie eine GPU gefahren, geschweige denn an ein Flugzeug angeschlossen. Zum Glück steht neben dem Lenkrad eine kurze Betriebsleitung auf Englisch. Jürgen Vietor liest sie, fährt die GPU unter die Maschine und schließt das Kabel an. Dann läuft er zur linken offenen Flugzeugtür. Nichts geht. Jürgen Vietor probiert jetzt alle Steckvarianten für die Kabel aus. Nichts geht.

Zwischendurch erinnert sich der Co-Pilot an die exotischen Vögel im Frachtraum. Kanarienvögel und Sittiche. Kurz überlegt er, die Vögel freizulassen, sieht aber davon ab, weil die Tür des Frachtraums mit Wucht geschlossen werden muss. Die Boeing hätte kurz gezittert und „Captain Machmud" vielleicht Misstrauen geschöpft. Unverrichteter Dinge lässt sich Jürgen Vietor von Faby und Hasse-Heyn zurück in die Maschine ziehen. Dort fällt er erschöpft zu Boden. „Captain Machmud" fordert ihn auf, sich erst einmal ausruhen, und lässt ihm Wasser bringen.

Später analysieren Jürgen Schumann und Jürgen Vietor die Situation. Es braucht eine Spannung von 115 V, um Sprit vom linken in den rechten Tank zu pumpen. Das andere Problem: Die Bordbatterie muss eine Mindestspannung von 24 V haben, damit ein Relais geschaltet wird, um die Spannung der GPU auf das Flugzeug zu übertragen.

Nach einiger Zeit fahren vier örtliche Flughafenmitarbeiter heran. Diesmal schießt „Captain Machmud" nicht. „Wir brauchen eine neue Batterie", sagt ihnen Jürgen Vietor. Die Batterie kommt. Der Co-Pilot darf noch einmal die Maschine verlassen. Die Einheimischen tauschen die Batterien. Plötzlich fließt wieder Strom. Jürgen Vietor kehrt in die Maschine zurück.

---

[63] Ebd.

## In der „Landshut"

„Denn der Mensch ist dem Menschen ein Wolf, kein Mensch. Das gilt zum mindesten so lange, als man sich nicht kennt." Diese Worte werden dem römischen Komödiendichter Titus Maccius Plautus (ca. 254–184 v. Chr.) zugeschrieben. Die 86 Passagiere und fünf Besatzungsmitglieder, die am Mittag des 13. Oktober 1977 in die Gewalt palästinensischer Entführer gelangen, kennen einander nicht. Sie bilden eine Zufallsgemeinschaft. Gleichwohl einen „Querschnitt durch die gesamte Bevölkerung", wie die jüngste Stewardess in der Maschine, Gabriele von Lutzau (geb. Dillmann), mit Blick auf jeden Passagierflug überzeugt ist. Junge, ältere und alte Menschen, Urlauber und Geschäftsleute, Deutsche und Nicht-Deutsche.

Die Menschen in der „Landshut" spiegeln mit ihren Biografien und Berufen, ihren Partnerschaften und ihrem Lebensstil, ihrer Mode und ihren Hobbies den Zeitgeist der 70er. Es sind Geschäftsleute darunter, die es im Wirtschaftswunder der Bundesrepublik Deutschland zu Wohlstand brachten. Oder Beamte wie der Lehrer Hartwig Faby. Angestellte in der Industrie oder bei Versicherungen. Die „Schönheitsköniginnen" in der „Landshut" mussten für ihre Woche auf Mallorca monatelang sparen. Sie werden es in ihrem Leben noch oft tun.

Der westdeutsche Lebensstil in den 70ern spiegelt sich auch in der „Bobby", die zwischen Frankfurt am Main und Palma de Mallorca hin und her fliegt. Viele „Landshut"-Passagiere rauchen. Ihre Zigarettenmarke lässt sie gesellschaftlich verorten auf einer Skala zwischen „Marlboro" über „HB" zu „Peter Stuyvesant". Geerdete. Besserverdiener. Betuchte.

Es wird viel Alkohol getrunken in diesem Westdeutschland. Um Party zu machen oder zur Betäubung grausamer Kriegsbilder im Kopf. Auch im Fernsehen, in Krimis und Spielfilmen, fließen Cognac, Bourbon, Whiskey. In der Bundesrepublik darf für Alkohol und Zigaretten so freimütig geworben werden wie für Waschmittel und Jeans.

Die Kriegsbilder im Kopf. In den Biografien der Passagiere, die in der zweiten Hälfte der 70er-Jahre von Palma de Mallorca nach Frankfurt fliegen, verdichtet sich deutsche Geschichte. Viele Passagiere haben noch

Hitlerdeutschland und den Zweiten Weltkrieg erlebt. Manche, wenige, konnten als Juden dem Holocaust entkommen.

Zu den „Landshut"-Geiseln zählt eine Jüdin, die ihre Angehörigen im Holocaust verloren hat. Auch sie selbst erlebte im Hitlerdeutschland Todesangst. In der entführten „Landshut" kehrt diese Angst zurück. Ihr nochmaliges Überleben verdankt sie wohl der Stewardess Gabriele von Lutzau (geb. Dillmann), die bei einer Passkontrolle die Entführer täuscht. Gabriele Dillmann hat selbst jüdische Wurzeln und weiß um die Gefahr. Ihr gelingt es, die tief verängstigte Frau zu beruhigen.

Auf Krieg und Zerstörung folgten wirtschaftliche Notjahre. Später das sogenannte Wirtschaftswunder. Noch später die Aufnahme der Bundesrepublik Deutschland als einem von zwei deutschen Staaten in die Weltgemeinschaft. Bundeskanzler Willy Brandt erhält 1971 den Friedensnobelpreis, Heinrich Böll ein Jahr später den Nobelpreis für Literatur. 1972 trägt Deutschland die Olympischen Spiele, 1974 die Fußball-Weltmeisterschaften aus.

Westdeutschland kommt zurück. Zwei deutsche Bandleader, Bert Kaempfert und James Last, werden zu Konzerten nach England, dem früheren Kriegsgegner, eingeladen und feiern dort Triumphe. Die Deutschen kaufen haufenweise Platten französischer Interpreten. Frankreich war einmal der „Erzfeind". Jetzt singen Mireille Matthieu und Gilbert Becaud über das Fernsehen in deutschen Wohnzimmern.

Das Wirtschaftswunder sorgt für heute nicht mehr denkbare Karrieren. In der entführten „Landshut" sitzt Boxpromotor Uwe Hasse-Heyn, der als Soldat der Wehrmacht im Krieg war und sich hinterher mit Aushilfsjobs durchschlug. Inzwischen hat er als Geschäftsmann im Boxgewerbe ein Vermögen gemacht. Doch Uwe Hasse-Heyn trinkt. Als Schwuler fühlt er sich sozial isoliert. Die westdeutsche Gesellschaft der 70er lebt keine Toleranz mit Lesben und Schwulen.

Die „Landshut"-Geisel Matthias Rath steht für die vielen tüchtigen Deutschen, die mit Fleiß und Disziplin die Karriereleiter hochgeklettert sind. Matthias Rath ist betriebswirtschaftlicher Leiter in einem Unternehmen, das Karosserien für Autos produziert. Ein stilvoller Mann in Hemd, Krawatte und Jackett. Nach der „Landshut"-Entführung wird er seiner Arbeit nicht mehr nachgehen können.

Junge Erwachsene in der „Landshut" sind der Lehrer Hartwig Faby und der Gastwirt Rhett Waida. Die beiden Freunde haben Urlaub „auf Malle" gemacht. Rhett Waida verdankt seinen Vornamen der Romanfigur Rhett Butler aus Margaret Mitchell Epos „Vom Winde verweht". Rhett Butler meistert darin alle Gefahren. Er rettet seine geliebte Scarlett aus dem brennenden Atlanta.

Rhett Waidas knapp dreijähriger Steffen erfährt, was das Pippi machen angeht, einen besonderen Service. Purserette Hannelore Brauchardt (vormals Piegler) zweigt aus der Bordküche eine Kaffeekanne ab. Auf diese Weise muss Rhett Waida nicht mit dem Kleinen auf die Toilette.

Steffen Waida ist zu jung, um sich später an seine Entführung erinnern zu können, mit einer Ausnahme: Das Bild von den Crackers, die ihm jemand in der „Landshut" reicht, wird für immer in seinem Kopf bleiben.

Julia Filius, die Passagierin mit roten Lackschuhen und schwarzer Handtasche, und ihr Mann stehen für die Mittelstandsfamilie im Westdeutschland der 70er. Dank ihrem Arbeitsfleiß können sie sich jetzt etwas leisten. Ein bisschen Luxus und Urlaub. Es zu etwas bringen, war ihr gemeinsames Ziel. Das haben sie erreicht.

Noch im Gepäckraum liefert die „Landshut" ein Spiegelbild des damaligen Westdeutschlands als weltoffene Wirtschafts- und Kulturnation. Im Gepäckraum befinden sich wie erwähnt exotische Vögel für einen deutschen Zoo. Außerdem besagter Wandteppich, die Tapisserie von Pablo Picasso. Umgekehrt stellen Museen auf der ganzen Welt Kunst aus der Bundesrepublik Deutschland aus.

Der Vollständigkeit halber sei erwähnt, dass sich im „Landshut"-Gepäckraum auch zwei Zinksärge befinden. Zwei Leichen sollen nach Westdeutschland überführt werden.

Als die Terroristen in Mogadischu die Sprengung der Maschine ankündigen, fängt die Geisel Rhett Waida in der zweiten Gangreihe zu weinen an. Ein solches Bild bietet sich den Frauen öfters. „Die Männer weinen ja alle", sagt die Geisel Iris Roggenkamp zu ihrer Schwester Kirsten. Männer suchen Halt bei ihren Partnerinnen. Stieren unverhohlen auf die „Schönheitsköniginnen", während die eigene Ehefrau neben ihnen sitzt. Diana Müll zum Beispiel, sie trägt den Spitznamen „Schneewittchen", fühlt sich von Blicken der Männer „gefressen".

Bei Blicken bleibt es nicht. Männer in der entführten „Landshut" betatschen Frauen am Oberschenkel.

Purserette Hannelore Brauchart (ehem. Piegler) wird über die Nacht von Aden schreiben, volle Wasserflaschen seien nicht bis zur letzten Sitzreihe durchgereicht worden. „Die Gier der Leute ließ sie die Flaschen sammeln und horten, sodass keine einzige die hintere Hälfte der Kabine erreichte."[64]

Der Firnis der menschlichen Zivilisation ist dünn. Menschen in Grenzsituationen handeln reflexhaft, um zu überleben.

Iris Roggenkamps Sitznachbar bringt über lange Zeit nur ein Wort heraus, „Wasser". Sie gibt ihm etwas von ihrem ab. Anders ein Mann zwei Reihen hinter ihr. Er greift zum Glas Saft seiner Frau und trinkt es in einem Zug aus. Die Frau erleidet einen Weinkrampf und muss, während der Ehemann weggguckt, von anderen getröstet werden.

Noch in der entführten Maschine beschließt die Frau, sich von ihrem Mann zu trennen. Als beide nach der glücklichen Befreiung in Frankfurt die Gangway hinabsteigen, schauen sie einander nicht an. Die Frau wird tatsächlich zeitnah die Scheidung einreichen.

Bei einem älteren Ehepaar ist es ebenfalls der Mann, der sich auf dem Teller seiner Frau bedient. Die zwei sind seit Jahrzehnten verheiratet. In der „Landshut" erkennt die Frau ihren Mann nicht wieder. Zuhause kommt es darüber zu einer tiefen Entfremdung zwischen den beiden.

Viele Frauen in Westdeutschland haben zu dieser Zeit noch nicht den Mut, sich von ihren Männern zu trennen. Häufig aus materieller Abhängigkeit. Irgendwann wird besagte Frau alle Schuld auf sich nehmen, um die Ehe zu retten. Sich sogar Vorwürfe machen, dass sie ihrem Mann Kummer bereitete. Das Paar bleibt zusammen, aber es ist nicht mehr, wie es einmal war.

Nicht nur Männer, auch Frauen überschreiten während der Entführung Grenzen. Eine Geisel hat, wie sie später behaupten wird, Schmuck im Wert von über 48.000 DM im Gepäck. „Sie können alles von mir haben", sagt die Frau zu der „Dicken" aus dem Terrorkommando. Die Geisel öffnet ihre Halskette, zieht die Ringe von den Fingern. In diesem Augenblick gibt ihr „Captain Machmud" eine Ohrfeige, „dass ich

---
[64] Piegler 1978, S. 121.

geglaubt hab, der Kopf fällt ab".[65] Der selbsternannte Freiheitskämpfer macht klar: Wir Palästinenser sind nicht käuflich.

Auch der zweite Terrorist nicht. (…) „Und da kam eine Dame nach hinten und sagte zu ihm irgendwie (…), sie möchte ihn persönlich sprechen. (…) Da guckte sie sich einmal scheu um und hatte wohl den Eindruck, die Kleine *(sic)* hört zu. Da hat sie ihm Geld angeboten. I pay You, what You want. (…) But just let me go. (…) Er war also tief beleidigt und ich dachte, er würde sie jetzt zusammenschlagen. Und dann wiederum hat er sich (…) gefangen und hat ihr gesagt: ‚I don't need Your money.'"[66]

Eine andere Geisel bietet „Captain Machmud" Sex an zu ihrer Freilassung. „Captain Machmud" reagiert darauf ablehnend und verärgert. Diese Geisel wird nach „Mogadischu" lange damit ringen, dass sie sich hergeben, ihre Seele verkaufen wollte für ihr Überleben.

Es gibt auch andere, positive Beispiele, wie sich Geiseln verhalten haben. Als Jutta Knauff (vormals Brod) wegen der Hitze zu kollabieren droht, stellt der Passagier hinter ihr seinen Sitz ganz nach vorn und beginnt mit einer Zeitschrift zu wedeln. Der Luftzug tut Jutta Brod gut. Die Zuwendung, die in dieser Geste steckt, noch mehr. Jutta Knauff (vormals Brod) wird später sagen, ihr seien nach der „Landshut"-Entführung im Nacken keine Haare mehr gewachsen.

Die Crew eines Lufthansa-Flugs – Fliegende, Kabinenpersonal – ist eine Zufallsgemeinschaft. Zusammengewürfelt von einem Dienstplan. Da stimmt die „Chemie" zwischen Crew-Mitgliedern mal mehr, mal weniger. Zwischen der Purserette und den beiden Stewardessen auf diesem Flug stimmt sie überhaupt nicht. Das wäre auf der vorgesehenen Kurzstrecke Palma de Mallorca und Frankfurt am Main ohne Belang. In einem tagelang entführten Flugzeug wird es zur Belastung für Crew und Passagiere.

„Es hatte gar nicht zusammengepasst, die Crew", so Gabriele von Lutzau im Gespräch mit dem Psychologen Wolfgang Salewski in Gegenwart von Lufthansa-Führungskräften.[67] Schon auf dem Hinflug feixten Anna-

---

[65] Salewski Gruppengespräch I, S. 10.
[66] Salewski Gruppengespräch II, S. 4 f.
[67] Gespräch von Lutzau (geb. Dillmann)/Salewski, Bd. 2, S. 16.

maria und sie über den österreichischen Akzent ihrer Vorgesetzten, einer gebürtigen Grazerin. Die Vorgesetzte findet das gar nicht lustig. Was für eine Unverschämtheit, empört sich Hannelore Brauchardt (vormals Piegler) sinngemäß, was nehmt Ihr Euch heraus?[68]

Tatsächlich ist der soziale Status einer Stewardess, und noch mehr einer Purserette, in den 70ern ungleich höher als heute. Dem Fliegen – auch dem fliegenden Personal – wird ein hoher Respekt entgegengebracht. Fliegen hat noch nicht den trivialen Charakter einer Zug- oder Busfahrt. Das liegt auch an dem im Vergleich zu anderen Verkehrsmitteln viel höheren Preis.

Das Verhältnis zwischen der Purserette und den beiden Stewardessen in der „Landshut" nimmt während der Entführung dauerhaft Schaden. Hannelore Brauchart (ehem. Piegler), Annemarie Staringer und Gabriele von Lutzau (geb. Dillmann) sind sehr unterschiedliche Persönlichkeiten und reagieren in dieser Grenzsituation sehr verschieden. Die jüngste von ihnen, Gabriele von Lutzau (geb. Dillmann), übernimmt Verantwortung. Sozial begabt und jugendlich unbekümmert, schlüpft sie in die Rolle ihres Lebens. Sie weiß, die Entführer sind auf ihr gutes Englisch angewiesen. Gabriele von Lutzau (geb. Dillmann) hatte früher eine Beziehung mit einem Partner, dessen Muttersprache Englisch war.

Die Stewardess Annemarie Staringer macht sich – gleichsam vollkommen verständlich – irgendwie unsichtbar in dieser Angstsituation Es gibt keine Erzählungen von befreiten Geiseln über sie, nur die Geschichte von der Geburtstagstorte und Fotos zusammen mit ihren Kolleginnen. „Captain Machmud" hat diese Bilder mit der Kamera einer Geisel gemacht. Sie zeigen die Verstörung, ja das Entsetzen im Gesicht der jungen Frau.

Auch die Purserette Hannelore Brauchardt (vormals Piegler) übernimmt Verantwortung, auf andere Weise. Als Führungskraft in der Kabine orientiert sie ihr Handeln an den Vorschriften der Deutschen Lufthansa für den Entführungsfall. Sie beherzigt die Regeln aus dem Lehrfilm von Psychologe Wolfgang Salewski, der aktuell Staatsminister Hans-Jürgen Wischnewski berät.

---

[68] Vgl. ebd.

Hannelore Brauchardt leistet sich keinen Konflikt mit den Terroristen wie Gabriele von Lutzau (geb. Dillmann). Auch auf diesem sehr besonderen Flug geht sie – wie es sich für eine Purserette der Deutschen Lufthansa gehört – distanziert mit Passagieren um.

In der entführten Maschine liefern sich Hannelore Brauchardt (vormals Piegler) und Gabriele von Lutzau (geb. Dillmann) eine Art Mini-Krieg. Die eine pocht auf das Orientierung gebende, ordnende Regelwerk von Vorschriften, die andere tut, was sie in der konkreten Situation für richtig hält.

Eine Gemeinsamkeit immerhin werden die drei Frauen später teilen: Nach ihrer Befreiung steigen sie nie wieder als Purserette bzw. Stewardess in einen Flieger.

In Dubai glauben sich die Terroristen auf der Siegerstraße. Sie haben eine fast voll besetzte Lufthansa-Maschine planmäßig in ihre Gewalt gebracht, die Weltöffentlichkeit aufgeschreckt, die Bundesregierung mit Forderungen konfrontiert. Die palästinensische Sache ist in vieler Menschen Munde.

„Dubai" schenkt den Entführerinnen und Entführern eine Verschnaufpause. Sie nehmen sich Zeit zur Inszenierung als Freiheitskämpfer des palästinensischen Volkes. Sie wollen ihren Geiseln, deren Leben sie mit Pistolen und Handgranaten bedrohen, ihre Motive erläutern. Um Verständnis werben. Anerkennung erfahren. Und nebenbei auch von der ganzen Welt.

„Captain Machmud" nimmt im Cockpit Platz und spricht eine halbe Stunde über die Verbrechen am palästinensischen Volk. Er tut es mit heißem Herzen und, wie Geiseln später versichern werden, mit guten Argumenten. Und in markanten Bildern. „Captain Machmud" berichtet, er habe im Libanon schwangere Frauen mit zerfetzten Bäuchen gesehen. Und kleine Kinder, hingemordet von den Phalangiten, Angehörigen einer christlichen Partei im Libanon. Er müsse diese Aktion machen, um sein Land zu retten.

Einmal redet sich der Terroristenführer so sehr in Rage, dass er mit seiner Pistole einen Schuss abfeuert. Die Kugel dringt in die linke Lehne des Kapitän-Sitzes ein und bleibt darin stecken, zum Glück. Wäre die Kugel auf Armaturen im Cockpit getroffen, hätte das einen Weiterflug unmöglich gemacht.

Die politischen Weltbilder von Entführern und Geiseln haben nichts miteinander gemein. Die Palästinenser gehören zu den Verlierern der modernen Geschichte. Wie zum Beispiel die Aramäer oder Kurden. Die Palästinenser leben eingepfercht im schmalen Gaza-Streifen. Exiliert in Beirut oder Tripolis. „Captain Machmud" ist ein Terrorist, ein Verbrecher, aber er liegt nicht ganz falsch mit seiner Erzählung über die Geschichte seines Volks.

Jedes Mal, wenn ein Vortrag von „Captain Machmud" zu Ende ist, klatschen die Geiseln. Manche vielleicht aus Opportunismus, aber viele zeigen sich ehrlich berührt. Der Hintergrund des Nahost-Konflikts war ihnen nicht bekannt. Eine „Landshut"-Passagierin identifiziert sich so sehr mit der Sache der Entführer, dass sie zeitweilig beschließt, Mitglied einer Palästinenserorganisation zu werden.

Kapitän Jürgen Schumann käme das mutmaßlich nicht in den Sinn. „Mir hat er immer gesagt", wird Monika Schumann nach dem Mord an ihrem Mann sagen, „die Leute ins Arbeitslager! Leute, die jemand anderen umbringen, gehören auf der Stelle erschossen, ehe man noch viel Geld für Prozesse und sonst was ausgibt. Und das war die Linie."[69]

*„IM NAMEN VIELER ANGEHOERIGER BITTE ICH ALLES ZU TUN UM DAS LEBEN UND GESUNDHEIT MEINES VATERS UND DER ANDEREN ENTFUEHRUNGSOPFER ZU RETTEN MENSCHENLEBEN SOLLTEN VORRANG VOR POLITISCHEM KALKUEL UND PRESTIGE HABEN BERND REIBOLDT"* (Abb. 1).

Das Terrorkommando hat ein tragbares Radio mit an Bord genommen. In Dubai will „Captain Machmud" jeweils zur vollen Stunde Nachrichten hören. Gabriele von Lutzau (geb. Dillmann) wird sich im Gespräch mit Wolfgang Salewski erinnern, mindestens zweimal habe „Cap-

---

[69] Tumler 1978.

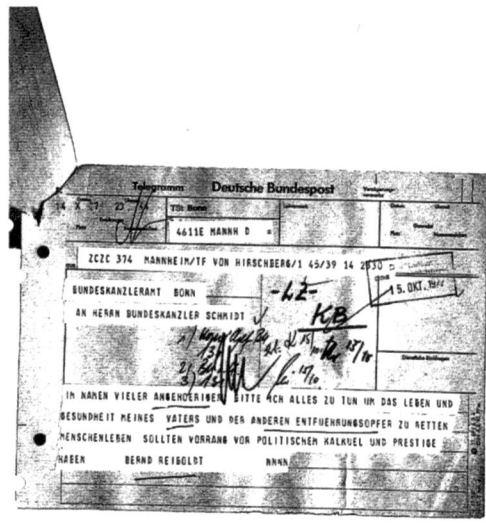

**Abb. 1** Telegramm Bernd Reiboldt vom 14. Oktober 1977 an Bundeskanzler Helmut Schmidt. (Quelle: BArch B136/31588)

tain Machmud" die Nachrichten verpasst, mindestens zweimal aber gehört.[70]

Aus diesen Nachrichten erfährt er, dass es sich beim „Landshut"-Entführungskommando um vier Personen – zwei Männer und zwei Frauen – handelt. Der Kapitän der Maschine habe entsprechende Informationen herausgeschmuggelt. Auch für diese Indiskretion sorgte der junge, unerfahrene Unterhändler Scheich Mohammed Bin Rashid a-Maktum. Er plauderte vor Journalisten darüber.

„Captain Machmud" tobt. Er beschuldigt zunächst Jürgen Vietor, ihn verraten zu haben. Noch empfindet er Achtung vor Jürgen Schumann als dem Kapitän der Maschine. Der Co-Pilot gibt sich zunächst ahnungslos, er könne sich ein Hinausschmuggeln von Informationen nicht vorstellen. Damit begnügt sich der Terroristenführer nicht. Auf die wiederholte Frage, ob er es war, antwortet Jürgen Vietor mit einem klaren Nein.

Vordergründig könnte der Eindruck entstehen, der Co-Pilot verrät jetzt seinen Kapitän in dem Sinn: Nein, ich war es nicht, sondern er. Jür-

---

[70] Salewski, Gruppengespräch II, S. 25.

gen Vietor sagt einfach nur die Wahrheit. Außer den beiden kommt niemand dafür infrage. Er kann die Sache nicht auf sich nehmen, nachdem ihn der Terroristenführer schon mehrfach mit dem Tod bedroht hat.

Bis jetzt war der Austausch zwischen „Captain Machmud" und Flugkapitän Jürgen Schuman locker, ja gelöst. Jürgen Schumann handelte gefasst und problemorientiert. Zusammen rauchten sie viel. Zusammen diskutierten sie die jeweils nächsten flugtechnischen Schritte.

Damit ist jetzt Schluss.

„Captain Machmud" zitiert Jürgen Schumann in den Gang. Jürgen Schumann muss vor dem Terroristen niederknien und seine „Vergehen" beichten. Die verräterischen Funksprüche. Thank You FOUR the Breakfast. Die vier Zigarren im Müll, zwei davon beschnitten. Die vierfach angeforderten Zeitungen. FOUR English and FOUR Arabien Newspapers. Der Terrorist nennt den Kapitän vor allen Geiseln einen Verräter.

Jürgen Schumann muss im Kabinengang Kehrtwendungen machen. Mehrmals auf und ab gehen und den Terroristen mit „Captain" anreden. Left, turn left. Right, turn right. Eine Demütigung vor aller Augen.

„You are no longer the captain of this aircraft!", schreit der Terrorist, „the Co-Pilot will fly the aircraft as a commander."[71] Dann spricht er Jürgen Vietor an. „You are the captain from now on."[72] Später wählt „Captain Machmud" die Anrede „Charly Papa", eine vertrauliche Abwandlung von „Co-Pilot".

Jürgen Schumann wird in eine der hinteren Sitzreihen geschickt. Vorher muss er die Kapitänsmütze abgeben, „Captain Machmud" setzt sie sich selbst auf. Im hinteren Bereich der Kabine angekommen, sagt Jürgen Schumann zu seiner Sitznachbarin, der Geisel Cäcilie Meijer-Werner, „sie werden mich töten".[73]

Die „Gerichtsverhandlung" gegen Jürgen Schumann zeigt Wirkung. Einzelne Passagiere solidarisieren sich mit dem Zorn von „Captain Machmud" auf den Kapitän. Sie reagieren enttäuscht und werden nach der Befreiung schlecht über ihn sprechen.

---

[71] Gespräch Vietor/Salewski, Bd. S/I, S. 20.
[72] Ebd., S. 19.
[73] Cäcilie Meijer-Werner im Gespräch mit Ebbo Demant in Demant 1982.

## Bonn

Am Morgen des 15. Oktober 1977 – die „Landshut" steht jetzt 24 h in Dubai – telefonieren Bundeskanzler Helmut Schmidt und Staatsminister Hans-Jürgen Wischnewski miteinander. Der Staatsminister schlägt eine, wie er es nennt, „Abkoppelung" des Entführungsfalls „Landshut" von Hanns Martin Schleyers Entführungsfall vor. Helmut Schmidt versteht sogleich. „Meine persönliche Meinung ist, ich stimme Dir zu. Und 88 (sic!) Personen sind wichtiger als eine. Das ist aber meine Privatmeinung aufgrund der Abwägung der Werte, die auf dem Spiele stehen."[74]

Helmut Schmidt sagt zu, diesen Gedanken im Großen politischen Beratungskreis, der in einer halben Stunde zusammentritt, zur Diskussion zu stellen.

Am 14. und 15. Oktober kommt kein Einsatz der GSG9 zur Stürmung der Maschine infrage. Trotzdem gehen die Vorbereitungen für eine Aktion weiter. Die deutsche Rettungsflugwacht stellt ein Flugzeug „zum liegenden transport von 90 verletzten" mit einem medizinischen Team von „5–6 aertzten und 10 rettungssanitaeter bzw. krankenschwestern" bereit.[75] Anders als die Maschine der GSG9 darf dieses Flugzeug auf dem britischen Militärstützpunkt auf Zypern landen.

Das Landeskriminalamt München erhält an diesem Morgen eine anonyme Bombendrohung. Für den Fall, dass die Bundesregierung die Forderungen der Terroristen nicht erfüllt, wird im Diplomatenviertel in Bonn-Bad Godesberg eine „hochexplosive, zerstörerische Bombe" hochgehen.[76]

---

[74] Gespräch zwischen Bundeskanzler Helmut Schmidt und Staatsminister Wischnewski. 15.X.1977 0850, in: Archiv BK 13-211 20 (2), Beiakte OTB, Bd. 6, S. 151 ff.
[75] Fernschreiben an den Krisenstab der Bundesregierung vom 15. Oktober 1977, 12.40 Uhr, in: BArch B106/106684.
[76] Vermerk Leiter Lagezentrum. Meyer-Sebastian vom 15. Oktober 1977, in: AdsD, 1/HSAA010016; Archiv BK 13-211 20 (3), Beiakte 3, o. S.

## In der „Landshut"

Zuckerbrot und Peitsche. Die beiden Frauen des Terrorkommandos fuchteln mit entsicherten Handgranaten herum. Wenn sie rauchen, lassen sie die Zigarettenasche auf die Handgranaten fallen. Und stoßen gegen sie, damit die Asche zu Boden fällt.

Plötzlich dürfen die Passagiere die Gurte öffnen. Miteinander reden. Eine Zeit lang herrscht eine normale Stimmung wie auf jedem Linienflug. Dann wieder ein Schrei, ein Schlag von „Captain Machmud" in die Stille hinein. Zu keiner Zeit während der insgesamt 105 h sollen die Geiseln Ruhe finden.

Gleichwohl gibt es Momente, in denen sich Entführer und Geiseln näherkommen. Die Purserette Hannelore Brauchardt (vormals Piegler) schreibt in ihren Erinnerungen von guten Gesprächen mit „der Dicken", der älteren der beiden Terroristinnen. Sie reden über Wünsche und Pläne im Leben. Übers Kinderkriegen. Nach einem dieser Gespräche verschwindet „die Dicke" auf der Toilette und kommt mit verheulten Augen wieder heraus.

Die hygienischen Verhältnisse in der „Landshut" werden von Tag zu Tag entsetzlicher. Bereits in Dubai ist die vordere Toilette verstopft, die hintere kurz davor. Die kleinste Boeing verfügt nur über zwei. Jürgen Vietor lässt einen sogenannten Stampfer kommen, mit dem eigentlich Getränkedosen, die Fluggäste leergetrunken haben, zerdrückt werden. Der Stampfer erweist sich als zu kurz. Jürgen Vietor bestellt danach eine Holzlatte. Auch mit ihr bekommt er die Toilette nicht frei. Die Piloten fordern vom Tower Chemikalien gegen die Verstopfung. Es werden keine geliefert.

Örtliche Flughafenmitarbeiter schaffen es, den gesammelten Urin aus der Maschine abzulassen, aber nicht den Kot. Ein ZDF-Kameramann hält fest, wie der Urin auf das Flugfeld spritzt. Diese Bilder werden in den „heute"-Nachrichten dieses Tages nicht gezeigt. Erst der Filmemacher Ingo Helm wird Jahrzehnte später im ZDF-Archiv auf die hässliche, eindrückliche Szene stoßen und in seinem Dokumentarfilm verwenden.[77]

Die Notdurft der Geiseln stinkt mit jedem Tag bestialischer. Ihr übler Geruch wird befördert durch die sengende Hitze am Tag und die hohe Luftfeuchtigkeit in der Nacht. Weil nichts abfließen kann, türmt

---

[77] Vgl. Demandt/Helm 2012.

sich die Notdurft immer höher auf. Wer sein Verdautes abführen will, muss es im Stehen tun.

Jürgen Vietor versucht sein Glück in Dubai ein zweites Mal, jetzt mit einem Kleiderbügel. Vergeblich. Da mischen sich schon Urin und Kot mit Blut. Menstruationsblut. Die Frauen haben ihre Tage bekommen, weil sich die Packungen ihrer „Pille" im Gepäckraum befinden. Da kommen sie jetzt nicht ran.

Irgendwann sickert das Menstruationsblut durch die Toilettentüren und läuft den Gang entlang.

Kein Wunder, dass Besuche auf der Toilette immer seltener werden. Ein 14-jähriges Mädchen flüstert Gabriele von Lutzau (geb. Dillmann) schamvoll zu, sie habe in die Hose gemacht. Darauf die Stewardess: „Das macht nichts. Wir hängen die Hose zum Trocknen auf."

In der Wüstenhitze von Dubai baden die Geiseln im eigenen Schweiß. Männer ziehen sich bis auf die Unterwäsche aus. Blusen und Kleider von Frauen aus Nylon, sprich Plastik, beginnen zu stinken. Die Passagiere nehmen es apathisch hin.

Von „Dubai" an zeigen sich die Folgen des tagelangen Sitzens. Vielen Geiseln schwellen die Beine an. Bei manchen bricht fast das Fleisch auf. Gliedmaßen von Geiseln werden bei Fesselungen derart eingeschnürt, dass sie blau anlaufen und sogar bluten.

Dem Piloten einer spanischen Flugzeug-Crew, die in Frankfurt am Main ihren Dienst antreten wollte, ergeht es bei seiner Fesselung besonders schlecht. Die Fessel drückt seine Armbanduhr tief ins Fleisch. Schmerzverzerrt, mit Tränen in den Augen, versucht sich der Spanier nichts anmerken zu lassen – vergeblich. Andere Geiseln werden auf seine Qualen aufmerksam und bitten die Entführer um Gnade. „Captain Machmud" nimmt dies zum Anlass, sich großmütig zu geben und die Fesseln aller Geiseln lösen zu lassen.

Später ruft „Captain Machmud" drei Geiseln zu sich, darunter Birgitt Röhll. Er fordert sie auf, sich am kommenden Morgen um 9.00 Uhr zu ihrer Erschießung zu melden. Birgitt Röhll ist gemeinsam mit ihrem zehnjährigen Sohn Stephan an Bord. Der kleine Stephan spricht seiner Mutter in den kommenden Stunden Mut zu. „Du wirst nicht sterben", versichert er. Stephan schläft n dieser Nacht auf dem Schoß seiner Mutter. Birgitt Röhll macht kein Auge zu.

Am frühen Morgen ist „Captain Machmud" in ruhiger Stimmung. Vielleicht hat er Birgitt Röhll und den anderen Geiseln auch nur drohen wollen, um Todesangst zu verbreiten. Gabriele von Lutzau erkennt intuitiv seinen Stimmungsumschwung und nimmt ihm die Zusage ab, dass niemand erschossen wird. Birgitt Röhll darf am Leben bleiben. „Captain Machmud" gibt seine Entscheidung über das Bordmikrofon bekannt.

Birgitt Röhll und ihr Sohn Stephan werden ihr Leben lang unter der Entführung leiden. Zurück in Berlin, macht der Zehnjährige plötzlich wieder in die Hose.

Die Frauen unter den Geiseln müssen ihre Nylonstrümpfe ausziehen und abgeben. Stewardess Gabriele von Lutzau (geb. Dillmann) fragt sich, was das soll. Als „Captain Machmud" Kerosin verlangt und mit dem Tod von Geiseln droht – alle fünf Minuten eine –, glaubt sie zu wissen, warum: Jede und jeder von ihnen soll nicht erschossen, sondern vor aller Augen erwürgt werden! In Wirklichkeit dienen die Strümpfe später zur Fesselung der Geiseln während des letzten Ultimatums.

Um 7.25 Uhr lässt Kapitän Jürgen Schumann über den Tower ein Telex an Bonn absetzen: „To the Chancellor of the Federal Republic of Germany, Mr. Helmut Schmidt". Der Wortlaut:

„Mr. Chancellor,

The life of 91 men, women and children on board DABCE depends on our decision. You are our last and only hope.

In the name of crew and passengers

Schumann, Cpt."[78]

Immer wieder versucht der Tower, einzelne Geiseln freizubekommen. Mal die Kranken. Mal die Frauen. Mal die Frauen und Kinder. „Captain Machmud" lässt sich auf nichts ein. Offenbar ist er im Ausbildungslager darauf gedrillt worden, null Zugeständnisse zu machen. Frank und frei teilt er der „Landshut"-Crew mit, nicht einmal Tote aus der Maschine bringen zu lassen. Er wird seine grausige Ankündigung wahr machen.

11.27 Uhr. „Captain Machmud" will die Ground Power, die noch am Flugzeug steht, weghaben. Die „Landshut" soll bereit zum Start sein. Auch er erinnert jetzt an die politische Verantwortung des Bundeskanzlers. „Hat Kanzler Schmidt im Kopf, dass 87 (sic!) Passagiere an

---

[78] Deutsche Lufthansa, Ereignis-Log, S. 6.

Bord sind? Soll schnell entscheiden, sonst machen wir unsere Warnung wahr."[79] Der Terrorist gibt dem Tower zehn Minuten Zeit.

„Bundesrepublik hatte 60 h Zeit", wendet sich „Captain Machmud" kurz danach erneut an den Tower, „Flugzeug wird starten und wird gesprengt, wenn nicht Bedingungen bis zum nächsten Ziel erfüllt."[80] Um 11.59 Uhr fährt ein Auto auf das Flugfeld, um das Stromaggregat wegzuschleppen.

„Anruf vom Lagezentrum AA, Herr Westphal: Der finnische und schwedische Gesandte haben bei dem Unterabteilungsleiter 31 im AA, Herrn Dr. Jesser, vorgesprochen und mitgeteilt, dass sich in der entführten Lufthansa-Maschine der finnische Staatsangehörige (…), 45 Jahre alt, befindet. Die beiden Gesandten brachten die Bitten ihrer Regierungen zum Ausdruck, dass die Bundesregierung alles in ihrer Macht Stehende tut, um das Leben des finnischen Staatsangehörigen zu schützen. Beide brachten gleichzeitig Verständnis für die schwierige Lage der Bundesregierung zum Ausdruck."[81]

*„ihrer politik verdanke ich und die familie meines bruders hans hasse-beyn (sic!) der in der am 13. Oktober entfuerten Lufthansamaschine sitzt, dass seine erschiessung bevorsteht. Wieviel maenner brauchen sie noch im krisenstab und (sic!) nichts zu tun? Lassen sie sich nicht nur unter zwang setzen, sondern werdet endlich aktiv so oder so helmut heyn"* (Abb. 2).

*„herr bundeskanzler in ihrer entscheidungsgewalt liegt das Leben von 91 unschuldigen menschen kommen sie doch bitte den forderungen der terroristen nach oder ist die verfuegungsgewalt über die baader meinhofs wirklich von hoeherem wert? dr brauchart graz verlobter der oesterreichischen chefstewardess hannelore piegler"*[82]

*„(…) meine 66- jehrige mutter sitzt auf der lh maschine in Dubai. (…) die von der Bundesregierung zu treffende entscheidung ist schwierig, es gibt viele pros und contra, wie immer die entscheidung sie wird viele gegner haben. Doch*

---

[79] Ebd., S. 11 („Captain Machmud" sprach Englisch, im Log bereits übersetzt).
[80] Ebd., S. 12.
[81] Vermerk Leiter Lagezentrum. Meyer-Sebastian vom 15. Oktober 1977, in: Archiv BK 13-211 20 (3), Beiakte 3, o. S.
[82] Telegramm Dr. Brauchart vom 15. Oktober 1977 an Bundeskanzler Helmut Schmidt vom 15. Oktober 1977, in: BArch B136/31588.

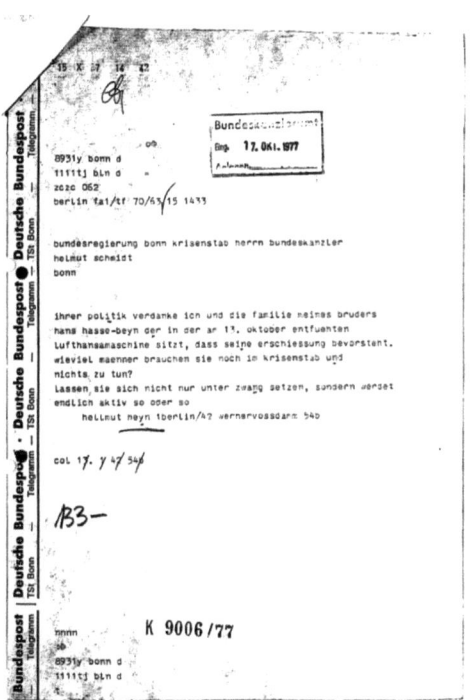

**Abb. 2**  Telegramm Hellmut Heyn vom 15. Oktober 1977 an Bundeskanzler Helmut Schmidt. (Quelle: BArch B136/31588)

*es kann nur eins von ausschlaggebender bedeutung sein: die verpflichtung zur menschlichkeit allen anderen pflichten voranzustellen. (…) rolf-meijer-werner caracas/Venezuela"*[83]

Derweil wird es für Ulrich Wegeners Männer in Ankara ungemütlich. Ein „PR-Desaster"[84] hatte dafür gesorgt, dass die „Tagesschau" über den Aufenthalt von Wegeners Leuten in der Türkei berichtete. Jetzt weiß die ganze Welt, dass die GSG9 der entführten „Landshut" hinterherfliegt.

Verteidigungsminister Scheich Mohammed Bin Rashid a-Maktum will vom Deutschen Botschafter in den Vereinigten Emiraten, Hans-

---

[83] Fernschreiben ebd.
[84] Herzog 2022, S. 169.

joachim Neumann, wissen, ob 30 „Antiterrorspezialisten" nach Dubai unterwegs seien. Neumann versichert, dass keine Spezialisten im Anflug seien.

Staatsminister Hans-Jürgen Wischnewski bittet Bundeskanzler Helmut Schmidt in einem Telefongespräch darum, „dass die Maschine demonstrativ nach Hause fliegt".[85] So kommt es auch. Regierungssprecher Klaus Bölling wählt eine Vorwärtsstrategie: Er verkündet die Entscheidung der Bundesregierung, die GSG9 aus eigenen Stücken nach Hause zu holen. Das Zweite Deutsche Fernsehen darf sogar die Landung der Maschine in Köln-Wahn filmen. Die Welt soll wissen, dass die Bundesregierung auf eine Verhandlungslösung mit den Entführern setzt.

Was Klaus Bölling natürlich nicht sagt: Nach einem Zwischenstopp in der iranischen Hauptstadt Teheran besteigen Kommandeur Ulrich Wegener, sein Adjutant Frieder Baum und Wegeners Stellvertreter Dieter Fox eine kleine Maschine mit Ziel Dubai. Auch Mitarbeiter von Bundesregierung und Bundeskriminalamt warten in Teheran auf diesen Flug.[86]

Die Situation auf dem Flughafen Dubai ist nur äußerlich entspannt. Einerseits schafft es Verteidigungsminister Scheich Mohammed Bin Rashid a-Maktum, den Terroristenführer in der „Landshut" hinzuhalten. Andererseits hat ihn sein Vater angewiesen, nichts zu tun, was Leib und Leben der Geiseln gefährden könnte. Das Emirat Dubai muss heil aus der Sache kommen.

Natürlich, die politisch Verantwortlichen des Emirats handeln nicht selbstlos. Sie nutzen die Entführung als unverhofftes Fenster zur Welt. Aber die Regierung riskiert auch viel. Die Bilder eines Massakers an den Geiseln oder einer Explosion des Flugzeugs würden ebenfalls um die Welt gehen.

---

[85] Ebd.
[86] Vgl. ebd., S. 170

## Bonn

Unter den Westdeutschen gibt es längst kein anderes Gesprächsthema mehr als die Entführung der „Landshut". Das Drehbuch des Terrorkommandos ist ähnlich perfide wie bei der Geiselnahme israelischer Sportler während der Olympischen Spiele in München. Damals schaute die Weltöffentlichkeit über viele Stunden auf eine brutale Tat palästinensischer Terroristen. Vier Jahre später über viele Tage. 1977 gibt es viel weniger Fernsehprogramme als heute, in der Bundesrepublik Deutschland drei. Außerdem liefert das Radio mindestens stündlich Nachrichten. Das reicht aus, um die Westdeutschen Tag und Nacht in Atem zu halten über die Ereignisse.

Gleichzeitig – auch das gehört zur historischen Wahrheit – verschwindet die Entführung von Hanns Martin Schleyer vom Radar. Der Mann ist mutmaßlich verdammt einsam als Geisel in irgendeinem Zimmer, einem Schrank. Und seit der „Landshut"-Entführung gefühlt noch einsamer. Was auch daran liegt, dass sich die Spur zu ihm verloren hat. In der ersten Zeit konnten die Fahnder noch annehmen, die Geisel werde unweit ihres Entführungsortes gefangen gehalten. Inzwischen tappen sie bei dieser Frage im Dunkeln.

Die Zuversicht, Hanns Martin Schleyers Versteck zu finden, weicht mit jedem Tag. Mutmaßlich auch bei den politischen Entscheidern in Bonn.

Am Abend des 15. Oktobers 1977 sucht einer die aufgewühlten Westdeutschen zu beruhigen. Jörg Zink ist ein evangelischer Geistlicher und sogenannter Fernsehpfarrer, er spricht immer mal das „Wort zum Sonntag", das am Samstagabend in der ARD läuft. Es erreicht Millionen von Fernsehzuschauerinnen und -zuschauern. Zu dieser Zeit haben Worte von Christenmenschen gesellschaftliche Bindekraft im Land.

Jörg Zink will trösten und Hoffnung machen. Nebenbei liefert er eine treffende Analyse der Entscheidungssituation, in der sich Bundeskanzler Helmut Schmidt und die Seinen befinden.

„In dieser Nacht werden wohl Entscheidungen fallen, die, wie immer sie lauten mögen, schwere Schatten in die Zukunft werfen. (…) Niemand kann so viel tun, dass er nicht noch Entscheidendes versäumte. Und niemand kann so gründlich nachdenken, dass er nicht noch Schweres verschulden könnte. Niemand. Auch die Verantwortlichen an der Spitze des Staates nicht, die nun seit sechs Wochen ihre furchtbare Verantwortung tragen. Es kann keine Lösung geben, die ohne Rest aufgeht. Sie ist in jedem Fall richtig und falsch zugleich. (…)

Ein Konflikt dieser Art wird in der Einsamkeit vor Gott durchgestanden und nicht in der Öffentlichkeit. (…) Und das ist nun der Kern des christlichen Glaubens, dass Gott den, der so vor ihm steht, nicht verurteilt. (…) Am Ende wird einer nicht sagen: Es war alles richtig. Sondern vielleicht eher: Das habe ich entschieden. Dazu stehe ich. Gott helfe mir."[87]

Entweder sieht Bundeskanzler Helmut Schmidt Jörg Zinks „Wort zum Sonntag" selbst oder wird später darauf hingewiesen. Am kommenden Tag meldet sich ein Mitarbeiter des Bundeskanzleramts bei Zink mit der Bitte um den Text. Das geht aus einem Brief des Pfarrers an Helmut Schmidt vom 18. Oktober 1977 hervor.[88] Von dem Brief wird später die Rede sein.

Am späten Abend schaltet die Bundesregierung eine Telefonnummer im Bundesverteidigungsministerium frei. Dort ist ein Informationszentrum für Angehörige der Geiseln eingerichtet. Zuvor hatte schon die Deutsche Lufthansa eine Telefonnummer für Betroffene veröffentlicht.

---

[87] Zink: Das Wort zum Sonntag, ARD, vom 15. Oktober 1977. Anlage zum Brief von Pfarrer Dr. Jörg Zink an Herrn Bundeskanzler Helmut Schmidt vom 17. Oktober 1977, in: OTB 13-211 20 (2), Beiakte OTB, Bd. 7, S. 297.
[88] Ebd., S. 295 f.

## Dubai

Sonntag, 16. Oktober. Seit 04.29 verhandelt „Captain Machmud" über ein Auftanken der Maschine. Er stellt ein Ultimatum bis 6.00 Uhr. Andernfalls werde der Kapitän erschossen. Der Tower seinerseits verlangt mal wieder die Freilassung kranker Geiseln. Staatsminister Hans-Jürgen Wischnewski hat sich im Gästehaus des Flughafens aufs Ohr gelegt. Er wird geweckt und zum Tower gerufen.

Kurz vor Ablauf des Ultimatums suchen die Terroristen Geiseln aus, die in die Erste Klasse kommen und niederknien sollen: Jürgen Schumann, Gabriele von Lutzau (geb. Dillmann), Diana Müll und der niederländische Fluggast Gerry Wetenkamp. „Captain Machmud" gibt ihnen Nummern. Kapitän Schumann erhält die Nummer 1, Gabriele von Lutzau (geb. Dillmann) die 01, Diana Müll die Nummer 2 und der niederländische Fluggast Gerry Wetenkamp die Nummer 3. Dann sollen sie zurück auf ihre Plätze. Wessen Nummer der Terrorist aufruft, muss wieder nach vorn kommen zu ihrer bzw. seiner Erschießung.

Gabriele von Lutzau (geb. Dillmann) wird später im „Stern"-Interview mit Gerd Heidemann mutmaßen, dass die Zahlen willkürlich gewählt waren. Damit liegt Gabriele von Lutzau (geb. Dillmann) wohl richtig. Eine Systematik ist nicht zu erkennen. Der Terrorist will Verwirrung und Entsetzen stiften.

„Captain Machmud" ruft „Nummer 3", Gerry, nach vorn. Diana Müll und Gerrys Verlobte sitzen nebeneinander. Diana Müll nimmt sie in den Arm. Es ist ihnen verboten, etwas zu sagen oder zu weinen.

Gerry geht durch den Vorhang in die Erste Klasse. Viele Geiseln halten sich die Ohren zu in Erwartung eines Schusses. Nach einer Weile taucht Gerry unversehrt auf. „Captain Machmud" hat ihn aufgefordert, zu Diana zu gehen, um ihr zu sagen: Du wirst als Erste erschossen.

Diana Müll steht auf und macht sich auf den Weg zu „Captain Machmud". Sie hat das Gefühl, einen weiten Weg zurückzulegen, mindestens 50 m.[89] „Als wenn meine Füße in so einem Betoneimer stehen."[90]

---

[89] Im folgenden Müll 2023.
[90] Ebd.

Der Terroristenführer fragt Diana Müll, die wieder niederknien muss, nach ihrem Namen. Danach tritt er ihr mit dem Fuß gegen den Kopf, die Frau fällt nach hinten. „Captain Machmud" und eine Terroristin zerren Diana Müll in die offene Cockpit-Tür. Der Terroristenführer drückt seine Pistole an ihren Kopf.

„Captain Machmud" droht dem Tower, alle fünf Minuten eine Geisel zu erschießen, wenn nicht gleich Sprit kommt. Die Männer im Tower können Diana Müll und die Geiseln gut sehen.

## Bonn

Am 16. Oktober, 5.59 Uhr deutscher Zeit, ruft Hans-Jürgen Wischnewski Staatssekretär Heinz Ruhnau an: „Wenn nicht sofort aufgetankt wird, sind nur noch Sekunden Zeit. Die Entführer haben jetzt gedroht, die Piloten und zwei Geiseln zu erschießen."[91] Heinz Ruhnau lässt den Bundeskanzler wecken. Helmut Schmidt kommt ans Telefon.

Wischnewski: „Ich bin dafür, das Auftanken zu beginnen."

Schmidt: „Wo soll das enden?[92] Höchstens eine Tonne.[93] (…) Auf keinen Fall etwas zulassen, was einen Abflug der Maschine erleichtert oder ermöglicht. Auf keinen Fall. Es muss hingenommen werden, wenn tatsächlich einzelne Menschen getötet werden. Hast Du mich verstanden?"

Wischnewski: „Ja, ich habe verstanden."

Schmidt: „Tötung einzelner Menschen muss hingenommen werden. Anschließend (…) muss angegriffen werden." (Abb. 3)

Hans-Jürgen Wischnewski geht zurück in den Tower. Helmut Schmidt ruft nochmals beim westdeutschen Wirtschaftsattaché in Dubai, Hubert Lang, an. „Die Bundesregierung beauftragt Herrn Wischnewski, mit allen Mitteln zu verhindern, dass das Flugzeug in seiner Startbereitschaft gefördert wird. Unter Inkaufnahme von Menschenleben. (…) Sagen Sie Herrn Wischnewski: mit allen Mitteln." (Abb. 4).

---

[91] Gespräch Bundeskanzler – StM Wischnewski – Sts Ruhnau am 16. Oktober 1977, 5.59 Uhr, in: Archiv BK 13-211 20 (2), Beiakte OTB, Bd. 6, S. 243.
[92] Ebd.
[93] Ebd., S. 244.

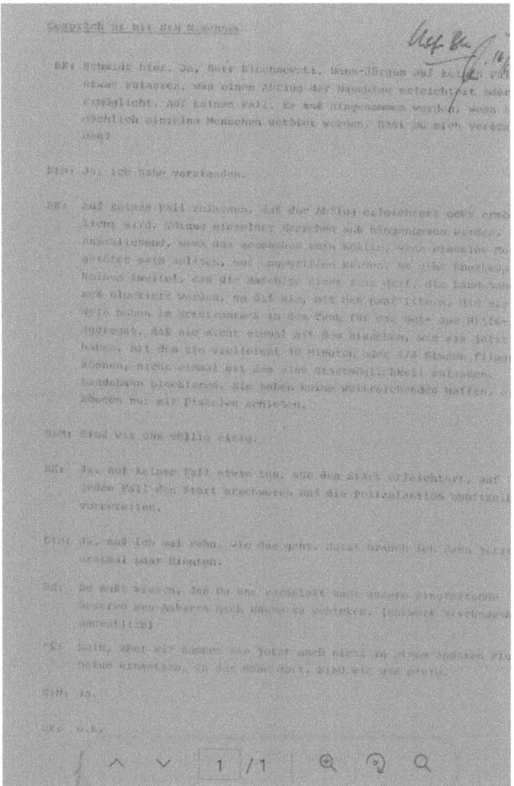

**Abb. 3** Gesprächsabschrift Bundeskanzler – StM Wischnewski – Sts Ruhnau am 16. Oktober 1977, 5.59 Uhr. (Quelle: Archiv BK 13-211 20 (2), Beiakte OTB, Bd. 6, S. 251)

Für diesmal folgt Hans-Jürgen Wischnewski einer Anweisung seines Dienstherrn nicht. Er gibt das Okay zum Auftanken. Um 06.35 Uhr steht ein Tankwagen am Flugzeug. „Captain Machmud" lässt von Diana Müll ab. Sie fällt in Ohnmacht. Sie verdankt der energischen Initiative des Staatsministers mutmaßlich ihr Leben.

Sogar dem nervenstarken Staatsminister fuhr der Schreck des Augenblicks in die Knochen. „Ich habe noch eine ganz große Bitte", telefoniert er um kurz nach Zehn mit Heinz Ruhnau, „schreib mal eine Telefonnummer auf, Köln 407701. Und sag dort Bescheid, dass es mir sehr gut geht."

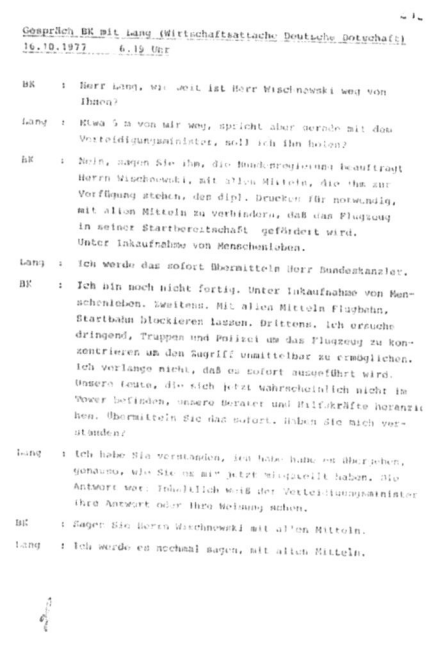

**Abb. 4** Gespräch Bundeskanzler – StM Wischnewski – Sts Ruhnau am 16. Oktober 1977, 5.59 Uhr. (Quelle: Archiv BK 13-211 20 (2), Beiakte OTB, Bd. 6, S. 252)

Das Bundeskriminalamt stellt eine Gefährdungslage für den Staatsminister fest. Wegen seiner exponierten Rolle im „Landshut"-Drama könnte er ein mögliches Anschlagsziel sein. Hans-Jürgen Wischnewski bekommt am selben Tag eine „Liste von ergänzenden Sicherheitsmaßnahmen" für sein Privathaus in Köln-Liblar telegrafiert. Sein persönlicher Referent Peter Kiewitt ruft Stunden später in Bonn an und übermittelt Wischnewskis Wunsch, „mit dem Einbau und der Durchführung der geplanten Maßnahmen unverzüglich zu beginnen".[94]

---

[94] Vgl. AdD, 1/HSAA010017.

Bundeskanzler Helmut Schmidt weiß an diesem Morgen – mutmaßlich aus einer palästinensischen Quelle –, dass „die Entführer (...) versuchen könnten, nach Aden weiterzufliegen".[95] In einem weiteren Telefonat mit dem britischen Premierminister James Callaghan bekräftigt er den Wunsch, die Entführung in Dubai zu beenden. Koste es, was es wolle. Der Weiterflug solle verhindert werden „auch bei einem möglichen Verlust einzelner Menschenleben".[96]

Der Premierminister beruft in London einen Krisenstab ein, der über Staatssekretär Jürgen Ruhfus Verbindung zur Bundesregierung hält. Helmut Schmidt bittet den Premierminister um eine Landeerlaubnis für Ulrich Wegeners Leute auf einer britischen Militärbasis auf Zypern. Die GSG9 will sich dort bereithalten für einen Einsatz „in anderen Bereichen des Mittleren Ostens (...), falls den Entführern ein Weiterflug gelingt".[97] James Callaghan will sich die Sache überlegen. Zypern gilt wie früher geschildet politisch als Minenfeld. Stunden später wird die britische Regierung dem Bundeskanzler einen Korb geben.

Helmut Schmidt greift zu einem letzten Mittel, um die „Landshut" in Dubai zu halten. Er bittet den Präsidenten der Vereinigten Arabischen Emirate, Sheikh Zayed Bin Sultan Al Nahayan, um ein Telefongespräch, das um 11.15 Uhr zustande kommt. Es steht unter schlechten Vorzeichen. Der Scheich spricht kein Englisch. Die Gesprächspartner brauchen jeweils Übersetzer in ihren Amtszimmern, was die Unterhaltung unpersönlich und langwierig macht.

Helmut Schmidt wiederholt seine Wünsche: Die Maschine am Boden halten, eine Befreiungsaktion erlauben. Eindringlich weist er auf den Ernst der Lage hin und auf die Folgen, wenn die Entführung nicht beendet wird. Der Scheich hört sich alles an, antwortet diplomatisch.

Was der Bundeskanzler nicht wissen kann: 12.12 Uhr startet Jürgen Vietor die Triebwerke der „Landshut". Die Maschine rollt in Richtung Startbahn, bleibt stehen, rollt wieder an. Um 12.23 Uhr hebt sie mit unbekanntem Ziel ab.

---

[95] Vermerk. Telefongespräch des Bundeskanzlers mit PM Callaghan am 16. Oktober 1977, 08.40/09.00 Uhr, in: Archiv BK 13-211 20 (2), Beiakte OTB, Bd. 6, S. 293 ff.
[96] Ebd., S. 295.
[97] Ebd., S. 294.

Bundeskanzler Helmut Schmidt wird ein Zettel gereicht mit dem Hinweis, dass die „Landshut" soeben den Flughafen Dubai mit unbekanntem Ziel verlassen habe.

Helmut Schmidt fühlt sich hingehalten und hintergangen. Er ist überzeugt, Sheikh Zayed Bin Sultan Al Nahayan hat während des Telefonats die Starterlaubnis für die Maschine erteilt. Einmal mehr muss er in diesen Tagen die Erfahrung machen, dass die Bundesrepublik Deutschland weltpolitisch ein Winzling ist.

Nach einer Niederlage des Bundeskanzlers darf es auf keinen Fall aussehen. Helmut Schmidt weist Hans-Jürgen Wischnewski am Telefon an, er solle Verteidigungsminister Scheich Mohammed Bin Rashid a-Maktoum „meinen Respekt zu Füßen legen. Alles, was Du zu ihm an Freundlichkeiten sagen lässt, sag ihm in meinem Namen."[98] Auch vor Journalisten soll der Staatsminister den Scheich mit Lob überschütten und den Behörden für ihre tagelange Hilfsbereitschaft danken.

Den Abflug der Maschine, so lautet Helmut Schmidts Version der Ereignisse, haben weder die Bundesregierung noch der Außenminister der Vereinigten Emirate zu verantworten.

## Aden

*Standzeit „Landshut": Sonntag, 16. Oktober 1977, 14.52 Uhr, bis Montag, 17. Oktober 1977, 02.02 Uhr*

„Captain Machmud" will, dass die „Landshut" in Salalah auf der Insel Massora landet. Die Insel gehört zum Sultanat Oman. Die örtlichen Behörden verweigern die Landung. Die Piloten schlagen dem Terroristenführer vor, in Mulkalla Ryan, einer Stadt in der Volksdemokratischen Republik Jemen („Südjemen"), hinunterzugehen. „Captain Machmud" lehnt ab.

Um 14.25 Uhr befindet sich die „Landshut" 30 Seemeilen von Aden entfernt. Der Tower dort informiert das „Landshut"-Cockpit über die Sperrung des Flughafens. „Was sollen wir machen?" fragt Jürgen Vietor

---

[98] Gespräch BK – StM Wischnewski. 16.10.1977. 13.50 Uhr, in Archiv BK 13-211 20 (2), Beiakte OTB, Bd. 6, S. 287 ff.

den Terroristen neben ihm. „Captain Machmud" bedeutet ihm, auf jeden Fall zu landen.

Um 14.37 Uhr meldet Jürgen Vietor dem Tower in Aden, die Maschine habe noch für 15 min Sprit. Um 14.40 Uhr weiß der Tower, dass die „Landshut" Kurs auf Aden genommen hat. Eine Tankzuleitung leckt – mutmaßlich der schon von den „Lufthanseaten" in Dubai entdeckte Schaden. Im Cockpit ist man ahnungslos.

Anders als in Dubai gibt es diesmal keinen Fluglotsen, der es gut mit den Menschen in der „Landshut" meint. Die Landebahn bleibt von Fahrzeugen blockiert, eine Frequenz für den Landeanflug wird verweigert.

Jürgen Vietor steuert eine Fläche neben der Landebahn an. Sie ist nicht mehr betoniert, dort liegt eine Mischung aus Sand und Geröll. Wie tief ist der Boden, kann die Maschine darin einsinken? Sie muss ausrollen können. Sonst ist es aus.

Die Kabinencrew bereitet die Passagiere auf die Notlandung vor. Purserette Hannelore Brauchardt (vormals Piegler) gibt über das Bordmikrofon Anweisungen der Deutschen Lufthansa für diesen Fall.[99] Die Passagiere sollen Schmuck, Brillen und Gebisse zwischen die Sitze stecken. Gabriele von Lutzau glaubt, dass die Dinge dann zu Bruch gehen. Sie kündigt über das Bordmikrofon an, alles einzusammeln, und zieht mit einer großen Mülltüte los.

Dass mal Hannelore Brauchardt (vormals Piegler), mal Gabriele von Lutzau (geb. Dillmann) zum Bordmikrofon greifen – gern unmittelbar nacheinander –, bleibt den Geiseln nicht verborgen. Die Crew-Mitglieder geben einander widersprechende Anweisungen, selbst in dieser dramatischen Situation. Die Strategie von Hannelore Brauchardt (vormals Piegler) – die Vorschriften exakt einhalten trotz der Entführung – und die von Gabriele von Lutzau (geb. Dillmann) – die Vorschriften aussetzen wegen der besonderen Situation – prallen immer wieder aufeinander.

Jürgen Vietor bittet „Captain Machmud", dass seine Leute die Handgranaten in der Kabine sichern. Offenbar ist der Terrorist selbst nicht auf diese gute Idee gekommen.

---

[99] Vgl. Brief Hannelore Brauchardt (ehem. Piegler) an Christa Schmiedl vom 23. Januar 1978, in: LH-Archiv.

Die Piloten wissen, die Maschine kann beim Aufsetzen zerschellen, viele oder alle Passagiere können umkommen. Auch die Piloten selbst. Kurz vor der Landung verabschieden sich Jürgen Schumann und Jürgen Vietor voneinander mit einem Handschlag. Sie geben auch „Captain Machmud" die Hand. Er ist jetzt der Kapitän.

Jürgen Vietor fällt kurz vor der Landung auf, dass „Captain Machmud" nicht angeschnallt ist. Bei der harten Landung könnte er nach vorn auf die Gashebel fallen, die Maschine wäre nicht mehr zu bremsen. Beide Piloten schnallen „Captain Machmud", der vor lauter Angst steif geworden ist, den Gurt um.

Um 15.52 Uhr setzt die „Landshut" auf. Der Aufprall ist hart. Passagiere schreien aus Todesangst. Deckenplatten fallen herunter. Die Maschine wird stark durchgeschüttelt. Eine gefühlte Ewigkeit wühlt sie sich durch Sand und Geröll.

Jürgen Vietor aktiviert die Flugzeug-eigenen Feuerlöscher für den Fall, dass ein Triebwerk Feuer fängt. Er selbst hat keine Sicht, nur Sand vor Augen. Er bremst die Maschine ab, sie kommt irgendwann zum Stehen. Ihr Fahrwerk sinkt ein. Es ist die Landung seines Lebens. Jürgen Vietor fliegt die „Landshut" seit Rom.

Plötzliche Stille in der Maschine. Als den Passagieren gewahr wird, dass sie noch leben, klatschen sie dem Cockpit frenetisch Beifall. Und irgendwie auch sich selbst. Einmal mehr sind sie dem Tod von der Schippe gesprungen.

Aden. Ausgerechnet Aden. Der Jemen ist politisch geteilt so wie Deutschland, die Insel Zypern oder Korea. Aden. Im Norden die westlich gesinnte Jemenitische Arabische Republik, im Süden, mit Aden als Hauptstadt, die Volksdemokratische Republik Jemen. Dort regiert das einzige marxistische Regime eines arabischen Landes unter Führung von Salim Rubai Ali.

Der Südjemen wird von Staaten jenseits des sogenannten Ostblocks weitgehend ignoriert. Er gilt als Eldorado für terroristische, darunter palästinensische Splittergruppen. „Gegenwärtig ist die terroristische Spaltgruppe der PFLP (Popular for the Liberation of Palestine, Anm. M. R.) unter Wadi Haddad innerhalb dieses Komplexes dominierend", heißt es in einer Länderbeurteilung des Bundesnachrichtendienstes vom

23. September 1977.[100] Von PFLP-SC Chef Wadi Haddad alias Abu Hani, ursprünglich Arzt, war schon die Rede.

Bereits am Abend der Morde von Köln und Hanns Martin Schleyers Entführung hatte das Auswärtige Amt dem Bundesnachrichtendienst über den Südjemen Bericht erstattet. Ausbildungslager dort für Terroristen seien wiederholt gemeldet und in mindestens einem Fall im Raum Aden bestätigt worden.[101] So soll die „Volksfront zur Befreiung Palästinas" im Sommer 1976 in Halma, zwei Autostunden von der Hauptstadt Aden entfernt, ein Ausbildungslager betreiben.

Auch die „Front zur Befreiung der Molukker", die im Frühjahr 1977 zwei Anschläge in den Niederlanden verübt hat, trainierte mutmaßlich im Südjemen. Erwiesen ist, dass RAF-Terroristen der „Offensive 77" eine Art Ausbildung im Südjemen durchlaufen haben. Sie lernten unter anderem den Umgang mit Waffen.

In Aden hofft das „Landshut"-Terrorkommando auf Freunde zu treffen. Doch zur völligen Überraschung von „Captain Machmud" mauern die Genossen. Das südjemenitische Regime erklärt sich nur dazu bereit, die „Landshut" aus dem Sand zu ziehen und mit Wasser und Treibstoff zu versorgen. „Captain Machmud" bekommt vom Tower bedeutet, dass er mit der Maschine so schnell wie möglich verschwinden soll. Auch von einem Palästinenser, einem PLO-Vertreter, der eine Stunde lang mit dem Terroristenführer verhandelt. „Captain Machmud" tobt. Er kann sich auf das, was er erlebt, keinen Reim machen.

Hinterher werden diverse Szenarien bekannt, was „Captain Machmud" mutmaßlich erwartet hat. „Vorgesehen war, das Kommando ‚Martyr Halimeh' durch PFLP-SC-Mitglieder vor Ort zu erneuern und die Geiseln bis zum Gefangenenaustausch in eines der Trainingscamps zu bringen."[102] So die Behauptung ehemaliger Mitglieder der Roten Armee Fraktion Jahrzehnte später. Wissenschaftliche Belege gibt es dafür nicht.

---

[100] Vgl. Archiv BK 13-122 20 (2), Beiakte OTB, Bd. 3, S. 189 f.
[101] Vermerk des Auswärtigen Amts, Referat, 63, vom 6. September 1977, in: BArch B136/16489.
[102] Vgl. Geiger 2009, S. 437.

## Bonn

Eine klare Ansage des südjemenitischen Regimes geht auch an die Bundesregierung. Das Auswärtige Amt erhält einen Drahtbericht, der, übertragen per Fernschreiber, sofort den Chef des Bundeskanzleramts erreicht. „alle flughafen ov jemen sind absolut gesperrt", heißt es darin.[103] „Minister Wischnewski erhält keine Landeerlaubnis. Bitte bitte auf keinen Fall auf gar keinen Fall auf gar gar (sic!) keinen Fall Landung versuchen. (…) Regierung ist nach erster Besprechung auf kompletter allerhöchster Ebene absolut entschlossen, die Ablehnung jedes Terrorismus dadurch deutlich zu machen, dass auf gar keinen Fall Terroristen hier aufgenommen werden können. Auch Aussteigen aus dem Flugzeug wird verwehrt werden."[104]

Auch der Pilot von Hans-Jürgen Wischnewskis Maschine erhält die Anweisung, Aden zu umfliegen. Er kreist so lange an der südjemenitischen Grenze, bis das Benzin knapp wird und die Maschine in Djiddah, einer Hafenstadt in Saudi-Arabien, zur Landung zwingt. Von den Saudis wird der Staatsminister mitsamt seinen Begleitern freundlich empfangen – keine Selbstverständlichkeit zu jener Zeit für Westdeutsche im arabischen Raum. In Djiddah trifft Hans-Jürgen Wischnewski den Geschäftsträger der Demokratischen Volksrepublik Jemen („Nordjemen").

Bundeskanzler Helmut Schmidt erteilt Staatsminister Hans-Jürgen Wischnewski die Ermächtigung, „ohne Einschränkungen mit der jemenitischen Regierung zu verhandeln".[105] Etwas später lässt Helmut Schmidt dem Staatsminister ausrichten, dass sich seine Handlungsvollmacht „auch auf Gespräche über Entwicklungshilfe für Südjemen"[106] – sprich Geld – erstreckt.

Um 18.07 Uhr weist Bundeskanzler Helmut Schmidt den Geschäftsträger der Bundesrepublik Deutschland in Aden, Damm, an, die „Landshut" nicht starten zu lassen.[107] Die Vollmacht für den Staatsminister und

---

[103] Fernschreiben AA an BK vom 16. Oktober 1977. Boeker. In: AdsD, 1/HSAA010017.
[104] Ebd.
[105] Deutsche Lufthansa, Ereignis-Log, S. 13.
[106] Ebd.
[107] Vgl. ebd.

die Anweisung an den Geschäftsträger werden einmal mehr die Ohnmacht des Bundeskanzlers im „Landshut"-Drama erweisen.

Die DDR unterhält mit dem kommunistischen „Bruder" Südjemen diplomatische Beziehungen. Politische und wirtschaftliche Berater der damaligen DDR leisten Entwicklungshilfe im Land. Mitarbeitende des Ministeriums für Staatssicherheit bilden im Südjemen Sicherheitskräfte aus. Im September 1976 besuchte Willi Stoph, Vorsitzender des Staatsrats der ehemaligen DDR, das Land.

„In Aden gibt es keine Möglichkeit, mit den Sicherheitskräften zusammenzuarbeiten", bringt es Hans-Jürgen Wischnewski in einem Telefonat mit Helmut Schmidt auf den Punkt. Da befindet sich die „Landshut" gerade im Anflug auf die südjemenitische Hauptstadt. „Das alles ist dort in den Händen der DDR."[108]

Gleichwohl muss die Diplomatie alles Erdenkliche tun, was in ihren Kräften steht. Staatsminister Hans-Jürgen Wischnewski „erbittet Anruf in Ost-Berlin zwecks Unterstützung durch den DDR-Botschafter aus humanitären Gründen".[109] In der Folgezeit glühen die Telefondrähte aus dem Auswärtigen Amt in die Sowjetunion und in die DDR.

Um 22.00 Uhr kommt ein Gespräch zwischen Bundesaußenminister Hans-Dietrich Genscher und seinem DDR-Amtskollegen Oskar Fischer zustande. Fischer soll, so Genschers Bitte, auf die südjemenitische Regierung einwirken, das Gespräch mit der Bundesregierung zu suchen.[110]

Tatsächlich wird DDR-Botschafter Günther Scharfenberg beim südjemenitischen Außenminister Mutia vorstellig – leider erst, nachdem die „Landshut" Aden bereits verlassen hat. Ob das einem politischen Unwillen des DDR-Regimes oder den Umständen am Ort geschuldet ist, lässt sich heute nicht mehr klären.

Weitere Regierungen werden das Regime von Südjemen in den kommenden Stunden zur Zusammenarbeit drängen. Historisch gesichert ist dies von Finnland, den Niederlanden, Österreich, Dänemark und

---

[108] Ebd., S. 287.
[109] Ebd., S. 13.
[110] Vermerk des Arbeitskreises Deutschlandpolitik vom 17. Oktober 1977, in: PA AA, Botschaft der Bundesrepublik Deutschland in Abi Dhabi. Entführung Lufthansa (…), Vw 260,30 Pol 300,25 B10/1,5+6.

Norwegen.[111] Auch Saudi-Arabien setzt sich – auf Bitten des bayerischen Ministerpräsidenten Franz Josef Strauß, der sich gerade dort aufhält – für die Rettung der Geiseln ein. Das wird ihm auch zugesichert.

Alle Bemühungen bleiben erfolglos. Die südjemenitische Regierung stellt sich während der Zeit, da die „Landshut" auf ihrem Hauptstadtflughafen steht, politisch tot. Sie handelt quasi so, als gäbe es die entführte Maschine gar nicht. Ihr Verhalten wirkt hartherzig, ja kaltblütig gegenüber den Geiseln, die von aufgebrachten Terroristen das Schlimmste zu fürchten haben.

Tatsächlich erfüllt das Regime mit seiner „Nichts sehen-nichts hören-nichts sagen"-Haltung ein Versprechen, das es ausgerechnet dem westdeutschen Staatsminister Hans-Jürgen Wischnewski im Vormonat gegeben hat. Nur wenige Personen wissen von der Verabredung – außer Wischnewski zum Beispiel Bundesentwicklungshilfeministerin Marie Schlei. Der Bundeskanzler ist offenbar nicht eingeweiht. Die Gespräche über eine Entwicklungshilfe, zu denen er Hans-Jürgen Wischnewski auf dem Flug der „Landshut" nach Aden ermächtigt, haben in Wahrheit längst stattgefunden.

Aber der Reihe nach. Die Bundesregierung und das Regime in Aden nehmen Ende 1974 – Helmut Schmidt ist schon Bundeskanzler – nach einer „Eiszeit" diplomatische Beziehungen auf. Das erweist sich im Frühjahr 1975 aus deutscher Sicht als Glück. Linksterroristen entführen den Berliner CDU-Politiker Peter Lorenz und pressen inhaftierte Gesinnungsgenossen frei. Die südjemenitische Regierung erklärt sich zur Aufnahme der Terroristen bereit – mit Rücksicht auf die Beziehungen zu Westdeutschland, wie das Kabinettsmitglied Abdallah Khamri später zum DDR-Botschafter in Aden, Günther Scharfenberg, sagen wird.[112] Heißt im Klartext: „Aden" hilft in der festen Erwartung, dass sich die Bundesregierung erkenntlich zeigt mit dem, was Westdeutschland in den 70ern hauptsächlich zu bieten hat: Geld.

Vielleicht liegt es am Kalten Krieg, vielleicht an schlechter Diplomatie, dass „Bonn" auf den Gefallen, den ihm „Aden" erwiesen hat, verhalten

---

[111] Vgl. Vermerk „LH-Entführung Aden" vom 17. Oktober 1977, gez. Löschner, in: AdsD, HSAA010017.
[112] Vgl. Scharfenberg 2012, S. 82.

reagiert. Das Auswärtige Amt setzt Verhandlungen mit dem Südjemen über eine Kapitalhilfe von zehn Millionen DM aus.[113] Es will dem Eindruck vorbeugen, der Südjemen sei für die Aufnahme von Terroristen belohnt worden.[114] Damit zeigt die Bundesrepublik Deutschland einem hilfsbereiten und zugleich hilfsbedürftigen Land die kalte Schulter. „Daraus resultierte eine gewisse Verstimmung auf Seiten der VR Jemen."[115]

Hinzu kommt, dass westliche Medien den Südjemen nach der Lorenz-Entführung als „Terroristennest"[116] hinstellen. Es tobt der Kalte Krieg zwischen Ost und West, da werden auf beiden Seiten Feindbilder gepflegt. Die südjemenitische Regierung fühlt sich undankbar behandelt. Sie fürchtet um die internationale Reputation und die wirtschaftliche Zusammenarbeit mit anderen Staaten.

Die Bundesregierung in Bonn hätte es gern gesehen, wenn die südjemenitische Regierung die freigepressten Terroristen rasch ausgewiesen hätte. Die Zusammenarbeit der Deutschen mit extremistischen Palästinensern im Land wäre vielleicht nicht unterbunden, aber erschwert worden. „Bonn" stellt für dieses „Entgegenkommen" mutmaßlich Geld in Aussicht. „Aden" geht auf dieses Angebot, das in Wahrheit eine neue Bedingung formuliert, nicht ein. Zumindest vorläufig nicht.

Längere Zeit führen die abgeschobenen Terroristen in Aden ein unbehelligtes Leben. Und offenbar kein schlechtes. Die Frauen unter den RAF-Mitgliedern heißen in der Hauptstadt „die Anarchisten-Damen". Regelmäßig verkehren sie gemeinsam in einem Badeklub.[117] Was bedeutet, dass sie nicht einmal die Öffentlichkeit meiden.

Eines Tages, schreibt der damalige DDR-Botschafter Günther Scharfenberg in seinen Erinnerungen, „schienen die Terroristen auch verschwunden zu sein". Mutmaßlich machte ihnen das südjemenitische

---

[113] Norbert Montfort/Hans-Peter Plischka: Vorlage für den Herrn Staatssekretär über ein Regierungsabkommen mit der Demokratischen Volksrepublik Jemen vom 1. Dezember 1977. Wieder vorgelegt am 20. Januar 1978, in: Pol AA. 311. Betreff: 400.11-700.00 JEV. Bd. 2 von 1977 bis 1978. Politisches Archiv. Zwischenarchiv.119927.
[114] Udo Kollatz (Staatssekretär im Bundesministerium für wirtschaftliche Zusammenarbeit): Kurzvermerk zum Stand der e-pol. Zusammenarbeit mit der VR Jemen vom 16. Oktober 1977, in: Archiv BK 13-211 20 (2), Beiakte OTB, Bd. 6, s. ebd., S. 339.
[115] Ebd.
[116] Scharfenberg 2012, S. 82.
[117] Ebd.

Regime Beine. Ende 1976 nimmt das Auswärtige Amt in Bonn die Gespräche mit dem Südjemen über wirtschaftliche Hilfe wieder auf. Bundesaußenminister Hans-Dietrich Genscher hat zuvor persönlich seine Zustimmung erteilt.

Die Deutschen treten weiterhin selbstbewusst, ja hochmütig auf. Sprich undankbar nach der Verlegenheit, aus der „Aden" ihnen mit der Aufnahme von RAF-Terroristen geholfen hat. Das Auswärtige Amt legt eins drauf. Anders als in den Gesprächen im Jahr 1975 verlangt es jetzt, dass die südjemenitische Regierung die sogenannte Berlin-Klausel akzeptiert.

Wer die Berlin-Klausel akzeptiert, nimmt hin, dass vom Deutschen Bundestag beschlossene Gesetze nicht nur im Bundesgebiet, sondern auch in West-Berlin gelten. De facto handelt es sich um eine Anerkennung von West-Berlin als Teil der Bundesrepublik Deutschland.

Eine dicke Kröte, die das südjemenitische Regime schlucken soll. Als sozialistisches Land mit engen Beziehungen zur DDR kommt ihr das keinesfalls zupass. Die DDR hat den östlichen Teil von Berlin zu ihrer Hauptstadt erklärt. „Berlin, Hauptstadt der DDR", lautet der Text auf den Straßenschildern in ihrem Staatsgebiet. Wer das infrage stellt, legt sich mit Erich Honecker und Co. politisch an.

Einerseits lässt sich die harte Haltung des Auswärtigen Amtes als überheblich kritisieren gegenüber dem Südjemen als einem armen, in einer bestimmten Situation hilfsbereiten Land. Die Bundesregierung stellt, bevor sie den Geldbeutel öffnet, die Gretchenfrage: „Seid Ihr für oder gegen uns?" Andererseits ist es in den 70er-Jahren längst Usus, Geld für Entwicklungshilfe an politische Gegenleistungen zu knüpfen. In der Gegenwart mehr denn je. Siehe das „neue Seidenstraße"-Projekt des chinesischen Regimes mit Milliardeninvestitionen auf dem fernen Balkan und anderswo.

Südjemenitische und westdeutsche Politiker verhandeln wieder über Geld und die Berlin-Klausel. Plötzlich kommt der Deutsche Herbst. Am 17. September 1977 – Arbeitgeberpräsident Hanns Martin Schleyer befindet sich seit ein paar Tagen in der Gewalt seiner Entführer – reist Staatsminister Hans-Jürgen Wischnewski nach Aden. Die RAF-Häftlinge in Stuttgart-Stammheim hatten unter den Ländern, wohin sie ausgeflogen werden wollen, auch die Volksrepublik Jemen genannt. Staatsminister Hans-Jürgen Wischnewski klappert wie schon erzählt alle Wunschorte ab – vordergründig, um ein Entgegenkommen der jeweiligen Regierung auszuloten. Tatsächlich will er sich „Körbe" holen, um Zeit zu gewinnen für die Fahndung nach Hanns Martin Schleyers Entführern.

Bei den Gesprächen von Hans-Jürgen Wischnewski im Südjemen geht es wenig überraschend um Geld. Die südjemenitische Seite erneuert ihre Bitte um Kapitalhilfe. Wischnewski bietet dem Regime zehn Millionen DM an – für die Bundesrepublik keine kleine Summe zu dieser Zeit. Unter der Bedingung, dass sie die Berlin-Klausel akzeptiert. Die Südjemeniten erbitten sich Bedenkzeit. Der Staatsminister übernachtet in Aden für diese Bedenkzeit.

Am nächsten Tag stimmen die Südjemeniten der Forderung der Bundesregierung, die Berlin-Klausel anzuerkennen, zu. Worauf Hans-Jürgen Wischnewski in Aussicht stellt, die Summe „sicherlich erhöhen, wenn auch nicht gerade verdoppeln" zu können.[118]

Die politische Führung des Südjemen erfüllt dem Staatsminister noch einen weiteren Wunsch: Sie versichert ihm, nie wieder deutsche Terroristen, die in ihr Land ausgeflogen werden wollen, aufzunehmen. Streng ausgelegt, bedeutet das: In Zukunft erhält kein Flugzeug, in dem sich Terroristen befinden wegen einer deutschen Angelegenheit, eine Landeerlaubnis auf südjemenitischem Boden.

Auf Wischnewskis Einigung mit „Aden" sollen in der Bundesrepublik Deutschland sogleich Taten folgen. „StM Wischnewski hat unverzüglich Paraphierung des KH-Abkommens in Aussicht gestellt und drängt auf Einhaltung dieses Angebots."[119] Bereits am Mittwoch, dem 21. September, will er darüber anlässlich einer Kabinettssitzung in Bonn mit Bundesentwicklungsministerin Marie Schlei sprechen.

Auf den Punkt gebracht: Die südjemenitische Regierung macht sich gerade klammheimlich auf, politisch von ihren Bündnispartnern des „Ostblocks" abzurücken, als ein von Palästinensern entführtes Flugzeug

---

[118] Hans Otto Bräutigam: Vermerk für Sanaa (B. Franke), in: Pol AA: Akte der Botschaft der Bundesrepublik Abu Dhabi. Betreff: Entführung Lufthansa. Bundestagsdelegation in: VAE. Politische Lage im Nahen Osten. Situation am Indischen Ozean. Sahara Konflikt. Band D5 von 1974 bis 1979.
[119] Ebd., S. 2.

mit westdeutschen Urlaubern in Aden notlanden muss. Früher als erhofft zählt das gegebene Versprechen, keine Terroristen gegen die Bundesrepublik Deutschland in das Land zu lassen. Folgerichtig verweigert die südjemenitische Regierung der „Landshut" die Landeerlaubnis. Und wünscht sie sich, nachdem sie trotzdem gelandet ist, auf der Stelle weg. Unverhofft findet sie sich politisch zwischen allen Stühlen – ideologisch (noch) im Osten verankert, aber auf Geldsuche im Westen. In einer solchen Situation kann jede Bewegung die falsche sein. Entweder den Noch-Partner oder Wunschpartner vergraulen. Oder beide. Dann lieber nichts sehen, nichts hören, nichts sagen.

## Aden

Kapitän Jürgen Schumann bittet „Captain Machmud", einen Außencheck vornehmen zu dürfen. Ist das Fahrwerk heil geblieben? Tritt irgendwo Öl oder Kerosin aus? Der Terroristenführer gibt sein Okay.

Jürgen Schumann verlässt die Maschine. Und ist nach ein paar Minuten weg. Wie lange genau, wird von den ehemaligen Geiseln unterschiedlich erinnert. Die Spannweite reicht von 30 bis 150 min. Auf jeden Fall lange genug, dass seine Abwesenheit zum beherrschenden Thema in der „Landshut" wird.

„Captain Machmud" vermutet, dass der Kapitän zum Tower gegangen ist, aus welchen Gründen auch immer. Er fordert seinen Gesprächspartner im Tower auf, Jürgen Schumann zurückbringen zu lassen, sonst werde das Flugzeug in die Luft gesprengt. Allerdings kann er sich mutmaßlich dort nicht aufhalten, denn der Tower selbst lässt mit riesigen Scheinwerfern nach ihm suchen. Sie erinnern Jürgen Vietor an Flak-Scheinwerfer aus dem Zweiten Weltkrieg. „Die fingen an, das ganze Gelände abzusuchen (…)."[120] Ohne Erfolg.

„Captain Machmud" wird ungeduldig. Er fordert Jürgen Vietor auf, an den Türen nach dem Kapitän zu rufen. „Jürgen, return to the aircraft, they want to shoot You!", sagt der Co-Pilot in ein Megafon, wie es jedes Flugzeug an Bord hat. Er ruft auch aus dem Cockpit-Fenster. Vergeblich.

---

[120] Gespräch Vietor/Salewski, Bd. S/I – Rückseite, S. 11.

„Ja und jetzt passierte erstmal lange Zeit nichts. Ich musste mich jetzt auch nach hinten setzen. Ich glaube, das war danach, als er sagte: ‚Jetzt haben sie ihn gefunden' oder ‚Jetzt haben sie ihn und bringen (ihn) (…)'."[121]

„Captain Machmud" informiert die Passagiere vom „Ergreifen" des Kapitäns über das Bordmikrofon. Er kündigt an, Jürgen Schumann zu erschießen. „He will be executed." Und dann, quasi als Zugabe, sagt er noch auf Englisch: „Wer irgendeinen Laut bei der Exekution von sich gibt, wird anschließend auch sofort erschossen."[122]

Eine Geisel in der „Landshut", Helma van Dreumel, wird später einer anderen, Diana Müll, erzählen, sie habe Jürgen Schumann in Begleitung von südjemenitischen Soldaten zur Maschine zurückkehren sehen. Der Kapitän steigt allein die Gangway hinauf. Im Kabinengang muss er vor „Captain Machmud" niederknien. Crew und Geiseln rechnen in diesem Augenblick nicht damit, dass Captain Machmud ernst macht. Der Terrorist hat den Kapitän schon einmal verschont. Er wird ja wohl nicht den Kapitän erschießen!

Captain Machmud schlägt Jürgen Schumann mehrmals ins Gesicht. Er fragt den Kapitän zweimal: „Guilty or not guilty?" Jürgen Schumann versucht der Frage auszuweichen, sich zu erklären. Mutmaßlich ein Fehler. Als Schumanns Kopf nach einem weiteren Schlag auf eine Seite fliegt, drückt Captain Machmud ab. Die Kugel dringt in Jürgen Schumanns linke Nasenwurzel und tötet ihn sofort. Sein Körper fällt leblos nach vorn.

Niemand macht einen Mucks. „Und es war auch während des Schusses und danach nichts zu hören. Ein ganz kleiner Seufzer irgendwo oder irgend so ein Laut, aber es hat niemand geschrieen, niemand geheult, jedenfalls nicht hörbar."[123]

„Captain Machmud" zündet sich eine Zigarette an. „Ein Mädchen aß einen Apfel, ich weiß nicht, ob sie den bei der Erschießung schon aß oder erst dann, und man hörte es vorne aus dem Cockpit lachen."[124]

---

[121] Ebd., S. . 12.
[122] Gespräch Vietor/Salewski, Bd. S/I, S. 12.
[123] Ebd.
[124] Ebd., S. 13.

Jürgen Schumanns Kopf blutet stark, ein Teil seiner Gehirnmasse fließt aus. Jemand legt eine Decke über den Toten. Die hohe Luftfeuchtigkeit führt dazu, dass die Leiche nach kurzer Zeit zu verwesen beginnt. Den Geiseln, die neben dem Toten sitzen, wird schlecht. Purserette Hannelore Brauchardt (vormals Piegler) muss ihnen Sauerstoffflaschen bringen, damit sie nicht umkippen.[125] Wie schwer es ihr fällt, über die Leiche ihres Kapitäns zu steigen, wird sie später eindrücklich erzählen.

Nach einiger Zeit tragen zwei Geiseln, der Lehrer Hartwig Faby und der Box-Promotor Hans Hasse-Heyn, die Leiche von Jürgen Schumann weg und stellen sie in den hinteren Garderobenschrank. Ein Teil von Schumanns Gehirnmasse bleibt auf dem Gangboden zurück. Bei diesem Anblick fällt eine der Entführerinnen in Ohnmacht, wie sich Gabriele von Lutzau wenige Tage nach ihrer Befreiung erinnern wird. Co-Pilot Jürgen Vietor soll die Pfütze mit einem Besen auf eine Schaufel kehren und aufs Flugfeld schütten. Das klappt zunächst nicht. „Die Blutlache, die haben die ja dann versucht wegzuwaschen, die war so geliert, so dick, die stand so dick auf dem Teppich (…)."[126] Helfer greifen zu einer Flasche Gin und leeren sie darüber. Der Gin zeigt Wirkung. Jürgen Vietor tut, wozu er verdonnert worden ist.

Die Frage, weshalb Jürgen Schumanns Leiche nicht schon in Aden aus dem Flugzeug kommt, hat „Captain Machmud" wie gehört selbst beantwortet. Gegenüber der Crew kündigte er an: „Auch die Toten bleiben an Bord."[127]

Was genau auf dem Flughafen von Aden passiert ist, sprich wo Jürgen Schumann in der fraglichen Zeit war, dürfte niemals aufgeklärt werden. Es gibt Theorien, keine Gewissheiten. Der Filmautor Maurice Remy bietet in einer Fernsehdokumentation von 2008[128] einen vermeintlich Verantwortlichen am Flughafen Aden auf. Seinem Statement mangelt es allerdings an einer historischen Einordnung. Remy liefert auch keinerlei Belege für die Glaubwürdigkeit seines Gesprächspartners – etwa ein zeitgenössisches Foto des Mannes auf dem Flughafen.

---

[125] Gruppengespräch II Crew/Salewski, S. 27.
[126] Gespräch Brauchardt (ehem. Piegler/Salewski, Bd. 1, S. 2.
[127] Gruppengespräch III Crew/Salewski, S. 3.
[128] Remy 2008b.

Der damalige DDR-Botschafter in Aden, Günther Scharfenberg, behauptet in seinen Memoiren, Jürgen Schumann habe einen Kontrollgang auf dem Flugfeld genutzt, „um bis zur jemenitischen Postenkette zu laufen und Durchlass zu erreichen. Man ließ ihn nicht passieren, er musste zur Maschine zurück."[129] Einen Beweis bleibt der Diplomat schuldig.

So wie viele ehemalige SED-Funktionäre, die nach 1989 ihre Sicht auf historische Ereignisse erzählen, aber historische Belege schuldig bleiben. Ihre Memoirenliteratur ist für die Geschichtswissenschaft völlig unbrauchbar. Das gilt zum Beispiel für die vermeintliche Erinnerung von SED-Politbüro-Mitglied Egon Krenz an den Deutschen Herbst, von der noch die Rede sein wird.

Zurück nach Aden bzw. in die „Landshut"-Kabine. Als sicher kann gelten, dass „Captain Machmud" den Kapitän nicht im Affekt erschossen hat, sondern – wie gehört ganz wörtlich – mit Ansage. Die Tat steht nicht für sich, sondern am Ende einer hier erzählten Ereigniskette. Unterschwellig trugen der Terrorist und der Kapitän von Anfang an einen persönlichen Konflikt aus, der in Aden eskalieren sollte.

Hier ein Moment des Innehaltens. Jürgen Schumann ist ein Kapitän mit Courage. Er rettet Jürgen Vietor zweimal das Leben (in Bahrain und Dubai) und verwendet sich auf eigenes Risiko für Geiseln, denen gleichfalls die Erschießung droht. Er informiert die politischen Entscheider in Bonn mit wertvollen Informationen für einen Sturm der Maschine. Alles das tut er unter großen körperlichen Schmerzen. Jürgen Schumann hatte einen Bandscheibenvorfall, das tagelange Sitzen in der Maschine wird ihm zur Qual. Gleichwohl bleibt er in seinem Verhalten stets beherrscht und nimmt seine Verantwortung als Kapitän wahr.

Anderseits erscheint Jürgen Schumann auf dem Entführungsflug als eine Persönlichkeit, die sich einem Menschen, den sie für einen Verbrecher hält, schwer unterordnen kann. Co-Pilot Jürgen Vietor führt das auf Schumanns Pilotenausbildung zurück. Aus Jürgen Vietors Notizen vor dem Prozess gegen Souhaila Andrawes sei hier zitiert:

„Gedankenstütze:

Schumann: Starfighter Pilot, d. h. Einzelkämpfer und Ein-Mann-Entscheider.

---

[129] Scharfenberg 2012, S. 83.

Vietor: Breguet-Atlantic-Kommandant. 12-Mann-Besatzung, absolute Teamarbeit notwendig."[130]

Jürgen Vietor nimmt die Demütigungen und Todesdrohungen des Terroristenführers stoisch hin. In seiner Laufbahn hat er gelernt, sich unterzuordnen. Befehle auszuführen entgegen der eigenen Überzeugung. Anders Jürgen Schumann. Er ist ein typischer, stolzer Lufthansa-Kapitän der 70er-Jahre. Er empfängt maximalen Respekt, ja Bewunderung für seine Arbeit. Auch auf dem Entführungsflug der „Landshut".

„Er hat sich ständig Gedanken gemacht", wird Gabriele von Lutzau (geb. Dillmann) später anerkennend über ihn sagen. „Er war ständig konzentriert, einen Ausweg zu finden. Ich kannte ihn (…). Und wenn man ihn nicht kannte, man kann seine Konzentration schon als Arroganz auslegen, ist möglich."[131]

Bei allem Einsatz für seinen Co-Piloten und die Passagiere gab es bei Jürgen Schumann offenbar auch wiederkehrend den Reflex, sich seiner Verantwortung als Kapitän zu entledigen. Mehrfach wollte er laut eigener Aussage abhauen. „Das habe ich nur Kapitän Held gesagt und meiner Frau, und Sie sind jetzt also der Nächste (…). Die Frau Schumann fragte mich: ‚Was sollen wir machen, mein Mann – ein Held?' Und, sage ich, warum nicht? Ich habe dann das alles schon so aufgebaut, dass er wirklich als Held jetzt dasteht. Mir schien das die bessere Lösung zu sein."[132]

Kapitän Jürgen Schumann zum Helden zu erklären, liegt auch im Interesse der Bundesregierung und Deutscher Lufthansa. Ein Kapitän, der sich mit dem Gedanken trägt auszubüxsen, passt nicht in das Selbstbild der weltweit sichersten Airline mit dem verantwortungsvollsten Personal. Bundesregierung und Deutsche Lufthansa bringen eine Sprachregelung in Umlauf. wie es zum gewaltsamen Tod von Kapitän Jürgen Schumann gekommen sein soll.

„Nach dem Outside check, heißt es in dem mit Aktennotiz. LH 181 Flugabschnitt Aden – Mogadiscio" überschriebenen Text, „versuchte Herr Schumann, Kontakt mit Behördenvertretern aufzunehmen, um persönlich die Unmöglichkeit eines Wiederstartes vorzutragen. Die

---

[130] Vietor 1995, S. 4.
[131] Krausz 1978, S. 21.
[132] Gespräch Vietor/Salewski, Bd. S/I, S. 10.

südjemenitischen Behörden ließen sich auf Gespräche nicht ein und brachten Herrn Schumann zum Flugzeug zurück (…)." Die Entführer hätten angenommen, Herr Schumann habe Informationen über die Entführer nach draußen gegeben. (…) „Der Anführer erschoss Herrn Schumann vor den Augen der Fluggäste."

Eine Darstellung, die angesichts der zeitnahen Schilderung von Co-Pilot Jürgen Vietor nach dem Entführungsdrama keinen Bestand hat. Und auch fast 50 Jahre später durch keine zwischenzeitlich entdeckte Quelle belegt werden kann.

Kein Wunder, dass die Bundesregierung nach dem Deutschen Herbst der Frage, was der Ermordung von Jürgen Schumann vorausging, nur zögerlich nachgeht. Erst als Monika Schumann, die Ehefrau des toten Kapitäns, hartnäckig auf Nachforschungen drängt, sollen zwei Beamte des Bundeskriminalamts vom 12. bis 13. Januar 1978, „im Anschluss an eine Reise nach Mogadischu" Station in Aden machen, um die Hintergründe in Erfahrung zu bringen.[133] Ob dieser Aufenthalt zustande kommt, geht aus den eingesehenen Akten nicht hervor.

## Mogadischu

*Standzeit „Landshut": Montag, 17. Oktober 1977, 4.34 Uhr bis Dienstag, 18. Oktober, 01.43 Uhr*

Die Nacht in Dubai war schlimm. Die Nacht in Aden toppt die schrecklichen Verhältnisse noch. Die Luftfeuchtigkeit ist höher, denn anders als in Dubai weht jetzt kein Wind. Die Geiseln wurden Zeugen von Jürgen Schumanns Hinrichtung.

Trotzdem kippen in dieser Nacht weniger Passagiere um. Sie liegen, wie es Gabriele von Lutzau (ehem. Dillmann) im Gespräch mit „Stern"-Reporter Gerd Heidemann formulieren wird, im „Fast-Koma". Körper und Psyche haben auf Stand-by geschaltet. Das Bewusstsein wehrt die schreckliche Wirklichkeit ab.

---

[133] Drahterlass mit Betreff Entführung LH-Maschine vom 22. Dezember 1978, in: AuswA, Az. 311, Betreff: 400.11-700.00 JEV, Bd. 2 von 1977 bis 1978.

Jürgen Vietor hat seit dem Kidnapping eine Banane, eine Birne und ein Stück Kuchen gegessen. Das Stück Kuchen anlässlich des Geburtstages von Stewardess Anna-Maria Staringer. Das Hühnchen mit Mayonnaise in Dubai, dazu ein sogenannter russischer Salat, rührt er nicht an. Dennoch bleibt er voll konzentriert. Wer sonst außer ihm im „Landshut"-Cockpit?

Die Südjemeniten zeigen null Kooperation. Die Lufthansa verfügt über eine Telefonleitung nach Aden, doch die Vermittlungsstelle bockt. Sie schaltet weder Gespräche aus Frankfurt noch aus Aden zusammen. Der Tower ist darauf aus, dass die Maschine so schnell wie möglich verschwindet. Das gibt er dem Cockpit sehr deutlich zu verstehen.

Aus fliegerischen Gründen möchte Jürgen Vietor, dass die „Landshut" möglichst lange in Aden bleibt. Bei der Notlandung gingen vier der fünf Landescheinwerfer zu Bruch. Eine weitere, mögliche (Not-)Landung in der Nacht brächte allen Passagieren mutmaßlich den Tod. Er will den nächsten Flughafen in der Morgendämmerung, noch besser bei Tageslicht, erreichen.

Jürgen Vietor beginnt Zeit zu schinden. Er bestellt wenige 200 Gallonen für jeweils den rechten und den linken Tank – angeblich, damit die Maschine leichter aus dem Sand kommt. In Wirklichkeit legt er es auf einen zweiten, zeitraubenden Tankvorgang an.

Der Co-Pilot erklärt eine rasche Druckbetankung der 400 Gallonen für unmöglich, weil keine Stromversorgung angeschlossen sei. Eine Falschinformation. Die Jemeniten fallen darauf herein und machen sich auf die Suche nach einem langen Schlauch und einer hohen Leiter.

Jürgen Vietor schlägt „Captain Machmud" vor, die Koffer aus dem Gepäckraum auf das Rollfeld zu werfen, damit das Flugzeug leichter wird und besser aus dem Sand kommt. Zuerst ist der Terrorist dafür, dann dagegen. Sprich kurz nach seiner Todesangst während der Notlandung wieder der „Alte".

Die Maschine muss aus dem Sand. Die Jemeniten fahren einen Schlepper heran, doch es findet sich keine für die Bobby passende Stange. Also muss es die „Landshut" aus eigener Kraft schaffen. Voraussetzung zum Starten der Triebwerke, flunkert Jürgen Vietor wieder, sei eine Ground Power, ein mobiles Stromaggregat. Eine Ground Power mit 230 V wird herangefahren – und vom Co-Piloten weggeschickt: „Wir brauchen 115 V." Wieder gewinnt er wertvolle Zeit.

Mit Vollgas kriegt Jürgen Vietor die „Landshut" aus Sand und Geröll. Die Südjemeniten weisen ihr einen Platz auf dem asphaltierten Flugfeld zu.

Der Tower gibt sich weiter bockig. Auskunft über das Wetter wird erst erteilt, wenn die Maschine wieder in der Luft ist! Aber auf dem Flug wohin? Es kommt kein Vorschlag aus dem Tower. Hauptsache, die „Landshut" fliegt wieder weg.

Jürgen Vietor will natürlich nicht. Mutmaßlich noch nie ist ein ziviles Flugzeug nach einer Notlandung in Sand und Geröll sogleich wieder gestartet. Ohne jegliche Überprüfung. Der Co-Pilot geht mögliche Szenarien durch: Der Sand in den Turbinen dürfte den Luftdurchsatz vermindern, sprich die Triebwerksleistung. Die Reifen können beim Start bzw. bei der folgenden Landung platzen. Die Treibstoffleitung könnte bei der Notlandung angerissen worden sein. „In der hinteren Garderobe mein ermordeter Kapitän, links von mir ein irrer Entführer."[134]

Nach einer ultimativen Aufforderung des Towers zum Abflug rollt die „Landshut" am 17. Oktober 1977, einem Montag, um 02.00 Uhr zur Startbahn. Gashebel auf full power, Triebwerk stabilisieren lassen, Bremse lösen. Wegen der geschwächten Triebwerke bringt Jürgen Vietor die Maschine erst auf den letzten Startbahnmetern hoch. Dahinter kommen die Berge.

Als nächstes Ziel nennt „Captain Machmud" Mogadischu, die Hauptstadt von Somalia am Horn von Afrika. Es ist der letzte Städtename auf einem Zettel, der später beim toten Terroristenführer gefunden wird.

Jürgen Vietor, der Lufthansa-Pilot auf der Kurzstrecke, fragt: „Where is Mogadishu?"

Die „Landshut", die den europäischen Kontinent gar nicht verlassen soll, hat eine „Funknavigationskarte Südwestasien" an Bord. Darauf ist Mogadischu gerade noch eingezeichnet. Zwei Millimeter vor dem unteren Kartenrand. Jürgen Vietor hat die Koordinaten, um dorthin zu kommen, aber er fliegt eine marode Maschine. Sie kann jederzeit Feuer fangen. Die Feuerlöscher sind leer.

---

[134] Jürgen Vietor im Gespräch mit dem Autor.

Die geglückte Notlandung in Aden war ein fliegerisches Glanzstück. Der Flug nach Mogadischu verlangt von Jürgen Vietor eine weitere Großtat ab. Der Co-Pilot ist die vierte Nacht ohne Schlaf. „Und da flogen wir dann, immer höher steigend, der Gewitterwolken wegen, bis auf ca. elf Kilometer Höhe", wird sich Jürgen Vietor später erinnern.[135] Bevor die „Landshut" Mogadischu erreicht, dämmert es, die Sonne steigt aus dem Meer. Immerhin muss der Co-Pilot nicht im Dunkeln landen.

Jürgen Vietor ahnt, dass auch der Flughafen in Mogadischu die „Landshut" nicht haben will. Das weiß die Bundesregierung seit Sonntag Schwarz auf Weiß. Die Regierung „in any circumstances will not allow a hijack-plane owned by the Federal Republic of Germany land or com near the air ot the SBR", heißt es in einem Fernschreiben der Deutschen Botschaft in Addis Abeba an den Krisenstab in Bonn.[136]

Jürgen Vietor holt sich bei „Captain Machmud" die Erlaubnis, ohne Ankündigung zu landen. Die Landebahn würde mutmaßlich blockiert wie schon in Aden. Dem erschöpften Terroristenführer scheint jetzt alles recht. Aus dem cholerischen, bewaffneten Captain der Entführer wurde „der kleine, muffen sausende Co-Pilot", so Jürgen Vietor später.

Der Co-Pilot kennt natürlich „Mogadiscio Airport" nicht. Er will sich einen – im wörtlichen Sinn – Überblick von der Lage des Flughafens machen. Der Pilot fliegt einen Kreis, um zu sehen, ob die Landebahn frei oder mit Fahrzeugen blockiert ist. Hierfür spannt er „Captain Machmud" ein mit Aufgaben, die ein Co-Pilot zu absolvieren hat. Gemeinsam planen sie den Anflug.

Im Gebäude der Deutschen Botschaft in Somalia hat der Wirtschaftssachbearbeiter Bernd Zeitler gerade Nachtdienst. Er betreut die Botschaft gemeinsam mit Geschäftsträger Michael Libal, Verwaltungschef („Kanzler") Ernst Fischer, einem Zahlstellenleiter und Registrator in Personalunion sowie drei Sekretärinnen. Ihr Chef, der Botschafter, hat das Land gerade verlassen für eine andere Aufgabe. Ein Nachfolger ist noch nicht da.

Das Botschaftspersonal arbeitet unter technisch rückständigen Bedingungen. Es gibt für Krisenfälle eine Funkverbindung zur Deutschen

---

[135] Ebd.
[136] BArch 106/106684.

Botschaft in der äthiopischen Hauptstadt Addis Abeba. Sie wird einmal pro Woche getestet. Um zu telefonieren, müssen Wolfgang Libal und sein Team Gespräche auf dem Hauptpostamt von Mogadischu anmelden und lange darauf warten. Gerade einmal zwei Telefonleitungen verbinden Somalia mit der Welt. Die Leitungen wurden von den Italienern während der Kolonialzeit eingerichtet. Ihre Schaltung erfolgt noch immer über Rom.

Der deutsche Geschäftsträger Michael Libal, vorübergehend Sachwalter deutscher Angelegenheiten in Somalia, ist früh wach. Oder wird es durch den Lärm eines Flugzeugs, das Mogadischu keinesfalls planmäßig anfliegt. Wolfgang Libal schaut aus dem Fenster seines Schlafzimmers und sieht die „Landshut" am Himmel.

Bernd Zeitler aus dem Fenster des Botschaftsgebäudes auch. Nicht wenig überrascht informiert er die diplomatischen Kollegen in Addis Abeba und die wiederum das Bundesaußenministerium in Bonn. Von dort aus ruft ein diensthabender Mitarbeiter im Bundeskanzleramt an.

Ahmed Dahir, der Fluglotse im Tower, erwartet zu dieser frühen Stunde kein Flugzeug. Und sieht die „Landshut" offenbar nicht kommen. Auf jeden Fall nicht rechtzeitig. Folglich löst er keinen Alarm aus. Dieser „Verdienst" wird Ahmed Dahirs Leben entscheidend verändern: Nach der Landung in Mogadischu bietet ihm Staatsminister Hans-Jürgen Wischnewski die Übersiedelung in die Bundesrepublik Deutschland an. Der Somalier wird dieses Angebot gemeinsam mit seiner vielköpfigen Familie annehmen.

4.34 Uhr deutscher Zeit. Plötzlich steht die kleine Boeing, die eigentlich nach Frankfurt am Main fliegen sollte, in einer Küstenstadt des Indischen Ozeans. Am Horn von Afrika. Gefühlt das Ende der Welt. Es ist bereits hell. Das Meer rauscht. Die Sonne funkelt auf seiner Oberfläche.

Stille auf dem Flugfeld.

Irgendwann läuft ein junger Somalier auf die Maschine zu. „Can we help You, Sir?", fragt er Jürgen Vietor, der sein Cockpit-Fenster geöffnet hat. Auf Englisch ruft Vietor: „Ich brauche die Funkfrequenz des Towers." Wenige Minuten später kommt der Junge mit einem Zettel und der gewünschten Information zurück.

Mogadischu. Der autoritär regierende Präsident Siad Barre betrachtet sein Land als Südflanke der arabischen Welt. Somalia gehört zur Arabischen Liga. Im Oktober 1977 steht es im Krieg mit seinem Nachbarn Äthiopien um eine Grenzregion. Siad Barre finanziert diesen Krieg wie die ganze Wirtschaft seines Landes mit Geld aus dem „Ostblock". Der Kalte Krieg tobt auch auf dem afrikanischen Kontinent.

Die Sowjetunion vollzieht gerade einen Seitenwechsel in der Region. Sie beliefert den Kriegsgegner Äthiopien mit Waffen, weil es sich von dieser Partnerschaft mehr verspricht. Im Oktober 1977 hat Präsident Siad Barre bereits den Blick nach Westen gerichtet, aber den Bruch mit „Moskau" noch nicht vollzogen. Mit der Landung der „Landshut" in seiner Hauptstadt überschlagen sich die Ereignisse.

Nachdem die Maschine am Boden ist, sagen die Stewardessen zu Jürgen Vietor: Jürgen Schumanns Leiche stinkt bestialisch. Sie muss raus. Jürgen Vietor bittet „Captain Machmud" um Zustimmung. Er nickt. An der hinteren Tür links wird eine Notrutsche mit Luft gefüllt und die Leiche von Jürgen Schumann hinabgelassen. Somalier fahren sie in einem roten Krankenwagen weg. Aus der Ferne filmt der Kameramann von Kurt Stenzel, dem Nahost-Korrespondenten der ARD, die Szene. Am Abend des Folgetages werden die Bilder um die Welt gehen.

Um 5.40 Uhr setzt die deutsche Botschaft in Addis Abeba einen Drahtbericht nach Bonn ab:

- „(…) Kapitän exekutiert; soll aus Maschine geschafft werden
- Somalis haben 1. Kontakt (schlecht) zum Flugzeug hergestellt. Ultimatum: 14.00 GMT (= 15.00 hier). Verhandlungspartner: Qfar Qhaddum (…)"[137]

In Bonn gehen zunächst widersprüchliche Meldungen über den Abflug der „Landshut" in Aden ein. Als der Stopp in Mogadischu bekannt wird, bekommt der Bundeskanzler mal wieder Länderinformationen zusammengetragen. Wo stehen dort die Uhrzeiger, wenn in der Bundes-

---

[137] Vermerk AA (VLR I Böcker): Drahtbericht aus Addis Abeba nach Krisenfunkspruch aus Mogadischu, o. D., in: AdsD, 1/HSAA010017.

republik Mitternacht ist? Wer regiert das ferne Land, und mit wem ist es politisch verbündet?

Die somalische Regierung stellt der Deutschen Botschaft eine ihrer zwei Telefonleitungen ins Ausland zur Verfügung. Eine rasch im Bonner Raum aufgestellte, 42 m hohe Antenne fängt die Signale auf. Die Verbindung bietet die Qualität eines schlechten Funkgeräts. Gesagtes kommt häufig abgehackt oder überhaupt nicht beim Gesprächspartner an. Das wird die Kommunikation zwischen „Bonn" und „Mogadischu" massiv erschweren.

Als die Boeing 727 mit Staatsminister Hans-Jürgen Wischnewski um 11.45 Uhr in Mogadischu eintrifft, ist sie ein ungebetener Gast. Die Deutschen werden mit diplomatischer Kälte empfangen. Alle Besatzungsmitglieder müssen ihre Reisepässe abgeben. Zunächst darf nur der Staatsminister das Flugzeug verlassen.

## Bonn

Dem Leiter des Planungsstabes im Auswärtigen Amt, Klaus Kinkel, fällt jetzt eine Schlüsselrolle zu. Er war Mitte September in Somalia, weil die RAF-Häftlinge auch die somalische Hauptstadt als mögliches Zielland genannt hatten. Klaus Kinkel holte sich in Mogadischu einen „Korb", so wie Hans-Jürgen Wischnewski unter anderem in Aden. Jetzt kann er in der Kleinen Lage und im Großen politischen Beratungskreis Bericht über die Verhältnisse in dem fernen, unbekannten Land erstatten.

Siad Barres Kurswechsel hin zum Westen zeichnet sich im Herbst 1977 viel deutlicher ab als der des südjemenitischen Regimes. Auch weil Siad Barre dringend Geld braucht für seinen Krieg. „Da müssen wir ansetzen",[138] trägt Klaus Kinkel in Bonn im Beisein von Bundeskanzler Helmut Schmidt vor.

Kurz nach acht Uhr trifft Helmut Schmidt den somalischen Botschafter von Somalia in der Bundesrepublik, Yusuf Adan Bokah. Er schlägt vor, dass „ein Flugzeug mit deutschen Polizeispezialisten" nach Mogadischu

---

[138] Vgl. Herold/Hauser, S. 92.

reist, um einen nochmaligen Start der Maschine zu verhindern. Wenn sich die somalische Führung in dem von der Bundesregierung erbetenen Sinne verhalte, werde „dies unser Verhalten gegenüber Somalia auf lange Sicht ganz entscheidend bestimmen. Somalia kann dann mit aller Hilfe von deutscher Seite rechnen."[139]

Auch außerhalb des Bundeskanzleramts ist an diesem Montag viel los in Bonn. Angehörige der „Landshut"-Geiseln kommen an den Zaun des Bundeskanzleramts, um für die Rettung ihrer Mütter und Väter, Partnerinnen bzw. Partner, Kinder und Geschwister zu protestieren. Ein Junge trägt ein Plakat mit der Aufschrift „Herr Bundeskanzler, ich möchte meine Mutti wieder haben." Sie sind keineswegs allein, Hunderte von Menschen treibt es in ihrer Anspannung vor dem mutmaßlichen Showdown dorthin. „Die Nummernschilder zeigten Wagen von Wilhelmshaven bis Starnberg an."[140]

Die Angehörigen der Geiseln bitten an der Pforte um ein Gespräch, die Bundesregierung folgt ihrem Wunsch. Ernst Haar, Staatssekretär im Bundesverkehrsministerium, trifft sich mit ihnen in einem Sitzungsraum des Bundeskanzleramts. Kein Mann aus der ersten Reihe, aber jemand, der selbst Opfer einer Entführung wurde. Er kann sich mutmaßlich gut einfühlen in das Leiden der „Landshut"-Geiseln und ihrer Angehörigen. Mehr als die anderen Herren der Kleinen Lage oder dem Großen politischen Beratungskreis.

Während des Gesprächs formuliert eine Angehörige oder ein Angehöriger eine handschriftliche Erklärung. Alle Angehörigen in der Runde setzen ihre Unterschrift darunter. In der Erklärung heißt es unter anderem:

„Die im Bundeskanzleramt am 17. Oktober 1977 anwesenden Angehörigen und Freunde der Geiseln von Somalia fordern die Bundesregierung und die Krisenstäbe hiermit auf,

a) sofort und unwiderruflich zu erklären, dass sie zur Auslieferung der gefangenen Verbrecher bereit sind.

b) die elf Verbrecher unverzüglich an einem Sammelpunkt zusammenzuführen und ihnen ein Flugzeug zur Verfügung zu stellen." (Abb. 5).

---

[139] Vermerk über das Gespräch des Bundeskanzlers mit dem Botschafter von Somalia, Bokah, in Anwesenheit von Bundesminister Genscher am 17. Oktober 1977, im Arbeitszimmer des Bundeskanzlers, in: Archiv BK 13-211 20 (2), Beiakte OTB, Bd. 6, S. 422 f.
[140] Carl-Christian Kaiser 1977.

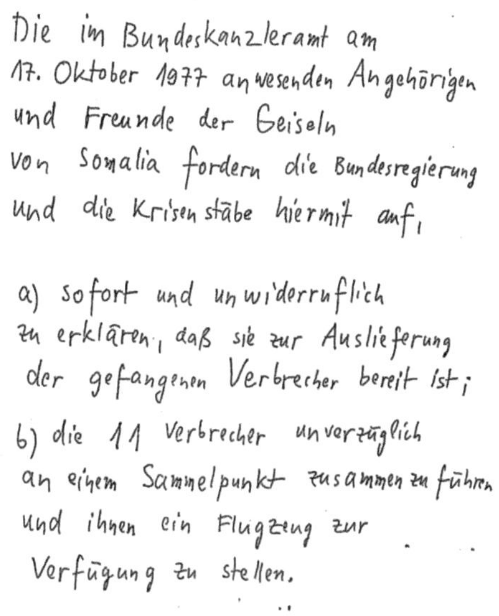

> Die im Bundeskanzleramt am
> 17. Oktober 1977 anwesenden Angehörigen
> und Freunde der Geiseln
> von Somalia fordern die Bundesregierung
> und die Krisenstäbe hiermit auf,
>
> a) sofort und unwiderruflich
> zu erklären, daß sie zur Auslieferung
> der gefangenen Verbrecher bereit ist;
> b) die 11 Verbrecher unverzüglich
> an einem Sammelpunkt zusammen zu führen
> und ihnen ein Flugzeug zur
> Verfügung zu stellen.

**Abb. 5** Erklärung von Angehörigen von „Landshut"-Geiseln, die am Sonntag, 17. Oktober 1977, im Bonner Bundeskanzleramt zum Gespräch empfangen werden. (Quelle: Rupps 2012, S. 85)

Im Lauf des Vormittags weiß „Bonn" bereits, wie eine Hilfe für Somalia aussehen kann: Technische Hilfe wie Lastwagen und Geld. Keine Kriegsgeräte und Waffen. Der diplomatische Spielraum des westdeutschen Rumpfstaates ist klein. Staatssekretär Heinz Ruhnau skizziert am Mittag im Telefongespräch mit Hans-Jürgen Wischnewski „die Schwelle, über die wir nicht rüberkommen. (…) Aber die Mittel, mit denen man sowas transportiert, die kann man ihnen geben."[141]

Dann reicht Heinz Ruhnau den Telefonhörer an Helmut Schmidt weiter.

„Hans-Jürgen, wie geht es Dir? Ich freue mich, dass es Dich gibt."
„Wie bitte?"

---

[141] Telefonat Sts Ruhnau – StM Wischnewski am 17. Oktober, 12.00 Uhr, in: Archiv BK 13-211 20 (2), Beiakte OTB, Bd. 6, S. 439.

„Ich freue mich, dass es Dich gibt."[142]

Helmut Schmidt liest Hans-Jürgen Wischnewski den Text eines Telegramms vor, das er dem Staatspräsidenten Siad Barre nach einem Telefonat am Morgen geschickt hat. Darin betont er, die somalische Souveränität „voll zu respektieren". Später im Text folgt eine List: „Ich darf darauf hinweisen, dass die Entführer offensichtlich drei Deutsche sind und nur ein Araber, der als vorgeschobener Mann die Sache abdecken soll."[143]

Die Falschdarstellung führt Siad Barre auf den Holzweg, dass die Entführung mit der palästinensischen Sache nichts zu tun hat. Kein Drittstaat der Welt, weiß das Auswärtige Amt, legt sich in den 70er-Jahren gern mit den Palästinensern an, auch ein somalischer Präsident nicht.

Schmidts Order an Hans-Jürgen Wischnewski: Präsident Siad Barre dafür gewinnen, dass die GSG9 in Mogadischu landen und die „Landshut" stürmen darf. Zum Dank soll Geld fließen. „Ich habe Dir schon angedeutet, dass Du Vollmachten hast in Bezug auf Hans Apels Portefeuille."[144] Hans Apel ist Bundesfinanzminister im Kabinett von Helmut Schmidt.

Um 11.00 Uhr fragt der Tower das „Landshut"-Cockpit, ob ein Mittagessen an die Maschine gebracht werden soll. Captain Machmud lehnt ab mit dem lakonischen Hinweis, um 14.00 Uhr seien sowieso alle Geiseln frei oder tot. Bis dahin bräuchten sie kein Essen.

*„Vermerk: Herr Klar Baltes (…) bittet um folgende Mitteilung an Bundeskanzler: „Ich bin 64 Jahre alt. Auch aus unserem Ort befindet sich ein junges Ehepaar im Flugzeug. Zur Rettung aller Flugzeuginsassen sofort Terroristen freilasse! Gez. Karl Baltes"*[145]

*„meine tochter und enkel sind auf der entfuehrten maschine wuerden sie auch ihre tochter opfern irmgard gruenewald (…)"*[146]

*„als 5 angehoerige einer der geiseln in mogadiscio appellieren wir an die verantwortlichen der bundesregierung als hoechstes ziel die rettung der leben der*

---

[142] Archiv BK 13-211 20 (2), Beiakte OTB, Bd. 6, in: OTB, S. 442.
[143] Ebd., S. 443.
[144] Ebd., S. 444.
[145] Ebd.
[146] Ebd. Unter anderem mit handschriftlichem, durchgestrichenem Hinweis „BK". Demnach bekam Helmut Schmidt das Telegramm nicht vorgelegt.

*geiseln (…) auf jede mögliche art anzugehen, das heisst schnellstens auf die bedingungen der entfuehrer einzugehen ilse, dr klaus, diplomsoziologin agnes, jochen und juergen hanke und diplomingenieure (sic!) juergen hanke (…)"*[147]

*„man gewinnt (sic!) den eindruck dass die bundesregierung den vollzug von todesurteilen an unschuldigen auf den schutz der bundesrepublik vertrauenden menschen duldet, waehrend bei der bekaempfung des terrorismus das todesurteil abgelehnt wird sicher haben die personen die die entsprechenden entscheidungen treffen keine angehoerigen in der maschine helga wihlfahrt als schwester eines betroffenen passagiers und im namen weiterer angehoerigen"*[148]

Lufthansa-Flottenchef 737 Peter Heldt, der in Hans-Jürgen Wischnewskis Maschine mitgeflogen ist, soll den Toten aus der „Landshut" identifizieren. Das erweist sich als schwierig. Der Verwesungsprozess der Leiche ist bereits fortgeschritten. Der Kopfschuss von „Captain Machmud" hat das Gesicht von Jürgen Schumann entstellt. Aus dem Lufthansa-Funkverkehr zwischen Frankfurt am Main und Mogadischu:

Frankfurt(schwer verständlich): „Lufthansa Frankfurt, go ahead (...) Identifizierung."

Mogadischu: „Da wollte der Herr Heldt selbst zu Stellung nehmen. (…) Ich kann Ihnen vorab dazu nur eines sagen: Der Herr Heldt konnte den Herrn Schumann, obwohl er ihn gut kennt, nicht eindeutig als Kapitän Schumann identifizieren."[149]

Peter Heldt mutmaßt, dass es sich um die Leiche von Jürgen Vietor handelt. Dieser wird später zu „Stern"-Reporter Gerd Heidemann sagen: „Vielleicht haben sie gedacht, es muss der Co-Pilot sein. Der ist ja nicht so wichtig wie der Kapitän."[150]

Peter Heldt informiert den Lufthansa-Krisenstab und der wiederum die Bundesregierung. Ein Überbringer der fürchterlichen Nachricht ruft Renate Vietor, die Ehefrau des „Landshut"-Co-Piloten, an. Danach telefoniert er mit Monika Schumann, der er sinngemäß versichert: Ihr Mann lebt!

---

[147] Ebd.
[148] Ebd.
[149] Ludwig Hildebrandt: Protokoll Funk-Mitschnitt Mogadischu am 17. Oktober 1977, Typoskript.
[150] Jürgen Vietor im Gespräch mit Gerd Heidemann, Oktober 1977.

Irgendwann wird in der Kleidung des Toten ein Notizbuch gefunden. In ihm finden sich Name und Telefonnummer von Monika Schumann.

Zwei Stunden später meldet sich der Anrufer wieder bei Renate Vietor – diesmal mit der Nachricht, dass ihr Mann lebt. Danach ruft er Monika Schumann an und informiert sie über den wahren Toten.

Bundeskanzler Helmut Schmidt kondoliert Monika Schumann sogleich per Telegramm. „Mit Abscheu habe ich von der terroristischen Mordtat erfahren (…). Ich teile Ihre Trauer und spreche Ihnen mein aufrichtiges Beileid aus (…)." Ein sehr politischer, wenig persönlicher Text. Der Bundeskanzler lässt den Wortlaut später über das Presse- und Informationsamt der Bundesregierung verbreiten.

*„Sehr geehrter herr bundeskanzler, nach diesem soeben gemeldeten feigen mord an herrn flugkapitaen schumann fordere ich sie hiermit eindringlichst und letztmalig auf, die terroristenschweine freizugeben, um das leben meiner frau, meines sohnes und aller anderen geiseln zu retten. wollen sie noch mehr menschenleben auf ihrem gewissen haben? Dieter Roehll"*[151]

In Aden kostete die „Landshut"-Entführung ein erstes Menschenleben. Auch politisch bedeutet der Mord eine Wende im Entführungsdrama.[152] Bundeskanzler Helmut Schmidt hatte schon beim Aufenthalt der Maschine in Dubai angekündigt, dass er mit dem Tod von Geiseln die Maschine stürmen lässt – auch um den Preis weiterer Menschenleben. Und wenn nötig, gegen den Willen der Regierung am Ort. „Dubai" und „Aden" hatten diese Absicht in einem Fall fintenreich, im anderen mit Gewalt verhindert.

Wohin auch immer die „Landshut" von Aden aus fliegen würde – nicht nur Hans-Jürgen Wischnewski und Ulrich Wegener sollten in einer gemeinsamen Maschine folgen, sondern auch die Männer der GSG9, die

---

[151] BArch B136/31588. Unter anderen mit handschriftlichem Hinweis „z. K. vorgelegt Herrn Chef BK" (gemeint ist Manfred Schüler).
[152] Vgl. Hartmann 2009, S. 47.

vom britischen Militärstützpunkt auf Zypern vertrieben wurden mit unbekanntem Ziel. Auf dem nächsten Flughafen muss die Sache „ausgeschossen" werden, wie es ein Mitglied des Bonner Krisenstabs formuliert hat.

Um 3.35 Uhr bestätigt der Deutsche Geschäftsträger in Aden, die Maschine sei mit unbekanntem Ziel gestartet. Wann genau, ist zunächst nicht bekannt.

„1 Person soll erschossen worden sein",[153] heißt es am Montag, 17. Oktober, um 8.20 Uhr deutscher Zeit im Lufthansa-Ereignis-Log. Um 8.50 Uhr fordert „Captain Machmud" einen Krankenwagen an – zum Abtransport einer Leiche, wie sich herausstellen soll.[154]

Präsident Siad Barre wird an diesem Morgen aus aller Welt mit Bitten überhäuft, sich konstruktiv zu verhalten. Sprich den Deutschen freie Hand zu geben. US-Präsident Jimmy Carter persönlich lässt ihm über die amerikanische Botschaft in Bonn eine Nachricht übermitteln.[155] So viel weltweite Aufmerksamkeit wurde einer somalischen Regierung mutmaßlich noch nie zuteil. Die entführte „Landshut" bringt Siad Barre in eine politische Zwickmühle, doch sie öffnet auch unverhofft Türen.

Um 14.48 Uhr telefonieren Bundeskanzler Helmut Schmidt und Staatsminister Hans-Jürgen Wischnewski miteinander. Wischnewski sagt, das Kabinett habe inzwischen mit den somalischen Polizeigenerälen zusammengesessen. Er spricht von einer „unwahrscheinlichen Unruhe",[156] die aufgekommen sei.

---

[153] Deutsche Lufthansa, Ereignis-Log, S. 15.

[154] Ebd.

[155] Vermerk. Botschaft von Präsident Carter an Präsident Siad telefonisch übermittelt von der amerikanischen Botschaft in Bonn am 17. Oktober 1977, in: Archiv BK 13-211 20 (2), Beiakte OTB, Bd. 6, S. 426.

[156] Gesprächsnotiz: – StM Wischnewski, 17. Oktober 1977, 14.48 Uhr, in: OTB 13-211 20 (2), Beiakte OTB, Bd. 6, S. 449.

„Ich habe noch einen Punkt zu erwähnen", sagt der Bundeskanzler später. „Falls Ihr Zeit gewinnen könnt, eigenständig zu handeln, Du weißt, wo unsere Grenzen sind." Darauf Wischnewski: „Ist klar."[157]

Um 15.10 Uhr geht eine Telefonnotiz von Staatsminister Hans-Jürgen Wischnewski im Bundeskanzleramt ein.[158] Demnach wollten die Somalis eine schnelle Polizeiaktion, wovon der Staatsminister abgeraten habe, da übereilt und wenig erfolgreich. „Wischnewski hat Entführern mitteilen lassen, er hätte gehört, in Deutschland würden die Gefangenen zusammengeführt. (…) Ultimatum sollte bei dieser Sachlage bis morgen früh verlängert werden."[159]

## In der „Landshut"

Nach der Landung in Mogadischu bedeutet Jürgen Vietor „Captain Machmud" unumwunden: Hier ist Schluss. Ein nochmaliger Start der Maschine kommt nicht infrage. Der Terroristenführer – übermüdet, erschöpft, enttäuscht vom unfreundlichen Empfang im Südjemen – stimmt zu. In Mogadischu also muss die Bundesregierung einlenken.

Im Wissen darum, dass die Entführung fliegerisch nicht weitergeht, gewährt der Terroristenführer dem Co-Piloten freies Geleit. Der Terrorist weiß seit der Notlandung in Aden, dass er Jürgen Vietor sein Leben verdankt. Jetzt bekommt Vietor das eigene Leben zum Geschenk.

Der Co-Pilot lehnt ab. Gegenüber „Stern"-Reporter Gerd Heidemann wird er seine Antwort sinngemäß wiedergeben: Entweder wir gehen bei der Explosion alle hoch oder wir kommen alle heraus. „Thank You, Captain. I will stay here on board." Der Terrorist nickt.

Jürgen Vietor greift zum Bordmikrofon und berichtet den Geiseln von dem Angebot zu gehen. Über das Motiv, weshalb er an Bord bleiben will, flunkert er, um nicht als Held zu gelten. Er wolle beim Weggang auf dem Flugfeld nicht von „Captain Machmud" erschossen werden. Dann müssten Geiseln seinen Leichnam in die Maschine zurückbringen, wo sie

---

[157] Ebd., S. 450.
[158] Ebd., S. 451.
[159] Ebd.

seinem Kapitän im Garderobenschrank Gesellschaft leiste. Zu diesem Zeitpunkt befindet sich Jürgen Schumanns Leiche noch in der Maschine.

Die Geiseln mögen eine Ahnung davon haben, dass in Mogadischu fliegerisch Schluss ist. In dieser Situation wiegt ein Ultimatum schwer. Ein kurzes wie jetzt besonders schwer. „Captain Machmud" macht Druck, ihm gehen sichtlich die Kräfte aus. Bis Mittag, so der Terroristenführer, muss die Bundesregierung die Forderungen erfüllen.

Stewardess Gabriele von Lutzau (geb. Dillmann) denkt ohne Unterlass darüber nach, wie sie eine friedliche Lösung bestärken kann. Sie kommt auf die Idee, einen Funkspruch an die Bundesregierung abzusetzen. Ein brillanter Gedanke. Bundeskanzler Helmut Schmidt oder andere Mitglieder der Bundesregierung bzw. der Krisenstäbe haben sich bis jetzt zu keiner Sekunde an die Geiseln gewandt – mutmaßlich aus Angst, Hoffnungen zu wecken, die sie nicht erfüllen können. Aus dem bislang veröffentlichten Teil des „Operationstagebuchs" geht nicht hervor, dass die direkte Ansprache der Geiseln ein Thema war.

Bundeskanzler Helmut Schmidt setzt mutmaßlich von Anfang an auf den Einsatz der GSG9. Er will die Geiseln nicht sprechen, ihnen Mut machen, sondern aus der Maschine holen lassen. Wenn dies gelingt, werden ihm – so sein mutmaßliches Kalkül – die Kinder, Frauen und Männer persönlich nichts nachtragen.

Die Passagiere in der entführten „Landshut" empfinden Wut und Enttäuschung über das Schweigen der Bundesregierung. Friedrich Christian Delius wird diese Wut in seinem Roman „Mogadischu Fensterplatz" auf den Punkt bringen.

„Der Tag ging vorüber, und ich wünschte, die Männer in der Regierung sähen uns und hörten mit, was hier geschah. Aber sie kümmerten sich nicht. Aber sie kümmerten sich nicht. Sie funkten uns nicht einmal eine Nachricht zu. Grüße von den Angehörigen, einen Trost, einen freundlichen Appell, eine hilfreiche Lüge. (…) Sie dachten vielleicht auch an uns, sie hatten vielleicht die Entscheidung für unsern Austausch schon getroffen, aber sie ließen uns allein."[160]

---

[160] Delius: Mogadischu Fensterplatz 1987, S. 115.

Stewardess Gabriele von Lutzau (geb. Dillmann) bittet „Captain Machmud" um die Erlaubnis für eine Durchsage. Sie spricht Englisch, damit er ihre Worte sogleich versteht und sich nicht hintergangen fühlt.

„Wir wissen jetzt, dass dies unser Ende ist. Wir wissen, dass wir sterben müssen. Es wird sehr schwer für uns sein, aber wir werden so tapfer wie möglich sterben. Wir sind alle zu jung zum Sterben, auch die Alten unter uns sind alle zu jung dazu. Wir hoffen nur eins, dass es schnell geht, dass wir nicht zu große Schmerzen haben werden. Aber vielleicht ist es besser zu sterben, als in einer Welt zu leben, in der Menschenleben so wenig zählen (…)."

Von dem Funkspruch bekommt die Weltöffentlichkeit nichts mit. In der historischen Rückschau bedeutet er einen Meilenstein in diesem Entführungsdrama, weil einen Perspektivenwechsel. Bis jetzt litten die Geiseln in der Maschine ganz ohne Kontakt zur Außenwelt. Die Stewardess Gabriele von Lutzau stellt diese Öffentlichkeit in Gestalt von Tower und Bundeskanzleramt auf einen Schlag her. Sie dokumentiert die Verzweiflung der Menschen in der Maschine zugleich für die Nachwelt, falls die „Landshut" tatsächlich gesprengt wird. Gabriele von Lutzau erinnert in ihren zunächst politischen, später persönlichen Gedanken die Bonner Politiker eindrücklich daran, dass in der „Landshut" Menschen voller Todesangst sitzen und kein anonymes politisches Faustpfand von Terroristen.

Gabriele von Lutzau (geb. Dillmann) hofft noch auf ein Einlenken der Bundesregierung, aber eigentlich erwartet sie die Sprengung der Maschine. Der Funkspruch jetzt würde die Rettung bringen oder zum posthumen Zeugnis ihres Überlebenswunsches. Sie weiß um die moralische Kraft ihres Appells. Ihre Strategie ähnelt dem Kalkül der Entführer von Hanns Martin Schleyer, die den Arbeitgeberpräsidenten alle paar Tage vor eine Videokamera setzen, um die Bundesregierung zum Einlenken zu bringen.

Die Entführer fesseln die Geiseln. Zuerst die Männer, dann die Frauen, schließlich die Kinder. Sie schütten den gesamten Whiskey- und Schnaps-Vorrat an Bord auf den Kabinenteppich – nicht, wie später vielfach geschrieben über die Köpfe der Geiseln. Das Feuer der gezündeten Handgranaten soll mithilfe des ausströmenden Sauerstoffs rasch nach hinten gelangen.

Die Entführer gießen auch das Parfum, das Fluggäste in der „Bobby" kaufen sollen, aus. Jetzt stinkt es noch bestialischer in der „Landshut" als bisher – wenn überhaupt eine Steigerung möglich ist. Um 12.49 Uhr kündigt „Captain Machmud" dem Tower an, die Maschine in elf Minuten zu sprengen. Der Tower bittet um einen Aufschub, damit umstehende Flugzeuge weggeschoben werden können. „Captain Machmud" lässt sein Kommando darüber abstimmen. Drei Ja-, eine Nein-Stimme für eine Verlängerung.[161] Der Terrorist gibt weitere 30 min.

Der Chef der somalischen Polizei, Abdallah Mohammed Hassan, bietet den Entführern zwischendurch freies Geleit an, wenn sie die Geiseln laufenlassen. „Captain Machmud" lehnt ab.

Um 13.33 Uhr – das Ultimatum ist verstrichen, die Vorbereitungen zum Sprengen der Maschine fast abgeschlossen – wird „Captain Machmud" in das leere Cockpit gerufen. Aus dem Funklautsprecher ist weithin hörbar, dass der Tower ihn dringend sprechen will. Zurück am Platz hört der Terrorist endlich, was er seit Tagen erzwingen will: Die Bundesregierung erklärt sich zur Erfüllung seiner Forderungen bereit. Zum Ausfliegen der RAF-Terroristen nach Mogadischu.

Die gefesselten, in Todesangst versetzten Geiseln bemerken ein plötzliches Tuscheln unter den Frauen und Männern des Terrorkommandos. Eine Hektik in der Ersten Klasse. „Captain Machmud" stürmt auf Jürgen Vietor zu: „Wie lange braucht ein Flugzeug von Frankfurt nach Mogadischu?" Mogadischu liegt am Äquator, fängt der Co-Pilot zu rechnen an, Frankfurt vom Äquator aus ca. 50 Grad Nord. Ein Breitengrad entspricht 60 Meilen. 50 mal 60 macht 3000 Meilen. Ein Verkehrsflugzeug fliegt im Durchschnitt 420 km schnell. „Circa sieben bis acht Stunden", gibt Vietor zur Antwort.

Es ist die Wende. Ungefähr acht Stunden, diese Zeitangabe machte auch ein Vertreter der Bundesregierung. Jürgen Vietor blufft also nicht. „You are free!", schreit „Captain Machmud" mehrfach in der Kabine und gibt den Befehl, die Geiseln zu entfesseln. Die Zünder am Sprengstoff werden entfernt.

„Auch ich und die Mitglieder meines Kommandos werden freikommen", steckt unterschwellig in „Captain Machmuds" euphorischem

---
[161] Vgl. ebd.

Ausruf. Wir werden überleben! Wir werden nach Hause kommen und in unserer Heimat Palästina als Helden gefeiert!

Sogleich fällt „Captain Machmud" wieder in seine autoritären Muster. Der Tower bittet um eine Verlängerung des Ultimatums bis 5.00 Uhr morgens.[162] Die Entführer gewähren einen Zeitkorridor bis 23.30 Uhr.[163]

In den folgenden Stunden informieren abwechselnd Wolfgang Libal, Geschäftsträger der Bundesrepublik Deutschland in Somalia[164], und Psychologe Wolfgang Salewski das Terroristenkommando, was in Westdeutschland vermeintlich zur Erfüllung der Forderungen passiert. Um 18.54 Uhr zum Beispiel, dass die RAF-Häftlinge in einem Flugzeug unterwegs nach Mogadischu seien.

Zu keiner Zeit äußern „Captain Machmud" und die drei weiteren Mitglieder des Terrorkommandos Zweifel an dem, was sie hören. Dankbar reagieren sie auf jede vermeintliche Vollzugsmeldung. Alle Aggression, alles Misstrauen ist vom Terroristenführer abgefallen. Er wie seine Kommandomitglieder wirken erschöpft, aber froh. Die Annahme, alles laufe nach Plan, folgt ihrem Wunsch zu überleben, nicht der Wirklichkeit. Gleichwohl braucht es das große Verhandlungsgeschick von Wolfgang Libal und Wolfgang Salewski während dieser Stunden. Der Kommandochef bleibt zu Kurzschlussreaktionen fähig. Alles kann von der einen auf die andere Sekunde ganz anders kommen.

„*Urgent Bundeskanzler Helmut Schmid (sic) Bundeskanzleramt Bonn*
*Wir untersagen Ihnen hiermit den Versuch einer gewaltsamen Geiselbefreiung des entführten Lufthansapassagiers Georg Reiboldt*
*Im Auftrag Bernd Reiboldt und Isabella Reiboldt*"[165]

„*Herr Erich Bender, Bruder eines der Lufthansapassagiere, aus Kierspe/Sauerland, bittet Sie zu unterrichten, dass er als Christ an Ihre christliche Verantwortung appelliert für die Befreiung der Geiseln alles zu unternehmen (...).*"[166]

---

[162] Ereignis-Log der Deutschen Lufthansa, S. 17.
[163] Ebd.
[164] Der Posten des Botschafters in Mogadischu ist im Augenblick vakant.
[165] Telegramm Bernd und Isabella Reiboldt vom 17. Oktober 1977 an Bundeskanzler Helmut Schmidt, in: BArch B136/31588.
[166] Notiz vom Leiter Lagezentrum an Herrn Bundeskanzler vom 17. Oktober 1977, in: AdsD, 1/HSAA010017.

## Bonn

Um 15.30 Uhr hat Helmut Schmidt im Kanzlerbungalow einen Termin. Er empfängt drei Schriftsteller und einen Verleger. Das Gespräch mit Heinrich Böll, Max Frisch, Günter Grass, Siegfried Lenz und Sigfried Unseld, dem Chef des Frankfurter Suhrkamp-Verlags, war schon lange vereinbart. Die Herren wollten sich in Hamburg treffen. Helmut Schmidt sagte im Deutschen Herbst nicht ab, sondern ließ einen neuen Termin in Bonn vereinbaren.

Günter Grass ist verhindert, weil er an diesem Tag seinen 50. Geburtstag feiert. Außerdem nehmen an dem Gespräch Regierungssprecher Klaus Bölling, Bundesforschungsminister Hans Matthöfer und Bundesarbeitsminister Herbert Ehrenberg teil – also nur SPD-Kollegen, keine vom Koalitionspartner FDP. Anders als sein Amtsvorgänger Willy Brandt empfindet Helmut Schmidt ein tiefes Misstrauen gegenüber dem Koalitionspartner. Ein besonders tiefes gegenüber dem FDP-Vorsitzenden und Bundesaußenminister Hans-Dietrich Genscher.

Helmut Schmidt begrüßt seine Gäste mit einer Schmeichelei. Mit dem Hinweis, sie seien seit der Entführung von Hanns Martin Schleyer die einzigen ‚normalen' Menschen, mit denen er spreche[167] „Im Angesicht von Böll und Frisch war das ja ganz kühn."[168] 30 min informiert der Bundeskanzler über den Stand der Dinge, ohne Kommendes preiszugeben.

Danach redet Heinrich Böll. Auch 30 min. Er beklagt – so wird ihn Siegfried Unseld später wiedergeben – die Situation der Unsicherheit und Angst in der Bundesrepublik, „jeder Bürger müsse die Hausdurchsuchung fürchten wie sein Sohn".[169] Nach dem Eindruck von Unseld entwickelt Böll in den folgenden Stunden – das Gespräch dauert insgesamt fünfeinviertel Stunden, der Bundeskanzler muss zweimal für jeweils 30 min die Runde verlassen – ein wachsendes Verständnis für Schmidts Haltung. Max Frisch sagt zu Siegfried Unseld auf der gemeinsamen Heimfahrt nach Frankfurt, er möge nicht in seiner – Schmidts – Rolle stecken.

---

[167] Bauer/Hacke 2010, S. 101; dieses und die folgenden Zitate auch in der gekürzten Fassung bei Fellinger/Reiner 2014, S. 187 f.
[168] Ebd., S. 102.
[169] Ebd., S. 104. Tatsächlich war die Wohnung einer von Bölls Söhnen kurz zuvor durchsucht worden.

Auch Max Frisch wird sich stichwortartige Notizen über das Gespräch machen. „Unfanatische, große Präsenz"[170] schreibt er über den Bundeskanzler, den er bereits auf dessen China-Reise 1975 begleitet hat. „Ohne Pose. (…) Präsenz bis zur Gelassenheit. Er kann allen zuhören, Fragen aus Verständnis, er kommt auf Angedeutetes zurück. Dazwischen in den Krisenstab und zurück."[171] Aber dann kommen ihm auch Zweifel. „Will er uns als Zeugen (falls alles schiefgeht)?"[172]

Die Intellektuellen dieses Landes haben bis jetzt mal alarmiert, mal besonnen auf den RAF-Terrorismus reagiert. Im Deutschen Herbst gibt der Historiker Golo Mann vielen Menschen eine Stimme, wenn er über einen Bürgerkrieg raunt und über die Todesstrafe für Terroristen. Golo Mann gehört zu den brillantesten Köpfen seiner Zunft, aber er zeigt sich nicht unempfänglich für tagespolitische Stimmungen.

Für eine besonnene, um Verständnis bemühte Haltung steht Gert Kalow, der stellvertretende Vorsitzende des PEN-Clubs, der deutschen Sektion eines internationalen Autorenverbands. Gert Kalow wendet sich Anfang Oktober an den Bundeskanzler. „Die Erinnerungen an die Weimarer Zeit, wie sie eben jetzt in der Presse gerade auch der befreundeten westlichen Nachbarn auftauchen, wirken leider keineswegs an den Haaren herbeigezogen", schreibt Gert Kalow.[173]

Wir verstünden „die Terroristen vom Schlage der Ulrike Meinhof nicht (und geraten in Gefahr, falsch auf sie zu regieren), wenn wir nicht den aufrichtigen Wahnsinn ihres moralischen Fanatismus erkennen". Der Autor zitiert in diesem Zusammenhang einen Satz des Philosophen Charles de Secondat, Baron de Montesquieu: „Je höher die Ideale, desto furchtbarer die Praktiken."[174]

---

[170] Bürger 2010, S. 109.
[171] Ebd.
[172] Ebd., S. 110.
[173] Brief an den Herrn Bundeskanzler Helmut Schmidt vom 8. Oktober 1977, in: AdsD, 1/HSAA010016.
[174] Ebd.

## Mogadischu

Staatsminister Hans-Jürgen Wischnewski und später auch GSG9-Kommandeur Ulrich Wegener verhandeln mit Staatspräsident Siad Barre über die Möglichkeit eines Sturms.[175] Der Präsident besteht darauf, dass die territoriale Souveränität von Somalia gewahrt bleibt. Ulrich Wegener erklärt frank und frei, dass es besser wäre, wenn nicht somalische, sondern deutsche Kräfte die Maschine stürmen. Das provoziert den Stolz des Präsidenten. Das wollen wir erst einmal sehen! erklärt Siad Barre dem Deutschen sinngemäß. Wir haben auch gute Leute! Keine Polizei eines anderen Staates soll auf ihrem Territorium „ausschießen".

Der schlaue Staatsminister Hans-Jürgen Wischnewski verkneift sich zu sagen: „Ihr könnt das nicht!", sondern gibt sich diplomatisch. „Jawohl, geht in Ordnung. Ihr kennt das Flugzeug nicht so genau. Unsere Leute kennen es. Wir werden Euch zeigen, wie man das macht."[176] Präsident Siad Barre stimmt zu. In Wirklichkeit wollen Hans-Jürgen Wischnewski und Ulrich Wegener den alleinigen Sturm durch die GSG9.

Auf dem militärischen Teil des Flughafens stehen eine Boeing 707 und zwei ganz alte Maschinen. Somalische Ranger und Fallschirmspringer führen Ulrich Wegener vor, was sie können. „Und dann haben die versucht, an der Maschine hochzukommen. Die eine Leiter (…) hat sehr bedenklich geschwankt (…) Da kamen die nicht an die Tür, nicht an den Griff, kriegten die Tür nicht auf."[177] Es gelingt ihnen schließlich mit viel Lärm.

Danach zeigen Ulrich Wegener, sein Adjutant und Dieter Fox, wie es geht. Dieter Fox steigt die Leiter sekundenschnell hoch und öffnet die Tür ohne einen Laut. Offenbar macht er damit Eindruck. Die bessere Ausbildung der Deutschen ist nicht von der Hand zu weisen.

Hans-Jürgen Wischnewski und Ulrich Wegener schlagen Präsident Siad Barre, der inzwischen mitsamt seinem Kabinett zum Flughafen gekommen ist, eine Arbeitsteilung vor. Wegener sinngemäß: Wenn Ihr die Absperrung draußen in den Dünen übernehmt und die äußere Absper-

---

[175] Im Folgenden vgl. Fox 2023.
[176] Vgl. Hauser/Wischnewski, S. 20.
[177] Vgl. Fox 2023.

rung, fühlen wir uns sicher. Dann wissen wir, dass wir in Ruhe arbeiten können. Außerdem sollen die Somalis ein Feuer entfachen zur Ablenkung der Entführer. Sofort nach dem Sturm geht die Souveränität über die Maschine an die Somalis über. Unausgesprochen zur Plünderung von Wertsachen der Passagiere in der Kabine und im Gepäckraum.

Siad Barre und Ulrich Wegener haben inzwischen einen guten Draht zueinander. Siad Barre, Soldat mit Dienstrang Oberst, schätzt Wegeners drahtige Art. Ulrich Wegener ist zwar selbst kein Soldat, führt aber seine Truppe wie eine militärische Einheit.

Der Präsident gibt sein Okay. Mi dieser Gemeinschaftslösung scheint die territoriale Souveränität des Landes gewahrt und die eigenen Leute aktiv einbezogen. Später werden GSG9-Leute trotzdem eine äußere Absperrung in den Dünen bilden.

Dort lauert eine Gefahr, die ganz ohne Kugeln auskommt. In den Dünen rund um die „Landshut" wimmelt es von Giftschlangen, wie Dieter Fox bis heute lebhaft erzählt.

Staatsminister Hans-Jürgen Wischnewski spricht den Präsidenten auf den Umgang mit möglichen Gefangenen an, sprich auf Terroristen, die beim Sturm nicht zu Tode kommen: Darauf Siad Barre: „Was, Gefangene wollen Sie auch machen?" Die Bemerkung erweist Barres politischen Instinkt: Tatsächlich wird die einzig überlebende Terroristin für viele Jahre zum diplomatischen Sorgenfall.

Der Staatschef des afrikanischen Landes macht auf Hans-Jürgen Wischnewski – auch auf Helmut Schmidt seit einem gemeinsamen Telefonat an diesem Tag – den Eindruck eines zugänglichen, kooperativen Politikers. Präsident Siad Barre ziert sich nicht billig für einen möglichst hohen politischen Preis. Er weiß, dass es aus dieser Situation für sein Land etwas herausschlagen kann. Nicht weniger, nicht mehr. Auch das zählt in der historischen Rückschau zum „Wunder von Mogadischu".

Auch Helmut Schmidt zeigt sich von Siad Barre beeindruckt. In Schmidts Augen ein verlässlicher Mann. Helmut Schmidt wird in den kommenden Jahren bei vielen Gelegenheiten auf die Großherzigkeit und den Mut des Präsidenten zu sprechen kommen, etwa in seiner Rede auf dem Essener SPD-Parteitag 1980.

Zu dieser Zeit hält die iranische Regierung die Angehörigen der US-Botschaft in Teheran als Geiseln. „Man muss sich das einmal angesichts der Geiselsituation im Iran vorstellen", so Helmut Schmidt in Essen wörtlich, „was es bedeutet hat, dass eine farbige Regierung eines farbigen Landes uns erlaubte, mit unserer weißen Grenzpolizei in ihrem Lande mit Gewalt Geiseln aus der Hand von Verbrechern zu befreien."[178] In diesem tiefen Respekt wurzelt die Entschlossenheit, mit der sich der Bundeskanzler gegenüber Somalia erkenntlich zeigen wird, auch gegen innenpolitischen Widerstand.[179]

Der letzte Staats- und Parteichef der DDR, Egon Krenz, wird später behaupten, DDR-Außenminister Oskar Fischer habe nicht nur in Aden, sondern auch in Mogadischu helfend vermittelt. Ohne diese Vermittlung hätte „Bonn" am Horn von Afrika keine freundlichen Verhältnisse angetroffen und schon gar nicht die Geiseln befreien dürfen.[180]

Die Behauptung von Egon Krenz ist in den Akten des Bundeskanzleramtes und des Auswärtigen Amtes, wenigstens den zugänglichen, nicht belegt. So wenig wie Kontakte von Staatsminister Hans-Jürgen Wischnewski mit DDR-Diplomaten in Mogadischu. Egon Krenz trägt so wenig wie der ehemalige DDR-Diplomat Günther Scharfenberg zur historischen Aufklärung von Ereignissen bei. Beide überhöhen im Nachhinein die Rolle ihres Staates.

Jetzt dürfen auch Ulrich Wegeners Männer, die stundenlang über Dschibuti, einem somalischen Nachbarn, gekreist sind, in Mogadischu landen. Der Pilot bremst die Maschine nach dem Aufsetzen hart ab, damit die Terroristen nichts mitbekommen. Tatsächlich bleibt die Landung unbemerkt.

Die GSG9-Leute wären, das darf heute als historisch gesichert gelten, auch ohne Zustimmung von Präsident Siad Barre in Mogadischu gelandet. Mutmaßlich mit ausgeschalteten Lichtern nach Anbruch der Dunkelheit. Helmut Schmidt wird später indirekt einräumen[181] und

---

[178] Helmut Schmidt: Wir werden den Frieden nach innen und außen bewahren. Rede auf dem Essener SPD-Parteitag am 9. Juni 1980, in: Neue Gesellschaft/Frankfurter Hefte Nr. 27/1980, S. 584.
[179] Vgl. Geiger 2009.
[180] Vgl. Krenz/Kunze 2016, S. 84 f.
[181] „Wir haben bei der Abwehr des Mordversuchs an 90 nach Ostafrika entführten Flugzeugpassagieren das große Glück gehabt, nicht gezwungen gewesen zu sein, etwa das Völkerrecht zu verletzen." In: Helmut Schmidt: Rede zur Verleihung des Franz Josef Strauß-Preises 2003 an den Bundespräsidenten a. D. Prof. Dr. Roman Herzog, S. 17, Typoskript.

Ulrich Wegener es frank und frei aussprechen,[182] dass die GSG9 einen „Plan B" hatte, die nächtliche Stürmung der „Landshut" ohne somalisches Zutun. Die Bundesregierung wollte in Mogadischu eine Stürmung um jeden Preis.

Später am Nachmittag entgehen GSG9-Kommandant Ulrich Wegener, sein Adjutant Frieder Baum sowie Wegeners Stellvertreter Dieter Fox nur knapp ihrer Erschießung.[183] Sie lassen sich, begleitet von einem somalischen Major, in ihr Hotel fahren, um persönliche Dinge abzuholen, die sie als Bürgschaft zurücklassen mussten. Für den Weg vom Hotel zurück zum Flughafen fährt der Chauffeur des Jeeps nicht die Hauptstraße, sondern nimmt eine Abkürzung. An einem Schlagbaum werden die Männer nach einem Kennwort gefragt, das sie – natürlich – nicht wissen. Sekundenschnell richten drei Posten ihre Kalaschnikows auf Wegener und seine Leute. Nach nochmaliger, erfolgloser Abfrage des Kennworts lädt der erste Posten seine Kalaschnikow durch, sprich entsichert sie, und sagt zu den anderen: „Wenn die nicht antworten, schießen wir!" Ein lauter Wortwechsel zwischen Bedrohenden und Bedrohten beginnt.

In diesem Augenblick taucht zum Glück ein Offizier auf, der wissen will, was es mit dem Geschrei auf sich hat. Der Offizier lässt sich zum Jeep mit den Deutschen führen. Zufällig kennen sich der Offizier und der somalische Major im Wagen. Sie können die Angelegenheit aufklären. Die führenden Köpfe der GSG9 kommen mit dem Schrecken davon.

*„man gewinnt den eindruck dass die bundesregierung den vollzug von todesurteilen an unschuldigen auf den schutz der bundesrepublik vertrauenden menschen duldet, waehrend bei er bekaempfung des terrorismus das todesurteil abgelehnt wird sicher haben die personen die die entsprechenden entscheidungen treffen keine angehöerigen in der maschine*

*Helga wihlfahrt als schwester eines betroffenen passagiers und im namen weiterer angehoerigen"*[184]

---

[182] Vgl. Holger Schmidt 2016.
[183] Im Folgenden vgl. Fox 2023.
[184] Telegramm der Deutschen Bundespost an Bundesregierung, Krisenstab Bundeskanzler Schmidt, Bonn, vom 17. Oktober 1977, 16.51 Uhr. Zugestellt um 18.56 Uhr, in BArch B136/31588.

Unter den versammelten Bundespolizisten stellt GSG9-Kommandant Ulrich Wegener mehrere Gruppen für die Stürmung zusammen. Ein paar seiner Männer bekommen plötzlich kalte Füße. Sie erklären: Ich bin raus. Der Kommandeur verfügt zahlenmäßig trotzdem über genug Personal, aber einige seiner einsatzbereiten Leute sind übermüdet von diversen Flügen und Bereitschaftsdiensten der letzten Tage. Darunter Wegeners Stellvertreter Dieter Fox.

Der Kommandant legt den Beginn der Aktion mit dem Namen „Feuerzauber" auf 2.00 Uhr Ortszeit – in Deutschland Mitternacht – fest. Dann ist der somalische Himmel so dunkel wie möglich. Und die Mitglieder des Terrorkommandos in der „Landshut" hoffentlich im Nachtmodus.

## Bonn

„Der höchste Grad der Einsamkeit ist die Gewissenseinsamkeit, die sich unendlich steigern kann; um sie zu ermessen, denke man an Grenzsituationen, in denen selbst der Nächste keinen Rat mehr geben kann, er kann nur bitten, beten und bedauern, wobei noch stets die Frage bleibt, ob er das Recht hat, es zu tun. Solche Grenzsituationen sind die der Helden; er ist ganz auf sich gestellt."[185]

Helmut Schmidt hat mutmaßlich nie Schriften des Philosophen Hans Richtscheid gelesen. Gleichwohl könnten diese Zeilen ihm, dem deutschen Bundeskanzler, an diesem Sonntag aus der Seele sprechen als treffende Beschreibung seiner Situation.

Weit südlicher von Bonn, in Stuttgart, sinnt ein evangelischer Pfarrer über die geistige Dimension dieses Tages nach. Einem Tag, der in welcher Weise auch immer, in Freud oder Leid, Geschichte schreiben würde. Und wenn nicht dieser, dann der nächste oder übernächste.

Von Jörg Zink als dem „Fernsehpfarrer" war schon die Rede. Er sprach das „Wort zum Sonntag", als die „Landshut" schon ein paar Tage in der Gewalt palästinensischer Entführer war. Tröstete die Westdeutschen in ihrem Hoffen und Bangen auf einen guten Ausgang.

---

[185] Hans Richtscheid: Existenz in dieser Zeit. C. H. Beck München 1965, S. 69.

Nachdem das Bundeskanzleramt besagtes „Wort zum Sonntag" angefordert hat, bekam es die veröffentlichte Fassung übermittelt. Jörg Zink möchte Helmut Schmidt jetzt den tatsächlich gehaltenen Wortlaut schicken mitsamt einem Begleitbrief. Darin dankt er Helmut Schmidt für seine „konzentrierte, ruhige und konsequente Führung in den letzten Wochen".[186] Und bittet ihn, „diesen klaren Kurs unbeirrt beizubehalten".[187] Zinks Botschaft ist eine doppelte. Da hält sich jemand für berufen, den Bundeskanzler geistlich zu stärken. Und weiß zugleich, dass es der Mann nötig haben könnte.

Der Pfarrer schreibt, „als Golda Meir (zwischen 1969 und 1974 israelische Ministerpräsidentin, Anm. M. R.) seinerzeit von Entführung durch die PLO bedroht war, erklärte sie in der Knesset: ‚Wenn sie mich fassen, dann vergesst mich.' (…) Sie wurde nie entführt."[188] Zink weiter: „Ich gäbe viel darum, wenn unter den führenden Männern unseres Staates sich einer hinstellte und erklärte: ‚Ich will, wenn ich entführt werde, nicht ausgetauscht werden. Der Staat ist mehr als meine Person.'" Wer den demokratischen Rechtsstaat über das eigene Leben stellt, kann nicht zum Faustpfand von Terroristen werden.

Helmut Schmidt fühlt sich verstanden. Beim Lesen des Briefes unterstreicht er das Wort „unbeirrt" mit seinem grünen Filzstift. Grün steht für die Farbe des Chefs. Er antwortet Pfarrer Jörg Zink persönlich und ohne Umschweife. „Für den Fall, dass ich das Opfer einer Geiselnahme würde, würde ich von den Verantwortlichen erwarten, dass sie die erforderlichen Entscheidungen ohne Rücksicht auf meine Person treffen." Er habe erwogen, dies auch öffentlich zu sagen, diesen Gedanken aber bisher verworfen – unter anderem aus Sorge, missverstanden zu werden.

„Wer (…) öffentlich erklären würde, im Falle einer Entführung nicht ausgetauscht werden zu wollen, würde sich der Missdeutung aussetzen, es gehe ihm in Wahrheit um eine nicht angemessene Publizität. Gewiss müsste gerade der Bundeskanzler mit einem solchen Missverständnis rechnen."[189]

---

[186] Brief von Pfarrer Dr. Jörg Zink an Herrn Bundeskanzler Helmut Schmidt vom 17. Oktober 1977, in: OTB 13-211 20 (2), Beiakte OTB, Bd. 7, S. 295.
[187] Ebd.
[188] Israelische Ministerpräsidentin vom 17. März 1969 bis 3. Juni 1974.
[189] Brief von Helmut Schmidt an Pfarrer Jörg Zink vom 7. November 1977, in: OTB 13-211 20 (2), Beiakte OTB, Bd. 7, S. 300.

Ein seltener Augenblick, da Helmut Schmidt Einblick in seine persönlichsten Gedanken gibt.

Am Montag, 17. Oktober 1977, wird ein anderer Pfarrer im Bundeskanzleramt vorstellig: Helmut Frenz, international bekannter Menschenrechtsaktivist und Generalsekretär der Amnesty International Sektion der Bundesrepublik Deutschland, bekommt eine Viertelstunde Gesprächszeit.[190] Ein Referent, Dr. Kern, macht sich dabei Notizen. Er, Pfarrer Frenz, sei mit Hans-Heinz Heldmann, dem Anwalt von Andreas Baader, persönlich bekannt. Der Anwalt habe ihn gebeten, zwischen den Anwälten der RAF-Terroristen in Stuttgart-Stammheim und Bundesjustizminister Hans-Jochen Vogel zu vermitteln. Außer Hans-Heinz Heldmann handelt es sich um Otto Schily (Verteidiger von Gudrun Ensslin), Karl-Heinz Weidenhammer (Verteidiger von Jan-Carl Raspe) und Jutta Bahr-Jendgens (Verteidigerin Irmgard Möller).

Pfarrer Helmut Frenz darf selbst ein paar Zeilen diktieren, um seine Bitte möglichst authentisch vorzutragen. „Angesichts des Mordes an dem Flugkapitän Schumann in Mogadischu (…) wollten die Strafverteidigerin und die drei Strafverteidiger mit ihren Mandaten so schnell wie möglich ein Gespräch führen in der Absicht, sie zu einem Schritt zu bewegen, der den Morden in der Lufthansamaschine ein Ende bereiten könnte."[191]

Er, Pfarrer Frenz, habe mit der Kollegin und den Kollegen ein Gespräch geführt. Darin habe sich nach dem Tod des Flugkapitäns die Überzeugung gebildet, „zum Abbruch der Geiselnahme beitragen zu müssen".[192] Er und die von ihm genannten Verteidiger, heißt es in dem Gesprächsprotokoll weiter, „glaubten ihre Mandanten dahin beeinflussen zu können, dass sie das Ausfliegen ablehnen". Falls die Terroristen, das Ansinnen wider Erwarten ablehnen sollten, wären die Verteidiger gewillt, die „letzten Konsequenzen" zu ziehen. Was wohl heißen soll: Niederlegung der Mandate. Sie bitten den Bundesjustizminister über Pfarrer

---

[190] Vgl. Notiz Herrn Chef BK. Betr.: Vorsprache von Herrn Pfarrer Helmut Frenz, Generalsekretär Amnesty International am 17.10.1977 von 17.30 Uhr bis 17.45 Uhr. AL1, in: Archiv BK 13-211 20 (2), Beiakte OTB, Bd. 6, S. 473 f.
[191] Nach Diktat von Herrn Pfarrer Frenz (Generalsekretär von Amnesty International) am 7.10.1977, 17.30 Uhr, o. A., in: ebd., S. 475.
[192] Gesprächsnotiz vom 17. Oktober. AL II, in: OTB, S. 473.

Frenz, dass er die Kontaktsperre zwischen Verteidigern und Mandanten „für dieses eine Gespräch" aufhebt.

Staatssekretär Manfred Schüler bekommt die Notiz um 18 Uhr gereicht. Kurz nach 18 Uhr hat er sie schon Hans-Jochen Vogel weitergegeben. Der Bundesjustizminister sagt zu, ein Ministerialdirektor seines Hauses werde sich mit Pfarrer Frenz treffen.

Es wäre müßig, über die Erfolgschancen dieser Initiative zu spekulieren. Sie sei erwähnt, weil sie die emotionale Zuspitzung an diesem Wochenende illustriert. Bevölkerung, Polizei, politische Entscheider, die Familien von Hanns Martin Schleyer und der „Landshut"-Geiseln, ihre Entführer und auch die RAF-Terroristen mitsamt ihren Verteidigern spüren: Der Showdown ist nah.

Der Deutsche Herbst vor dem Showdown. Die Politiker der Generation Helmut Schmidt, der sogenannten Kriegsgeneration, schreiben keine Tagebücher. Sie behalten ihre Gefühle für sich. Sperren sie in Abstellkammern ihrer Herzen. „Das Reden über Emotionen wie Angst oder Unsicherheit war nicht vorgesehen, da es als Zeichen von Schwäche oder Beeinflussbarkeit gedeutet werden konnte."[193]

Helmut Schmidt liest im Deutschen Herbst viel. Erklärungen der großen Kirchen und Artikel zur geistigen Situation der Zeit. Dabei hat er immer einen grünen Filzstift in der Hand. Damit unterstreicht er Sätze und macht Randbemerkungen.

Manche dieser „zerlesenen" Texte – etwa die Erklärung der Vollversammlung der Deutschen Bischofskonferenz zum Terrorismus vom 21. September 1977 oder ein Artikel in der „Zeit" – gelangen in die Archive. Immer wieder weist der Bundeskanzler seine Mitarbeiter an, Passagen daraus an seine Redenschreiber zu geben für eine künftige Verwendung. Helmut Schmidt bezeichnet sich nicht als frommen Christen, sucht aber regelmäßig den Austausch mit evangelischen Geistlichen. Auch Frauen und Männer in der Spitzenpolitik haben das Bedürfnis, sich ihrer ethischen Maßstäbe zu versichern. Und ihr Handeln bestätigt zu bekommen.

Bis jetzt hat der Bundeskanzler keine seiner Entscheidungen im Deutschen Herbst allein getroffen. Alles in der Kleinen Lage, im Großen

---

[193] Maren Richter: Leben im Ausnahmezustand, S. 246.

politischen Beratungskreis und im Kabinett diskutieren und absegnen lassen. Schneidig entschlossen als einsamer Lotse des Regierungsschiffes wirkt der Mann nur bei Erklärungen im Deutschen Bundestag oder bei Fernsehansprachen. Dann ist Helmut Schmidt der Staatsschauspieler, wie die alte Bundesrepublik keinen zweiten hat.

An diesem Abend allerdings, vor dem Showdown in Mogadischu, liegt die Verantwortung allein bei ihm. Und das unter strapaziösen Bedingungen. Jemand wird später ausrechnen, dass Helmut Schmidt in den fünf Nächten von der Entführung der „Landshut" bis zur Aktion „Feuerzauber" bestenfalls zwölf Stunden geschlafen hat.[194]

Nur der Bundeskanzler kann den Sturm befehlen. Er tut es in einem Telefongespräch mit GSG9-Kommandant Ulrich Wegener am Nachmittag oder Abend des 17. Oktober 1977, der genaue Zeitpunkt ist nicht bekannt. Vielleicht bei einem der beiden Male, als er die Gesprächsrunde mit den Intellektuellen verlässt.

Das Gespräch zwischen den beiden Herren verläuft militärisch kurz. Zwischen ihnen stimmt die „Chemie", denn auch Wegener hat wie Schmidt das „Stahlbad" des Weltkriegs erlebt, er war mit 15 Jahren eingezogen worden. Helmut Schmidt fragt Ulrich Wegener, zu wie viel Prozent er an einen Erfolg der Aktion glaube. Zu 100 %, gibt der Kommandeur sinngemäß zurück. Die Antwort stellt den Bundeskanzler zufrieden. Er gibt sein Okay.

Die Art und Weise, wie Helmut Schmidt diese Entscheidung trifft, kennzeichnet ihn als Anhänger des Kritischen Rationalismus, den der österreichische Philosoph Karl Popper begründet hat. Popper empfiehlt, dass Politik nicht wünschbare Szenarien, Visionen, umsetzen soll, sondern Risiken, Gefahren im Alltag minimiert. Nicht blind voranstürmen, sondern einen Schritt nach dem anderen gehen. Die Aktion „Feuerzauber" ist ein hoch riskantes Unterfangen. Allerdings gut vorbereitet und mit theoretisch hohen Erfolgsaussichten. Alles kann schiefgehen. Überhaupt nichts muss schiefgehen.

---

[194] Vgl. Kaiser 1977.

Kurz vor seinem Tod wird Helmut Schmidt bekennen, er habe zu jeweils 50 % an ein Gelingen bzw. ein Scheitern geglaubt.[195] Und dass die Tragik der Ereignisse ihn auf jeden Fall mit Schuld belasten würde.

Helmut Schmidt nennt in diesem Interview auch sein Motiv dafür, dass er den Mitgliedern des Großen politischen Beratungskreises vor der Aktion nicht „frei gibt", sondern zusammenbleiben lässt bis zum Ende des „Feuerzaubers". Niemand soll im Fall eines Scheiterns eine Erklärung verbreiten, in der die Schuld auf andere geschoben wird. Vor allem nicht auf ihn, den Bundeskanzler. Die Mitstreiter „einnorden" lautet der landläufige Begriff dafür.

Helmut Schmidts Entscheidung zum Sturm der Maschine ist genau genommen eine doppelte. Ihr wohnt eine Härte inne, auf die jüngst der Historiker Helmut Stubbe da Luz hingewiesen hat. Der Bundeskanzler schickt damit faktisch Arbeitgeberpräsident Hanns Martin Schleyer in unmittelbare Todesgefahr. Denn Schleyers Entführer werden mit der Befreiungsaktion endgültig Gewissheit darüber erlangen, dass ihre inhaftierten Genossen nicht freikommen. Darüber hinaus setzt Helmut Schmidt das Leben der GSG9-Leute und aller Geiseln in der „Landshut" aufs Spiel.

„88 Personen sind wichtiger als eine", sagte der Bundeskanzler in Dubai zu Hans-Jürgen Wischnewski am Telefon. Der Satz ist erst halb fertig. Vollständig muss er lauten: „88 Personen sind wichtiger als eine und 61,35 Mio. Deutsche wichtiger als 88."

Helmut Schmidt weiß, was er tut. Er wird später beteuern, dass er nach einer größeren Zahl von toten „Landshut"-Geiseln – zehn? 20? – von seinem Amt zurückgetreten wäre. Das klingt nobel. Verantwortungsvoll. Gleichwohl hat bis heute niemand das vermeintliche Rücktrittsschreiben, das sich an diesem Sonntagabend in Schmidts Jackettasche (nach anderen Darstellungen in einer Schreibtischschublade im Bundeskanzleramt) befunden haben soll, gesehen.

„Helmut Schmidt wäre zurückgetreten", wird sich der CSU-Politiker Friedrich Zimmermann in der persönlichen Rückschau sicher sein.[196] Auch Hans-Jochen Vogel wird später berichten, dass der Rücktritt des

---

[195] Vgl. Stubbe da Luz 2022, S. 198.
[196] Vgl. Zimmermann/Hauser, S. 5.

Bundeskanzlers seit der „Landshut"-Entführung ein Thema war.[197] Zimmermann und Vogel können, müssen es aber nicht wissen.

Alea iacta est. Der Chef des Bundeskriminalamts, Horst Herold, wird später von der Atmosphäre dieses Abends in einem Sitzungszimmer des Bonner Bundeskanzleramts erzählen. „Man konnte nichts mehr tun, die Dinge bewegten sich von selbst voran. Der eine trank Kaffee. Helmut Schmidt spielte mit dem Klose (Erster Bürgermeister von Hamburg und Parteifreund, Anmerkung M. R.) Schach, beide gelangweilt und nicht am Spiel interessiert. Und dann gab der Schmidt auf und setzte sich zu mir und fragte: „Sagen sie mal, wie leben denn die eigentlich in den Zellen?" Und da musste ich ihm sagen: „Herr Bundeskanzler, ich habe noch nie eine Zelle gesehen. Ich kenne selbst das Stuttgarter Gefängnis nicht.""[198]

Erstmals in einer Sitzung des Großen politischen Beratungskreises gibt es nicht nur Kaffee, Wasser und Säfte, sondern Alkohol. „Ich habe in der Nacht ziemlich viel getrunken", wird sich Friedrich Zimmermann im Gespräch mit Dorothea Hauser erinnern, „aber das hat mich trotzdem in Stand versetzt, noch um zwei in der Frühe exakt zu formulieren."[199] Friedrich Zimmermann gehört zu den Verfassern einer gemeinsamen Presseerklärung von Bundesregierung, Opposition und den Ministerpräsidenten der „Haftländer". Klaus Bölling trägt sie nach der glücklichen „Landshut"-Befreiung vor.

Die ehemaligen Wehrmachtssoldaten erleben wie gehört Flashbacks. Helmut Schmidt und Friedrich Zimmermann spielen „Präsentiert das Gewehr!"[200] Mutmaßlich ist es ein Ventil für die innere Anspannung. Für die Sorge um die entführten Menschen in der „Landshut". Alle wissen, der „Krieg" würde mit dieser „Schlacht" entschieden. Ohne ihr persönliches Zutun. Der Ausgang würde politische Folgen haben für sie selbst.

---

[197] Vgl. Vogel/Hauser, S. 35.

[198] Herold/Hauser, S. 63. Gemeint sind die Zellen der RAF-Terroristen in der Justizvollzugsanstalt Stuttgart-Stammheim.

[199] Zimmermann/Hauser, S. 3. Gemeint ist die gemeinsame Erklärung von Bundesregierung und den Regierungen der Länder, in denen einsitzende RAF-Terroristinnen und -Terroristen freigepresst werden sollten. Regierungssprecher Klaus Bölling verliest diese Erklärung in einer nächtlichen Pressekonferenz kurz nach der erfolgreichen Befreiung der „Landshut"-Geiseln in Mogadischu.

[200] Vgl. Stubbe da Luz 2022, S. 194.

Auch GSG9-Kommandant Ulrich Wegener weiß an diesem Abend, dass es um alles oder nichts geht. Um die Zukunft seiner Truppe. Politiker dachten vor dem Deutschen Herbst halblaut über eine Auflösung seiner teuren Einheit nach. Ulrich Wegener weiß, mit einem Erfolg in dieser Nacht verstummt die Debatte. Und dass die GSG9 bei einem Misserfolg „noch in derselben Nacht"[201] aufgelöst würde.

Am frühen Abend ruft Rüdiger von Wechmar, Deutscher Botschafter bei den Vereinten Nationen in New York, im Bundeskanzleramt an. In der Telefonnotiz heißt es, „Nachrichtenagentur AP bringe soeben Meldung eines israelischen Journalisten aus Mogadischu, der Landeanflug einer Boing 707 mit abgedunkelten Lichtern auf der Landebahn des Flugplatzes *Mogadiscio* beobachtet habe und der zuvor schon Funkverkehr dieser Maschine abgehört habe (…)."

Tatsächlich hat ein Funkamateur in Tel Aviv den Sprechfunk des Towers mitgehört. Euphorisiert von seinem Coup, informiert er das israelische Fernsehen, eine nicht identifizierbare Maschine sei ohne Lichter auf dem Flughafen von Mogadischu gelandet. Es handle sich möglicherweise um eine Sonderkommandoeinheit.[202] Die im Fernsehen verlesene Nachricht sieht ein Mitarbeiter der Nachrichtenagentur agence-france-presse und schickt ein Fernschreiben an die Pariser Zentrale. So nimmt die Meldung über Rundfunkstationen und Nachrichtenagenturen in Europa ihren Lauf.

Regierungssprecher Klaus Bölling legt Helmut Schmidt ein Andruckexemplar der Tageszeitung „Die Welt" vom 18. Oktober 1977 vor mit einem Leitartikel, wonach die somalische Regierung einen Angriff durch deutsche Kräfte abgelehnt haben soll.[203] Der Bundeskanzler ist alarmiert. Die Indiskretion kann die Aktion im letzten Moment gefährden! Hans-Jürgen Wischnewski wird schon einmal vorgewarnt. Für den Fall, dass der somalische Präsident „umfällt", vereinbaren der Staatsminister und GSG9-Kommandeur Ulrich Wegner, die Maschine ohne Billigung der Somalis zu stürmen.[204]

---

[201] Wegener 2012.
[202] Presse- und Informationsamt der Bundesregierung, S. 113.
[203] Vgl. Vermerk Referat 131 vom 27. Oktober 1977. Betreff: Entführungsfall Schleyer. Bezug: Gestrige Kabinettssitzung, in: OTB 12-211 20 (2), Bd. 4, S. 288.
[204] Vgl. Holger Schmidt 2016.

Helmut Schmidt ruft bei der „Welt" an und wird mit dem diensthabenden Redakteur Wilfried Hertz-Eichenrode, zugleich Autor des Leitartikels, verbunden. Der Bundeskanzler stößt Drohungen und Verwünschungen aus, die er später nicht mehr zitieren will. Der Journalist reagiert rasch. „Wenn wir noch etwas machen wollen, dann müssen wir unser Gespräch jetzt beenden." Wilfried Hertz-Eichenrode blickt in die Runde seiner Kolleginnen und Kollegen: „Wie viel Geld haben wir dabei?" Einige von ihnen klappern persönlich per Taxi die Bahnhofskioske ab, wo bereits die Abendausgabe der „Welt" ausliegt. Sie kaufen die Exemplare zurück. Gleichzeitig wird der Andruck späterer Ausgaben gestoppt und Hertz-Eichenrodes Leitartikel durch einen anderen Text ersetzt.

Wilfried Hertz-Eichenrode wird die von Helmut Schmidt verbreitete Darstellung, der Bundeskanzler habe ihm gegenüber Drohungen und Verwünschungen ausgesprochen, zeitlebens eine Legende nennen. Helmut Schmidt wiederum pocht auf die eigene persönliche Erinnerung. Um nicht in den Ruf zu kommen, an diesem Abend gegen die Pressefreiheit verstoßen zu haben, lässt er seine Version der Ereignisse in das Protokoll der nächsten Kabinettssitzung aufnehmen.[205]

## Mogadischu

Hans-Jürgen Wischnewski tut an diesem Abend etwas, „das ich nicht so oft tue".[206] Er verzieht sich auf dem Flughafengelände in eine stille Ecke und betet. „Weil ich mir gesagt habe, dass ich alles gemacht habe, was hier zu machen ist in Bezug auf die Vorbereitung, aber das Risiko ist so groß. Wenn da nicht noch jemand anderes mithilft, ist die Gefahr sehr groß."[207]

Ob Kommandeur Ulrich Wegener betet, ist nicht überliefert. Er und seine Männer müssen jetzt ran. Sie haben sich fast fünf Jahre auf diese Feuertaufe vorbereitet. Die Stimmung ist konzentriert, aber nicht ange-

---

[205] Hildebrandt 1977, S. 2.
[206] Wischnewski/Hauser, S. 53.
[207] Ebd.

spannt. Die Deutsche Lufthansa hat ihnen Kopien der Flugtickets zukommen lassen. Deshalb wissen sie, welche Geiseln auf welchen Plätzen sitzen. (Dass die Entführer Passagiere immer wieder umgesetzt haben, können sie nicht wissen.) Bei der Einsatzplanung erweist sich die Tür, wo vermeintlich die „Schönheitsköniginnen" sitzen, als besonders begehrt. Konkurrenz unter Männern herrscht auch vor einem gefährlichen Einsatz wie diesem.

Im Kopf gehen die GSG9-Leute die Abläufe noch einmal durch. Das Risiko, das sie eingehen, ist ihnen voll bewusst. Die Operation spielt sich mit ganz vielen Menschen auf ganz wenig Raum ab. Das Verhalten von Geiseln und Entführern ist nicht vorhersehbar. Eine Geisel, die sich nicht rechtzeitig duckt, kann im Kugelhagel umkommen wie bei früheren Befreiungsaktionen – etwa in einem 1977 von Molukkern entführten Zug. Von dieser Entführung wird noch die Rede sein.

Zugleich wissen Wegeners Leute um ihre hervorragende Ausbildung. Und dass sie zur GSG9 gegangen sind für solche Einsätze. Die GSG9 versteht sich als Eliteeinheit. Das wollen und müssen ihre Angehörigen jetzt unter Beweis stellen.

Kurz vor Mitternacht beziehen Aufklärungstrupps und Präzisionsschützen der GSG9 Position rund um die Maschine. In einiger Entfernung, um von den Terroristen nicht gesehen zu werden. Zugleich nah genug, um im Fall der Fälle rasch das Flugzeug zu erreichen.

Die GSG9-Einsatzkräfte für den Sturm schleichen sich an die „Landshut" heran. Ohne Deckung. Nur geschützt durch die nächtliche Dunkelheit. Alle Einsatzkräfte stehen per Funk miteinander in Verbindung. Der Funkverkehr wird aufgezeichnet. Zwei GSG9-Leute fotografieren bzw. filmen den Einsatz.

Wegeners Leute machen sich, eingeteilt in sechs Gruppen, auf den Weg. Jede Gruppe soll jeweils eine Tür erreichen. Die zwei Türen vorne und hinten sowie zwei Notausstiege in Höhe der Tragflächen. Die Trupps tragen die Kennungen 310, 320, 330, 340, 350, 360.

Es gelingt ihnen, unbemerkt an die Maschine zu kommen. Die sechs Leitern werden so leise wie möglich an den Türen platziert. Co-Pilot Jürgen Vietor, der bis gerade in einem vorderen Sitz der Maschine gedöst hat, hört Geräusche an der Außenwand des Flugzeugs. Seine Intuition sagt ihm, dass er einen Platz weiter hinten aufsuchen soll.

Ulrich Wegener sieht Jürgen Vietor aufstehen und wartet, bis der Co-Pilot seinen neuen Platz eingenommen hat Es kann losgehen. Somalis entzünden in einiger Entfernung ein Feuer – ein Ablenkungsmanöver für die Entführer. Irritiert laufen alle nach vorn und schauen nach draußen.

Jetzt zünden die britischen Spezialkräfte ihre Blendgranaten, was die Entführer für Sekunden schachmatt setzt. Wegeners Leute sprengen die Türen auf. Jeder Trupp – im Trupp wiederum jeder Mann – hat eine eigene Zone, in der er sich bewegen darf. Der Innenraum der „Landshut" ist eingeteilt in sogenannte Eindringabschnitte und Sicherungspositionen. Ein Teil der Kameraden macht Jagd auf die Terroristen, ein anderer Teil gibt ihnen Deckung. Kein GSG9-Mann soll von einer Kugel der eigenen Leute getroffen werden.

Dieter Fox zählt zu den ersten von Wegeners Leuten in der Maschine. Er ruft „Köpfe runter! Wo sind die Schweine?" „Vorne im Cockpit!", antwortet ihm die Geisel Birgitt Röhll von der letzten Sitzreihe aus. Dieter Fox und Co. eröffnen das Feuer. Wer jetzt noch steht, ist eine Terroristin bzw. ein Terrorist.

Fast alles klappt wie am Schnürchen, nur die vordere Tür rechts springt nicht auf. Sie gibt nur einen Spalt frei wegen des aufgestapelten Handgepäcks. Eine Terroristin, die „Dicke", feuert Schüsse durch den Spalt. Eine Kugel trifft den GSG9-Mann, der auf dem Flugfeld die Leiter hält – Halsdurchschuss. Er wird von einem Kameraden in Sicherheit gebracht und medizinisch versorgt. Die weiteren Angehörigen des Trupps springen die Leiter hinab, unterqueren das Flugzeug und stürmen durch die Tür gegenüber in ihre Zone.

Ein heftiges Feuergefecht tobt zwischen Wegeners Leuten und den Terroristen. Wegener und Co. schießen sich den Gang entlang vor zum Cockpit, wie sie es vielfach geübt haben. Von Kugeln durchsiebt, bricht „Captain Machmud" im Cockpit zusammen und fällt auf die Gashebel. Eine Terroristin hat sich auf der vorderen Toilette eingeschlossen, die GSG9-Leute durchsieben die Tür. Auch der zweite Terrorist wird tödlich getroffen. Die zweite Terroristin erleidet schwere Verletzungen.

Nach sieben Minuten ist der „Feuerzauber" vorbei.

Einige „Landshut"-Passagiere haben es nicht so eilig mit ihrer Rettung – trotz des Sprengstoffs und dem ausgeschütteten, leicht entzündlichen Alkohol. Sie rennen in die First Class und durchwühlen das aufgestapelte Gepäck, um ihre Taschen bzw. Wertsachen zu suchen. Nachdem eine Frau ihre Handtasche findet, wühlt sie weiter. Nach einer Strohtasche mit Gemüse.

Die befreiten Geiseln werden von den GSG9-Leuten zu einer Sandkuhle in sicherer Entfernung vom Flugzeug geleitet. Dorthin kommt auch ein Wagen mit einem Wassertank im Schlepptau.

Um 00.17 Uhr deutscher Zeit gibt Kommandeur Ulrich Wegener das Codewort „Springtime" (Einsatzende) per Funk an seine Leute durch. Er informiert Staatsminister Hans-Jürgen Wischnewski.[208]

„90 Geiseln befreit,
drei Geiseln leicht verletzt,
drei Terroristen getötet,
eine Terroristin schwer verletzt,
ein Angehöriger der GSG9 durch Halsdurchschuss leicht verletzt,
Auftrag ausgeführt."

Dass alle Geiseln und Befreier den „Feuerzauber" überleben, kommt einem Wunder gleich. Ulrich Wegeners Männer hatten beim Sturm eine Schutzweste zu wenig. Ulrich Wegener überlässt seine einem Kameraden, der von einer Kugel getroffen wird. Die Weste besteht aus 16 Stofflagen, die Kugel durchdringt 14 von ihnen.

Technische Spezialisten der GSG9 gehen in die Maschine, um die Sprengkörper, falls nötig, unbrauchbar zu machen. Danach dürfen Fotografen des Bundeskriminalamts in die „Landshut" zur Beweissicherung. Sie dokumentieren den schrecklichen Zustand der Maschine. Die heillose Unordnung. Überall Müll. Zu ihren Bildmotiven gehört auch „Captain Machmud", der schwer verletzt auf den Gashebeln liegt.

Der Terroristenführer wird aus der Maschine getragen und auf das Flugfeld gelegt. Dort verblutet er. Beamte des Bundeskriminalamts fotografieren die Leiche. Ein erlegter Hirsch nach der Jagd. Das Motiv kommt auf den Titel der nächsten „Stern"-Ausgabe. Die ehemalige „Landshut"-Geisel Jutta Knauff (vormals Brod) wird ein Exemplar des Heftes jahrzehntelang aufbewahren.

---

[208] Herzog 2022, S. 216 f.

Im Flughafengebäude kümmern sich fünf italienische Ärzte um die völlig erschöpften Geiseln. Viele von ihnen sind zu schwach, um noch zu stehen. Sie liegen auf dem Boden und bekommen Getränke gereicht. Unruhe kommt auf, als Ersthelfer die schwer verletzte Terroristin Souhaila Andrawes hereintragen.

Als Souhaila Andrawes einen Kameramann filmen sieht, hebt sie einen Arm zum Victory-Zeichen. Sie ruft in ihrer Sprache „Tötet mich, wir werden siegen!" Dann erstickt ihre Stimme, sie verliert das Bewusstsein.

Der Kameramann gehört zum Team von ARD-Korrespondent Kurt Stenzel. Er sammelt O-Töne (fernsehsprachlich für Originaltöne). Jutta Brod (ehem. Knauff), die Gewinnerin des Schönheitswettbewerbs im „Graf Zeppelin", sagt in die Kamera: „Ich hätte nie gedacht, dass ein Mensch so viel aushalten kann."

Jürgen Vietor hat an den fünf Entführungstagen ohne Schlaf fast vier Kilo Gewicht verloren. In der Flughafenhalle ist er zunächst zum Scherzen aufgelegt. Mit Gabriele von Lutzau (ehem. Dillmann), die von einer Handgranate am Fuß verletzt wurde, witzelt er: „Wenn das eine Handgranate war, muss sie von Woolworth (eine niedrigpreisige Kaufhauskette mit Filialen in Westdeutschland, Anmerkung M. R.) gewesen sein." Als er von der falschen Todesnachricht an seine Frau erfährt, kippt er fast um. Ein Arzt spritzt ihm ein Kreislaufmittel.

Später kehrt Jürgen Vietor noch einmal in die Maschine zurück. Außer den Kilos hat er auch seine „Haare" verloren, das Toupet. In den Wirren des „Feuerzaubers" blieb es im Cockpit zurück. Vietor greift auch nach dem Schlüsselbund in seinem Jackett, das im Cockpit hängt. Er braucht ihn, um sein Auto am Frankfurter Flughafen abzuholen. Gerade noch in Todesangst, kehren die trivialen Themen des Lebens zurück.

Auch die befreite Geisel Dieter Coldewey muss noch einmal in die „Landshut". Seine achtjährige Tochter Gaby hat in der „Landshut" ihre Stoffpuppe vergessen. Die Puppe, die sie immer mit sich trägt und während der Entführung an ihre Brust drückte. Ihr Vater findet sie zum Glück. Dabei trifft er auf einen Hund, der in der Maschine geblieben war. Dieter Coldewey bringt ihn zur Sandkuhle, wo ihn seine Besitzerin dankbar in die Arme schließt.

Nach ihrer glücklichen Befreiung aus der „Landshut" wird Gaby Coldewey jahrzehntelang mit der Stoffpuppe unterm Kopfkissen schlafen.

Zu ihrer beruflichen Biografie wird ein Interviewprojekt mit Überlebenden des Holocaust gehören.

Die Geisel Brigitte Paul verbindet mit ihrer Rettung ein anderes Bild. „Nach der glücklichen Befreiung", wird die ehemalige Geisel Brigitte Paul (vormals Pittelkow) Jahrzehnte später schreiben, „bleiben neben allem anderen in Erinnerung: der tropische Sternenhimmel über dem nächtlichen Flughafen von Mogadischu und das Wiedersehen mit Kind, Eltern und Schwester in Deutschland."[209]

## Bonn

Hans-Jürgen Wischnewski ruft im Bundeskanzleramt an. Helmut Schmidt wird in sein Büro gerufen.

„Schmidt hier! – Schmidt hier! Ich höre!"
„Hallo!"
„Sprich langsam und laut, bitte!"
„Das Flugzeug ist geknackt!"
„Nicht verstanden."
„Die Arbeit ... die Arbeit ist erledigt. Drei tote Terroristen."
„Drei tote Terroristen."
„Ein GSG9-Mann verwundet."
„Nicht verstanden."
„Ein GSG9-Mann verwundet."
„Einer."
„Ein ... ein GSG9-Mann verwundet."
„Sonst keine weiteren Kenntnisse."
„Sonst keine weiteren Kenntnisse."
„Warte noch ein paar Minuten. Jetzt fahren die Lastwagen."
„Jawohl, jetzt fahren die Kraftwagen (…)"
„Und dann werden die Leute erst rausgeholt."
„Ich gebe zurück, Hans-Jürgen. Ich kann Dich kaum verstehen."

---

[209] Brigitte Paul (vormals Pittelkow): Der tropische Sternenhimmel über Mogadischu. Bericht für ein Geschichtsprojekt an der Ludgerusschule Heiden, 2002, in: Rupps 2012, S. 226.

Hans-Jürgen Wischnewski spricht mit Ulrich Wegener. Danach Ulrich Wegener mit Helmut Schmidt. Der Bundeskanzler scheint nicht zu glauben, was er aus dem technisch verzerrten Gespräch heraushört.

„Wie viele Tote, wie viele Verletzte?"

„Wir haben keine Verluste. Einer meiner Leute ist leicht verletzt, das ist alles. Bei den Terroristen hat eine Terroristin schwer verletzt überlebt, drei sind tot. Es hat alles sehr gut geklappt."

„Herr Oberst …"

„Ich verstehe, dass Sie das jetzt zu mir sagen. Aber ich bin doch Oberstleutnant."

„Das wird sich ändern."[210]

Wieder telefoniert Helmut Schmidt mit Hans-Jürgen Wischnewski. Es ist einfach zu schön, um wahr zu sein. Als ihm auch der Staatsminister bestätigt, dass es keine Verluste gab, kommen Helmut Schmidt die Tränen. Mit nassen Augen kehrt er in den Sitzungssaal zurück. Dort sagt er: „Das Werk ist vollbracht. Alle Geiseln sind befreit." Und umarmt seine Sekretärin Lieselotte Schmarsow.

Die Männer im Großen politischen Beratungskreis können es zunächst so wenig glauben wie der Bundeskanzler selbst. Als ehemalige Wehrmachtssoldaten und Spitzenpolitiker der Bundesrepublik Deutschland umarmen sie einander nicht, sondern gratulieren Helmut Schmidt mit einem Händedruck. Jetzt bloß keine unbotmäßigen Gefühle zeigen … wir sind doch Soldaten!

Wie gehört, tritt Regierungssprecher Klaus Bölling nach 1.00 Uhr morgens vor die Presse. Mit seinem Erscheinen im Saal der Pressekonferenz applaudieren ihm Journalistinnen und Journalisten – mutmaßlich ein einmaliger Fall in der Geschichte der alten Bundesrepublik. Bölling, wie Helmut Schmidt ein Meister der Selbstbeherrschung, kann diesmal ächzende Presslaute nicht unterdrücken, so erschöpft ist er. Danach trägt er die gemeinsame Erklärung von Bundesregierung, den Vorsitzenden der Bundestagsfraktionen und den Ministerpräsidenten der „Haftländer". Sie erweist, dass eine Freilassung der inhaftierten Terroristen zu keiner Zeit erwogen worden sei.

---

[210] Ebd., S. 217.

## Mogadischu

Tief in der Nacht heißt es für die Geiseln, ihre Befreier und Hans-Jürgen Wischnewskis Entourage, Mogadischu zu verlassen. Der Staatsminister musste dem somalischen Präsidenten Siad Barre versprechen, dass die Deutschen vor Sonnenaufgang verschwunden sind. Die De-facto-Verletzung der somalischen Souveränität verträgt kein Tageslicht.

Die verletzte Stewardess Gabriele von Lutzau (geb. Dillmann) kann in einem Krankenhaus von Mogadischu ambulant behandelt werden. Andere Geiseln nicht. Sie sind zu erschöpft für die Rückreise und müssen für ein paar Tage in einer Klinik bleiben, gemeinsam mit ihrer einzig überlebenden Entführerin. Radio und Fernsehen werden am Folgetag nicht erwähnen – mutmaßlich gar nicht bemerken –, dass Passagiere fehlen.

Hans-Jürgen Wischnewski verwendet einige Mühe darauf, die erschöpften Geiseln so kurz nach ihrer Befreiung wieder in ein Flugzeug zu setzen. In der Aufbruchshektik geht fast unter, dass die Reisepässe von Hans-Jürgen Wischnewskis Entourage einbehalten wurden. Der persönliche Referent des Staatsministers, Peter Kiewitt, erinnert sich gerade noch rechtzeitig daran. Auch an den silbernen Geldkoffer mit 100.000 DM, den er vorsorglich mit nach Mogadischu gebracht und im Tower abgestellt hat.

Zwei Maschinen mit den Deutschen heben um 5.10 Uhr mit Ziel Frankfurt am Main (die befreiten Geiseln) bzw. Köln-Wahn (Hans-Jürgen Wischnewskis Stab und die GSG9) ab. Jetzt übernehmen die Somalis die zurückgelassene „Landshut" wie zwischen Staatspräsident Siad Barre und Staatsminister Hans-Jürgen Wischnewski vereinbart. Heißt: Sie greifen in die Vollen. Plündern die Wertsachen in der Kabine, durchwühlen die Koffer im Gepäckraum.

Offenbar ist kein Kunstverständiger unter den Soldaten und Polizisten. Der Wandteppich von Pablo Picasso bleibt, wo er ist.

# Eine Nacht von Leben und Tod

Dienstag, 18. Oktober 1977, 00.58 Uhr. „Hier ist der Deutschlandfunk mit einer wichtigen Nachricht: Die von Terroristen in einer Lufthansa-Boeing entführten 86 Geiseln sind alle glücklich befreit worden."[1]

> „betr.: einsatz der gsg 9 in modagischu, hier: glueckwuensche der bevoelkerung
>
> 1. Am 18. 10., 01.00 uhr, kam ein karlsruher buerger nach bekanntwerden der erfolgsmeldung zum bverfg karlsruhe und umarmte dort die beiden sicherungsposten ds bgs. Er haendigte ihneneine flasche kognak aus, entfernte sich mit seinempkw und kam kurze zeit spieter mit seiner frau zurueck. Er uebergab weiterhin einen kasten bier. Um 0.15 uhr wurde durch eine frau ein blumenstrausz uebergeben.
> 2. 2. Am 18. 10., 08.20 uhr, wurde bei der bgs-wache in haar bei muenchen ein groszer blumenstrausz mit karte abgegeben. Wortlaut der karte: „dem bgs dank fuer den einsatz 17./18.10.77, 00.00 uhr, ein haaarer buerger.""[2]

---

[1] Zit. nach Herzog 2022, S. 224.
[2] Fernschreiben an 03 St. Augustin bgs (gsg9), in: BArch B106/371617.

---

Die Originalversion des Kapitels wurde revidiert. Ein Erratum ist verfügbar unter https://doi.org/10.1007/978-3-658-46730-2_14

Am Morgen läuten in der ganzen Republik die Kirchenglocken. Zeitungverlage lassen Extrablätter verteilen. Fremde Menschen, die von der geglückten Befreiung erfahren, fallen einander um den Hals. Kommentatoren in Presse und Rundfunk danken Gott für seinen Beistand. Suhrkamp-Verleger Siegfried Unseld wird von einem Taxifahrer in Brüssel für seinen „Präsidenten" – gemeint ist der Bundeskanzler – beglückwünscht.[3]

> „bundeskanzler schmidt bundeskanzleramt bonn
> *Von ganzem herzen ihnen allen ihren beteiligen mitarbeitern und stellen moechen wir auf diesem wege fuer unsere befreiung aus der hand der terroristen danken wir koennen es noch nicht fassen mit welchem mut und in welchem ausmass uns hilfe und anteilnahme zuteilwurde julia und dietrich filius*"[4]

An den folgenden Tagen gehen im Bundeskanzleramt, wie ein Mitarbeiter mit Stichtag 24. Oktober 1977 zählt oder zählen lässt, „etwa 2500 Briefe und etwa 1000 antwortfähige Telegramme (dazu nochmals etwa 2500 Telegramme ohne Absenderangabe)"[5] ein. Helmut Schmidt selbst redigiert den Text einer gedruckten Karte, mit der dem Gros der Briefschreiberinnen und -schreiber gedankt wird.

Prominente wie die Schauspielerin Romy Schneider und Staatschefs aus aller Welt wählen persönliche Worte, um Bundeskanzler Helmut Schmidt zu danken bzw. zu gratulieren. Der diplomatische Austausch mit gestanzten Sätzen ist für kurze Zeit ausgesetzt, weil das Gefühl echter Erleichterung allgemein. Die gelungene Aktion „Feuerzauber" der GSG9 ruft rund um den Globus Bewunderung hervor. Deutsche Tugenden eben. Gründliche Vorbereitung. Disziplin. Verantwortung.

„Mogadischu" setzt, so lautet der allgemeine Tenor, weltweit Maßstäbe im Kampf gegen den Terror. Polizeikräfte haben den direkten Kampf mit Terroristen gesucht. Auf ein paar Boeing-Quadratmetern. In einer kaputten Maschine. In einem Geballer mit vollem Risiko. Sie haben obsiegt.

---

[3] Bauer/Hacke 2006, S. 106.
[4] Ebd., B136/31588.
[5] Brief BK Referat 133 (Dr. Melzer) an Herrn Bundeskanzler vom 24. Oktober 1977, in: AdsD, 1/HSAA010018.

„Mogadischu" bedeutet nichts weniger als eine Zäsur im Kampf der westlichen Demokratien gegen ihre Feinde. Die Brutalität der „Roten Armee Fraktion" strahlte weit über die Bundesrepublik Deutschland aus. Mit „Mogadischu" gelingt zwar nicht der finale, aber ein historischer Schlag gegen sie.

Der mit Todesopfern belastete, gleichwohl glimpfliche Ausgang des „Deutschen Herbstes" setzt den politischen Streit in der Bundesrepublik Deutschland für kurze Zeit aus. Sogar der „Spiegel" schreibt ausnahmsweise nicht hämisch über die Bonner Politik und den Mann im bedeutendsten Amt. Auf dem Titel der Ausgabe nach „Mogadischu" befindet sich Bundeskanzler Helmut Schmidt, versehen mit einer schwarz-rot-goldenen Schärpe. Daneben der Text: „Nach Mogadischu: Der bewunderte Deutsche". Mutmaßlich das maximal mögliche Lob des Hamburger Nachrichtenmagazins gegenüber einem deutschen Bundeskanzler.

In der Nacht vom 17. auf den 18. Oktober werden alle 86 Geiseln und die vier Crew-Mitglieder der „Landshut" gerettet. Wenige Stunden später bringen sich drei der elf Terroristen, die durch Entführungen von Hanns Martin Schleyer und den Menschen der Lufthansa-Maschine „Landshut" freigepresst werden sollten, um: Die „Stammheimer" Gudrun Ensslin, Andreas Baader und Jan-Carl Raspe. Die ebenfalls in Stuttgart-Stammheim inhaftierte Irmgard Möller will ebenfalls Selbstmord begehen. Sie fügt sich mit einem Messer schwere, allerdings nicht tödliche Stichverletzungen zu.

Das Unerwartete, ja Unvorstellbare tritt ein. Bundeskanzler Helmut Schmidt rastet aus („Scheiße!"), als er von den Selbstmorden erfährt. Intuitiv erkennt er den politischen Schaden. Sogenannte Sympathisanten werden öffentlich Zweifel äußern, dass es Selbstmorde waren. Sie werden den Staat für den Tod von Baader und Co. verantwortlich machen.

Sofort beschäftigt Westdeutschland die Frage, wie es zu dem Unerwarteten kommen konnte. In der Folgezeit kommt eine beispiellose Schludrigkeit im Umgang mit den Terroristen in der JVA Stuttgart-Stammheim ans Licht. Trotz regelmäßiger Durchsuchungen ihrer Zellen blieb eine Pistole in einem Plattenspieler und eine im Hohlraum einer Wand unentdeckt. Baader und Raspe, Häftlinge im sogenannten Hochsicherheitstrakt des mutmaßlich modernsten westdeutschen Gefängnisbaus, hatten Waffen und Munition![6]

Noch schlimmer, sie haben offenbar Radio gehört und miteinander kommuniziert. Der zeitliche Zusammenhang zwischen den Selbstmorden von Stuttgart-Stammheim und der glücklichen Befreiung der „Landshut"-Geiseln liegt auf der Hand. Unter den Verantwortlichen in Stuttgart-Stammheim herrschte – siehe die Telefonprotokolle des Anstaltsleiters mit dem Chef Bundeskanzleramt und dem Generalbundesanwalt – eine folgenschwere Arglosigkeit. Baader und Co. wurden in ihrer politischen Gefährlichkeit unterschätzt und auch darin, wie weit sie gehen würden für einen zweifelhaften Platz in den Geschichtsbüchern.

Am Tag nach dem „Feuerzauber" und den Stammheimer Selbstmorden hat Arbeitgeberpräsident Hanns Martin Schleyer als politisches Faustpfand ausgedient. Seine Entführer könnten ihn laufen lassen. Sein Schicksal hat keine Bedeutung mehr für die gescheiterte „Offensive 77".

Am Abend nach dem glücklichen Sturm der „Landshut" appelliert Bundespräsident Walter Scheel in einer Fernsehansprache an die Entführer. „Geben Sie Hanns Martin Schleyer frei." Die Eindringlichkeit seines Appells wird in die kollektive Erinnerung vieler Westdeutscher eingehen.

Der Bundespräsident erinnert im Fernsehen an die ewige Gültigkeit der Grundwerte in der Bundesrepublik Deutschland. Zugleich äußert er ein gewisses Verständnis gegenüber den Motiven von Hanns Martin Schleyers Entführern, die mutmaßlich auf einen falschen Lebensweg abgebogen sind und jetzt zutiefst enttäuscht sein müssen über das Scheitern ihrer politischen Ziele. Sie sind Verbrecher, so Scheels Botschaft, aber auch Menschen.

Die haben den Arbeitgeberpräsidenten als Vertreter eines vermeintlichen Scheißstaates entführt. In der persönlichen Begegnung erleben sie ihn als einen für Diskussionen offenen, selbstkritischen Kopf. Vielleicht

---

[6] Und das ist noch nicht alles. Am 11. November 1977 werden in der Zelle der RAF-Terroristin Ingrid Schubert, die zwischen dem 25. Juni und 18. Oktober 1977 im Hochsicherheitstrakt der Justizvollzugsanstalt Stuttgart-Stammheim saß, hinter der Putzleiste 360 g Sprengstoff und drei elektrische Sprengkapseln gefunden. Am 18. November stoßen Ermittler in der ehemaligen Zelle des RAF-Terroristen Helmut Pohl, der zwischen dem 6. Juli und 12. August im Hochsicherheitstrakt der Justizvollzugsanstalt Stuttgart-Stammheim saß, im Mauerwerk unter Verputz einen Revolver der Marke Colt Detektiv Spezial, Kal. 38, Nr. 41530. Dazu sechs Patronen. Außerdem eine Schachtel mit einem Schnellladestreifen mit zwölf Patronen.

haben sie für den Mann Sympathien entwickelt oder mindestens Mitgefühl.

Die Entführer von Hanns Martin Schleyer beschließen trotzdem seinen sinnlosen Tod. Vielleicht, um noch in ihrer Niederlage die Sieger zu spielen. Oder aus falschem, zynischem Korpsgeist. Oder aus Angst, Hanns Martin Schleyers Hinweise könnten zu ihrer Ergreifung führen.

Hanns Martin Schleyer wird in einen Wald im elsässischen Mühlhausen gefahren und mit einer am Hinterkopf aufgesetzten Pistole getötet. Hingerichtet. Seine Leiche verstauen die Terroristen im Kofferraum eines grünen Audi 100. Das eine wie das andere soll dem Mann vollends die Würde nehmen vor aller Welt.

Der älteste Sohn von Hanns Martin Schleyer, Hanns-Eberhard Schleyer, erfährt in der Nacht nicht von der Polizei, sondern von „Stern"-Chef Henri Nannen, dass sein Vater tot aufgefunden wurde.[7] Nannen meldet sich um 1.15 Uhr, die beiden telefonieren drei Stunden lang. Hanns-Eberhard Schleyer wundert sich darüber, wie gut Nannen informiert ist. Offenkundig verfügt er über beste Kontakte zum Bundeskriminalamt. Das erweist sich jetzt mutmaßlich als dankbar dafür, dass Nannen, zusammen mit Rudolf Augstein der wichtigste Magazin-Macher der Republik, nach einem kurzen Zucken die Nachrichtensperre der Bundesregierung akzeptiert hat.

---

[7] Hanns-Eberhard-Schleyer im Gespräch mit dem Autor.

# Auf dem Laufsteg

86 Urlauber und Geschäftsleute haben am 13. Oktober 1977 eine zweistrahlige Kurzstreckenmaschine der Deutschen Lufthansa bestiegen, um in 135 min Flugzeit von Palma de Mallorca nach Frankfurt am Main zu kommen. Sie erreichen ihr Ziel 105 h später mit einem Umweg von Tausenden Flugkilometern. Für sechs Passagiere dauert die Reise noch länger. Sie sind wie gehört zu geschwächt für einen Rückflug und müssen in einem Krankenhaus in Mogadischu bleiben.

Während der „Landshut"-Entführungstage arbeiteten Bundesregierung und Deutsche Lufthansa an einem Strang. Als die „Landshut"-Passagiere auf dem Weg nach Hause sind, ist es mit der Harmonie vorbei.

Am Morgen des 18. Oktober bittet der Staatssekretär im Bundesverkehrsministerium, Heinz Ruhnau, die Geschäftsleitung der Deutsche Lufthansa, für diesen Tag eine gemeinsame Pressekonferenz mit Bundesverkehrsminister Kurt Gscheidle zu organisieren. Ort: Flughafen Frankfurt am Main.[1] Die Deutsche Lufthansa lädt hierzu Journalistinnen und

---

[1] Vgl. Interne Notiz von Franz Cesarz an Herrn Dr. Cullmann (Vorstandsvorsitzender LH, Anm. M. R.) vom 19. Oktober 1977, S. 3, in: Archiv Deutsche Lufthansa Frankfurt am Main.

Journalisten ein. Stunden später lässt Staatssekretär Heinz Ruhnau – angeblich auf Weisung des Bundeskanzlers – mitteilen,

„a) Die Pressekonferenz darf nicht durchgeführt werden;

b) es sei eine große Veranstaltung zur Rückkehr der geretteten Passagiere durchzuführen. Die Weisung erstreckte sich auch auf Details der Veranstaltung."[2]

„Eingetreten sind eine erhebliche Verärgerung der Presse und eine intensive direkte Befragung von Passagieren."[3]

Die Kehrtwende der Bundesregierung erweckt den Eindruck, also wolle sie das glückliche Ende des „Landshut"-Dramas für sich reklamieren.

Dienstag, der 18. Oktober 1977, 13.57 Uhr, auf dem Frankfurter Rhein-Main-Flughafen an. Die Boeing 707 mit den befreiten Geiseln aus Mogadischu erreicht ihre Halteposition. Verschwitzt, zerzaust, in Decken gehüllt, steigen die Frauen, Männer und Kinder die Gangway herab. Das Zweite Deutsche Fernsehen richtet seine Kameras auf sie, genauso Hunderte Fotografen auf einer eigens errichteten Tribüne. Auf dem Flugfeld werden sie nicht von ihren Angehörigen empfangen, sondern von Politikern mit Blumensträußen in der Hand.[4] Sie werden die Sträuße wahllos verteilen, um sich mit den Empfängerinnen und Empfängern fotografieren zu lassen.

Das Zweite Deutsche Fernsehen zeigt live, wie Busse die befreiten Geiseln vom Flugfeld zum Terminal fahren. Dort treffen sie endlich auf ihre Angehörigen – ohne Fernsehkameras, aber umringt von Fotografinnen und Fotografen. Die Bilder weinender Ex-Geiseln und ihrer gleichfalls weinenden Eltern, Partnerinnen bzw. Partner und Kinder werden die Klatschpresse viele Wochen mit Material versorgen.

Die befreite Geisel Cäcilie Meijer-Werner weiß nicht, was ihr geschieht. Nach den strapaziösen Tagen will sie – und mutmaßlich nicht nur sie – einfach nur nach Hause. Stattdessen trifft sie auf eine Menschenmenge an der Gangway. Und auf eine Tribüne mit Fotografen in Sichtweite.

---

[2] Ebd.
[3] Ebd., S. 4.
[4] Vgl. Leonhardt, Rudolf Walter: Der Hölle von Somalia entronnen, in: Die Zeit vom 20. Oktober 1977.

Viele Angehörige der „Landshut"-Geiseln haben die Tage davor Bekanntschaft mit der Boulevardpresse gemacht. Journalisten klingelten und stellten, als ihnen geöffnet wurde, einen Fuß in die Tür. Sie hängten im Flur Familienbilder ab oder plünderten Fotoalben. Sie fuhren die Großmutter von Gabriele von Lutzau (geb. Dillmann) vor der Rückkehr der „Landshut" zum Friseur. Frisch gestylt trifft sie mit Reportern in der Flughafenhalle ein. Dort fällt sie ihrer geretteten Enkelin um den Hals – bei klickenden Kameras natürlich.

In der Lufthansa-Kantine des Frankfurter Flughafens erhalten die befreiten Geiseln frische Kleidung. Sie ziehen sich hinter Paravents um, die nicht wirklich Schutz vor neugierigen Fotografen bieten. Einige steigen auf Stühle und bekommen die Motive ihrer Wahl.

Danach geht es zum Begrüßungszeremoniell in die Wartungshalle 5, der größten auf dem Flughafengelände. Es soll eine Freudenfeier für die geretteten Geiseln sein und eine Gedenkfeier an den toten Kapitän. Ein schiefes Konzept. Besser wäre, die völlig erschöpften Menschen würden von der Öffentlichkeit abgeschirmt und psychologisch betreut.

Das Deutschlandlied erklingt. Während der ganzen Entführungstage hat sich kein Mitglied der Bundesregierung oder sonst ein Politiker an die Menschen in der „Landshut" gewandt. Ihnen Mut zugesprochen, menschenmögliche Hilfe zugesagt. Auch nach dem verzweifelten Hilferuf von Gabriele von Lutzau (geb. Dillmann) aus Mogadischu nicht. Jetzt sitzen einige Repräsentanten dieses Landes in den vorderen Reihen, gut sichtbar für Millionen von Fernsehzuschauern, und feiern die Befreiung – aber eigentlich feiern sie sich selbst.

Die schöne Inszenierung wird von der Witwe des ermordeten Kapitäns „gestört". Die Frau von Jürgen Schumann war zu der Feier nicht eingeladen. Sie fährt trotzdem hin. Um „den Sarg meines Mannes abzuholen", wie sie am Flughafen erklärt.

Bei der Trauerfeier sitzt Monika Schumann neben dem hessischen Ministerpräsidenten Holger Börner, der sich damit sichtlich unwohl fühlt. Der sonst so redselige Politiker tauscht nur wenige Worte mit ihr aus. Während der Feier weicht er dem Blick von Monika Schumann konsequent aus.

Bundesverkehrsminister Kurt Gscheidle hat seinen großen Auftritt. Er hält eine schlechte, von sprachlichen Plattheiten gespickte Rede. Er spricht zu laut und donnernd. Ein falscher Mann am falschen Platz. Als eine Kapelle den Trauermarsch von Beethoven intoniert, erleidet Gabriele von Lutzau (geb. Dillmann) einen Heulkrampf. Alle Anspannung und Erschöpfung der vergangenen Tage brechen sich Bahn.

Die befreiten „Landshut"-Geiseln fahren nach der Landung in Frankfurt am Main und der gemeinsamen Feier nach Hause. Die politischen Entscheider im Deutschen Herbst glauben, für die 86 Menschen das ihnen Mögliche getan zu haben. Sie schickten ihnen ein Spezialkommando an das Horn von Afrika, das sie unversehrt aus der Maschine holte. Für das politische Personal ist der Deutsche Herbst beendet, die Krise bewältigt.

Helmut Schmidt erinnert in seiner Regierungserklärung am 20. Oktober 1977 im Deutschen Bundestag an das Leiden der Geiseln und ihre Tapferkeit. Dabei wird es bleiben. Die befreiten „Landshut"-Passagiere dürfen noch an der Verleihung der Bundesverdienstorden für die Männer der GSG und die „Landshut"-Crew im Kanzleramt teilnehmen – als Zaungäste. Eine eigene Auszeichnung bleibt ihnen versagt.

Andere Fernsehbilder an diesem Tag kommen ohne erschöpfte, in Decken gehüllte Menschen und ihre Angehörigen mit verheulten Augen aus. Sie begründen das Heldenepos von „Mogadischu". GSG9-Kommandeur Ulrich Wegener und seine Männer landen, wie gehört nicht in Frankfurt am Main, auf dem Flughafen Köln-Wahn. Er liegt näher am Heimatstandort Hangelar bei Bonn.

Die GSG9 ist eine Einheit des Bundesgrenzschutzes, sprich eine Polizeieinheit, doch Ulrich Wegener lässt die Männer antreten wie Soldaten. Sie gehen vor Bundesinnenminister Werner Maihofer in Habachtstellung und machen den militärischen Gruß. Die Befreiungsaktion in Mogadischu war, so lautet die Botschaft, kein Polizeierfolg, sondern ein militärischer Sieg. Dem Gegner wurde eine entscheidende Niederlage zugefügt.

Die Befreiung der Olympia-Geiseln 1972 war kläglich gescheitert. Eine fünf Jahre später noch immer blutende Wunde. Das „Wunder von Mogadischu" soll die verletzte Volksseele heilen. So wie 1954 das „Wunder von Bern".

Auch Bundesinnenminister Werner Maihofer hält eine zu laute, bellende Rede. Einen Siegesgesang über den RAF-Terrorismus mithilfe deutscher Tugenden. Wir sind wieder wer!

Presse und Rundfunk nehmen die Deutung von „Mogadischu" als Entscheidungsschlacht gegen den Terrorismus bereitwillig auf. Der „Stern", neben dem „Spiegel" das einflussreichste Magazin im Land, druckt wie erwähnt auf dem Titel und auf Doppelseiten Fotos der toten Terroristen. Wir haben sie besiegt, lautet die Botschaft Auch die Wortwahl der Journalistinnen und Journalisten ist der Kriegssprache entlehnt. Ungerührt wählen sie Begriffe wie Blendgranaten, Nahkämpfer, Präzisionsschützen.

Die Deutsche Lufthansa hat seit dem Entführungsdrama ein Imageproblem. Die erfolgsverwöhnte, in ihrem Stolz gekränkte Airline greift zu einem PR-Trick, um ihren guten Ruf wiederherzustellen. Dem „Stern" führt sie die prominenten Gesichter des „Landshut"-Dramas, Co-Pilot Jürgen Vietor und Stewardess Gabriele von Lutzau (geb. Dillmann), für Interviews zu. Mithilfe von Herzschmerz-Geschichten soll der verletzte Lufthansa-Kranich genesen.

Jürgen Vietor steht unter dem Schock der Ereignisse, als Lufthansa-Chefpilot Martin Gaebel und Flottenchef B-737 Peter Heldt am Tag zwei seiner Rückkehr klingeln. Eine dritte Person, der „Stern"-Reporter Gerd Heidemann, sitzt einstweilen in einem VW Käfer vor dem Haus.

Die Lufthansa-Führungskräfte bitten Jürgen Vietor, dem Reporter Rede und Antwort über die dramatischen Tage zu stehen. Die Fluggesellschaft möchte die Geschichte aus Lufthansa-Perspektive erzählt wissen. Es soll kein Schatten auf die Airline fallen. Der getötete Lufthansa-Kapitän Jürgen Schumann soll posthum eine Würdigung für sein mutiges Verhalten erfahren.

Ihr Mitarbeiter Jürgen Vietor hat nicht wirklich eine Wahl. Er will und muss sich gegenüber seinem Arbeitgeber loyal verhalten. Außerdem winkt der „Stern" mit einem fünfstelligen DM-Betrag. Jürgen Vietor stimmt zu. Gerd Heidemann wird hereingebeten und führt das erste von mehreren Interviews mit ihm und zeitweise Vietors Frau. Insgesamt werden Vietor und Heidemann achteinhalb Stunden zusammensitzen.

Für dieses Buch stellte Jürgen Vietor zum ersten Mal den Mitschnitt zur Verfügung.

Die zweite Herzschmerz-Geschichte schöpft die Deutsche Lufthansa mit der Vermittlung von „Landshut"-Stewardess Gabriele von Lutzau (geb. Dillmann) an den „Stern". Mitsamt dem Lufthansa-Co-Piloten

Ruedeger von Lutzau, der seiner Freundin in der Flughafenhalle von Mogadischu einen Heiratsantrag machte. Eine Geschichte, wie sie nur das Leben selbst schreiben kann.

Gabriele von Lutzau erhält ebenfalls einen fünfstelligen Betrag, einen viel niedrigeren. Vermutlich, weil sie eine Frau und kein Mann ist und sie „nur" Stewardess in dem entführten Flugzeug war. 1975 war das internationale Jahr der Frau, aber die Gleichberechtigung zwischen Frau und Mann scheint zwei Jahre später noch in weiter Ferne.

Die junge Frau wird zur Identifikationsfigur für das Drama. Später wird eine Zeitung den Begriff „Engel von Mogadischu" prägen. Der Titel anerkennt ihre große Leistung während der Entführungstage. Zugleich klebt er ihr ein lebenslanges Etikett auf.

Für dieses Buch stand der Mitschnitt eines Gespräches zur Verfügung, das Gabriele von Lutzau (geb. Dillmann) und ihr späterer Mann Ruedeger von Lutzau gemeinsam mit Jürgen Vietor und Gerd Heidemann führten.

Die Gesprächspartner von „Stern"-Reporter Heidemann wirken auf den zugänglichen Bändern stark von den Ereignissen belastet. Anwesend und abwesend zugleich. Jürgen Vietor tut sich mit der Chronologie der Ereignisse schwer, Gabriele von Lutzau (geb. Dillmann) erzählt mit tonloser Stimme. Ruedeger von Lutzau gibt einmal den Hinweis, er erkenne die Stimme seiner Freundin kaum wieder.

Der „Stern" nutzt die Interviews für eine reißerische Geschichte, die – in kurzer Zeit zusammengestoppelt – viele Falschdarstellungen enthält. Auch vermeintlich erfundene Zitate. Der Tenor: Co-Pilot Jürgen Vietor hat die Geiseln in fliegerischer, Gabriele von Lutzau (geb. Dillmann) in emotionaler Hinsicht gerettet. Stark vergröbert stimmt das. Aber es war alles viel komplizierter. Trauriger. Schrecklicher. Vom „Stern"-Projekt ist hier so ausführlich die Rede, weil es zur „Mutter-Legende" über den Deutschen Herbst wird. Seine Geschichten, sprich immer dieselben, werden in den kommenden Jahrzehnten immer wieder erzählt und mit Erfundenem ausgeschmückt.

Als die Artikelserie startet, ist Gabriele von Lutzau (geb. Dillmann) mit der Art und Weise, wie ihre Aussagen verwendet wurden, nachvollziehbar nicht einverstanden. Ein paar wiedergegebene Äußerungen will sie nie gemacht haben. Sie fährt mit ihrem Partner nach Hamburg zu

„Stern"-Autor Peter Koch, der sie mit einem Brüllen begrüßt.[5] Koch sinngemäß: Ich habe mir für das Gespräch 15 min Zeit genommen. Sie sind zehn Minuten zu spät dran, haben also noch fünf Minuten, um zu sagen, was Sie sagen wollen. Darauf Gabriele von Lutzau (geb. Dillmann) sinngemäß: Ich finde es nicht gut, dass Sie jeden Blutstropfen ausgeschlachtet haben.

Peter Koch brüllt weiter. Sinngemäß: Was für eine Unverschämtheit! Sie können froh sein, dass Sie überhaupt etwas für die Geschichte gekriegt haben! Bei dem Gestammel, was Sie da auf das Tonband gesprochen haben für so viel Geld. Da kann ich mir heute noch an den Kopf fassen!

Die fünf Minuten sind um, das Gespräch zu Ende.

Die Episode wirft ein Licht nicht nur auf die Macht, sondern auch Selbstherrlichkeit einflussreicher Magazine in der alten Bundesrepublik. Mit schier unendlich verfügbarem Geld berichten sie nicht nur über Ereignisse, sondern schaffen selbst die kollektive Erinnerung an sie. Diese Selbstherrlichkeit würde sich sechs Jahre später rächen – an Gerd Heidemann persönlich, einst Interviewer von Jürgen Vietor und Gabriele von Lutzau. Heidemann wird den Kauf der vermeintlichen Hitler-Tagebücher einfädeln. Der größte Medienskandal in der alten Bundesrepublik.

Nach der Rückkehr der GSG9-Leute kündigt der Bundeskanzler Kommandeur Ulrich Wegener an, dass der Bundespräsident die Absicht habe, ihn mit dem Bundesverdienstkreuz auszuzeichnen.[6] Ulrich Wegener fragt, welcher GSG9-Mann außer ihm die Auszeichnung erhält. Darauf Helmut Schmidt: „Na, nur Sie."[7] Der Kommandeur besteht darauf, dass alle Angehörigen seiner Truppe bedacht werden – auch diejenigen, die gar nicht nach Mogadischu beordert wurden oder vor dem Einsatz kniffen. Darauf der Bundeskanzler: „Sind Sie wahnsinnig? Das haben wir noch nie gehabt."[8] Worauf Ulrich Wegener schlagfertig antwortet, ja, auch eine derartige Befreiungsaktion habe es wahrscheinlich noch nie in der Bundesrepublik gegeben.[9]

---

[5] Gabriele von Lutzaus (geb. Dillmann) Schilderung des Treffens vgl. Krausz 1978, S. 33.
[6] Vgl. Herzog 2022, S. 238.
[7] Ebd.
[8] Ebd.
[9] Vgl. ebd.

Alle oder keiner – nach diesem Erfolg bietet GSG9-Chef Ulrich Wegener sogar einem deutschen Bundeskanzler die Stirn. Und kommt mit seiner Erpressung durch. Bundespräsident Walter Scheel unterschreibt nicht weniger als 62 Urkunden für die Verleihung von Bundesverdienstkreuzen. Weitere fünf für die befreite „Landshut"-Crew und posthum für den Kapitän. Co-Pilot Jürgen Vietor wird das Bundesverdienstkreuz von Jürgen Schumann bei dessen Beisetzung tragen. Dort verweigert Monika Schumann, die Witwe des ermordeten Kapitäns, Vietor den Händedruck. „Eine Beleidigung, die ich nie vergessen habe"[10], wird Jürgen Vietor Jahre später notieren.

Nach seiner Landung in Köln-Wahn lässt sich Staatsminister Hans-Jürgen Wischnewski zum Bundeskanzleramt fahren. Dort angekommen, fällt ihm Helmut Schmidt um den Hals. „Hör auf", sagt Hans-Jürgen Wischnewski, „so schön siehst Du nun auch nicht aus."[11] Die Angehörigen der sogenannten Kriegsgeneration haben es nicht so mit Gefühlsäußerungen.

Für die Sitzung des Deutschen Bundestags am Donnerstag, 20. Oktober, kündigt Bundeskanzler Helmut Schmidt eine Regierungserklärung an. Er arbeitet lange an ihrem Text – so lange, bis wirklich jedes Wort „sitzt". Er weiß: Nicht nur die Menschen in der Bundesrepublik Deutschland werden zuhören, sondern Diplomaten aus aller Welt. Die Befreiung in Mogadischu war ein Coup. Jetzt muss sie von dem Mann, der das hohe Risiko eingegangen ist, erläutert und begründet werden.

Die Begründung gerät zu einer der persönlichsten, besten Reden von Helmut Schmidt – wohl auch, weil der Bundeskanzler kurz nach dem Deutschen Herbst dessen bedrückende Ereignisse noch nicht abgeschüttelt hat. Helmut Schmidt lässt an seinen Gefühlen der Sorge und Hoffnung während dieser Wochen teilhaben, wie er das bei keiner anderen Gelegenheit mehr tun wird.

Der Bundeskanzler trauert zunächst um Jürgen Schumann und Hanns Martin Schleyer mitsamt dessen Begleitern. Er dankt Regierungen anderer Staaten für ihren moralischen und aktiven Beistand, allen voran dem soma-

---

[10] Vietor 1996.
[11] Wischnewski/Hauser, S. 56.

lischen Staatspräsidenten Siad Barre. Er dankt den Angehörigen der GSG9 als Sieger einer Schlacht gegen nationale und internationale Terroristen.

Helmut Schmidt dankt den beiden großen Kirchen für ihre jeweiligen Erklärungen im Deutschen Herbst. Er nennt sie bedeutende Zeugnisse der Anteilnahme. Was er mutmaßlich denkt, aber natürlich nicht sagt: Ich bin froh, dass die Erklärungen mich zu keiner bestimmten Entscheidung aufgefordert haben, zur Freilassung der Terroristen im Austausch für Hanns Martin Schleyer (Abb. 1).

Der Bundeskanzler sucht sein Regierungshandeln rational, im Geist des Philosophen Karl Popper, dem Begründer des Kritischen Rationalis-

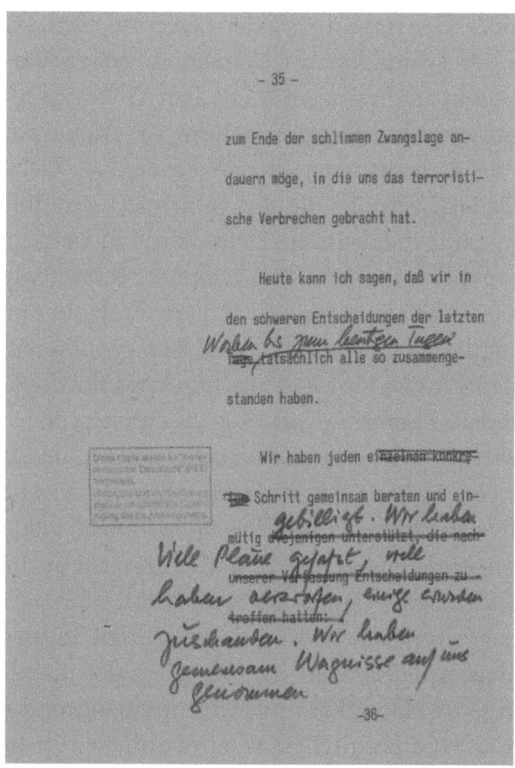

**Abb. 1** Von Helmut Schmidt redigiertes Manuskript für seine Regierungserklärung am 20. August im Deutschen Bundestag. (Quelle: Tatsächlich gehaltene Erklärung im Protokoll des Deutschen Bundestags vom 20. Oktober 1977, 8. Wahlperiode/50. Sitzung, S. 3756–3760)

mus, zu erläutern. Auf das Konto der elf Terroristinnen und Terroristen, die freigepresst werden sollten, gehen 13 Tote und 43 Tötungsversuche. Die nach der Entführung von Peter Lorenz freigelassenen, nach Aden ausgeflogenen Terroristen haben hinterher neun Menschen getötet und vier Tötungsversuche verübt. Der Schutz vor weiteren, zahlenmäßig nicht abschätzbaren Opfern in der Bevölkerung, stellt der Bundeskanzler sinngemäß klar, steht über dem Opfer eines einzelnen Menschenlebens, das sich in der Gewalt von Entführern befindet. Nach einem Scheitern von „Mogadischu" würde er vielleicht von „einigen Menschenleben" sprechen.

Es ist eine sehr persönliche Rede und zugleich eine sehr typische für Helmut Schmidts Generation. Er, der „gelernte Demokrat"[12], spricht von „Befehlen des Grundgesetzes", denen zu gehorchen sei. Zweimal wendet er sich direkt an die jungen Menschen in Westdeutschland, deren geistige Entfremdung ihm nicht entgangen ist. Anfangs drückt er Verständnis dafür aus, dass sie materiellen Wohlstand als Ziel des Lebens infrage stellen. Danach verpufft die gut gemeinte Geste mit einer Belehrung, wie junge Leute die deutsche Demokratie zu wertschätzen haben.

Generationentypisch ist auch, dass Helmut Schmidt wie erwähnt wenige Worte über die befreiten Geiseln verliert. Er dankt ihnen dafür, dass sie die Strapazen des Entführungsflugs auf sich genommen haben. Noch mehr hebt er den Einsatz fünf italienischer Ärzte für die Erstversorgung der Geiseln auf dem Flughafen von Mogadischu hervor.

Für seine wichtige Regierungserklärung bekam der Bundeskanzler Textvorschläge von mehreren Kabinettsmitgliedern zugeliefert. Manche dieser Vorschläge greift er auf, andere nicht. Nicht aufgenommen ein Textentwurf von Antje Huber, der Bundesministerin für Jugend, Familie und Gesundheit, in dem es unter anderem heißt:

„Die Bundesregierung war sich in diesen ganzen Tagen immer dessen bewusst, wie angsterfüllt sowohl die Passagiere der ‚Landshut' als auch deren Angehörige zu Hause bei uns in Deutschland und in einigen anderen Ländern auf die politischen Verantwortlichen in unserem Staate geblickt haben und wie wenig konkret ihnen infolge der für das Gelingen

---

[12] Stephan 1988.

der Befreiung notwendigen Nachrichtensperre das ständige Bemühen der Regierung um die Rettung der Geiseln vermittelt werden konnte."[13]

Eine berücksichtigte Zulieferung ist dagegen der Schlusssatz von Helmut Schmidts Regierungserklärung – sie steht diesem Buch voran. Er drückt das Dilemma aus, in dem sich die politischen Entscheider im Deutschen Herbst befanden. Sie ahnten oder wussten, sie würden, was auch immer sie tun, Schuld auf sich laden. Das würde fortan schwer auf ihrer Seele liegen.

„Wer weiß, dass er so oder so, trotz allen Bemühens, mit Versäumnis und Schuld belastet sein wird, wie immer er handelt, der wird von sich selbst nicht sagen wollen, er habe alles getan und alles sei richtig gewesen. Er wird nicht versuchen, Schuld und Versäumnis den anderen zuzuschieben; denn er weiß: Die anderen stehen vor der gleichen unausweichlichen Verstrickung. Wohl aber wird er sagen dürfen: Dieses und dieses haben wir entschieden. Jenes und jenes haben wir aus diesen oder jenen Gründen unterlassen. Alles dies haben wir zu verantworten."

Das vorher an Journalistinnen und Journalisten gegebene Manuskript von Helmut Schmidts Erklärung endet mit diesem Satz. In seiner Rede vor dem Deutschen Bundestag ergänzt Helmut Schmidt die Worte: „Gott helfe uns!"

Am kommenden Tag, einem Freitag, kehrt der Bundeskanzler nach Hamburg in seinen Wahlkreis zurück. Er hat sich für eine Rede auf der SPD-Kundgebung in Kirchwerder-Fünfhausen angesagt. Die erste Gelegenheit zu einer „Schmidt-Schnauze"-Rede seit vielen Wochen. Helmut Schmidt wirkt befreit von der Schwere der Verantwortung, die auf ihm lastete. Er freut sich mutmaßlich auch, wieder in seiner Heimatstadt Hamburg zu sein und zu ganz normalen Leuten zu sprechen. Noch normaleren als Schriftstellern.

Am Anfang seiner Rede entschuldigt sich Helmut Schmidt launig, „nicht über die Agrarmarktordnung und über Schnittblumen und Gemüse" zu reden, „obwohl das hier sehr wichtige Themen sind", sondern

---

[13] Brief der Bundesministerin an den Chef Bundeskanzleramt vom 19. Oktober 1977. Der Textvorschlag im Anhang, in: AdsD, 1/HSAA010351.

„zum Ablauf der letzten sieben Wochen (…)".[14] Noch ausführlicher als am Tag zuvor („Es wurde Orientierung gegeben.") deutet er das Hartbleiben der Bundesregierung als kämpferische und zugleich moralisch beispielhafte Tat. Der Bundeskanzler, dem der Ruf eines kalten „Machers" anhängt, versichert: „Wir haben im Inneren unseres Landes nichts getan, was wir nicht durften, und wir haben außerhalb unserer Grenzen nichts getan, was wir nicht durften."[15] Dieser Fall habe gezeigt, Demokratien seien „nicht kraftlos und saftlos" (…). „Auch Demokratien brauchen sich nicht von Verbrechern und Erpressern in die Knie zwingen zu lassen."[16]

Mit Blick auf die Selbstmorde von Stuttgart-Stammheim sagt Helmut Schmidt voraus, „dass eine große Legende aufgemacht wird (…), als ob die Landesregierung in Baden-Württemberg oder deren Beamte da jemanden die Pistole absichtlich in die Hand gedrückt hätte oder gar sie erschossen hätte."[17] Mit dieser Prognose wird der Bundeskanzler recht behalten.

Wenig später sagt Helmut Schmidt einen Satz, den er so nicht wiederholen wird. „Baader und Ensslin hatten schon zehn Tage vorher mit ihrem Selbstmord gedroht."[18] Der Bundeskanzler plaudert öffentlich aus, dass die Bonner Politiker die letzten Erklärungen von Baader und Co. nicht nur gekannt, sondern auch die enthaltenen Andeutungen verstanden haben. Die Hamburger Rede verhallt, ohne dass eine Journalistin bzw. ein Journalist kritisch nachfragen wird.

---

[14] Helmut Schmidt: Rede auf einer SPD-Kundgebung in Hamburg (Kirchwerder-Fünfhausen) am 21. Oktober 1977. Nicht redigierte Fassung, nicht für die Öffentlichkeit bestimmt! Typoskript, in AdsD, 1/HSAA10690, S. 1.
[15] Ebd., S. 38.
[16] Ebd., S. 41.
[17] Ebd., S. 40.
[18] Ebd.

# Herr Vietor, wir machen Sie zum Kapitän

Am Dienstag, dem 18. Oktober 1977, sitzen drei dickleibige Männer im Saal der Bundespressekonferenz, um über ihre Arbeit während der „Landshut"-Entführung zu berichten und Fragen von Journalisten zu beantworten. Staatsminister Hans-Jürgen Wischnewski, der namens der Bundesregierung Stellung nimmt, ist hier ein alter Bekannter, genauso Bundesjustizminister Werner Maihofer.

Der Dritte im Bunde, Lufthansa-Vorstandsmitglied Werner Utter, vertritt eine Airline, die mit der „Landshut"-Entführung ein Trauma erlebt, das Jahrzehnte fortwähren wird. Ausgerechnet die Fluggesellschaft mit dem Anspruch, die sicherste der Welt zu sein, wurde Kulisse einer Entführung, die Passagiere und Crew in Todesgefahr brachte. Und bei der ein Lufthansa-Kapitän erschossen wurde.

Die Deutsche Lufthansa hat selbstverständlich keinen Anteil an den laxen Sicherheitskontrollen auf dem Flughafen Palma de Mallorca. Gleichwohl konnte sie davon wissen, denn es handelte sich um kein Geheimnis. Nur wenige Monate vorher war dieser Flughafen in einer Studie zum weltweit unsichersten erklärt worden. Gut möglich, dass die Planer der „Landshut"-Entführung die Ergebnisse dieser Studie kannten.

Doch jetzt, da sich 91 unschuldige Menschen in Todesgefahr befanden und der Pilot erschossen wurde, betrifft es die Airline unmittelbar. Hinzu kommt, dass sich Lufthansa-Verantwortliche am Ort – Stichwort Stromaggregat in Dubai – dilettantisch verhalten und persönlich in Gefahr gebracht haben. Die Geschichte der Deutschen Lufthansa kann hinter dieses Debakel nicht mehr zurück.

So paradox es sich im ersten Augenblick lesen mag: Die tagelange Entführung eines Flugzeugs trifft eine Airline in mancher Hinsicht härter, als wenn eine Maschine abstürzt. Ein Absturz erfolgt plötzlich und fast immer ohne Zeugen. Es handelt sich um eine Tragödie mit Toten und Hinterbliebenen. Nach wenigen Tagen, spätestens Wochen ebbt die öffentliche Aufmerksamkeit ab. Auch die Trauer von Angehörigen verlagert sich ins Private. Danach gibt es mediale Aufmerksamkeit nur noch an halbrunden oder runden Jahrestagen der Katastrophe.

Eine Flugzeugentführung dagegen findet in der zweiten Hälfte der 70er-Jahre von Anfang bis Ende öffentlich statt. Die Fernsehbilder gehen in Schwarz-weiß bzw. Farbe rund um die Welt. Deshalb sind kriminelle Akte in der Luft ein häufiges, spektakuläres Mittel, um für eine politische Sache zu kämpfen.

Frauen und Männer auf allen Kontinenten bangen um das Leben der „Landshut"-Geiseln. Tagelang beherrschen Bilder des Dramas die Hauptnachrichten. Die Boeing mit dem Kranich auf dem Leitwerk steht tagelang einsam und scheinbar gottverlassen auf dem Wüstenflughafen von Dubai. Dieses Bild wird ikonografisch für das Drama.

In den Lufthansa-Führungspositionen sitzen Piloten – intellektuell starke, technisch hervorragend ausgebildete Köpfe zum Steuern eines Flugzeugs. Ein elitärer Kreis hoch bezahlter Männer, die sich nicht nur ihrer Verantwortung, sondern auch ihrer hohen gesellschaftlichen Stellung bewusst sind. Politisches Gespür und diplomatisches Fingerspitzengefühl zählen vielfach nicht zu den Stärken.

Der Lufthansa-Korpsgeist setzt schlichte Regeln der Psychologie außer Kraft. Ruedeger von Lutzau, der um das Leben seiner Freundin Gabriele bangt, darf als Co-Pilot in dieser Situation eine Maschine nach Mogadischu fliegen. Auch dies widerspricht dem Anspruch der Airline, für die größtmögliche Sicherheit zu sorgen.

Hinzu kommt, dass der Vorstandsvorsitzende der Deutschen Lufthansa, der promovierte Jurist Heinz Cullmann, während der „Landshut"-Entführung nicht in Erscheinung tritt. Von einem Autounfall drei Jahre vorher trug er schwere Verletzungen davon. Der starke Mann im Unternehmen ist Vorstandsmitglied und Flugkapitän auf der B-747, Werner Utter. Er leitet während der „Landshut"-Entführung den Lufthansa-Krisenstab.

Einst Kapitän von Bundespräsident Heinrich Lübke und Lufthansa-Chefpilot, scheint Utter für seine LH-Führungsaufgabe geboren zu sein. Das Image des Unternehmens darf keinen Kratzer abbekommen. Er führt das Personal mit strengem Regiment. Dieser Geist wird auch die interne Aufarbeitung der „Landshut"-Entführung prägen.

Eine Episode mag die Lufthansa-Unternehmenskultur von damals illustrieren. Die Schadenfreude über den gefürchteten Chef ist jedes Mal groß, wenn sich Werner Utter auf dem Weg in die USA „verfliegt" Wie kann so etwas passieren? Dazu eine kurze Erläuterung.

Bis heute gilt für die Atlantiküberquerung, dass Flugzeuge eine Freigabe, eine sogenannte „Clearance" brauchen, um in die Nordatlantik-Region einfliegen zu dürfen. Es gibt einen Entry- und einen Exitpoint. Die Flugroute hat pro Längengrad eine Breitengradkomponente. Das liest sich dann zum Beispiel so: „LH420 cleared to Boston via DOGAL 54N20W 54N30W 53N40W 52N50W 51N60W ALLRY, from DOGAL maintain Flight Level three six zero, Mach decimal eight two."

Diese Clearance bekommt man heutzutage in schriftlicher Form, in den 70ern musste man diese über Kurzwelle, sprich in super schlechter Tonqualität, abfragen.

Danach überprüfen Pilot und Co-Pilot immer gemeinsam, ob diese Punkte auch so im Navigationssystem des Flugzeugs eingegeben wurden. Zu Utters Zeiten musste man sie bei Erhalt der Clearance manuell eingeben. Werner Utter fliegt mit seiner Crew immer wieder auf einem falschen Breitengrad. Entweder haben die Herren die Clearance falsch verstanden oder falsch eingegeben.

Das ist sicherlich auch anderen Kollegen passiert (wie erwähnt, damals noch keinen Kolleginnen) und passiert ganz selten heute auch noch. Aber dass es dem Flugbetriebsleiter Werner Utter mehrmals passiert – was bedeutet, dass er sich um 60 Meilen „Höhe" verfliegt –, zieht viel Spott auf sich. Eine neue „Währung" ist geboren – ein verflogener Grad heißt jetzt in Pilotenkreisen „ein Utt".

Vor der Begrüßungsfeier für die geretteten Geiseln am 18. Oktober 1977 sprechen Werner Utter und „Landshut"-Co-Pilot Jürgen Vietor kurz miteinander. „Herr Vietor, wir machen Sie zum Kapitän!", flüstert Utter dem „Landshut"-Co-Piloten zu. Im Unternehmen gilt strikt das Senioritätsprinzip – der jeweils Dienstälteste (damals noch keine Dienstälteste) rückt für einen ausscheidenden Kollegen nach. Werner Utter bedeutet Jürgen Vietor, dass er das Senioritätsprinzip in Anerkennung seiner Verdienste aussetzen wird.

Das Vorstandsmitglied meint es offenbar ernst damit, denn am kommenden Tag erzählt er seine Absicht dem schon erwähnten Ehepaar Filius, zwei Geiseln aus der „Landshut". Das Ehepaar will sich beim Chefpiloten für die Befreiung bedanken. „Ihm war es wichtig", so Dietrich Filius in einer Mail an den Autor, „seine beiden sich bedankenden Besucher wissen zu lassen, dass er vorzeitig den Co-Piloten zum Kapitän befördern wollte (…)."[1]

Dazu kommt es nicht. Irgendwann ruft Werner Utter den Co-Piloten des „Landshut"-Entführungsflugs zu sich und teilt ihm mit, dass er von seinem Versprechen abrücken müsse „wegen Einwendungen von Kollegen (…) und um keinen Präzedenzfall zu schaffen".[2]

Widerstand leistete mutmaßlich die Pilotengewerkschaft Cockpit, die damals wie heute über eine starke Stellung gegenüber dem Vorstand verfügt. Wenn Piloten streiken, bleiben die Maschinen am Boden. Der damalige Cockpit-Vorsitzende Hans-Dieter Gades will keine Bevorzugung von Jürgen Vietor – nicht einmal für ihn, der eine „Bobby" einigermaßen heil nach Mogadischu gebracht hat. Vielleicht fürchtet er, das könnte im Pilotenkreis Neid erzeugen. Und der Anfang vom Ende des Senioritätsprinzips bedeuten.

Kurz vor Weihnachten 1979 spricht Hans-Dieter Gades Jürgen Vietor auf das Thema an. Er wolle in Ruhe mit ihm reden, nachdem er von einem Lufthansa-Flug aus Johannesburg zurück sei. Dazu kommt es nicht. Hans-Dieter Gades stirbt in Südafrika bei einem Badeunfall.

---

[1] Dietrich Filius: Mail an den Autor vom 30. Mai 2023.
[2] Notizen Vietor, S. 13.

Jürgen Vietor, der fliegerische Held der „Landshut"-Entführung, bleibt eingereiht hinter den dienstälteren Kollegen. Fast 13 Jahre sollen noch vergehen, bis er am 4. September 1990 zum Kapitän ernannt wird.

Den Undank ihres Arbeitgebers muss auch Gabriele von Lutzau (geb. Dillmann) erleben – die junge Stewardess, die während des Entführungsflugs über sich hinausgewachsen ist. Mit nie versiegender Energie Geiseln schützte und tröstete. Terroristen beruhigte.

Ihre Vorgesetzte auf dem Entführungsflug, Purserette Hannelore Brauchart (ehem. Piegler), strengt bei der Deutschen Lufthansa eine Art Disziplinarverfahren gegen sie an. Der Vorwurf: vermeintlich nicht vorschriftsmäßiges Verhalten. Einer der Vorwürfe lautet, Gaby von Lutzau (geb. Dillmann) habe Passagiere entgegen den Vorschriften berührt. Was die junge Frau auch einräumt: „Ich habe Menschen in Arm genommen."

Hannelore Brauchardt (vormals Piegler) führt einen Konflikt fort, von dem schon die Rede war. Sie und die junge Kollegin wählen in dieser Grenzsituation unterschiedliche Strategien. Der Purserette ist auch nicht entgangen, dass Gabriele von Lutzau (geb. Dillmann) das Ohr von „Captain Machmud" hatte.

Aus einem Brief von Hannelore Brauchardt (vormals Piegler) an den Lufthansa-Vorstand: „Frau Dillmann hat durch wiederholtes Diskutieren politischer Probleme (…) die ohnehin gefährliche Situation an Bord noch verschärft." (…) „Frau Dillmann (…) führte entschlossen ihre einsamen Entscheidungen durch und trug somit zu unserer weiteren Gefährdung bei."

Gabriele von Lutzau (geb. Dillmann) muss vor der Chefin des Lufthansa Kabinenpersonals Rede und Antwort stehen. Die Stewardess sieht ein Tribunal darin. Mit Gabriele von Lutzaus Entscheidung, nicht mehr in ihrem Beruf zu arbeiten und die LH zu verlassen, verläuft das Verfahren im Sand.

Später wird Hannelore Brauchardt (vormals Piegler) ihr Erinnerungsbuch nutzen,[3] um ihre Vorwürfe gegen die vermeintlich illoyale Mitarbeiterin von einst zu wiederholen. Ein Mitarbeiter der Deutschen Lufthansa, der das Buch für den Vorstand lesen und bewerten soll, findet die Vorwürfe der Autorin unangebracht. Die Veröffentlichung hat für

---

[3] Piegler 1978.

Hannelore Brauchardt (ehem. Piegler) keine Lufthansa-interne Konsequenzen – auch sie arbeitet zu dieser Zeit nicht mehr bei der Airline.

Zu den wenigen Lufthansa-Führungskräften, die offen Einfühlung in die „Landshut"-Opfer zeigen, gehört Franz Cesarz. Er kennt sich mit fliegerischen Misslichkeiten aus, denn er analysiert die Ursachen von Fast-Abstürzen oder Abstürzen der LH-Flotte. Bereits kurz nach der Aktion „Feuerzauber", am 19. Oktober 1977, schlägt Franz Cesarz dem Lufthansa-Vorstand einen „Deutschen Solidaritäts-Fonds" vor. Franz Cesarz nennt als Zweck „die Möglichkeit von Hilfeleistungen, in denen die Solidarität des ganzen Volkes gefordert ist (…)." So sollen daraus die Witwe und Kinder von Jürgen Schumann Geld erhalten. Die Deutsche Lufthansa solle selbst 200.000 DM in den Fonds einzahlen und dafür weitere Unternehmen wie Daimler-Benz oder die Dresdner Bank gewinnen.[4] Ein solcher Fonds, in den auch die Bundesregierung einzahlen könnte, kommt nicht zustande.

Die Sorge des Lufthansa-Vorstands gilt in diesem Oktober 1977 nicht nur dem Ruf des Unternehmens, sondern auch seinem wirtschaftlichen Erfolg. Nach der „Landshut"-Entführung sinken ein paar Wochen lang die Buchungszahlen, an „Spitzentagen" bis zu 40 %. Am meisten profitiert die US-Fluglinie Pan Am davon.

Geschäftsleitungen von Unternehmen empfehlen Mitarbeiterinnen und Mitarbeitern, nicht mit der Deutschen Lufthansa zu fliegen. Viele Menschen haben jetzt auch selbst Angst davor. Hinzu kommen Gerüchte, dass Terroristen im Besitz alter sowjetischer Boden-Luft-Raketen vom Typ SAM-7 seien. Mit ihnen könnten sie – zur Vergeltung für die gescheiterte Entführung – Lufthansa-Maschinen abschießen. Eine solche Drohung geht am 7. November 1977 bei Nachrichtenagenturen ein, ein Angriff wird für den 15. November 1977 angekündigt.[5]

Die Deutsche Presseagentur sieht von einer Veröffentlichung ab, AFP und Reuters nicht. Am 13. November steigen „Bild am Sonntag" und „Welt am Sonntag" auf das Thema ein. Der angekündigte Raketenbe-

---

[4] Franz Cesarz: Vermerk an den Lufthansa-Vorstand vom 19. Oktober 1977. 2320/9. Fonds-Idee, in: Lufthansa-Firmenarchiv Frankfurt am Main.

[5] Die folgenden Angaben vgl. die „Landshut"-Entführungsakte im Lufthansa-Firmenarchiv Frankfurt am Main.

schuss bleibt aus. Allerdings wird später in einem Wald oberhalb des Stuttgarter Flughafens, der Weidacher Höhe, eine Abschussrampe für SAM-7-Raketen entdeckt. Die Weidacher Höhe zählt zu den Einflugschneisen, wo sich Flugzeuge bereits auf niedriger Höhe befinden.

Die Deutsche Lufthansa verwendet viel Energie und Geld darauf, die „Landshut"-Entführung möglichst rasch vergessen zu machen. Die Maschine soll bald wieder fliegen, als sei nie etwas gewesen. Ein Team von Mechanikern repariert die Maschine in Mogadischu notdürftig. Weil der Druckausgleich in der Kabine nicht mehr funktioniert, wird die Boeing in niedriger Höhe zur Lufthansa-Technik nach Hamburg geflogen, mit einem Zwischenstopp in Kairo.

Mitarbeitende der Lufthansa-Technik fotografieren die Schäden der Maschine – unzählige Einschusslöcher innen und außen, versiffte Toiletten, überall Blut, Alkohol und Urin. Die Fotos werden auf alle Zeit im Lufthansa-Unternehmensarchiv in Frankfurt verschwinden.

Bei einem Empfang anlässlich der Ausmusterung von „Bobby" aus der Lufthansa-Flotte im Jahr 2016 kommen die damaligen Mechaniker noch einmal zusammen. Bildhaft erzählen sie vom schrecklichen Zustand, in dem sie die „Landshut" vorfanden.

Als die reparierte „Landshut" aus einem Hangar der Hamburger Lufthansa-Technik rollt, sieht sie nagelneu aus. Ein Kamerateam des damaligen Südwestfunks (heute Südwestrundfunk) darf die Maschine im Folgejahr außen und innen filmen. Die Lufthansa-Technik hat offenkundig hervorragende Arbeit geleistet.

Am 18. November 1977 kehrt die „Landshut" mit einem Flug von Hamburg nach Barcelona in den Regelbetrieb der Airline zurück. Das bleibt aufmerksamen Fluggästen nicht verborgen. Lufthansa-Kunden beschweren sich bei der Airline darüber, dass die Maschine immer noch „Landshut" heißt.

Auch der überlebende Co-Pilot des Entführungsflugs, Jürgen Vietor, soll wieder arbeiten gehen. Nach nur wenigen Wochen Pause – viel zu kurz, wie man mit dem psychologischen Kenntnisstand von heute weiß[6] – begleitet er zunächst andere Crews auf Kurzstrecken – auf dem

---

[6] Flugkapitän Chesley Sullenberger, der am 15. Januar 2009 einen Airbus A320 erfolgreich im New Yorker Hudson River notwasserte, kehrte am 1. Oktober 2009 in ein Cockpit zurück.

Sitz hinter dem Kapitän so wie „Captain Machmud", als Jürgen Schumann noch am Leben war. Die Airline will wissen, ob Vietor wieder psychisch stabil ist.

Alles läuft glatt. Am 29. Dezember 1977 steigt Jürgen Vietor wieder als Co-Pilot in eine Lufthansa-Maschine. Für diesen ersten Flug bekommt er absichtsvoll nur die Position der Maschine auf dem Flugfeld genannt, nicht die Bezeichnung. Dass es sich um die reparierte „Landshut" handelt, erfährt er erst, als er vor ihr steht. „Friss oder stirb", lautet die Ansage seiner Airline.

Tags zuvor hat sich Lufthansa-Vorstandsmitglied Werner Utter bemüht, die Erinnerung der Geiseln an das „Landshut"-Trauma zu tilgen. Von einem Mitarbeiter ließ er sich einen Brief entwerfen.[7] Darin heißt es, „dieses – wie ich sehr hoffe – nun auch für sie mit besinnlichen und fröhlichen Feiertagen ausklingende Jahr hat Ihnen und der Lufthansa in seinem letzten Viertel eine gemeinsam durchgestandene, harte Prüfung auferlegt".[8]

An anderer Stelle drückt Werner Utter seine Zuversicht darüber aus, „das Bedrückende des Erlittenen möge in Ihrer Erinnerung mehr und mehr zugunsten anhaltender Freude über den glücklichen Ausgang des schwerwiegenden Erlebnisses verblassen". Die Lufthansa habe inzwischen mithilfe der Bundesregierung weltweite Absprachen und Vorkehrungen erreicht, „die unsere Flüge in nie gekannter Weise zusätzlich sichern. Das wollte ich Ihnen, die Sie auf unsere Dienste vertrauten, noch sagen."[9]

Ein Werbebrief für die Airline. Kein Wort der Entschuldigung. Keines über eine Entschädigung.

Wie die Betroffenen tatsächlich über die angeblich sicherste Fluggesellschaft der Welt denken, wird ihre Chefetage bald erfahren. Als Staatsminister Hans-Jürgen Wischnewski die ehemaligen Geiseln am 24. und 25. Juni 1978 nach Bonn einlädt, nehmen auch Mitarbeitende der Deutschen Lufthansa teil. Eine bzw. einer von ihnen, „FRAU EX 1 F. Schoiber", schreibt darüber für den Vorstand eine Aktennotiz.[10]

---

[7] Vgl. die Vorlage im Archiv Deutsche Lufthansa, Frankfurt am Main.
[8] Vgl. ebd.
[9] Ebd.
[10] F. Schoiber: Aktennotiz über Treffen der Insassen der „Landshut" am 24./25.0678 in BNJ, in: Akte „Landshut"-Entführung, Firmenarchiv Deutsche Lufthansa.

„In allen Gesprächen", heißt es darin, „konnte jedoch festgestellt werden, dass sich die Insassen der ‚Landshut' – unabhängig von den materiellen Ansprüchen – von LH eine ‚großzügige Geste' erwartet hatten." Dies insbesondere unter dem Aspekt, dass von vielen unbeteiligten Dritten großzügige Hilfeleistungen gemacht worden seien, wie zum Beispiel eine Einladung des Landes Kärnten für einen Gratisurlaub. „Von der Bundesregierung hatten viele eine pauschale Abgeltung durch eine Art ‚Schmerzensgeld' erwartet."

Der Verfasser der Aktennotiz sinnt darüber nach, „ob LH – auch wenn verspätet – eine abschließende großzügige Geste in Form eines freien Europa-Fluges für alle Insassen und einen Angehörigen anbieten soll". Die Bundesregierung könnte den jeweiligen Landurlaub bezahlen. Als Sprachregelung für einen Vorschlag der Airline schlägt F. Schoiber vor, „dass LH ebenfalls zu den Opfern zählt, um eine klarere Differenzierung in den Ansprüchen und der Abgrenzung zur Bundesregierung zu erreichen".

Werner Utters Hoffnung, die Menschen auf dem Entführungsflug als Kundinnen und Kunden der Deutschen Lufthansa zu halten, wird sich nur teilweise erfüllen. Viele befreite „Landshut"-Geiseln werden für viele Jahre kein Flugzeug mehr besteigen. Manche von ihnen ihr ganzes Leben lang.

Unabhängig von freiwilligen Leistungen gibt es zwischen der Airline und den befreiten Geiseln Klärungsbedarf. Erster Streitpunkt ist die Kostenerstattung für verlorene Gegenstände. Mutmaßlich haben sich die Somalier, denen die Bundesregierung das Flugzeug nach der Stürmung überließ, kräftig aus den Koffern bedient. Manche Forderungen von Geiseln allerdings erscheinen exorbitant hoch. Mutmaßlich wollen sie Schmerzensgeld durch die Hintertür herausschlagen als Kompensation erlittenen Leids.

Eine befreite Geisel verlangt über 1000 DM für neue „dritte Zähne", nachdem ihr, wie sie behauptet, die eigenen bei der Notlandung in Aden aus dem Mund gefallen und auf dem Boden zerbrochen seien. Eine andere, sehr junge Geisel gibt an, einen Ring im Wert von 9000,- DM verloren zu haben. Eine dritte Geisel macht ohne Belege Forderungen von 5700,- DM geltend für verlorene Dokumente, Steuerlizenz, Schlüsselbund, verspätete Besprechungen, zusätzliche Ferngespräche.[11]

---

[11] Schreiben des Bundesministers für Verkehr an Ministerialrat Dr. Jäcke, Bundeskanzleramt, vom 21. Juni 1978. Betr.: Entführung „Landshut". Hier: Maßnahmen der DLH für die Passagiere, S. 1–4, S. 4, in: BArch B136/12963.

Als besonders problematisch erweisen sich Forderungen von Geschäftsleuten, die wegen der Entführung vermeintlich um Abschlüsse, sprich Umsatz, gebracht wurden. Sie fordern die Erstattung der dabei vermeintlich entgangenen Summen.

Die Deutsche Lufthansa erfüllt die meisten Forderungen nur zu einem Teil. Manche Betroffene, die Ansprüche angemeldet haben, bekommen keinen Pfennig. Die Airline beruft sich darauf, die Plausibilität von Forderungen geprüft und negativ beschieden zu haben. Viele Betroffene reagieren verbittert auf die – wie sie es empfinden – hochnäsige, knauserige Haltung einer Fluggesellschaft, deren Kundinnen und Kunden sie waren.

Mindestens seltsam verhält sich die Deutsche Lufthansa in dem Bemühen, sich gegenüber den Männern der GSG9 „erkenntlich (zu) zeigen", wie Franz Cesarz in einem internen Vermerk vom 1. Februar 1978 schreibt. „Wir haben dem Kommandeur der GSG9 mit Zustimmung des Vorstandes der LH für jedes Mitglied der GSG9 ein Exemplar der soeben im Verlag Wehr & Wissen erschienenen Buches ‚GSG9 – Kommando gegen Terrorismus' zur Verfügung gestellt."

Offenbar glaubt LH, dass Ulrich Wegeners Leute nicht selbst – und mutmaßlich ebenfalls kostenlos – an ein Buchexemplar über die eigene Einheit gelangen können.

# Herzlichen Glückwunsch zur Wiedergeburt

2. Dezember 1975. Sieben Südmolukker[1] entführen einen niederländischen Regionalzug auf dem Weg von Groningen nach Zwolle. Der Zug kommt nahe dem Ort Wijster zum Stehen. Spontan flankiert wird die Aktion von Südmolukkern, die am 4. Dezember 1975 das indonesische Konsulat in Amsterdam besetzen. Verhandlungen zwischen der Regierung und den Entführern führen am 14. Dezember 1975 in Wijster und kurz danach in Amsterdam zu einem unblutigen Ende der Geiselnahmen.

Ein Bericht der Deutschen Botschaft in Den Haag an das Bundesinnenministerium[2] rekonstruiert Beginn, Ablauf und Ende der Doppel-Entführung. Er handelt auch von der psychischen Nachbetreuung der

---

[1] 1950 rief das Volk der Südmolukker einen eigenen Staat aus. Fünf Jahre später wurde er von indonesischen Truppen besetzt, woraufhin viele Molukker in die ehemalige Kolonialmacht Niederlande flohen. Terroristische Gewalttaten sollten wie bei den Palästinensern den Weg ebnen zu (wieder) einem eigenen Staat.

[2] Bericht über die Ereignisse um die Zugkaperung in Beilen und den Überfall auf das indonesische Generalkonsulat in Amsterdam Anlage zu: Der Bundesminister des Innern. Gesch.-Z. ÖS 9 – 626 535/6, Dr. Brockmann. Betr.: Geiselnahme durch Ambonesen in den Niederlanden vom 1. Juni 1977, in: BArch B136/15685.

Geiseln durch die niederländische Regierung. Ihr Motiv gibt der Bericht wie folgt wieder: „Erfahrungen mit den Opfern langwieriger Geiselnahmen haben gelehrt, dass die Geiseln möglicherweise unter Nachwirkungen aufgrund ihrer erschütternden Erfahrungen zu leiden haben."[3]

Das niederländische Bewusstsein für Opfer ist seiner Zeit weit voraus. Dem Lagezentrum unterstehen die örtlichen Polizeibehörden und technisches Personal, darunter auch Polizeipsychologen. In der Nähe des Tatorts werden Empfangszentren für Familienangehörige eingerichtet, wo Ärzte, Psychologen und Sozialarbeiter Dienst tun. Dort werden später auch die befreiten Geiseln erstversorgt.

Für die weitere Begleitung rufen Vertreterinnen und Vertreter örtlicher Einrichtungen der Sozialhygiene und der Sozialarbeit, des Betriebsgesundheitsdienstes und der Niederländischen Eisenbahngesellschaft eine Arbeitsgruppe ins Leben. Um die Organisation der Hilfe in Amsterdam kümmert sich das kommunale Gesundheitsamt.

Der bzw. die Berichterstatter der Deutschen Botschaft beschreibt bzw. beschreiben ausführlich die therapeutischen Sofortmaßnahmen in sogenannten Trauma-Ambulanzen. Es handelt sich um die ersten Stationen eines im Detail ausgearbeiteten Nachsorgekonzepts. Therapeuten werden die Betroffenen mindestens zwölf Monate lang regelmäßig zu Hause besuchen. Psychische Folgeschäden sollen so gut wie möglich verhindert werden.

23. Mai 1977. Neun Südmolukker nehmen 54 Passagiere in einem Regionalzug nahe des niederländischen De Punt, einem Grenzort zwischen den Provinzen Groningen und Drenthe, als Geiseln. Am gleichen Tag kapern vier Südmolukker eine Grundschule im zehn Kilometer entfernten Bovensmilde, in der sich fünf Lehrende und 100 Schüler aufhalten.

Die Schulkinder kommen vier Tage später wegen einer ausbrechenden Epidemie frei. Am 11. Juni stürmt die Polizei beide Orte der Entführungen. Die Lehrer können unversehrt befreit, die Terroristen gefasst werden. Bei der Befreiungsaktion im Zug sterben sechs der neun Südmolukker und zwei Geiseln. Die weiteren Terroristen werden festgenommen.

Ein Bericht des deutschen Botschafters in Den Haag geht am 16. Juni 1977 beim Auswärtigen Amt ein.[4] Er beschreibt die harte Linie der

---

[3] Ebd., S. 29.
[4] Bericht der Botschaft Den Haag vom 16. Juni 1977. Betrifft Beendigung des Geiseldramas in Nordholland, in: BArch B136/16489.

niederländischen Regierung. „Die Terroristen blieben unnachgiebig; der Regierung blieb deshalb nichts anderes übrig, als Gewalt anzuwenden." Der Sturm des Zuges durch Marineinfanteristen verläuft blutig.

Ein Zug ist ein schwer zugängliches, von Terroristen mit Bedacht gewähltes Objekt. Viel leichter gelang die Befreiungsaktion in der Schule. „Die Operation, bei der niemand verletzt wurde, dauerte keine zehn Minuten."[5]

Interessant ist der gedankliche Bogen, den der bzw. die Verfasser des Berichtes zum RAF-Terrorismus in der Bundesrepublik schlagen. Viele Niederländer hätten vor den Geiselnahmen geringschätzig mit dem Finger auf Westdeutschland gezeigt. Ihrer Ansicht nach habe die Bundesregierung zu nervös auf Terrorakte der Baader-Meinhof-Gruppe reagiert. Das Volk habe sich gleichgültig darüber gezeigt.

Nach den Entführungsdramen von 1975 und 1977 kümmert sich jeweils der niederländische Psychotherapeut Jan Bastiaans um die befreiten Geiseln. 1975 hat er den 100 früh entlassenen Schulkindern und ihren Eltern Beratungsangebote gemacht. Die Eltern bekamen vermittelt, was die Kinder in den kommenden Wochen und Monaten seelisch durchmachen würden. Die Eltern organisierten in Eigeninitiative eine nachbarschaftliche Hilfe für die Kinder und sich selbst.

1977, als die Geiseln noch im entführten Zug sitzen, sagt Jan Bastiaans seelische Folgeschäden bei den Betroffenen voraus. Bei der Regierung in Den Haag stößt er damit auf offene Ohren. Der Staatssekretär des Ministeriums für Volksgesundheit bildet eine Arbeitsgruppe, die eine Art Drehbuch für die Betreuung der befreiten Geiseln schreibt.

Jan Bastians ließ im Akademischen Spital von Groningen, einem normalen Krankenhaus, eine Sonder-Station für die Betroffenen einrichten. Ganz bewusst nicht in einer psychiatrischen Klinik, wie es sein deutscher Kollege Andreas Ploeger nach der „Landshut"-Entführung tun wird. Bastians weiß: Die Psychiatrie gilt zu seiner Zeit als Abstellplatz für Verrückte.

Im Juli 1977, wenige Monate vor der „Landshut"-Entführung, treffen sich Psychiater, darunter Jan Bastiaans, Kriminologen und leitende Polizeibeamte im schweizerischen Evian zu einer Konferenz. Sie diskutieren über Verteidigungsstrategien und Abwehrmechanismen, die Men-

---
[5] Ebd., S. 3.

schen in Geiselhaft entwickeln. Und was eine überstandene Geiselhaft mit ihnen macht. Endgültig ist das Thema aus den USA auch in Europa angekommen.

Mutmaßlich noch nicht in der Bundesrepublik Deutschland. Das Auswärtige Amt leitet den Bericht der Deutschen Botschaft von der Geiselnahme 1977 an das Bundeskanzleramt weiter, das ihn am 11. Oktober, mitten im Deutschen Herbst, erhält. Der Persönliche Referent von Bundeskanzler Helmut Schmidt, Jochen Busse, bekommt den Bericht auf den Tisch, genauso – wohl auf Busses Initiative – der Chef des Bundeskanzleramtes, Manfred Schüler. Ob ihn auch Bundeskanzler Helmut Schmidt bekommt oder nur eine kurze Zusammenfassung davon, ist nicht dokumentiert.

Historisch belegt ist, dass der Bundeskanzler vom erfolgreichen Ambulanz-Konzept des niederländischen Nachbarn weiß. Der Bundeskanzler lobt das Konzept in einem Telefongespräch mit dem niederländischen Ministerpräsidenten Den Uyl am 23. September 1977. Die deutsche Regierung profitiere „aus dem Verhalten der holländischen Regierung bei der Geiselnahme in Bovensmilde und Assen und versuche, es hinsichtlich der psychologischen Beherrschung dieses Falles den Holländern gleich zu tun".[6]

Gut möglich, dass Helmut Schmidt die Worte von einem vorbereiteten Sprechzettel abliest. Nichts davon wird die von ihm geführte Bundesregierung in die Tat umsetzen.

Das ist ihm nicht zum Vorwurf zu machen. Der Mann hat das Land durch seine bislang schwerste Krise geführt. Andere könnten darauf kommen, dass die Niederländer auf diesem Feld ein Beispiel geben. Doch da gibt es in der Bonner Politik weit und breit niemanden. Am Flughafen Frankfurt am Main, wohin die befreiten Geiseln aus Mogadischu zurückkehren, wartet keine Trauma-Ambulanz auf sie. Noch weniger ist an eine Nachsorge für die kommenden, wichtigen Monate gedacht.

---

[6] Vermerk über das Telefongespräch des Bundeskanzlers mit dem niederländischen Ministerpräsidenten Den Uyl am 23. September 1977 vom selben Tag, in: OTB 13-211 20 (2), Beiakte OTB, Bd. 4, S. 6X (nicht lesbar).

„*herzlichen glückwunsch zur wiedergeburt ein schnelles vergessen und ein gesundes leben wuenscht heidi morinez geb. schwarz*"[7] „*Die besten Wünsche zum Geburtstag (Text Vorderseite Glückwunschkarte) Meinen herzlichen Glückwunsch zur Wiedergeburt Ihrer Tochter in aller Freundschaft Ihr Otto Fehmke (Text Rückseite Glückwunschkarte)*"[8]

„*Sehr verehrter Herr Bundeskanzler, nach der geglückten Befreiung der Lufthansa-Maschine in Mogadischu möchte ich Ihnen auf diesem Wege meinen allerherzlichsten Dank aussprechen. Meine Frau und mein Sohn sind zwischenzeitlich gut in Berlin eingetroffen und versuchen, sich von den schweren Tagen zu erholen. Leider haben wir jedoch einen Telefonanruf mit einer Morddrohung bekommen, welcher den seelischen Zustand der beiden nochmals belastet.*"[9]

„*Sehr geehrter Herr Bundeskanzler! Ich möchte Sie zu Ihrer Entscheidung in den Entführungsfällen recht herzlich beglückwünschen. Noch nie habe ich mir so regelmäßig alle Nachrichtensendungen im Rundfunk und Fernsehen angehört bzw. angesehen wie in den Tagen der Flugzeugentführung. Aber trotz aller Freude über den glücklichen Ausgang der Entführung bin ich enttäuscht. (…) Für Herrn Schleyer wurden sogar am Dienstag, 25.10.77 3 Gedenkminuten angeordnet. Für Käpt'n Schumann gab es nicht einmal eine „öffentliche" Gedenkminute. Ist Herr Schumann nicht genauso viel wert wie Herr Schleyer (…)?*"[10]

Natürlich, am Flughafen und im Heimatdorf, in der Heimatstadt, ist die Freude über die Rückkehr der Menschen riesengroß. Die befreiten Geiseln treffen auf ein Meer von Blumen und Glückwunschkarten. Auf überglückliche Angehörige und Freunde. Der Ortsvorsteher, Bürgermeister oder Oberbürgermeister gibt einen Empfang, an dem auch wildfremde Menschen teilnehmen aus ehrlicher Anteilnahme. Oder aus Neugier.

---

[7] Telegramm an die Familie der befreiten „Landshut"-Geisel Beate Keller (ehem. Zerbst). Privatbesitz Beate Keller.
[8] Glückwunschkarte im Privatbesitz von Beate Keller (Zerbst).
[9] Brief Dieter Röhll an Herrn Bundeskanzler vom 26. Oktober 1977, in: BArch B136/31588.
[10] Brief von Claudia Böhl, 15 Jahre, vom 27. Oktober 1977 an das Bundeskanzleramt, in: BArch B106/103790.

Die Freude währt nicht lange. Weder die Rückkehrer noch ihre Angehörigen und Freunde, Kolleginnen und Chefs sind auf die Situation vorbereitet. Alle meinen es gut mit den Frauen und Männern, Mädchen und Jungs, die dem Tod knapp entronnen sind. Aber gut gemeint heißt nicht automatisch gut gemacht. Auch ihnen ist daraus kein Vorwurf zu machen.

Erschwerend kommt hinzu, dass Menschen sehr unterschiedlich auf Traumata reagieren. Und ihnen sehr Unterschiedliches zur Bewältigung hilft. Geiseln wie Beate Keller (geb. Zerbst) hilft es, dass sie nach zwei Wochen wieder zur Arbeit gehen. Ihren täglichen Rhythmus zurückhaben. Andere scheitern daran wie die befreite Geisel Matthias Rath. Er geht auch wieder ins Büro, zum Zeitunglesen. Seine Arbeitskraft wirkt wie erloschen.

Das Bewusstsein für seelische Leiden ist Ende der 70er-Jahre in den Vereinigten Staaten gut entwickelt. US-Wissenschaftler diagnostizieren als erste das Posttraumatische Belastungssyndrom, wie es später heißen wird. Dort und in anderen westlichen Staaten spricht es sich in wissenschaftlichen und ärztlichen Kreisen schnell herum.

Nicht in der Bundesrepublik Deutschland. Hier schafft es die Posttraumatische Belastungsstörung zwar in das „rote Buch", doch Hausärztinnen und Hausärzte sind nicht geschult darin, auf seelische Erschütterungen ihrer Patienten angemessen zu reagieren. Befreite „Landshut"-Geiseln bekommen in den Praxen Komplimente zu hören, wie prächtig sie aussähen trotz der tagelangen Strapazen. Viele Ärztinnen und Ärzte messen den Blutdruck, der in Ordnung ist, verschreiben ein Schlafmittel und stellen eine Krankmeldung für zwei Wochen aus.

In der Bundesrepublik Deutschland hat es eine verletzte Seele traditionell schwer. Die Westdeutschen haben es nach zwei verlorenen Kriegen nicht so mit der Psyche. Ein Weiterleben nach der Katastrophe bedeutet, nach vorne zu leben. Die Westdeutschen stecken alle Energie in die Arbeit. In den Wiederaufbau des Landes. Nachvollziehbar werden sie fleißige Schafferinnen und Schaffer an einer besseren Zukunft. Da kommt manches zu kurz, so die eigene Seele.

Diese Härte zu sich selbst hat einen gesellschaftlichen Preis, etwa im Umgang mit seelisch Geschädigten. Die Historikerin Svenja Göltermann hat Krankenakten von Kriegsheimkehrern ausgewertet. Unentwegt fühlten sich die Betroffenen müde und antriebslos, finden nicht in ihr ziviles Leben zurück. Ihre behandelnden Ärztinnen und Ärzte haben für diese Niedergeschlagenheit kein Rezept. Körperlich erscheinen die Patienten gesund. Dass ihre Seele leidet, wird von der Ärzteschaft nicht gesehen. Oder verdrängt.[11]

Bereits die Kriegsheimkehrer machen eine Erfahrung, die befreite „Landshut"-Geiseln Jahrzehnte später teilen werden: Sie trifft der Vorwurf, eine seelische Krankheit vorzutäuschen aus Faulheit. Um sich vor dem Arbeiten zu drücken. Eine vorzeitige, unverdiente Rente herauszuschlagen. Nur verrückt Gewordene brauchen einen Psychotherapeuten, sind reif für die „Klapse"

Die frühere „Landshut"-Geisel Diana Müll verheimlicht ihr psychisches Leiden vor der eigenen Familie. Sie schämt sich für ihre Depression. Diana Müll nimmt einen Nebenjob in einer Disco an, um ohne Wissen der Eltern eine Psychotherapie zu beginnen. Irgendwann hat sie keine Kraft mehr für die Doppelbelastung rund um die Uhr. Aus Geldmangel muss sie die Therapie abbrechen.

In der Partnerschaft, in der Familie, im Freundeskreis geht die Traumatisierung ungewollt weiter. Man kommt miteinander nicht mehr klar. Die Familie von Rhett Waida macht Urlaub, doch von Erholung kann keine Rede sein, im Gegenteil. Die arbeitsfreie Zeit lässt die Waidas von früh bis spät an die Entführung denken. Sie fahren vorzeitig nach Hause, zurück in die Gaststube. Dort hat der Tag eine feste Struktur. Dort werden sie von der Arbeit und von ihren Gästen halbwegs abgelenkt.

Das schützt vor dummen Sprüchen nicht. Ein Doktorand von Psychotherapeut Andreas Ploeger zitiert in seiner Doktorarbeit Sätze, die befreite „Landshut"-Geiseln nach ihrer Rückkehr zu hören bekommen. Einem Betroffenen wird gesagt, „da hättest Du doch die Waffe nehmen können und so wie Rambo, ne?".[12]

Neid kommt auf. „Sie wollen ja nur einen billigen Ostseeurlaub haben, Sie wollen den ja nicht bezahlen", muss sich eine andere Betroffene anhören.[13] Als sich das Ehepaar Edelgard und Everhard Wolff irgendwann

---
[11] Vgl. Göltermann 2009.
[12] Ebd.
[13] Vgl. Hagenkötter 1993, S. 84.

nach dem „Landshut"-Drama ein neues Auto kauft, munkeln Nachbarn, das habe ihnen bestimmt die Bundesregierung bezahlt.

Partner zeigen ihr wahres Gesicht. Noch bevor Jutta Knauff (vormals Brod) nach Hause kommt, hat ihr Mann, Filialleiter der örtlichen Sparkasse, das Drama seiner Frau an die „Münchner Abendzeitung" verkauft. Jutta Knauff muss nur noch den Vertrag unterschreiben.

In einem Fernsehinterview, bei dem Frau und Sohn wortlos neben ihm sitzen, prahlt der Ehemann, gleich mit mehreren Blättern verhandelt zu haben. Das höchste Angebot von 10.000 DM gab den Ausschlag für die „Abendzeitung".

Jutta Knauff (vormals Brod) wird Jahrzehnte später nicht nur schlecht über das Interviewprojekt sprechen. Es war für sie eine Möglichkeit sich aussprechen, das Erlebte mit jemandem teilen zu können. Das Vertrauen zum geschäftstüchtigen Ehemann ist allerdings dahin. Jutta Knauff (vormals Brod) wird sich bald nach der Entführung scheiden lassen, was Ende der 70er-Jahre in der hessischen Provinz nicht akzeptiert wird. Der bisherige Freundes- und Bekanntenkreis verstößt die „Abtrünnige".

Es ist die zweite Verstoßung in Jutta Knauffs Leben. Nach dem Krieg wurde sie zusammen mit ihrer Familie aus den deutschen Ostgebieten vertrieben. Auf der Flucht traf ihre Großmutter eine Kugel, sie war sofort tot. Im Alter holen die Bilder der Vertreibung und der Entführung Jutta Knauff (vormals Brod) massiv ein, wie sie in Gesprächen mit dem Autor immer wieder berichtet.

Viele Betroffene werden es Jutta Knauff (ehem. Brod) früher oder später gleichtun, die Freundin oder den Ehemann verlassen. Die junge Frau, deren Mann ihr Wasser ausgetrunken hat, bleibt kein weiteres Jahr im gemeinsamen Haushalt.

Im Oktober 1977 macht Simone Regelmann (geb. Liedtke) Urlaub auf Mallorca. In El Arenal. Sie ist Sechszehneinhalb. Ein intelligentes, bildhübsches Mädchen, das zu den besten Nachwuchsschwimmerinnen in der Bundesrepublik gehört. Sie brilliert in den Disziplinen Lage- und Rückenschwimmen, wie ihr späterer Ehemann Ralph Regelmann dem Autor erzählen wird.

Simone Regelmann (geb. Liedtke) nimmt am Schönheitswettbewerb in der Diskothek „Graf Zeppelin" teil. Auch sie erreicht gerade noch den

Flieger zurück nach Frankfurt am Main mit großartigen Urlaubserinnerungen im Kopf. Dann der Schock. Die tagelangen Qualen. Simone Regelmann (geb. Liedtke) erlebt die Ermordung von Kapitän Jürgen Schumann aus nächster Nähe mit. Das Blut des Kapitäns spritzt auf ihr Kleid. In der „Landshut" nehmen Herz und Seele der jungen Frau Schaden.

Simones Eltern sind Gastronomen, sie betreiben die „Löwenbräu-Quelle" in einem Stadtteil von Dortmund. Sie verfügen nachvollziehbar weder über die Energie noch das Wissen, ihrer verstörten Tochter zu helfen. Geschweige denn selbst Hilfe zu suchen als belastete Angehörige.

Nach ihrer Befreiung in Mogadischu wirkt Simone Regelmann (geb. Liedtke), wie ihr späterer Mann Ralph Regelmann dem Autor erzählen wird, zunächst wie aufgedreht. Mit mehr Energie denn je. Irgendwann schwindet diese Energie. Simone zieht sich völlig zurück, will keinen Menschen mehr sehen.

In der Schule fühlen sich Mitschülerinnen und Mitschüler gut in Simones Leiden ein, nicht aber Lehrerinnen und Lehrer. „Stell Dich nicht so an!", lautet der wiederkehrende Spruch, wenn sich das Mädchen mal wieder nicht konzentrieren kann. Simone Regelmann (geb. Liedtke) bricht die Schule ab und tritt eine Lehre als Reiseverkehrsfachfrau an. Die schmeißt sie nach kurzer Zeit hin.

Die Eltern beschäftigen sie als Servicekraft in der Gaststätte. Sie geben ihr einen festen Tagesrhythmus, sorgen für soziale Kontakte. Und verdienen gutes Geld mit ihr. Die „Löwenbräu-Quelle" ist eine Männerkneipe. Die Gäste erfreuen sich am Anblick der schönen Frau. Sie laden sie mal zu einem Bier, mal zu einem Schnaps ein, damit Simone an ihrem Tisch Platz nimmt. „Die Eltern haben Simone missbraucht", wird ihr späterer Mann Ralph Regelmann Jahrzehnte später sagen.[14]

Was niemand weiß: Nach ihrer Entführung und Befreiung plagt Simone Regelmann (geb. Liedtke) die Angst zu verdursten. Offenbar ist sie im Kampf der „Landshut"-Geiseln um Wasser immer wieder zu kurz gekommen. Bald trinkt Simone nicht mehr Wasser, sondern Alkoholisches.

---

[14] Gespräch mit dem Autor.

Die letzten großartigen Tage ihres Lebens, voller Unbeschwertheit und Mittelmeersonne, hat Simone Regelmann (geb. Liedke) auf der Insel Mallorca verbracht. Der Wunsch, in diese Zeit vor der Entführung zurückzukehren, wird zur Manie. Sie reist häufig dorthin und erringt bis 1987 elf Mal den Titel „Miss Mallorca". Immer in der Disco „Graf Zeppelin" in El Arenal.

Simone Regelmann (geb. Liedtke) achtet nicht auf ihre Gesundheit und muss dafür früh mit ihrem Leben bezahlen. Sie stirbt am 19. August 2020. „Unvergessen! (Mogadischu 1977)" steht am Kopf ihrer Traueranzeige. Ralph Regelmann nimmt auch in seiner Dankeskarte nach Simones Beerdigung auf das Ereignis Bezug: „Die Zeit heilt nicht alle Wunden, sie lehrt uns nur, mit dem Unbegreiflichen zu leben."

# Versuchskaninchen

*„Wenn Du vor mir stehst und mich ansiehst, was weißt Du von den Schmerzen, die in mir sind und was weiß ich von den Deinen. Und wenn ich mich vor Dir niederwerfen würde und weinen und erzählen, was wüsstest Du von mir mehr als von der Hölle, wenn Dir jemand erzählt, sie ist heiß und fürchterlich. Schon darum sollten wir Menschen voreinander so ehrfürchtig, so liebend stehn wie vor dem Eingang zur Hölle."*
*Aus einem Brief von Franz Kafka an Oskar Pollak, 8. November 1903*[1]

Die Bundesregierung schickt die befreiten, traumatisierten „Landshut"-Geiseln einfach nach Hause. Dieses therapeutische Vakuum erkennen der ehrgeizige Psychotherapeut Andreas Ploeger und der gleichfalls ehrgeizige Psychologe Wolfgang Salewski. Beide finden die Frauen und Männer aus der „Landshut" wissenschaftlich spannend. Die Geiseln waren einer existenziellen Grenzerfahrung ausgesetzt. Was hat sie mit ihnen gemacht?

Den Anfang macht der Psychologe Wolfgang Salewski, der die Bundesregierung während der „Landshut"-Entführung beraten und Staats-

---

[1] Zitiert von der früheren „Landshut"-Geisel Gaby Coldewey in einer Mail an den Autor vom 18. Oktober 2012.

minister Hans-Jürgen Wischnewski nach Mogadischu begleitet hat. Er schreibt Betroffenen mit dem Briefkopf des von ihm gegründeten „Instituts für Konfliktforschung und Krisenberatung". In einem Brief an die befreiten Geiseln Edelgard und Everhard Wolf heißt es, „die Verhandlungsführung mit den Entführern der ‚Landshut' war vor allem deshalb einigermaßen erfolgreich, weil unser Institut bereits seit einigen Jahren auf dem Gebiet des Terrorismus und der Geiselnahme forscht".[2]

Das erscheint übertrieben. Staatsminister Hans-Jürgen Wischnewski fand die Mitwirkung von Wolfgang Salewski hilfreich, wie er nach dem Deutschen Herbst versichern wird. Salewski hielt wie gehört den völlig erschöpften, nicht mehr misstrauischen „Captain Machmud" bis zur Stürmung der Maschine hin.

Wolfgang Salewski bittet unter anderem das Ehepaar Wolff um ein Interview „ausschließlich zu wissenschaftlichen Zwecken". Es soll die Forschungsarbeit des Instituts ergänzen und erweitern. Die Wolffs werden nicht einmal um ihre Zustimmung gefragt. Wolfgang Salewski kündigt an, dass er oder einer seiner Mitarbeiter auf sie zukommen wird zur Vereinbarung eines Gesprächstermins.

Nur fünf Tage später schreibt ein Ministerialdirektor des Bundesministers des Innern, Werner Smoydzin, „an die Besatzungsmitglieder und Passagiere der LH 181 ‚Landshut'".[3] Er bittet sie „höflich", Prof. Dr. med. Dipl. Psych. Andreas Ploeger von der Medizinischen Fakultät an der Rheinisch-Westfälischen Technischen Hochschule Aachen „einige Fragen zu beantworten, die sich auf das Verhalten einzelner während der Entführung der LH 181 ‚Landshut' beziehen".[4] Weiter wirbt der Ministerialdirektor „um Ihr Verständnis, wenn Sie durch die Befragung noch einmal an die schrecklichen Ereignisse erinnert werden, die Sie miterleben mussten".[5]

---

[2] Brief Wolfgang Salewski an Everhard Wolff, Kempen, vom 13. Januar 1978, in: Persönlicher Nachlass Edelgard und Everhard Wolff.
[3] Brief Werner Smoydzin vom 18. Januar 1978 an Edelgard und Everhard Wolff. Betr.: Untersuchung über das Verhalten von Menschen in und nach extremer seelischer Belastung, in: Nachlass Edelgard Wolff.
[4] Ebd.
[5] Ebd.

Frisch traumatisierten Menschen gilt schon immer das wissenschaftliche Interesse des Neurologen. 1963 suchte Andreas Ploeger im Krankenhaus die Bergleute von Lengede auf, die nach einem Grubenunglück für tot erklärt wurden, bevor die Suche weiterging und alle Eingeschlossenen nach oben brachte. Später befragte Andreas Ploeger Überlebende schwerer Erdbeben in allen Teilen der Welt.

Dem Psychotherapeuten geht es, wie er einmal selbst formuliert,[6] um die Erforschung von Formen des zwischenmenschlichen Terrors. Sie soll längerfristig einen Einblick gestatten „in die Art und Weise, wie Menschen auf Bedrohungen reagieren und sie zu verarbeiten suchen, die existentiellen Grundlagen ihres Menschseins bedrohen".[7]

Andreas Ploeger verfolgt sein wirtschaftliches Interesse. Jeweils zwischen zwei und sechs Stunden interviewt er insgesamt 46 befreite „Landshut"-Geiseln (Stand Juni 1978), was ihnen die schlimmen Tage frisch in Erinnerung ruft. Die Interviews nutzen dem Wissenschaftler für eigene Studien und denen seiner Mitarbeiterinnen und Mitarbeiter. Stets geht es um das Posttraumatische Belastungssyndrom bei Entführungsopfern.

Andreas Ploeger gibt über die Ergebnisse mindestens eine wissenschaftliche Doktorarbeit in Auftrag. In Fachkreisen wird er Vorträge unter anderem über die Frage halten, wie viel Partnerschaften und Ehen an der „Landshut"-Entführung zerbrochen sind.

Aus einem Brief von Professor Andreas Ploeger vom 20. März[8] an das Ehepaar Wolff geht hervor, dass er die beiden angefragt und auch besucht hat. Im Brief dankt er für „ausführliche Berichte über Ihre Erlebnisse und die Schwierigkeiten des damit Fertigwerdens ... Ihre Angaben waren für unser Untersuchungsanliegen von ganz besonderem Wert ... ." Der Professor schickt in den Folgetagen brieflich weitere Fragen an Edelgard und Everhard Wolff, die beide auch beantworten.

Für Edelgard Wolff lautet Ploegers psychischer Befund nach Gesprächen im Februar und September 1978 wie folgt: „Psychopathologisch erhebliche Traumatisierung infolge der durchgemachten Belastung

---

[6] Vgl. Ploeger & Schmitt 1982, S. 182.
[7] Ebd.
[8] Brief Professor Andreas Ploeger an Herrn Everhard und Frau Edelgard Wolff vom 20. März 1978, in: ebd.

mit phobischen Reaktionen, Angstzuständen, Schlafstörungen und Schreckreaktionen."[9]

Everhard Wolff leidet offenbar noch stärker unter dem Erlebten. Der Befundbericht von Andreas Ploeger nennt „Psychopathologisch: Neigung zu depressiven Verstimmungen mit Erschwerung der Erlebnisverarbeitung, insbesondere der Traumatisierungen, deutliche Verlangsamung aller psychischen Funktionsabläufe, Irritierbarkeit mit phobischen und Angstreaktionen anlässlich bestimmter situativer Belastungen, welche die traumatisierenden Erlebnisinhalte mobilisieren."[10]

Ein dreiviertel Jahr nach dem belastenden Ereignis schlägt Andreas Ploeger dem Bundesministerium für Arbeit und Soziales Psychotherapie-Angebote für die Betroffenen vor. Andreas Ploeger wird den befreiten „Landshut"-Geiseln berichten, dass es ihn einige Mühe gekostet habe, mit dieser Aufgabe betraut zu werden. Das erscheint glaubhaft angesichts des damals geringen Bewusstseins für psychische Erkrankungen.

Fatal dagegen liest sich aus heutiger Sicht die Argumentation, mit der er sich den Beamten des Bundesministeriums für Arbeit und Sozialordnung andient. Es sei in der Regel nicht zu vermuten, „dass psychische Störungen auf Dauer zurückbleiben … ".[11]

Als weiteres Argument nennt Andreas Ploeger, „dass überhaupt davor zu warnen sei, die Frage einer Rentengewährung mit den Betroffenen zu erörtern … ."[12] Mit anderen Worten: Bezahlt das eine Mal meine Dienste, dann liegen Euch die Betroffenen in Zukunft nicht auf der Tasche!

Bei Therapiebeginn liegt die Entführung schon mehr als ein Jahr zurück. Jetzt wollen nur noch ein Dutzend der befreiten „Landshut"-Geiseln das Angebot annehmen. Andreas Ploeger bildet zwei Gruppen, die jeweils für fünf Tage in seine Klinik nach Aachen kommen und ein paar Monate später in eine Kurklinik im Ostseebad Damp 2000.

---

[9] Brief Andreas Ploeger an das Versorgungsamt Düsseldorf – Ärztlicher Dienst – vom 30. November 1978. Psychischer Befund bei Frau Edelgard Wolff …, in: BArch B149/99967.
[10] Ebd.
[11] Vermerk über ein Gespräch zur Durchführung des Gesetzes über die Entschädigung der Opfer von Gewalttaten (OEG), hier: Versorgung der Opfer der Flugzeugentführung der Lufthansamaschine „Landshut", in: BArch B136/12963.
[12] Ebd.

Edelgard und Everhard Wolff sagen gemeinsam zu – eine Ausnahme von der Regel. Von den Ehepaaren in der „Landshut" machen fast nur die Frauen mit. Sie lassen sich auf die Re-Inszenierung der belastenden Ereignisse ein, während die Männer das als „Seelen-Striptease" abtun.

Der unterschiedliche Umgang mit dem Trauma wird weitere Eheleute voneinander entfremden. Aus der Familie Coldewey zum Beispiel fährt die Frau hin, der Mann bleibt zuhause. Das Ehepaar wird sich später scheiden lassen.

Andreas Ploeger teilt dem Ehepaar Wolff Anfang November 1978 mit, dass die psychotherapeutische Maßnahme vom 5. bis 13. Dezember in Aachen stattfindet.[13] Zuvor müssen ihre Hausärzte gegenüber dem örtlichen Versorgungsamt begründen, weshalb eine solche therapeutische Maßnahme notwendig ist – die Voraussetzung dafür, dass die Kosten vom Versorgungsamt übernommen werden.

Das Verfahren mag aus Sicht des Versorgungsamtes, sprich des Staates, nachvollziehbar sein. Es geht um Leistungen für Privatpersonen aus öffentlichen Mitteln. Für die befreiten „Landshut"-Geiseln und andere mit Traumata belastete Personengruppen bedeutet es ein Spießrutenlaufen, davon wird noch die Rede sein.

In Aachen folgt die Tortur nach der Tortur. Andreas Ploeger steckt die traumatisierten Menschen in Quarantäne. Während des gesamten Aufenthalts ist jeder Kontakt zu Angehörigen oder Freundinnen bzw. Freunden untersagt.

Zufällig wohnen Menschen mit Behinderung auf demselben Stock wie Ploegers Klientinnen und Klienten. In den 70er-Jahren hat das Thema Behinderung noch nicht die Mitte der Gesellschaft erreicht. Nicht-Behinderte schauen häufig schamhaft weg, wenn sie Menschen in Rollstühlen sehen. Viele Behinderte und ihre Angehörigen wiederum fühlen sich sozial ausgestoßen.

Einige befreite „Landshut"-Geiseln belastet der Anblick von Nachbarinnen und Nachbarn mit Handicap. Sie drohen abzureisen, wenn sie nicht umziehen dürfen. Andreas Ploeger geht auf ihren Wunsch ein.

---

[13] Vgl. Brief Andreas Ploeger an Herrn Everhard und Frau Edelgard Wolff vom 2. November 1978, in: Nachlass Edelgard und Everhard Wolff.

Der Psychotherapeut macht mit den Teilnehmerinnen und Teilnehmern Stegreifspiele. Sie sollen die auf dem Entführungsflug erlebten Kränkungen noch einmal durchleben. Ein gespielter „Captain Machmud" schlägt noch einmal eine „Geisel" oder verkündet ihre Erschießung für den kommenden Morgen.

„Wir waren Versuchskaninchen", wird Gabriele von Lutzau später sagen. Anders ausgedrückt: Der Wissenschaftler ist neugierig auf die Wirkung seiner Methode. Dass er damit bei manchen mehr kaputt macht als heilt, scheint ihm nicht bewusst zu sein.

Andreas Ploeger bleibt auch unbeeindruckt von Begleiterscheinungen der Therapie. Eine Patientin fällt dadurch auf, „dass sie ihre Anwendungen nicht regelmäßig wahrnimmt – sie liegt morgens ... in ihrem Zimmer. Das Zimmer ist schon fast verwüstet."[14] Das Klinikpersonal findet die Frau bei einer Zimmerinspektion desorientiert vor.

Eine andere Patientin schläft „öfter den ganzen Vormittag, da sie die Nächte davor durchgefeiert hat. Trotz mehrmaliger Mahnungen und intensiven Gesprächen war sie nicht dazu zu bewegen, die Hausordnung einzuhalten."[15]

Nach der ersten Therapiewoche in Aachen berichtet Andreas Ploeger über seine Klienten an das jeweils zuständige Versorgungsamt. Bei Edelgard Wolff sei eine ausgesprochen tiefgründige Erlebnisverarbeitung zutage getreten, die sie „zu lebhafter emotional-affektiver Reaktion veranlasste und zugleich ein intensives Bemühen um Bewältigung der traumatisierenden Erlebnisse erkennen ließ".[16]

Die Diagnose für Everhard Wolff fällt weniger positiv aus. Andreas Ploeger attestiert ihm ein „von der Entführung unabhängiges zerebralorganisches Syndrom", das sich mit einer „Neigung zu Merkschwäche und Rededrang sowie einer allgemeinen Verlangsamung des Denkens und einem möglicherweise beginnenden dementen Prozess kenntlich machte".[17]

---

[14] Patientenprotokoll der Ostseeklinik Damp, 2335 Damp 2000, in: BArch B149/99967.
[15] Ebd.
[16] Brief Andreas Ploeger an das Versorgungsamt Düsseldorf – Ärztlicher Dienst – vom 18. Dezember 1978. Ärztlicher Befundbericht nach psychotherapeutischer Heilbehandlung zwischen dem 5. und 13.12.1978 in Aachen, in: BArch 149/99967.
[17] Ebd.

Die Wolffs fahren auch zur zweiten therapeutischen Maßnahme, die vom 22. bis 30. Mai 1979 in Damp 2000 stattfindet. Professor Andreas Ploeger möchte seinen Klienten keinen Urlaub gönnen, sondern das Projekt heil zu Ende bringen. Diesmal dürfen sogar Angehörige mit.

Eine besondere Herausforderung für die Berliner Senatsverwaltung stellt die Bitte eines Betroffenen dar, den neunjährigen Sohn mit zu Andreas Ploegers Therapietagen zu nehmen. Die Eltern hatten allein Urlaub auf Mallorca gemacht und wollten mit der „Landshut" in die Bundesrepublik Deutschland zurückkehren. Der Sohn hielt sich zu dieser Zeit bei seinen Großeltern auf. Während der „Landshut"-Entführungstage hatte er große Angst um seine Eltern, die ihn noch immer nicht loslässt. Er wirkt unkonzentriert und verstört.

Die Berliner Senatsverwaltung hadert mit der Frage, ob der Junge als Nicht-Geisel kostenlos mitkommen darf. Die Senatsverwaltung drückt das Thema an das Bundesministerium für Arbeit und Sozialordnung ab. Dort fasst sich jemand ein Herz und knüpft sein Okay an eine pfiffige Begründung. Der Kurerfolg des Vaters sei ohne die Teilnahme des Sohnes nicht gewährleistet. Der Sohn werde als „Dauerbegleitung" seines Vaters gebraucht.[18]

Auch im Ostseebad Damp 2000 läuft es nicht rund. Ein Ehepaar muss mit seinen zwei Kindern für mehrere Tage in einem Ein-Zimmer-Appartement wohnen, weil die Klinik voll belegt ist.

Andreas Ploeger und sein Team diktieren ausschließlich Erfolge in ihre medizinischen Befunde und Abschlussberichte. Immer geht es den Teilnehmerinnen und Teilnehmern nach zweimal fünf Tagen „Kur" besser. Das ist wichtig für die Versorgungsämter bzw. Krankenkassen, damit sie im Fall einer Anschlusstherapie bei der Stange bleiben. Außerdem macht es Freude, sich selbst ein gutes Zeugnis auszustellen.

Fünf Jahre nach der „Landshut"-Entführung zieht Jutta Duhm-Heitzmann in der „Zeit" Bilanz über die Erfahrungen der Geiseln nach ihrer Befreiung. Sie will wissen, wie es ihnen heute geht.[19]

---

[18] Vgl. Protokoll einer Sitzung beim Landesversorgungsamt Berlin auf Ersuchen des Bundesministeriums für Arbeit und Sozialordnung am 8. Mai 1978. Betr.: Durchführung des OEG, hier: Versorgung der Opfer der Flugzeugentführung der Lufthansamaschine „Landshut", in: BArch 149/99968, S. 3.

[19] Jutta Duhm-Heitzmann: Geblieben ist ihnen die Angst, in: Die Zeit v. 05. November 1982.

Die Journalistin erzählt von Menschen, die keine geschlossenen Räume mehr ertragen, Aufzüge meiden oder Angst haben vor arabisch aussehenden Menschen. „Und die kaputten Ehen?", stellt Jutta Duhm-Heitzmann rhetorische Fragen, „Die Angst, allein zur Arbeit zu gehen? Die menschenscheue Abkapselung? Die Hassausbrüche? Das maßlose Rauchen? Noch heute, fünf Jahre danach, nehmen einige von ihnen Psychopharmaka."

Zufällig erscheint der Artikel etwas mehr als einen Monat, nachdem der sozialdemokratische Bundeskanzler Helmut Schmidt durch ein Konstruktives Misstrauensvotum im Deutschen Bundestag gestürzt und der Christdemokrat Helmut Kohl zu seinem Nachfolger gewählt worden ist. Der Historiker Golo Mann sollte recht behalten mit einer Prophezeiung, die er dem Romanischen Philologen Hans-Martin Gauger in einem Brief vom 5. April 1980, sieben Monate vor der Bundestagswahl, geschrieben hatte: „Kommt es nicht zu einem Wechsel (im Amt des Bundeskanzlers von Helmut Schmidt zu Franz-Josef Strauß, Anm. M. R.), und ich denke, es wird nicht dazu kommen, dann kommt es binnen zwei Jahren zu einer Krise, sei es innerhalb der SPD, sei es zwischen der SPD und der FDP, sei es zwischen Helmut Schmidt und der ganzen SPD. Das prophezeie ich, der ich mich doch immer gehütet habe, etwas zu prophezeien."[20]

Die Entscheider-Generation im Deutschen Herbst, deren „Mogadischu"-Erzählung nur Helden kennt, musste politisch ihren Hut nehmen.

Die Entführung der „Landshut" habe ihr Leben „fürchterlich tangiert", wird das jüngste Crew-Mitglied Gabriele von Lutzau (geb. Dillmann) Jahrzehnte später sagen. Alle Betroffenen, einschließlich der Frau und den Kindern des ermordeten Kapitäns Jürgen Schumann, mussten einen individuellen Weg finden, mit dem Trauma zu leben.

Monika Schumann wählte einen anderen als die meisten Angehörigen, die einen geliebten Menschen durch terroristische Verbrechen verloren haben. An runden Jahrestagen besuchte Monika Schumann Talkshows im Fernsehen. Zusammen mit Kamerateams traf sie Barry Davies, einen der beiden britischen Soldaten bei der Aktion „Feuerzauber", die befreite

---

[20] Brief Golo Mann an Hans-Martin Gauger vom 5. April 1980, in: Lahme/Lüssi 2006, S. 262.

Geisel Birgit Paul (ehem. Pittelkow) und die einzige Überlebende aus dem Entführungskommando, Souhaila Andrawes.

Eine Frau, die jahrzehntelang um das Andenken an ihren Mann, der als Einziger nicht vom Entführungsflug heimgekehrt ist, gekämpft hat. Nach Jürgen Schumann sind heute Schulen, eine Lufthansa- und eine Bundeswehr-Einrichtung sowie eine Straße auf dem Hauptstadtflughafen BER benannt.

# Ein rotes Fahrrad von Herrn Bundeskanzler

Auch Ernst K. H. Schmidt aus Hamburg ist erleichtert über die glückliche Befreiung der „Landshut"-Geiseln. „Sehr geehrter Herr Bundeskanzler", tippt er mit Datum vom 18. Oktober 1977 in seine Schreibmaschine, „gestatten Sie mir, dass ich Ihnen – ohne zusätzlichen Kommentar – einen Verr.Scheck über DM 1000, – zu Ihrer freien Verfügung übersende." Weiter lässt der Spender seinen Namensvetter wissen, er sei Jahrgang 1909 und habe bereits im Alter von 27 Jahren beide Polarkreise überschritten.

Ein Mitarbeiter des Bundeskanzlers notiert auf dem Brief die Idee, das Geld Monika Schumann und ihren Kindern zu geben. „Zweck ist gut, Betrag zu wenig", schreibt Helmut Schmidt darunter und bittet um einen „anderen Vorschlag".

Anfang November 1977 ist ein Zweck für die DM gefunden. Acht Mädchen und Jungs aus der entführten „Landshut", zwischen sechs und 14 Jahren alt, sollen ein Fahrrad vom Bundeskanzler erhalten und der dreijährige Steffen Waida ein Kettcar. Ein zehntes Kind, das in den USA lebt, geht wegen hoher Transportkosten leer aus.

Ein Mitarbeiter des Bundeskanzleramtes macht sich auf, die Fahrräder und das Kettcar zu kaufen. Hierfür sucht er eine Kaufhof-Filiale in Bonn auf. Er kommt mit der Spende nicht ganz hin, trotz eines Rabatts vom Kaufhaus-Management. Der Kaufhof stellt 1268 DM in Rechnung. Die 268 DM holt sich das Bundeskanzleramt vom Steuerzahler.

Gaby Coldewey – die Geisel mit der Stoffpuppe – ist eine der Bedachten. So wie alle Mädchen und Jungs erhält sie das Fahrrad mitsamt einem Brief, den Bundeskanzler Helmut Schmidt persönlich unterschrieben hat.

„Liebe Gaby, offensichtlich aus Freude über die gelungene Befreiungsaktion auf dem Flughafen von Mogadischu hat mir ein Mitbürger einen Scheck übersandt. Der Gegenwert reicht aus, den Kindern, die in der entführten Lufthansa-Maschine waren, eine kleine Freude zu bereiten. So wird auch an Dich in den nächsten Tagen ein Paket abgesandt, dessen Inhalt Dir hoffentlich Spaß macht und ein kleines ‚Trostpflaster' für die schlimmen Tage im Flugzeug sein soll. Mit freundlichen Grüßen Helmut Schmidt."[1]

Gaby ist überrascht, aber nicht erfreut. „Das ‚Paket' war riesengroß und enthielt ein rotes Fahrrad. Da hatte jemand nicht mitgedacht. Mit knapp neun Jahren hat man natürlich eins und das zweite stand dann nur rum. Mein altes fuhr einfach besser und war schön blau. Rot mochte ich noch nie. Bei so wenigen Kindern hätte man die Eltern ja vielleicht auch mal vorher fragen können."[2]

Hat man nicht. Und die Ware mutmaßlich auch nicht gleich bezahlt. Vier Wochen nach Rechnungsstellung schreibt die Kaufhof-Filiale dem Bundeskanzleramt, „gewiss kann es schon einmal vorkommen, dass man es übersieht, eine Rechnung zu bezahlen. … Wir sind überzeugt, dass Sie das Versäumnis nachholen …." Am 22. November 1977 weist ein Mitarbeiter des im Bundeskanzleramt den Betrag an, wie er auf der Kaufhof-Zahlungserinnerung notiert.

Geld spielt jetzt auch in anderen Zusammenhängen eine Rolle. Nach dem Ende des Deutschen Herbstes wird abgerechnet. Der Genfer Rechts-

---

[1] Brief von Bundeskanzler Helmut Schmidt an Gaby Coldewey vom 28. Oktober 1977. Privatbesitz Gaby Coldewey.
[2] Brief von Gaby Coldewey vom 30. Juli 2012 an den Autor.

anwalt Denis Payot, Vermittler zwischen den Entführern von Hanns Martin Schleyer und der Bundesregierung, schickt „Monsieur Helmut Schmidt" mit Datum vom 28. November 1977 seine Abschlussrechnung.[3] Darin eingeschlossen ist das Honorar für die Mitarbeiterinnen und Mitarbeiter seines Büros. Die Gesamtsumme beträgt 473.752,25 Schweizer Franken. 180.000 Schweizer Franken hatte Denis Payot bereits als Vorschuss erhalten. So stehen noch 293.752,25 Schweizer Franken (seinerzeit ungefähr 608.000 DM) aus. Der Betrag wird nicht aus dem Etat des Bundeskanzleramtes, sondern aus dem des Bundesinnenministeriums beglichen.

Im Dezember 1977 bemüht sich dasselbe Ministerium, dass die Männer der GSG9 vor Weihnachten ihr Überstundengeld („Mehrarbeitsentschädigungen") erhalten. Welcher GSG9-Angehörige war in Ankara, welcher in Mogadischu? Und jeweils für wie lange? Eine Liste „Abordnung/Abstellung der GSG9 zum BKA und Zahlung von Mehrarbeitsentschädigung durch das BKA"[4] führt angegebene Überstunden exakt auf.

Auch hier gilt – wie bei der Auszeichnung mit dem Bundesverdienstkreuz – das Prinzip der Gleichbehandlung. Jeder wird so bezahlt, als sei er beim Sturm der Maschine dabei gewesen. Eine noble Lösung – und die teuerste.

Auch für die befreiten Geiseln geht es jetzt um Geld. Die Bundesregierung hat 1976 ein „Opferentschädigungsgesetz" auf den Weg gebracht für Menschen, die Opfer von Gewalttaten wurden, privaten und politischen. Auf dieses Gesetz weist zunächst die Deutsche Lufthansa, später auch die Bundesregierung hin.

Einerseits bedeutet das Gesetz in puncto Umgang mit Opfern einen sozialpolitischen Fortschritt. Zum ersten Mal in seiner Geschichte gewährt der westdeutsche Staat Leistungen für Menschen, die ohne Schuld eine psychische oder körperliche Verletzung erlitten haben. Er zahlt nicht viel, aber er zahlt. In den meisten Fällen auf Zeit, aber immerhin für diese Zeit. Ein indirektes Eingeständnis, dass es im Wirtschaftswunderland nicht nur Helden, sondern auch Opfer gibt.

---

[3] AdsD, 1/HSAA010019.
[4] BArch B106/373626.

Andererseits verläuft der Weg zu einer Anerkennung ziemlich deutsch. Betroffene müssen einen Antrag stellen, sprich selbst die Initiative ergreifen. Viele ehemaligen Geiseln aus der „Landshut" sehen sich dazu erst viel später in der Lage. Dann sind die Antragsfristen verstrichen.

Die mit der Anwendung betrauten Landesversorgungsämter haben mit dem OEG noch keine Erfahrung. Als „Landshut"-Geiseln Anträge stellen wollen, gibt es vielerorts keine Formulare. Und wenn doch, sehen sie den Fall einer politischen Entführung nicht vor. „Sind Sie mit dem Täter verwandt oder verschwägert?", lautet eine stereotype Frage.

Ärztliche Untersuchungen werden als demütigend empfunden. Die befreite „Landshut"-Geisel Jutta Knauff (vormals Brod) muss vor den Augen des Amtsarztes auf einer weißen Linie gehen. Er will feststellen, ob sie noch geradeaus laufen kann. Jutta Knauff empfindet das als Spießrutenlaufen.

Die „Landshut"-Entführung im Deutschen Herbst beschäftigt allmählich nicht nur die Bundesregierung, die Deutsche Lufthansa und Versorgungsämter im ganzen Land, sondern auch Anwältinnen und Anwälte von Betroffenen und Gerichte.

Natürlich, kein Geld der Welt kann erlittenes Unrecht – in diesem Fall die seelische Folter des Entführungsflugs – irgendwie heilen. Aber viele Geiseln wünschen sich von der Deutschen Lufthansa oder „vom Staat" eine Geste der Anerkennung – in diesem Fall in Mark.

Es gibt kein Gesetz, keine Verordnung, um über eine solche Anerkennung zu befinden. In Lauf der Zeit landen die meisten Anfragen von Betroffenen bzw. ihren Anwälten auf dem Tisch von Staatsminister Hans-Jürgen Wischnewski. Wenn uns einer helfen kann, lautet die gemeinsame Hoffnung, dann er!

Der Staatsminister mag die mal nachvollziehbaren, mal skurrilen Bitten ehemaliger Geiseln persönlich nachvollziehen – über eine eigene Kasse verfügt er nicht. Was in seiner geringen Macht steht: Er verwendet seinen Namen für die Betroffenen. Bittet Behörden um nochmalige Prüfungen oder Kulanzlösungen. Eine positive Entscheidung wegen der Schwere des Falles. Auch wegen des historisch einmaligen Anlasses – hoffentlich bleibt es bei dem einen Mal.

Jetzt rächt sich, dass die Bundesregierung nach „Mogadischu" keine zentrale Arbeitsgruppe – möglicherweise gemeinsam mit der Deutschen

Lufthansa – eingesetzt hat. Behörden und Airline legen die Vorschriften jeweils individuell aus. Sehr häufig zum Schaden der Betroffenen.

Erstattungen werden zwar geleistet, aber aus Sicht der Betroffenen nicht genug. Bei der Deutschen Lufthansa listet „CGN LS 1" Klein dem Vorstand Ende Januar 1978 die bis dahin geflossenen Geldleistungen auf.[5] Demnach wurden von den ehemaligen Geiseln 70 Forderungen im Gesamtwert von 151.302 DM erhoben. Die Fluggesellschaft zahlte an 68 Passagiere 90.191 DM, durchschnittlich 1288 DM pro Kopf. Die schon erwähnte Geisel, die 48.000 DM für verlorenen Schmuck reklamierte, erhielt 10.000 DM.

Alarmiert reagieren Bundesregierung und Deutsche Lufthansa immer dann, wenn befreite Geiseln die Öffentlichkeit suchen. Jede Erwähnung des Themas in den Medien wird von der Bonner Politik genau registriert. Dorothea Konwiarz saß in der entführten „Landshut". Eine Fernsehzeitschrift widmet der Bühnenbildnerin von Wim Thoelkes ZDF-Format „Der große Preis" einen Artikel.[6] In diesen wie in anderen „öffentlichen" Fällen übt die Bundesregierung Druck auf die Versorgungsämter aus für eine rasche Abwicklung der Verfahren.

Das tut sie auch bei befreiten Geiseln, die sich kurz vor Weihnachten 1977 an den SPD-Bundestagsabgeordneten Gert Weisskirchen (SPD) wenden. Der Genosse formuliert eine Anfrage an die Bundesregierung, ob Helmut Schmidts Kabinett es „bisher unterlassen hat, den Geiselopfern der nach Mogadischu entführten Lufthansa-Maschine ‚Landshut' nach ihrer Befreiung psychotherapeutische Beratung anzubieten, und wenn ja, welche Gründe liegen dafür vor?"[7]

Eine solche Frage hatte schon ein Schweizer Journalist in der ersten Pressekonferenz der Bundesregierung nach der Rückkehr der Geiseln gestellt. „Der Schweizer Rundfunk-Journalist Steiner wurde auf die Frage, ob die befreiten Geiseln eine psychologische Betreuung nach holländischem Muster (monatelange psychologische Überwachung und Betreuung) erfahren würden, sowohl vom Bundespresseamt als auch vom

---

[5] Vermerk von CGN LS1 an FRA VS vom 22. Januar 1978. Betr.: LH 181/13. Oktober 1977, S. 1–2, in: Lufthansa-Firmenarchiv Frankfurt am Main.
[6] TV Hören und Sehen Nr. 52 vom 30. Dezember 1978, in: BArch 149/99968.
[7] BArch B136/12963.

Innenministerium als auch vom Verkehrsministerium an LH (die Lufthansa, Anm. M. R.) verwiesen."[8]

Die Anfrage des Abgeordneten Weisskirchen nimmt den gewohnten Behördengang. Der zuständige Ministerialdirektor im Bundesministerium für Arbeit und Sozialordnung, Leonhard Trometer, drängt die Deutsche Lufthansa, sie möge die befreiten Geiseln auf „Heilbehandlungsansprüche nach dem Gesetz über die Entschädigung für Opfer von Gewalttaten (OEG) vom 11. Mai 1976 (BGBl. I S. 1181)"[9] hinweisen. In diesem Sinn appelliert der Ministerialdirektor auch an die Minister und Senatoren für Arbeit und Soziales der Länder.

Die Staatssekretärin im Bundesministerium für Arbeit und Sozialordnung, Anke Fuchs, antwortet dem Abgeordneten Gert Weisskirchen mit Datum vom 19. Januar. „Die Deutsche Lufthansa AG", heißt es darin, „hat alle Passagiere der Lufthansamaschine ‚Landshut' ... darüber informiert, dass sie für alle Gesundheitsstörungen, die durch die Entführung und die damit zusammenhängenden Ereignisse verursacht sind, Anspruch auf Heilbehandlung – dazu gehört selbstverständlich auch die psychotherapeutische Behandlung – nach dem Gesetz über die Entschädigung für Opfer von Gewalttaten (OEG) haben."[10]

Wir haben nichts falsch gemacht, so der Tenor des Briefes. Wie auch Beamtinnen und Beamten in Bonner Ministerien stets betonen. Wer ein Herz für die Betroffenen hat wie der Ministerialdirektor Leonhard Trometer, ein anerkannter Mann in seinem Fach, kommt nicht weit. Auch er kann wie Staatsminister Hans-Jürgen Wischnewski nicht mehr als zu appellieren, drängen, zu „runden Tischen" einladen. Er wäre wegen seiner Ranghöhe und seinem Einfühlungsvermögen der richtige Mittelsmann zwischen Politik und Geiseln. Auf diese Idee kommt niemand. Das würde auch zu Eifersüchteleien zwischen Bund und Ländern führen.

Staatsminister Hans-Jürgen Wischnewski hat bekanntlich auch ein Herz für die Geiseln. Er muss akzeptieren, dass sein Chef Helmut

---

[8] Interne Notiz des Lufthansa-Sprechers Franz Cesarz an Herrn Dr. Cullmann (Vorstandsvorsitzender LH, Anm. M. R.) vom 19.10.77. Betr.: Brief des Bundesministers für Verkehr vom 17.10.1977, S. 5, in: Archiv Deutsche Lufthansa Frankfurt am Main.
[9] BArch B136/12963.
[10] BArch B136/12963.

Schmidt Wischnewskis Vorschlag, jeder Geisel 5000 DM Schmerzensgeld zu zahlen, abgelehnt hat. Das könnte ja Schule machen![11] Bei anderen Gelegenheiten dagegen ergreift der Staatsminister für die Betroffenen erfolgreich Partei.

Anfang Februar 1978 sagt Hans-Jürgen Wischnewski im „Kleeblatt" – die Runde von Schmidts engsten Mitarbeitern –, dass die Kritik ehemaliger „Landshut"-Geiseln nicht länger ignoriert werden kann. Hans-Jürgen Wischnewski kam zu Ohren, dass OEG-Anträge von Betroffenen und Anträge auf Betreuungsmaßnahmen lange liegenbleiben. Der Staatsminister schlägt vor, dass er die ehemaligen Geiseln zu einem Treffen nach Bonn einlädt. Das „Kleeblatt" stimmt zu.

In der Zwischenzeit erhält der Staatsminister einen Bericht des Bundeskriminalamts, dessen Beamte alle befreiten „Landshut"-Geiseln befragt haben.[12] „Die erlittenen seelischen Qualen ließen bei einer nicht geringen Anzahl der Geiseln zum Teil sehr tiefgreifende psychische Störungen zurück."[13]

Die Verfasser kommen, was das OEG angeht, zu einem vernichtenden Urteil. „Mit dem am 16. Mai 1976 in Kraft getretenen ‚Gesetz über die Entschädigung für Opfer von Gewalttaten' wird über die Vorschriften des Bundesversorgungsgesetzes in diesem Bereich ausreichender Schutz nicht gewährt." Ein Ausgleich in Schmerzensgeld sei nicht vorgesehen. Auch für den Verlust von Wertgegenständen könnten die Opfer für begründete Forderungen keinen Ausgleich erhalten, „da das Opferentschädigungsgesetz für den Ersatz von Vermögensschäden ebenfalls keine Rechtsgrundlage hergibt".[14]

Auch die CDU-Bundestagsabgeordnete Lieselotte Berger engagiert sich für befreite Geiseln. Zwar nur für die aus Westberlin, wo die Abgeordnete ihren Wahlkreis hat, aber mit ihrer Initiative erfährt sie bundesweit Aufmerksamkeit. Mitte April 1979 trifft sich Lieselotte Berger mit den Betroffenen. Monika Schumann ist auch dabei. Danach beginnt Lieselotte Berger eine Korrespondenz mit dem Petitionsausschuss des Berliner Abgeordnetenhauses, die sie Hans-Jürgen Wischnewski zugänglich

---

[11] Vgl. Wischnewski 1989.
[12] BArch B136/12963.
[13] Ebd., S. 4.
[14] Ebd., S. 5.

macht. Der Staatsminister erwägt, die Stellungnahme des Petitionsausschusses allen ehemaligen Geiseln zu schicken.

Die Geisteshaltung im Bundeskanzleramt offenbart ein Vermerk an den Chef Manfred Schüler und Staatsminister Hans-Jürgen Wischnewski im Winter 1979. Ministerialrat Peter Jabcke, Leiter des Referats 43,[15] rät unverblümt von einer Weitergabe des Briefwechsels an die Geiseln ab. Die Antwort des Petitionsausschusses lege überzeugend dar, dass es für die Geiseln von Mogadischu keine Vorzugsbehandlung im Vergleich zu anderen Opfern geben könne …. Eine Versendung der Antwort an alle Landshut-Passagiere würde

- „den Berliner Fall bundesweit machen.
- Die anderen Beteiligten mit Problemen befassen, die sie nichts angehen, sie vielleicht nicht mal interessieren.
- Bei einigen vielleicht dazu führen, dass sie selber noch etwas zu bemängeln haben."[16]

Der Vermerk zeigt die mangelnde Einfühlung des hohen Beamten. Und die häufige Gepflogenheit, Debatten im Keim zu ersticken, bevor sie öffentlich werden. Staatsminister Hans-Jürgen Wischnewski folgt dem Vorschlag von Peter Jabcke und schickt die Antwort des Berliner Petitionsausschusses jetzt doch nicht herum. Auch der Staatsminister handelt bei aller Einfühlung in der Logik des politischen Systems. Ideen „außer der Reihe"? Initiativen auf eigene Kappe? Fehlanzeige.

Zwischen dem 18. und 21. April 1978 halten sich acht Berliner Frauen und Männer aus der entführten „Landshut" zusammen mit der Witwe des getöteten Kapitäns Monika Schumann in Bonn auf. Zu dieser zweiten Begegnung eingeladen hat sie die erwähnte Abgeordnete Lieselotte Berger. Auch der Bundestagsabgeordnete Heinrich Dieburg kommt hinzu.

Sein Bericht an Staatsminister Hans-Jürgen Wischnewski fällt eindeutig aus. Es könne gefolgert werden, dass die Bundesregierung „an einer

---

[15] Zuständig für das Bundesministerium für Arbeit und Sozialordnung; Sozial- und Gesellschaftspolitik; Arbeitsmarktpolitik, Gesundheit.
[16] Vermerk Referat 43, Dr. Jabcke, vom 9. Februar 1979 über … Herrn Chef des Bundeskanzleramtes. Herrn Staatsminister. Betr. Landshut-Passagiere. Hier: Antwort des Petitionsausschusses des Berliner Abgeordnetenhauses an Fr. L. Berger, MdB, in: BArch B136/12963, S. 1–2.

eingehenden Aufarbeitung der Vorgänge nicht interessiert ist, sich mit den bisher vorliegenden Erkenntnissen zufriedengibt und Kosten scheut".[17]

Beamte im Ministerium für Arbeit und Sozialordnung haben keinen Einfluss auf die OEG-Verfahren in den Bundesländern, verfolgen aber die Entwicklung genau. Mitte Mai 1978 liegen 36 Anträge vor. Der Mann eines Ehepaars in der entführten „Landshut"' hat beim Versorgungsamt Berlin einen Antrag auf OEG-gestellt wegen seines psychischen Dauerschadens. Der Antrag wird abgelehnt und auch der Widerspruch zurückgewiesen. „Das Verfahren über den Widerspruch von Frau … läuft noch. Sie hat nachträglich auch gynäkologische Beschwerden geltend gemacht …. Da diese Feststellung auf der Anamnese eines Neurologen beruht, hat BMA (Bundesministerium für Arbeit und Sozialordnung, Anm. M. R.) die Berliner Versorgungsverwaltung gebeten, ein besonderes Gutachten eines Gynäkologen einzuholen."[18] Es bleibt bei der Beobachtung, „Bonn" hat keine rechtliche Handhabe.

Nach den befreiten Geiseln, die keinen Antrag auf OEG-Leistungen gestellt haben, fragt übrigens niemand.

Am 30. Mai 1978 strahlt das ZDF die Dokumentation „106 h – Zwischen Palma und Mogadischu" von Ruprecht Eser und Wolfgang Salewski aus. Wie nie vorher und nie mehr danach drücken darin ehemalige „Landshut"-Geiseln ihre Enttäuschung über das Verhalten der Bundesregierung aus. In dieser Zeit, da die Westdeutschen nur drei Fernsehprogramme empfangen, ist Esers bzw. Salewskis Film eine große Aufmerksamkeit sicher. Auf großer Bühne werden Versäumnisse von Bund und Ländern öffentlich gemacht. Radio und Presse steigen danach auf das Thema ein.

Am 24. und 25. Juni 1978 kommen 66 ehemalige „Landshut"-Passagiere auf Einladung von Staatsminister Hans-Jürgen Wischnewski in Bonn zusammen. Einschließlich der Crew auf dem Entführungsflug und Angehörigen, die mitkommen dürfen, beträgt die Gästezahl 74. Die Bundesregierung lässt sich wenigstens an diesen zwei Tagen nicht lum-

---

[17] BArch B136/12963, S. 2.
[18] BArch B136/12965.

pen. Sie quartiert die Teilnehmer im noblen Bonner Hotel „Bristol" ein. Staatsminister Hans-Jürgen Wischnewski macht mit ihnen eine Schiffstour auf dem Rhein.

Vertreter von Bundesregierung und Lufthansa suchen das Gespräch mit den Betroffenen, doch beide Seiten reden, wie es in der Rückschau den Anschein hat, aneinander vorbei. Staatsminister Hans-Jürgen Wischnewski versteht sich als Helfer bei bürokratischen Fragen. OEG-Anträge beim Versorgungsamt sollen schneller bearbeitet werden. Er versichert am zweiten Tag, die Bundesregierung werde bemüht sein, alle offenen Fälle positiv zu klären.

Viele der befreiten Geiseln haben für die üblichen Politikerworte kein Ohr. Sie belastet weiter die Enttäuschung darüber, dass die Bundesregierung während der Entführungstage keinen Kontakt zu ihnen suchte. „Ne Dampferfahrt mit Kaffee und Kuchen", wird später eine ehemalige Geisel und Teilnehmerin am Treffen bilanzieren, „ein kaltes Buffet, und dann haben die uns auf die Schulter geschlagen, jetzt seid ihr alle wieder ruhig, jetzt könnt ihr auch wieder nach Hause fahren".[19]

Schon wenige Tage später kommt das Thema in Bonn erneut auf den Tisch. Heinz Ricken, Richter am Bundesgerichtshof, schreibt unter dem Eindruck einer Radiosendung[20], in der ehemalige „Landshut"-Geiseln und der erwähnte Psychotherapeut Prof. Jan Bastiaans zu Wort kommen, an den Bundeskanzler. „Die Entführungsopfer", so Heinz Recken wörtlich, „klagen über verständnislosen Bürokratismus – Seelenleiden sieht man nicht! – und enttäuschendes Desinteresse der Bundesregierung, die die Befreiung damals zu Recht als einen Sieg auch der Staatsräson gefeiert hat. Sie, Herr Bundeskanzler, zehren heute noch von diesem Ruhm. Die gelungene Befreiungsaktion sei auch ‚dem Bestand dieser Bundesregierung' zugutegekommen."

Heinz Recken rät, „nachholen zu lassen, was heute noch möglich ist: eine schriftliche, aber nicht nur förmliche Anerkennung (des Leidens der Geiseln, Anmerkung M. R.); eine honorige Gratifikation …; eine unbürokratische Gewährleistung weiterer psychotherapeutischer Behandlung".[21]

---

[19] Ploeger & Schmitt 1986, S. 72.
[20] Krausz 1978.
[21] Brief Dr. jur. Heinz Recken an Bundeskanzler Helmut Schmidt vom 18. Februar 1979, S. 1–2, in: BArch B136/12963.

Bundeskanzler Helmut Schmidt bekommt den Brief nachweislich auf den Tisch und entscheidet, ihn nicht selbst zu beantworten. Er beauftragt Staatsminister Hans-Jürgen Wischnewski damit. Der wiederum bestellt bei dem schon erwähnten Leiter des Referats 43, Peter Jabcke, einen Antwortentwurf. „Die Gewährung einer honorigen Gratifikation habe ich persönlich mit Nachdruck verfolgt", heißt es darin. Wie gehört schlug Hans-Jürgen Wischnewski dem Bundeskanzler vor, dass jede befreite Geisel 5000 DM Schadensersatz erhält – vergeblich.

In herzlicher Offenheit schreibt Jabcke seinen Textentwurf für Hans-Jürgen Wischnewski fort. „Als größtes Hindernis auf dem Wege zu einer flexibleren Regelung der materiellen Probleme hat sich das Opferentschädigungsgesetz erwiesen."[22] Ein klares Eingeständnis, dass die Strategie von Bund und Ländern im Umgang mit den befreiten „Landshut"-Geiseln gescheitert ist.

So viel Reue will nicht einmal der engagierte, einfühlsame Staatsminister Hans-Jürgen Wischnewski in die Welt setzen. Er kassiert den Antwortentwurf des Ministerialrats, die Vorlage kommt zu den Akten. Heinz Recken erhält jetzt doch nicht von ihm, sondern von besagtem Ministerialrat Jabcke einen Kanzleitrost.

Der Ministerialrat verfasst ein kurzes Anschreiben zu einem Bericht des Bundesministeriums für Arbeit und Sozialordnung, „in dem es zum Verwaltungshandeln nach dem Opferentschädigungsgesetz Stellung nimmt".[23] Der Bericht sei „durchaus selbstkritisch". Peter Jabcke weist darauf hin, dass noch einige Insassen der „Landshut" bei Professor Ploeger (sic), Aachen, gruppentherapeutisch behandelt würden. „Selbstverständlich erfolgt diese Behandlung für die Patienten kostenfrei …."

Heinz Recken hat sich mit seiner Biografie und Lebensleistung an den Bundeskanzler gewandt. Er wird von einem mittleren Beamten im Bundeskanzleramt mit einem Anschreiben zu einem offiziellen Bericht abgespeist.

Es lohnt die Lektüre, wie zäh ehemalige „Landshut"-Geiseln um Recht und Gerechtigkeit kämpfen, und mit welcher Zähigkeit die jeweils andere Seite immer neue Hürden schafft.

---

[22] Antwortentwurf Hans-Jürgen Wischnewski an Dr. Heinz Recken vom März 1979 (kein Tagesdatum eingetragen), in BArch B136/12963.
[23] Brief Dr. Jabcke vom 9. Juli 1979 an Dr. Heinz Recken, in: BArch B136/12963.

## Helma van Dreumel

Eine ausländische Passagierin des Entführungsflugs, die Niederländerin Helma van Dreumel, schreibt Hans-Jürgen Wischnewski mit Datum von 25. Januar 1979 einen handschriftlichen Brief.[24] Der Staatsminister bekommt ihn mitsamt einer „Rohübersetzung" ins Deutsche auf den Tisch.[25] Bei der Notlandung in Mogadischu – gemeint ist wohl Aden – „ist mein Gebiss dermaßen ernsthaft beschädigt worden, dass ich nunmehr gezwungen bin, einen Teil meiner Vorderzähne erneuern zu lassen. Die damit zusammenhängenden Kosten sind für mich dermaßen hoch, dass ich sie nicht selbst bestreiten kann (....)."[26]

Hans-Jürgen Wischnewski gibt den Sachverhalt auf den Dienstweg, möchte aber der ehemaligen Geisel persönlich antworten. Ministerialrat Peter Jabcke im Bundeskanzleramt reicht den Brief an den Kollegen im Bundesministerium für Arbeit und Sozialordnung, Ministerialdirektor Leonhard Trometer, weiter.[27]

Der Ministerialdirektor wiederum erklärt sich für nicht zuständig. „Im Falle ... der niederländischen Staatsangehörigen Helma van Dreumel ist der Minister für Arbeit, Gesundheit und Soziales des Landes Nordrhein-Westfalen ... gebeten worden, das Anliegen der Einsenderin durch das zuständige Versorgungsamt prüfen zu lassen."[28]

Der erfahrene Beamte Leonhard Trometer weiß auch schon, wie die Prüfung ausgehen soll. Im vorliegenden Falle einer Niederländerin bestehe grundsätzlich Anspruch auf Versorgung nach dem OEG. „Der Bund ist in diesem Falle Kostenträger."[29]

---

[24] BArch B136/12965.
[25] Ebd.
[26] Ebd.
[27] Ebd.
[28] Brief Ministerialdirektor Leonhard Trometer an Ministerialrat Peter Jabcke vom 2. März 1979, in: BArch B136/12965.
[29] Brief Leonard Trometer (o. U., im Auftrag Ruh. Beglaubigt: Angestellte Ruh an den Minister für Arbeit, Gesundheit und Soziales des Landes Nordrhein-Westfalen vom 2. März 1979. Betr.: Leistungen nach dem OEG an Landshut-Passagiere; hier: Eingabe der Frau Helma van Dreumel, Nijmegen, Niederlande. Az. VI a 1 – 516.01 (OEG) -/79, in: ebd.

Wenige Tage später schickt der Persönliche Referent von Staatsminister Hans-Jürgen Wischnewski, Peter Kiewitt, Helma van Dreumel einen Zwischenbescheid. „Die Prüfung Ihres Anliegens … wird noch einige Wochen dauern. Grundsätzlich haben Sie für erlittene Körperschäden die gleichen gesetzlichen Ansprüche wie Ihre deutschen Leidensgenossen."[30]

Mit Schreiben vom 13. August 1979 – fünfeinhalb Monate nach Helma van Dreumels Eingabe – sieht das auch der Minister für Arbeit, Gesundheit und Soziales des Landes Nordrhein-Westfalen so. Dr. Delitz, ein Mitarbeiter der Behörde, schreibt dem Bundesminister für Arbeit und Sozialordnung, das Versorgungsamt Münster habe mit Bescheid vom 11. Juli 1979 die Gesundheitsstörungen „Beschädigung der Zähne 11 und 21" als Schädigungsfolge im Sinne des § 1 OEG anerkannt.[31] Kurz danach wird auch der Chef des Bundeskanzleramtes informiert.[32]

Mutmaßlich kein Thema, mit dem sich der engste Mitarbeiter des Bundeskanzlers der Bundesrepublik Deutschland zu beschäftigen hat.

Damit ist die Angelegenheit keineswegs abgeschlossen. Helma van Dreumel hat mit Datum vom 22. Januar 1979 einen Kostenvoranschlag über 2500 holländische Gulden eingereicht. Dem Versorgungsamt Münster ist dieser Kostenvoranschlag nicht konkret genug. „Falls der Zahnersatz noch nicht eingegliedert sein sollte, werden Sie um Einreichung eines spezifizierten Kostenvoranschlages gebeten."[33] In diesem Sinn schreibt auch ein Mitarbeiter des Landesarbeitsministeriums Nordrhein-Westfalen an den Bundesminister für Arbeit und Sozialordnung.[34] Und der Bundesminister für Arbeit und Sozialordnung wiederum an den Chef des Bundeskanzleramtes.[35]

---

[30] Brief Peter Kiewitt an Helma van Dreumel vom 8. März 1979, in: BArch, in: ebd.

[31] Brief Dr. Delitz an den Bundesminister für Arbeit und Sozialordnung vom 13. August 1975. Geschäftsz. II B 1 – 4371 -, in: ebd.

[32] Brief des Bundesministers für Arbeit und Sozialordnung. Im Auftrag Ruhan an den Chef Bundeskanzleramt vom 1. August 1979. Geschäftsz. Via 1 – 5196.1 (OEG) – van Dreumel, in: ebd.

[33] Brief Versorgungsamt Münster an Helma van Dreumel vom 3. September 1979, in: ebd.

[34] Brief Der Minister für Arbeit, Gesundheit und Soziales des Landes Nordrhein-Westfalen (Im Auftrag Sträßer) vom 18. September 1979, Geschäftsz. II B 1 – 4371 -, in: ebd.

[35] Brief Der Bundesminister für Arbeit und Sozialordnung (Im Auftrag Ruh) an Chef Bundeskanzleramt vom 21. September 1979. Geschäftsz. Via 1 – 5196.1 (OEG) – van Dreumel, in: ebd.

Am 23. November 1979 kann der zuständige Mitarbeiter im Landesarbeitsamt Nordrhein-Westfalen dem Bundesminister für Arbeit und Sozialordnung Vollzug melden.[36] Das Versorgungsamt Münster habe am 2. November 1979 einem Antrag auf Erstattung von Zahnersatzkosten entsprochen und einen Betrag in Höhe von 970,30 DM überwiesen.

Auch ein weiterer Zahnersatz, den Helma van Dreumel beantragt, wird vom Versorgungsamt bezahlt. Darüber kann am 5. Dezember 1979 der Bundesminister für Arbeit und Sozialordnung den Chef des Bundeskanzleramtes unterrichten.[37] Mit Schreiben vom 6. Mai 1980 wird Manfred Schüler über die Ausführung und Erstattung des weiteren Zahnersatzes Bericht erstattet.[38] Die Angelegenheit sei damit „als erledigt anzusehen".

## Livia Vamos

Das Opferentschädigungsgesetz gilt außer in der Bundesrepublik wie erwähnt auch in den Niederlanden, Großbritannien, Irland und Schweden. Die österreichischen Geiseln aus der „Landshut" gehen leer aus. Hierzu zählt Livia Vamos, deren jüdische Herkunft durch geschicktes Taktieren von Stewardess Gabriele von Lutzau (geb. Dillmann) vor „Captain Machmud" verborgen blieb.

Ende Dezember 1979, über zwei Jahre nach der „Landshut"-Entführung, schreibt eine Münchner Anwaltskanzlei an Ministerialdirektor Leonhard Trometer im Bundesministerium für Arbeit und Sozialordnung im Auftrag ihrer Mandantin Livia Vamos. Ein OEG-Antrag in der Bundesrepublik Deutschland wurde zuvor wegen ihrer Staatsbürgerschaft abgelehnt.

„Die Folgeschäden", macht die Kanzlei geltend, „waren für Frau Vamos besonders gravierend, weil sie während der Jahre 1933 bis 1945

---

[36] Brief des Landesarbeitsministers Nordrhein-Westfalen (Im Auftrag Dr. Delitz) an den Bundesminister für Arbeit und Sozialordnung vom 2. November 1979, in: ebd.
[37] Brief Der Bundesminister für Arbeit und Sozialordnung (Im Auftrag Ruh, Angestellte) an den Chef Bundeskanzleramt vom 5. Dezember 1979, in: ebd.
[38] Brief Ders. (im Auftrag Au, Angestellte) an den Chef Bundeskanzleramt vom 6. Mai 1980, in: ebd.

politisch verfolgt war. Die Traumata, unter denen sie wegen der damals erlittenen KZ-Haft litt, sind durch den Vorfall vom Oktober 1977 wieder voll aktualisiert worden .... Wir regen an, dass bei dem hier zweifellos vorliegenden Sonderfall das Bundesministerium ... im Rahmen des Härteausgleichs etwas für unsere Mandantin tut."[39]

Ein Mitarbeiter des Bundesministeriums für Arbeit und Sozialordnung, Wesel, sieht in dem Fall mutmaßlich politischen Sprengstoff und schreibt mit Datum vom 1. Februar 1980 „an den Chef des Bundeskanzleramtes, Bundesminister der Justiz, Bundesminister der Finanzen und das Auswärtige Amt".[40] Die Ablehnung jeglicher Entschädigungsleistung durch die Bundesregierung werde voraussichtlich in der Öffentlichkeit erneut auf Unverständnis stoßen. „Dazu dürfte auch Frau Vamos' Schicksal (als Jüdin befand sie sich in KZ-Haft) beitragen."[41] Der Verfasser des Briefes „möchte deshalb alle Möglichkeiten ausschöpfen, Frau Vamos, die von dem Ereignis sicherlich in besonderer Weise betroffen ist, zu helfen (z. B. durch Zahlung eines einmaligen Geldbetrages)".[42]

Im Bundeskanzleramt kommt der Brief auf den Tisch des hier schon bekannten Ministerialrats Werner Jabcke. Es wäre, schreibt er an den Bundesminister für Arbeit und Sozialordnung, „nicht unwichtig zu wissen, welche Leistungen konkret beantragt wurden. Möglicherweise stellt sich heraus, dass gewisse Leistungen für Folgen des Anschlags ... bereits von (österreichischen) Sozialversicherungsträgern gewährt wurden."[43]

Auch das mutmaßlich ebenfalls mit der Angelegenheit betraute Auswärtige Amt sieht keinen Leistungsanspruch der befreiten „Landshut"-

---

[39] Brief Rechtsanwälte Oskar Möhring et al. an Herrn Ministerialdirektor Leonhard Trometer, Bundesministerium für Arbeit und Sozialordnung vom 27. Dezember 1979, in: BArch B136/12965.
[40] Im Auftrag Wessel. Beglaubigt: (Name nicht leserlich), Angestellte. Betr.: Versorgung von Landshut-Geiseln. Hier: Österreichische Staatsangehörige Frau Livia Vamos vom 1. Februar 1980. Geschäftsz. VIa 2 – 5234-02, in: BArch B136/1295.
[41] Ebd.
[42] Ebd.
[43] Chef BK. Im Auftrag Dr. Jabcke an den Bundesminister für Arbeit und Sozialordnung vom 21. Februar 1980. Betr.: Versorgung von Opfern der Lufthansamaschine „Landshut". Hier: Österreichische Staatsangehörige Frau Livia Vamos, in: BArch B136/12965.

Geisel, hält es aber „aus humanitären Gründen"[44] für richtig, dass Livia Vamos Geld bekommt. Im Bundesjustizministerium wird diese Auffassung geteilt, aber nicht auf eigene Kappe. „Haushaltsmittel hierfür können allerdings aus dem Einzelplan 07 nicht zur Verfügung gestellt werden."[45]

Gleich drei Ministerien weisen darauf hin, dass Livia Vamos keinen gesetzlichen Anspruch auf Leistungen hat.

Der Chef des Bundeskanzleramtes Manfred Schüler bittet im Bundesfinanzministerium zu prüfen, ob Frau Vamos einen einmaligen Betrag erhalten kann. „Nach dem Ergebnis meiner Prüfung", schreibt ein Herr Kaiser an Manfred Schüler, „muss ich Ihnen jedoch zu meinem Bedauern mitteilen, dass Zuwendungen der beantragten Art aus Bundesmitteln nicht gewährt werden können."[46]

Am 4. Juli 1980 verfasst ein Beamter des Bundesarbeitsministeriums – mutmaßlich Leonhard Trometer, als Unterschrift dient ein großes „T" – einen Vermerk, wonach er am selben Tag mit dem Rechtsanwalt von Livia Vamos telefoniert habe. „Ich habe ihn über die Rechtslage informiert und ihm nahegelegt, beim Landesinvalidenamt Wien, 1010 Wien, Badenbergstrasse, einen Antrag zu stellen. … Rechtsanwalt … zeigte sich sehr dankbar für die Hinweise und erklärte, dass es nach dieser eingehenden Information einer schriftlichen Beantwortung nicht mehr bedürfe."[47]

---

[44] Auswärtiges Amt, Dr. Jestaedt, an den Bundesminister für Arbeit und Sozialordnung vom 27. Februar 1980. Betr.: Versorgung von Landshut-Geiseln; hier: Österreichische Staatsangehörige Frau Livia Vamos, in: BArch B136/12965.

[45] Der Bundesminister der Justiz. Im Auftrag Schätzler. Beglaubigt Dudell an den Bundesminister für Arbeit und Sozialordnung vom 55. März 1980. Betr.: Entschädigung für Opfer von Gewalttaten. Hier: Österreichische Staatsangehörige Livia Vamos, in: BArch B136/12965.

[46] Der Bundesminister der Finanzen. Im Auftrag Dr. Kaiser. Beglaubigt Pohne. An den Bundesminister für Arbeit und Sozialordnung. Betr.: Versorgung von Opfern der Lufthansamaschine „Landshut". Hier: Österreichische Staatsangehörige Livia Vamos vom 2. Juni 1980, in: BArch B136/12965.

[47] Vermerk Leonhard Trometer (mutmaßlich), Abteilung VI BMA vom 4. Juli 1980. Betr.: Versorgung von Opfern der Entführung der Lufthansamaschine „Landshut". Hier: Österreichische Staatsangehörige Livia Vamos vom 4. Juli 1980, in: BArch B136/12965.

## Edelgard und Everhard Wolff

Die Wolffs erhalten wie alle Passagiere aus der „Landshut" nur einen Teil ihres Gepäcks zurück. Everhard Wolff reklamiert bei der Deutschen Lufthansa einen materiellen Verlust von 4809,70 DM für seine Frau und sich selbst. Die Airline anerkennt den Anspruch abzüglich eines Betrags von 400,- DM.

Everhard Wolff setzt sich bald wieder an die Schreibmaschine. Er fordert vom Bundesjustizministerium Schmerzensgeld. Das Ministerium teilt ihm mit Datum vom 2. Dezember 1977 mit, aus dem Verbrechen der Flugzeugentführer ergäben sich „keine Ansprüche gegen die Bundesrepublik Deutschland oder eines ihrer Länder, die über die Entschädigungsansprüche nach dem Opferentschädigungsgesetz hinausgehen".[48] Den Wolffs wird geraten, beim Versorgungsamt Düsseldorf einen Antrag auf OEG-Leistungen zu stellen.

Unabhängig davon teilt die Deutsche Lufthansa dem Ehepaar Wolff anfangs des Jahres 1978 mit, „wir sind vom Bundesminister für Arbeit und Sozialordnung gebeten worden, Ihnen zu bestätigen, dass nach dem Gesetz über die Entschädigung für Opfer von Gewalttaten (OEG) auch eine psychotherapeutische Heilbehandlung zu den Leistungen nach dem Bundesversorgungsgesetz gehört …".[49]

Im Frühjahr 1978 machen die Wolffs eine Kur. Die Kosten dafür werden ihnen über das Opferentschädigungsgesetz erstattet.

Everhard Wolff setzt sich wieder an seine Schreibmaschine. Er fordert von Bundesregierung und Deutscher Lufthansa „eine Entschädigung für den fast fünftägigen Freiheitsentzug unter Drohung und Folter und für die durch die Ereignisse uns entgangene Nutzung unserer Urlaubsnutzung". Den Briefen legt er Arztberichte für seine Frau und sich selbst bei.

Die Deutsche Luftpool, die für Versicherungsfälle der Deutschen Lufthansa aufkommt, weist in einem Brief an Edelgard Wolff jegliche An-

---

[48] Brief des Bundesministers der Justiz (im Auftrag Schätzler) vom 2. Dezember 1977. Az. 4226/1-II-26 509/77 in: Persönlicher Nachlass Edelgard und Everhard Wolff, S. 2.
[49] Brief Deutsche Lufthansa (Klein, Pocke) an Edelgard und Everhard Wolff vom 11. Januar 1978, in: ebd.

sprüche zurück. Nach Ansicht der Luftpool-Ärzte „sind Umfang und Dauer, vor allem der Erkrankung Ihres Mannes, weitgehend auf Leiden zurückzuführen, die bereits vor dem Entführungsfall bestanden. (…) Auch bei Ihrer Erkrankung ist nach Ansicht unserer Gesellschaftsärzte nicht erwiesen, dass das Unterschenkelgeschwür tatsächlich durch einen Handgranatensplitter entstanden ist ….".[50]

Dann schreibt der Lufthansa-Versicherer, „wir können uns des Eindrucks nicht erwehren, dass XXX (es folgt der Name eines der Hausärzte von Edelgard oder Everhard Wolff, Anm. M. R.) weitgehend ein Gefälligkeitsattest abgegeben hat." Die Deutsche Luftpool erklärt sich zu einer Zahlung von 3000,- DM an die Eheleute bereit, „vorausgesetzt, dass damit die Angelegenheit abgeschlossen ist".[51]

Edelgard und Everhard Wolff unterschreiben die Erklärung der Deutschen Luftpool und bekommen die Summe Mitte Oktober angewiesen.

Zum ersten Jahrestag der „Landshut"-Entführung wendet sich Everhard Wolff auch an das Büro von Staatsminister Hans-Jürgen Wischnewski. Er erinnert an das Treffen des Ministers mit ehemaligen Geiseln in Bonn, an dem die Wolffs wie erwähnt teilgenommen haben.

„Ich glaube nicht", so Everhard Wolff in dem Brief, „dass das Grauen der fünf Tage und die Folgen, die bei Jedem von uns haften geblieben sind, mit materiellen Dingen abzugelten sind. Anderseits aber eine gewisse Kulanz der Regierung uns gegenüber ein Trost sein kann."[52] Everhard Wolff fügt dem Brief eine Rechnung seines Rechtsanwalts über 356,16 DM bei „mit der Bitte, an Ihre Kulanz appellierend, um Regulierung derselben".[53]

Aus Bonn kommt keine Antwort. Im Namen seiner Frau und sich selbst erinnert Everhard Wolff das Büro von Staatsminister Hans-Jürgen Wischnewski in einem Brief vom 11. Januar 1979 an das Schreiben vom 14. Oktober.[54] Der Staatsminister reagiert. Er ergreift Partei für die ehe-

---

[50] Brief Deutsche Luftpool an Edelgard Wolff vom 20. September 1978, in: ebd.
[51] Ebd.
[52] Brief Everhard Wolff an das Büro des Herr Staatsministers Wischnewski/Persönlicher Referent vom 14. Oktober 1978, in: ebd., S. 2.
[53] Ebd.
[54] Brief Edelgard und Everhard Wolff vom 11. Januar 1979 an das Büro des Herrn Staatsminister Wischnewski. Persönlicher Referent. Betreff: Mein Schreiben vom 14.10.78, „Landshutpassagiere".

maligen „Landshut"-Geiseln und reagiert verärgert. „So lange darf so etwas nicht dauern", schreibt er in großen Buchstaben auf Everhard Wolffs Brief.

Hans-Jürgen Wischnewski antwortet dem Ehepaar Wolff sogleich und mit besonderer Sorgfalt. Im Bundesarchiv Koblenz ist nicht nur dieser Brief erhalten, sondern auch der Entwurf seiner Mitarbeiterinnen und Mitarbeiter. Außerdem die handschriftlichen Änderungswünsche des Staatsministers.[55]

Hans-Jürgen Wischnewski übernimmt den Hinweis seines Hauses, dass der Staat keine privaten Anwaltskosten erstatten kann. Allerdings schreibt er den vorgelegten Antwortentwurf kräftig um.

Im Entwurf heißt es mit Blick auf Hans-Jürgen Wischnewskis späte Reaktion, „die Schuld liegt nicht bei mir, aber Politiker haben eben auch solche Versäumnisse zu verantworten". Hans-Jürgen Wischnewski streicht diese Zeile. Stattdessen täuscht er beharrliche Aktivität vor. Es sei ihm daran gelegen gewesen „sicherzustellen, dass nichts unversucht blieb, um Ihrem Anliegen eventuell Rechnung zu tragen".[56]

Dasselbe „Schicksal", die Streichung, erfährt ein ganzer Absatz im Antwortentwurf. Er lautet: „Um jedoch mein Verpflichtungsgefühl Ihnen gegenüber etwas zu erleichtern, erlaube ich mir, Ihnen 10 (sic) Flaschen Wein zu schicken, in der Hoffnung, dass Ihnen der Wein etwas über den Ärger – der umsonst aufgewendeten Anwaltskosten – hinweghilft."

Ende April 1979 setzt sich Everhard Wolff wieder an seine Schreibmaschine. Es seien „nicht nur die Geschehnisse der Geiselnahme die uns belasten", so der Briefschreiber wörtlich,[57] „sondern auch das Verhalten der Regierung seit unserer Rückkehr". Es sei unleugbar, „dass wir alle nicht so, wie wir die ‚Landshut' bestiegen haben, zu Hause wieder angekommen sind."

Dann gibt Everhard Wolff einen Hinweis, der auch von anderen befreiten Geiseln kommt – der schon erwähnte „Verdacht" im Freundes- und Bekanntenkreis, dass die Bundesregierung hohe Schmerzensgelder

---

[55] BArch B136/12965.
[56] Brief Hans-Jürgen Wischnewski an die Eheleute Eberhard und Edelgard vom 5. Februar 1979, in: ebd.
[57] Brief Edelgard und Everhard Wolff an Staatsminister Wischnewski vom 26. April 1979. Betreff: Ihr Schreiben vom 5. Februar 79, in: ebd.

an die Betroffenen gezahlt habe. „Wir sind von diesen Leuten mit Entschädigungssummen bis zu Höhen von DM 40.000 eingeschätzt worden", so Everhard Wolff in seinem Schreiben.

Seine Ehefrau Edelgard Wolff erzählt im Fernsehgespräch mit Südwestfunk-Redakteur Ebbo Demant, nach dem Kauf eines neuen Autos sei ihr und ihrem Mann gesagt worden: „Das Geld dafür habt Ihr doch von der Bundesregierung bekommen!"

Ende Juni 1979 bekommt Staatsminister Hans-Jürgen Wischnewski Post eines Genossen im Deutschen Bundestag, Erwin Stahl. Edelgard und Everhard Wolff leben im Wahlkreis von Erwin Stahl und haben ihm geschrieben.[58]

Ein Vierteljahr später trägt Staatsminister Hans-Jürgen Wischnewski die Causa Wolff dem Chef im Bundeskanzleramt, Manfred Schüler, an.[59] „Mir wäre an einer Regelung sehr gelegen", so Hans-Jürgen Wischnewski über die von Wolffs erbetene Erstattung ihrer Anwaltskosten. Die Summe beträgt 356,16 DM.

Mitte Oktober setzt sich Everhard Wolff wieder an seine Schreibmaschine. Er wiederholt bei Hans-Jürgen Wischnewski ein schon früher vorgebrachtes Argument, dass die Bundesregierung im Deutschen Herbst um die Zahlung einer Millionensumme herumgekommen sei. Gemeint ist das für die auszufliegenden Terroristen geforderte Handgeld.

Everhard Wolff wählt für sein Anliegen so ziemlich alle Kanäle, die das politische Bonn Ende der 70er-Jahre bereithält. Am zweiten Jahrestag der „Landshut"-Stürmung wendet er sich an den Petitionsausschuss des Deutschen Bundestages.[60] In ihrem langen Schreiben erlauben die Wolffs einen Blick auf die seelische Not zwei Jahre nach dem Drama. „Man hat den Eindruck froh sein zu müssen, dass man uns aus der Maschine überhaupt herausgeholt hat."[61]

---

[58] Brief Erwin Stahl MdB vom 26. Juni an den Staatsminister im Bundeskanzleramt. Persönlich. Herrn Hans-Jürgen Wischnewski. Betr.: Korrespondenz mit Herrn E. Wolff aus Kempen 3, Helmeskamp – Passagier der entführten Lufthansamaschine „Landshut", in: BArch 12965.
[59] Brief Hans-Jürgen Wischnewski an Manfred Schüler vom 25. September 1979. Betr.: Lufthansa-Passagiere; *hier*: Ehepaar Wolff, in: ebd.
[60] Brief Edelgard und Everhard Wolff vom 17. Oktober 1979 an den Petitionsausschuss HAT 1418 des Deutschen Bundestages. Betrifft: Regressanspruch an die Bundesregierung in Verbindung mit der Entführung der Lufthansamaschine „Landshut" am 13.10.77, in: ebd.
[61] Ebd., S. 3.

Tatsächlich empfinden viele befreite Geiseln, mit denen die Wolffs gesprochen haben, „außer den persönlichen Konflikten, von denen jeder betroffen war, ... das Verhalten der Regierung als sehr kränkend". Wieder äußert das Paar den Wunsch nach Erstattung seiner Anwaltskosten. Auch auf den Wunsch nach Schmerzensgeld für den auf die Entführung vorausgegangenen Mallorca-Urlaub.

Der Petitionsausschuss des Deutschen Bundestages bittet das Bundesministerium für Arbeit und Sozialordnung Anfang November 1979 um eine Stellungnahme, die das Ministerium Ende Januar 1980 liefert.[62] Demnach kann „dem Anliegen der Petenten, die ihnen im Verwaltungsverfahren entstandenen Anwaltskosten von der Verwaltungsbehörde erstattet zu bekommen, nicht entsprochen werden".[63] Auch eine Entschädigung für entgangene Urlaubsnutzung oder entgangene Urlaubsfreude sehe das Leistungssystem des sozialen Entschädigungsrechts nicht vor. „Da die Verwaltung an Recht und Gesetz gebunden ist, kann sie auch im Kulanzwege keine derartigen Leistungen erbringen ...."[64]

Eine Antwort des Petitionsausschusses an die Wolffs befindet sich nicht in der Akte.

Ein Beamter des Bundesministeriums für Arbeit und Sozialordnung wendet sich im April 1980, zweieinhalb Jahre nach der „Landshut"-Entführung, an den Chef des Bundeskanzleramtes, Manfred Schüler, und macht einen Vorschlag zur Güte. „Ich verweise darauf", schreibt jemand mit Namen Baader, dass „an andere Passagiere der ‚Landshut' (Eheleute Wolff) nach Intervention des Petitionsausschusses als Ausgleich für entstandene Anwaltskosten ‚aus einem anderen Topf' DM 400,- ohne rechtliche Grundlage gezahlt worden sind."[65]

Die tatsächliche Summe für die Wolffs betrug wie gehört 356,16 DM.

---

[62] Schreiben Bundesministerium für Arbeit und Sozialordnung an den Deutschen Bundestag – Petitionsausschuss – vom 31. Januar 1980. Betr.: Versorgung nach dem Gesetz über die Entschädigung für Opfer von Gewalttaten; *hier:* Eingabe der Eheleute Edelgard und Everhard Wolff, Kempen 3, vom 17. Oktober 1979, in: ebd.
[63] Ebd., S. 2.
[64] Ebd.
[65] Brief „Baader" an den Chef des Bundeskanzleramtes. Betr.: Versorgung von Opfern der Lufthansamaschine „Landshut"; *hier:* Österreichische Staatsangehörige Livia Vamos, S. 1–2, in: BArch B136/12965.

Im Bundesfinanzministerium ist man darüber verärgert. Ein Herr Kaiser schreibt Ministerialrat Peter Jabcke im Bundeskanzleramt eine handschriftliche Notiz, in der er beklagt, dass das Bundesarbeitsministerium „den schwarzen Peter uns zuschieben will. Zur Sonderzahlung in der Größenordnung von 357,- DM (Wolff) haben wir uns bereits deutlich geäußert. Hilfreich ist also die Behandlung dieser Sache durch BMA überhaupt nicht."[66]

Besagter Herr Kaiser knüpft die Zahlung an eine Bedingung: „Falls wir doch eine Sonderzahlung nicht ausschließen wollen …, müsste vorher nochmals MD Trometer ‚gehört' werden …."[67]

---

[66] Handschriftliche Notiz von Kaiser, Mitarbeiter im Bundesfinanzministerium, an Dr. Jabcke, Bundeskanzleramt, undatiert, in: BArch B136/12965.
[67] Ebd.

# Unsere neuen Freunde, die Scheichs

Die „Landshut"-Entführung mit ihrem glücklichen Ausgang ist ein singuläres Ereignis – zugleich ein folgenreiches für die künftige Außenpolitik der Bundesrepublik Deutschland.

Mit „Mogadischu" geht für die Bundesregierung ein Tor zur Welt auf. Seit ihrer Gründung vor 28 Jahren kennt ihr politischer Horizont hauptsächlich Westen und Osten. Die Beziehungen zu den Bündnispartnern im Westen und zum sogenannten Ostblock, darunter einem zweiten Staat deutscher Nation.

Seit der „Landshut"-Entführung schloss Bundeskanzler Helmut Schmidt auf die Augenhöhe mancher Regierungschefs auf, etwa die der Scheichs im arabischen Raum. Er kann dort mit seinem Rumpfdeutschland keine Weltpolitik machen, aber gute Geschäfte. Die Bundesrepublik Deutschland ist politisch ein Zwerg, aber wirtschaftlich ziemlich weit vorn.

Nicht nur aus Dank für seine Standhaftigkeit gegen den Terror, auch aus ehrlichem Respekt wird Westdeutschland zu einem vollwertigen Gesprächspartner in weiteren Teilen der Welt. Vorausgegangen war ein tragisches Ereignis, der Deutsche Herbst mit mehreren Todesopfern, doch der Bundeskanzler kann es politisch nutzen, um mit neuen Partnern anzubandeln.

Gleichwohl fällt die Bilanz, welche Regierungen den Bundeskanzler in diesen schweren Wochen unterstützt haben, gemischt aus. Sogenannte Bündnispartner verhielten sich wenig bis gar nicht partnerschaftlich. Anders Staaten, die mit der Bundesrepublik Deutschland in diplomatisch in keiner oder loser Verbindung standen, sahen sich in der Verantwortung.

## Großbritannien

Die britische Regierung gehört schon vor dem Terror-Jahr 1977 zu den engsten Verbündeten. Während der „Landshut"-Entführung macht sie sich entgegen den späteren Dankeshymnen von Bundeskanzler Helmut Schmidt an Premierminister James Callaghan wenig verdient.

Callaghan kostet es politisch nichts, wenn er GSG9-Kommandeur Ulrich Wegener die Pläne der Flughafengebäude in Dubai zukommen lässt zur Planung einer Befreiungsaktion. Die politisch delikate, für eine polizeiliche Operation wichtige Bitte des Bundeskanzlers, dass die GSG9 auf einem britischen Militärstützpunkt auf der Insel Zypern landen darf, wird negativ beschieden.

Die beiden Spezialkräfte Major Alastair Georg Angus Morrison und Staff Sergeant Barry Davies, Angehörige des britischen Pendants der GSG9, steuern ihr Know-how und Blendgranaten zur Aktion „Feuerzauber" bei. Das helle Licht blendete die „Landshut"-Entführer und setzte sie für wertvolle Sekunden außer Gefecht.

Am Morgen nach der Aktion „Feuerzauber" empfängt Bundeskanzler Helmut Schmidt den britische Premierminister James Callaghan zu einem Staatsbesuch in Bonn. Der erste Termin war wegen der Schleyer-Entführung verschoben worden. Diesmal halten beide Seiten unabhängig von den Entführungsfällen daran fest.

Helmut Schmidt und James Callaghan sprechen wie vorgesehen über den künftigen Standort einer europäischen Versuchsanlage „Joint European Torus" (JET), die Kernfusionsreaktoren entwickeln soll. Deutschland möchte JET auf dem Gelände des Max-Planck-Instituts in Garching bei München bauen, Großbritannien im britischen Culham, einem

Dorf am Nordufer der Themse. Beide Länder konkurrieren um ein wissenschaftlich bedeutendes, wirtschaftlich milliardenschweres Prestigeprojekt.

Das Gesprächsprotokoll der beiden Delegationen findet sich in den publizierten Akten zur Auswärtigen Politik der Bundesrepublik Deutschland 1977.[1] Politiker und Diplomaten tauschen darin höflich ihre Standpunkte aus. Im Protokoll findet sich kein Hinweis darauf, ob es Garching oder Culham wird. Das legt den Schluss nahe, dass die tatsächliche Entscheidung in einem viel kleineren Kreis fällt bzw. gefallen ist – möglicherweise hat Helmut Schmidt JET dem britischen Premier am Morgen nach „Mogadischu" versprochen. Die Entscheidung für Culham wird – mutmaßlich aus taktischen Gründen – erst später formal beschlossen und verkündet.

Die Wortführer für den Standort Garching reagieren verärgert, darunter Bundesinnenminister Werner Maihofer. In der historischen Rückschau erscheint sein Ärger nachvollziehbar, weil der Preis für die Mitwirkung zweier Briten in Mogadischu ziemlich hoch ist.

Bundeskanzler Helmut Schmidt möchte die beiden britischen Spezialkräfte, die an der „Landshut"-Befreiung beteiligt waren, mit dem Bundesverdienstkreuz ehren. Er beabsichtigt sogar, an dieser Ehrung persönlich teilzunehmen. Das Auswärtige Amt soll abklären, ob „London" einverstanden ist.

Premierminister James Callaghan selbst hatte die Entsendung von Major und Sergeant dem Bundeskanzler vorgeschlagen. Jetzt kommt es Callaghans Außenminister nicht zupass, dass den Spezialkräften ihr gebührender Dank zuteilwird. „London" wünscht keine Sonderbehandlung für die beiden. Es könnte Neid aufkommen unter den Männern der britischen Spezialeinheit. Das war ja auch die Sorge von Ulrich Wegener, dem Kommandeur der deutschen GSG9, nach dem Einsatz in Mogadischu.

Als sich Bundeskanzler Helmut Schmidt für eine historische Rede, der Geburt des sogenannten NATO-Doppelbeschlusses, in London aufhält, nimmt ihn der britische Außenminister beiseite. Er bittet Schmidt, von den Ehrungen abzusehen. Der Bundeskanzler stimmt sogleich zu. Die

---

[1] Vgl. Institut für Zeitgeschichte 2008.

Bundesregierung lässt stattdessen einen Dankesteller für die ganze Truppe fertigen. Der Teller wird an einer Wand im Gemeinschaftsraum angebracht.

Sergeant Barry Davies, einer der Betroffenen, fühlt sich um die Anerkennung seines Einsatzes geprellt. Er wird ein Buch[2] schreiben und Jahre später Monika Schumann, die Witwe des ermordeten „Landshut"-Kapitäns für eine Fernsehdokumentation treffen.

## Palästinensische Befreiungsorganisation (PLO)

Ein Neustart bringt die „Landshut"-Entführung im Verhältnis der Bundesregierung zu Jassir Arafats Palästinenserorganisation PLO. Nach dem Olympia-Massaker von München 1972 war das Verhältnis zum politischen Arm der Palästinenserbewegung kaputt. Jassir Arafat schmiss sich politisch an das DDR-Regime heran. Ein Win-win-Geschäft, denn die neuen „Freunde" suchten Wege zur internationalen Anerkennung von Arafats Organisation. Erich Honecker kann plötzlich Weltpolitik machen. Für Jassir Arafat öffnen sich bislang geschlossene Türen.

1973 nimmt der PLO-Führer am Weltjugendtag in Ost-Berlin teil, als komme er als Vertreter eines eigenen Palästinenser-Staates. Im selben Jahr darf er vor der Vollversammlung der Vereinten Nationen in New York sprechen – ein historisches Ereignis für sein in alle Welt verstreutes Volk. Bis zu einer sogenannten palästinensischen Autonomiebehörde werden noch Jahrzehnte vergehen, aber ein Anfang ist gemacht.

Die sozial-liberalen Bundesregierungen unter Willy Brandt (1969–1974) und Helmut Schmidt (1974–1982) anerkennen das Selbstbestimmungsrecht der Palästinenser. Sie reden darüber nicht groß aus Rücksicht auf Israel, in dessen historischer Schuld die Bundesrepublik Deutschland steht. Willy Brandt und Helmut Schmidt befürworten einen eigenen Palästinenser-Staat. Gleichwohl können sie keine aktive Rolle als Friedensstifter im Nahen Osten spielen – anders als zum Beispiel der österreichische Bundeskanzler Bruno Kreisky, der einem neutralen Staat vorsteht.

---

[2] Davies 1994.

Zu was palästinensischer Terror fähig ist, hat das blutige Olympia-Attentat von 1972 gezeigt. Und viele Attentate anderswo mehr. Palästinenser gelten als die gefährlichsten, weil am besten ausgebildete und mit reichlich Waffen versorgte Terroristen der Welt. Wer die Kette von Gewalt durchbrechen will, muss nolens volens mit Jassir Arafat auskommen.

Wie erzählt, geht die „Landshut"-Entführung nicht auf Arafats PLO zurück, sondern auf George Habasch, dem Führer der radikalen palästinensischen Splittergruppe PFLP. Unterschiedliche Strategien, aber noch mehr persönliche Eitelkeiten führen dazu, dass sich die Anführer der verschiedenen Gruppen nicht grün sind.

Das lässt sich politisch nutzen. Gleich nach Beginn der „Landshut"-Entführung bittet das Bundesaußenministerium den Bonner PLO-Vertreter Abdallah Frangi, mit Jassir Arafat zu telefonieren. „Bonn" will wissen, ob Arafat mit der Sache zu tun hat. Jassir Arafat lässt über Frangi versichern, dass es keinerlei Verbindung gebe zwischen der PLO und der „Landshut"-Entführung. Die PLO werde alles in ihrer Macht Stehende unternehmen zur Rettung der Geiseln.[3] Helmut Schmidt erhält einen Vermerk darüber und zeichnet ihn ab.

Bereits in Zypern sucht ein PLO-Vertreter wie erzählt das Gespräch mit „Captain Machmud" – mit einem anderen Tenor, als es der Terrorist erwartet. Der PLO-Vertreter fordert ihn zur Freilassung der Geiseln auf. „Captain Machmud" tobt.

Bundeskanzler Helmut Schmidt bekommt wie erzählt aus palästinensischen Kreisen gesteckt, dass die entführte Maschine von Dubai nach Aden weiterfliegen könnte. Später erhält der deutsche Nahost-Korrespondent der ARD, Kurt Stenzel, den Tipp, dass die „Landshut" von Aden aus Kurs auf Mogadischu nimmt. Auch er hat eine palästinensische Quelle.[4] Stenzel fliegt mit einem Kamerateam am Vorabend der „Landshut"-Ankunft nach Mogadischu. Er wird der weltweit einzige Journalist am Ort sein.

---

[3] Vermerk Loeck GL 21 vom 14. Oktober 1977. Betr.: Flugzeugentführung, BArch B136/16982.
[4] Gespräch mit dem Autor anlässlich der Dreharbeiten für Helm 2011b.

Jassir Arafat hält, was er verspricht. In den Akten des Bundeskanzleramtes und des Auswärtigen Amts finden sich noch weitere Hinweise darauf, dass die PLO die Bundesregierung während der Entführungstage immer wieder mit Informationen versorgt hat.

Das tut die PLO durchaus mit eigenen Interessen. Sie möchte, dass ihr Konkurrent George Habasch mit seiner Entführungsaktion scheitert. Zugleich sieht Arafat die Chance gekommen zu einem Neuanfang der Beziehungen zu Westdeutschland, einer der reichsten Industrienationen der Welt.

Ein Mitarbeiter des Bundeskanzleramts erstellt mutmaßlich am 14. Oktober 1977, einem Freitag, eine Liste, unter welchen Telefonnummern die Politiker Egon Bahr (SPD), der FDP-Fraktionsvorsitzende im Bundestag Wolfgang Mischnick (FDP), Helmut Kohl (CDU) und Friedrich Zimmermann (CSU) Freitagnacht, Samstag und Sonntag zu erreichen sind. Mit dabei ist auch eine private und eine berufliche Nummer von Abdallah Frangi, dem Büroleiter der PLO in Bonn.

Am Sonntag, 16. Oktober, 16.30 Uhr, schreibt eine nicht bekannte Person eine Gesprächsnotiz für den Chef Bundeskanzleramt Manfred Schüler. In englischer Sprache heißt es sinngemäß, Wadi Haddad habe den Zeitpunkt von Hanns Martin Schleyers Entführung gekannt. Es sei „a joint operation involving the kidnapping and hijacking as simultaneous events"[5] geplant gewesen. „For reasons not clear to our source, the hijacking was delayed."[6]

Viel ausführlicher berichtet eine „zuverlässige Quelle mit hervorragenden Verbindungen zu Fedaijn-Kreisen",[7] die Entführung der Lufthansa-Maschine von Mallorca und die Schleyer-Entführung seien abgestimmte Operationen, „die geleitet werden von Wadi Haddad in Zusammenarbeit mit der Baader-Meinhof-Bande".[8] Die Lufthansa-Entführer „haben ... Weisungen, keinen Passagier ... zu töten", unabhängig davon, ob ihre Forderungen erfüllt werden oder nicht.

---

[5] Archiv BK 13-211 20 (3), Beiakte 3, o. S.
[6] Ebd.
[7] Archiv BK 13-211 20 (3), Beiakte 3, S. 2.
[8] Ebd.

Die Entführer von Schleyer hätten ähnliche Anweisungen. Allerdings stellten die Personen, die Schleyer in Gewahrsam hielten, ihre Anweisungen infrage. Sie fürchteten ihre Verhaftung, weil sie der freigelassene Arbeitgeberpräsident identifizieren könnte.

Die Lufthansa-Entführer „haben Anweisung, Aden anzusteuern (to proceed to Aden). Somalia und Vietnam waren in der Bestimmungsliste enthalten, einfach, um zu vermeiden, die Rolle hervorzuheben, die das Den-Regime in Zusammenarbeit mit Haddad spielt."[9] In der Rückschau erweist sich diese Quelle als prophetisch.

Die Entführer werden in Aden fest mit einer gastlichen Behandlung rechnen. Sie dürften wissen, was die Bundesregierung seit einem Bericht des Bundesnachrichtendienstes vom 23. September 1977 weiß: Die Demokratische Volksrepublik Jemen gelte als begehrtes Zielland radikaler PLO-Splittergruppen. „Dem Meldungsbild zufolge ist gegenwärtig die terroristische Spaltgruppe der PFLP unter Wadi Haddad innerhalb dieses Komplexes dominierend (….)."[10] Soll heißen: Die Bundesregierung braucht Helfer am Ort. „Al-Fatah beabsichtigt, südjemenitische Regierung zur Freilassung der Passagiere zu überreden, ohne dass die Regierung auf die Forderungen der Entführer eingeht."[11]

Bereits Ende August 1977 erfährt die Bundesregierung von „subversiven aktivitäten der radikalen palaestinensischen gruppen" in Dubai, die hauptsächlich „mit Anhaengern wadi haddads in verbindung gebracht werden".[12]

Frühere RAF-Terroristen werden Jahre später die Vorgeschichte der „Landshut"-Entführung preisgeben. Vor dem Deutschen Herbst macht Wadi Haddad den Deutschen zwei Vorschläge, um die Forderungen von Hanns Martin Schleyers Entführer zu bekräftigen und eigene Interessen

---

[9] Archiv BK 13-211 20 (3), Beiakte 3, S. 2.
[10] Bundesnachrichtendienst: Länder-Beurteilung zur Frage der Aufnahmebereitschaft von Terroristen vom 23. September 1977. KKK – Tgb.-Nr. 267/VS-NfD, in: Archiv BK 13-211 20 (3), Bd. 1, OTB, S. 63 f.
[11] Vermerk für Herrn Staatssekretär Dr. Schüler vom 16. Oktober 1977, in: Archiv BK 13-211 20 (2), Beiakte OTB, Bd. 8, o. S.
[12] Fernschreiben an das Bundeskanzleramt vom 14. Oktober 1977, in: OTB, S. 92.

zu verfolgen. Wadi Haddad denkt an eine Geiselnahme in der Deutschen Botschaft von Kuwait-Stadt oder die Entführung eines deutschen Passagierflugzeugs.[13]

Gegen „Kuwait" spricht der erhöhte Schutz der Auslandsvertretungen seit der Geiselnahme von Stockholm. Weiter erscheinen eine Handvoll Diplomaten als schwaches Faustpfand im Vergleich zu einer gut gebuchten Lufthansa-Maschine mit unschuldigen Menschen aus vielen Nationen an Bord. So fällt die Wahl auf Vorschlag zwei. Die Entführung soll auf Palma de Mallorca beginnen, mutmaßlich weil dort die Sicherheitskontrollen als besonders nachlässig gelten.

Bundeskanzler Helmut Schmidt wird der PLO nach der „Aktion Feuerzauber" ausdrücklich danken. „Es sollte übrigens nicht übersehen werden", so Helmut Schmidt in seiner Regierungserklärung am 20. Oktober im Deutschen Bundestag, „dass sich auch der Chef der PLO, Jassir Arafat, eindeutig von der Aktion der Entführer distanziert hat lange bevor sie ihr Ende fand." Ein Passus, der im vorher an Journalisten verteilten Redemanuskript fehlt. Vielleicht kam Helmut Schmidt der Gedanke spontan oder – wahrscheinlicher – er will den brisanten Satz nicht früher zu Markte tragen. Helmut Schmidts Dankesworte werden von der PLO gehört und „mit großer Genugtuung"[14] aufgenommen.

## Souhaila Andrawes

„Was, Gefangene machen wollen Sie auch noch?", so der Ausruf des somalischen Präsidenten Siad Barre am 17. Oktober 1977 gegenüber Staatsminister Hanns-Jürgen Wischnewski. Der Präsident stimmt der Polizeiaktion eines anderen Staates auf seinem Territorium zu in der Erwartung, dass die Deutschen alle Mitglieder des Terrorkommandos erschießen. Er will keinen Ärger mit den Palästinensern oder mit Regierungen, die ein Ohr für die palästinensische Sache haben.

Siad Barres Wunsch erfüllt sich nicht. „Captain Machmud" muss zwar auf dem Rollfeld verbluten, „die Dicke" und „der Junge" sterben im

---

[13] Vgl. Geiger 2009, S. 424.
[14] vgl. Fernschreiben aus Beirut Nr. 300 an AA vom 29. Oktober 1977, o. V., in: BArch 136/16982.

Kugelhagel. Souhaila Andrawes hat Glück und überlebt. Politisch bedeutet sie fortan eine Last. Palästinenser sind heimat- und staatenlos. Eine palästinensische Terroristin ganz besonders.

Aus einem Fernschreiben der Deutschen Botschaft in Mogadischu geht hervor, dass die schwerverletzte Souhaila Andrawes auch noch Mitte Dezember im Polizeihospital liegt.[15] „Über ihr weiteres Schicksal hat somalische Regierung offensichtlich noch nicht entschieden."[16] Eine Delegation von Palästinensern, die der PLO angehören, reist nach Mogadischu, um die Auslieferung der Terroristin zu erreichen. Die somalische Regierung lehnt ab.

Kaum ist Souhaila Andrawes einigermaßermaßen von ihren Schussverletzungen genesen, soll sie in die Bundesrepublik Deutschland abgeschoben werden. Der Bundeskanzler, die Bundesminister des Inneren und der Justiz, der Generalbundesanwalt und der Präsident des Bundeskriminalamts sprechen am 5. Dezember 1977 darüber. Sie entscheiden, „dass eine Auslieferung nicht stattfinden solle".[17] Gründe seien unter anderem, „dass einem Strafverfahren in der Bundesrepublik erhebliche Beweisschwierigkeiten entgegenstehen" und „Taktik und Vorgehen der GSG9 und deren Beamten enttarnt werden müssten". Weiter würde eine Hauptverhandlung in der Bundesrepublik „dem internationalen Terrorismus unerwünschte Möglichkeiten der Selbstdarstellung" eröffnen.

Nicht der Vollzug von Rechtsstaatlichkeit gegenüber einer Gewaltverbrecherin leitet das Handeln der Bundesregierung, sondern das politische Schutzbedürfnis des Staates. Eine verurteilte Palästinenserin in einem deutschen Gefängnis könnte Anlass geben für Racheaktionen. Aus diesem Grund wollte Bundeskanzler Helmut Schmidt zwei Jahre vorher die nach Aden ausgeflogenen Terroristen nicht zurückhaben.[18]

Unabhängig von der Kabinettsentscheidung bleibt das Bundeskriminalamt in Wiesbaden mit Ermittlungen gegen Souhaila Andrawes be-

---

[15] Fernschreiben aus Mogadischu an das Auswärtige Amt vom 27. Dezember 1977. Az. RK 530.35 Betreff: Flugzeugentführung. Hier: Überlebende Terroristin, in: Archiv BK 13-211 20 (3), Bd. 1, S. 169.
[16] Ebd.
[17] Brief BKA-Präsident Horst Herold vom 30. Januar 1978 an den Bundesminister des Innern – ÖS 9. Betr.: Auslieferung der iranischen Staatsangehörigen Soraya Amari aus Somalia nach Deutschland, in: BArch B136/12963.
[18] Vgl. Geiger 2009, S. 425.

traut. Die Terroristin gilt weiter als „zur Festnahme ausgeschrieben".[19] Sie bleibt sozusagen auf dem Schirm.

Im Sommer 1978 legt das Bundeskriminalamt die „Landshut"-Entführung und die vermeintliche Fahndung nach der überlebenden Terroristin zu den Akten.[20] Knapp vier Jahre später, am 25. Februar 1982, hält ein Angehöriger der zuständigen Sonderkommission fest, Souhaila Andrawes sei am 25. April 1978 in Somalia zu 20 Jahren Haft verurteilt worden. Es bestehe jedoch der Verdacht, dass sie aus dem Gefängnis entlassen und abgeschoben worden sei in den Irak.[21]

Weniger die Deutschen als die Italiener haben an der Terroristin ein kriminalistisches Interesse. Italienische Ermittler fühlen sich formal zuständig, weil die entführte „Landshut" erstmals in Rom festen Boden berührte. Das gilt in der Luftfahrt als „Beginn" eines Verbrechens. Ein Gericht in Rom verurteilt Souhaila Andrawes am 2. Juni 1981 in Abwesenheit zu 30 Jahren Freiheitsstrafe wegen Flugzeugentführung, Verstoßes gegen das Waffengesetz und Freiheitsberaubung.[22]

Trotzdem bleibt die Terroristin unbehelligt. Spätere Lebensstationen sind Beirut, Damaskus und – nach der Ausweisung aus Syrien – die Insel Zypern. 1991 erhält sie zusammen mit ihrem Mann und der gemeinsamen Tochter politisches Asyl in Norwegen. Das nordeuropäische Land gilt als besonders Palästinenser-freundlich. Nicht zufällig in seiner Hauptstadt Oslo kommt in den 90er-Jahren ein Abkommen zwischen dem israelischen Ministerpräsidenten Jitzchak Rabin und PLO-Chef Jassir Arafat zustande. Das vorläufig letzte bis in die Gegenwart.

Erst am 13. Oktober 1994 – genau 17 Jahre nach Beginn der „Landshut"-Entführung – wird Souhaila Andrawes in der norwegischen Hauptstadt Oslo verhaftet, mutmaßlich auf Betreiben von Bundesanwaltschaft und Bundeskriminalamt in Karlsruhe bzw. Wiesbaden. Eine Verständi-

---

[19] Vgl. BArch B131/1173.
[20] Vermerk Noltsch. ED 1 LH 181. Tgb.-Nr. 174//. Az. GBA 1 BJs 122/77 vom 22. August 1978, in: BArch B131/1173.
[21] Vermerk des Bundeskriminalamtes, Hauer, vom 25. Februar 1982. Betreff: Entführung der Lufthansamaschine „Landshut" am 13.10.77, hier: Souhaila SAYEH, geb. 1953 in Hadath/Libanon alias Soraya ANSARI, in: BArch B131173.
[22] Anlage zu einem Vermerk des Bundeskriminalamtes, Hauer, vom 25. Februar 1982. Betreff: Entführung der Lufthansamaschine „Landshut" am 13.10.77, hier: Souhaila SAYEH, geb. 1953 in Hadath/Libanon alias Soraya ANSARI, in: BArch B131173.

gung zwischen der deutschen und norwegischen Regierung – mit welchem politischen Hintergrund auch immer – muss vorausgegangen sein. Am 25. November 1995 erfolgt Andrawes' Überstellung nach Hamburg, dem von Skandinavien aus ersten Gerichtssitz in Deutschland.

Der Prozess gerät zum Medienspektakel. Die Angeklagte besteht darauf, nur mit Krücken fotografiert oder gefilmt zu werden als Zeichen ihrer in Mogadischu erlittenen, bleibenden Verletzungen. Souhaila Andrawes ergießt sich in Selbstmitleid. Redet ihre Rolle während der „Landshut"-Entführungstage klein. Ich war jung und politisch unreif, so der Tenor. Viele ehemalige „Landshut"-Geiseln, darunter der damalige Co-Pilot Jürgen Vietor, sagen im Prozess aus. Sie wissen es besser.

Das Oberlandesgericht Hamburg verurteilt Souhaila Andrawes am 19. November 1996 zu einer Haftstrafe von zwölf Jahren. Nach einem Jahr erhält sie die Erlaubnis, in ein norwegisches Gefängnis verlegt zu werden. Am 30. November 1999 kommt die Verurteilte vorzeitig frei. An diesem Tag teilt das Justizministerium in Oslo mit, dass Souhaila Andrawes eine dauerhafte Aufenthaltsgenehmigung erhält.

Dem Vernehmen nach folgt ihre härteste, weil lebenslange Strafe erst jetzt. Statt im Prozess als Kämpferin für die palästinensische Sache aufzutreten, hat sie sich vor Gericht weggestohlen aus der damaligen Verantwortung. Damit soll sie in ihrer palästinensischen Community in Ungnade gefallen sein. Gar Mann und Kind verloren haben.

## Arabische Emirate

Einige Länder, mit denen die Bundesregierung während der „Landshut"-Entführung zu tun hat, befinden sich im arabischen Raum. Kein diplomatisch einfaches Terrain. Einerseits verfolgt die Bundesrepublik dort ökonomische Interessen. Sie will Waren exportieren und Erdöl beziehen. Benzin ist in den 70er-Jahren das Schmiermittel des Wohlstands in jedem westlichen Land.

Andererseits gibt es politische Unvereinbarkeiten zwischen den Westdeutschen und den Arabern. Die Araber betrachten Israel als Todfeind, alle Juden sollen laut einer Charta ins Meer getrieben werden. Ein absolutes No-Go für die Bundesrepublik Deutschland. Nach dem Holocaust gehört die historische Verantwortung für die Sicherheit des Staates Israel zur deutschen Staatsraison, zum politischen Grundverständnis jeder Bundesregierung.

Schon vor der Kanzlerschaft von Helmut Schmidt reiben sich diese Politikziele aneinander und führen zu Konflikten. Etwa im Verhältnis zu den Arabern, nachdem bekannt geworden war, dass Westdeutschland heimlich Waffen an Israel geliefert hatte. Weil die Bundesrepublik Deutschland im Jom-Kippur-Krieg 1973 aufseiten Israels steht, bekommt auch sie kein Erdöl mehr.

Das Scheichtum Dubai will die entführte „Landshut" nicht landen lassen, doch als sie auf dem Wüstenflughafen steht, hängt sich der Verteidigungsminister persönlich ins Zeug. Über 55 h diplomatische Verhandlungen mit den „Landshut"-Entführern sind nicht zu erwarten von einer Regierung, die mit der Bundesrepublik Deutschland wenig am Hut hat.

Die Führung des Scheichtums Dubai verhält sich während der Zeit, da die „Landshut" auf seinem Flughafen steht, widersprüchlich. Verteidigungsminister Mohammad Sheikh bin Rashid Al Maktoum hält „Captain Machmud" hin. Das weckt in Bonn die Hoffnung auf eine Befreiungsaktion durch die deutsche GSG9. Sein Chef, Scheich Zayid bin Sultan Al Nahyan, lässt die Maschine ziehen.

Im Sommer 1978 schlägt die deutsche Botschaft in Abu Dhabi vor, den Verteidigungsminister der Vereinigten Emirate, Mohammad Sheikh bin Rashid Al Maktum, nach Bonn einzuladen. Zusammen mit Staatsminister Hans-Jürgen Wischnewski soll er die ehemaligen „Landshut"-Geiseln treffen.

Das Auswärtige Amt antwortet per verschlüsseltem Fernschreiben, „Eine Einladung in die Bundesrepublik (…) sollte jedoch nicht in Betracht gezogen werden. … Mit Sicherheit würde er Wünsche auf Rüstungslieferungen präsentieren, die wir ihm abschlagen müssten."[23] Der Bundesregierung erscheine es auch heute unzweckmäßig, sich durch

---

[23] Vorlage des Auswärtigen Amts, Dr. Lahn im Referat Montfort, an Herrn Staatssekretär vom 25. Oktober 1977. Hier: Bestandsaufnahme und Bewertung des Verhaltens der betreffenden Länder sowie die aus diesem Verhalten zu ziehenden Konsequenzen, in: AdsD, 1/HSAA010018, S. 1–3.

Einladung an Verteidigungsminister eines arabischen Landes in militärische oder rüstungspolitische Zusammenarbeit drängen zu lassen.[24]

Aus Abu Dhabi kommt eine schneidige Antwort zurück: Scheich Mohamad bin Raschid Al Maktoum habe nicht die Absicht, „uns zu militärischer oder rüstungspolitischer Zusammenarbeit zu drängen". Die hat, heißt es sinngemäß weiter, auch nicht der Emir von Abu Dhabi, Zayid bin Sultan Al Nahyan, „der mit Abu Dhabis vielem Geld auch in der Bundesrepublik Waffen einkaufen möchte (was der Bundesregierung im Falle der Schnellboote genehm war)".[25]

Sieben Monate nach der „Landshut"-Entführung soll Scheich Mohamed eine hohe Auszeichnung erhalten. Erst zur Ordenszeremonie stellt sich heraus, dass der zu Ehrende zwar in der ersten (unbrauchbaren) Urkunde als „Herr", jedoch sonst von den zuständigen Stellen als weiblich angesehen wurde.[26] Im Ordenskasten habe das Halskreuz gefehlt. Der vorhandene Orden hänge an einer längeren, schmalen Damen-Schulterbinde. Der Verfasser erbittet „unverzügliche Übersendung einer männlichen Version des großen Verdienstkreuzes mit Stern und Schulterband".

Am Schluss steht die – angesichts der erfolgten Hilfe nicht unberechtigte – Klage, dass Bundeskanzler Helmut Schmidt nach dem Deutschen Herbst nie wieder das Gespräch mit Verteidigungsminister der Vereinigten Arabischen Emirate gesucht hat.

## Saudi-Arabien

In der alten Bundesrepublik verkleiden sich Jungs an Fastnacht als Cowboys oder Indianer. Nach der sogenannten Ölkrise 1973 auch als Scheichs. Vor dieser Krise waren ihnen die Männer in ihren weißen Gewändern,

---

[24] Vgl. Fernschreiben des Auswärtigen Amts an Botschaft Abu Dhabi vom 7. Juni 1978, in: PA AA, Mappe D5 Vw 260,30 Pol 300,25 310,10/1,5–6.

[25] Fernschreiben aus der Deutschen Botschaft in Abu Dhabi an das Auswärtige Amt vom 10. Juni 1978, in: ebd.

[26] Fernschreiben Hansjoachim Neumann an Herrn Staatsminister Wischnewski von 4. Juni 1978. Betr.: Lufthansa-Entführung nach Dubai. Hier: Dank an Sheikh Mohamed, in: Pol AA. Botschaft der Bundesrepublik Deutschland Abu Dhabi. Betreff: Entführung Lufthansa …. Bd. D5 von 1974 bis 1979. Vw 260,30. Pol 300, 25. 310/1,5+6.

mit Kopfbedeckung und dunklen Sonnenbrillen, unbekannt. Diese Herren, lehrt die Krise, drehen Westeuropa den Ölhahn auf oder zu. Sie bestimmen darüber, ob Papa an der Tankstelle Benzin bekommt. Und zu welchem Preis.

Scheichs stehen Anfang der 70er-Jahre für eine ferne, den Europäern zutiefst fremde Kultur. Die arabischen Staaten sollen dem Westen den Schmierstoff liefern für seinen florierenden Wohlstand, nicht weniger und nicht mehr. Luxus-Tourismus für westdeutsche Normalurlauber, etwa in das moderne Dubai, gibt es noch nicht.

Die westlichen Staaten schlagen sich wie erwähnt im sogenannten Jom-Kippur-Krieg 1973 auf die Seite Israels und gegen seine arabischen Nachbarn. Damit bringen sie die Scheichs gegen sich auf. Und im Winter 1973 Millionen von Bundesdeutschen ebenfalls. Sie müssen Schlange stehen für Benzin. Die Bundesregierung, geführt von dem sozialdemokratischen Bundeskanzler Willy Brandt, beschließt autofreie Sonntage – eine Initiative seines Kabinettmitglieds Helmut Schmidt.

Während der „Landshut"-Entführung vier Jahre später sucht die Bundesregierung das Gespräch mit dem wichtigsten Staat in der Region, Saudi-Arabien. Doch kein Vertreter der Regierung fliegt in die saudische Hauptstadt Riad, sondern der bayerische Ministerpräsident Franz Josef Strauß. Er unternimmt gern weite Reisen in Länder, wo ihm mehr – und wie er findet die verdiente – Anerkennung für sein politisches Genie zuteilwird.

König Khaled und Kronprinz Fahad von Saudi-Arabien sagen dem bayerischen Ministerpräsidenten zu, sich in Aden für die Bundesregierung zu verwenden. Der Bundeskanzler wird den Herrschern in seiner Regierungserklärung am 20. Oktober im Deutschen Bundestag dafür ausdrücklich danken.

Im April 1981 nutzt Bundeskanzler Helmut Schmidt den geknüpften Gesprächsfaden und macht einen Staatsbesuch in Riad. Dabei betont er sein Interesse an einer wirtschaftlichen Zusammenarbeit beider Länder. Die Saudis münzen dieses Interesse – nicht zur Überraschung der Bundesregierung – in ein militärisches um: Wir haben das Öl, Ihr den Panzer „Leopard II"! Helmut Schmidt kann über eine Lieferung nicht allein entscheiden. Persönlich ist er dafür und lässt das mutmaßlich die Scheichs auch wissen. Zurück in der Bundesrepublik, werden seine „Parteifreunde" derlei Überlegungen durchkreuzen.

Am 7. Oktober 1980 kommen die Bundesregierung und das Königreich Saudi-Arabien auf andere Weise zusammen. Die Bundesregierung sagt zu, den Saudis beim Aufbau eines Antiterrorverbands (Special Security Forces) mit 76 Mann zu helfen.[27] Kein Zweifel, der erfolgreiche „Feuerzauber" von Ulrich Wegeners Leuten hat Eindruck gemacht. Zehn GSG9-Leute gehen als Ausbilder für zehn Monate nach Riad. Die Bundesrepublik liefert auch Gerät und Waffen für die neue Spezialtruppe.

Bald danach soll auf saudischen Wunsch hin eine zweite, gleich starke Einheit gebildet werden. Auch diesmal stellt die Bundesregierung Gerät und Waffen. Für die zweite Lieferung ist ein Gesamtwert angegeben: Ca. 7,5 Mio. DM.

Eine Schlüsselrolle bei dem Deal kommt dem deutschen Unternehmen Thyssen zu. Thyssen liefert „mehrere gepanzerte Fahrzeuge" als Gerät für die „mechanisierte Einheit". Für das zweite Projekt werden wieder GSG9-Leute für ein paar Monate nach Riad geschickt. Ihre Personalkosten trägt die Firma Thyssen.

Am 7. Juli 1981 empfängt Bundeskanzler Helmut Schmidt Kommandeur Ulrich Wegener zu einem Gespräch. Mit dabei sind der Chef Bundeskanzleramt Manfred Schüler und Helmut Schmidts persönlicher Referent Jochen Busse.[28] Ulrich Wegener schildert seine Erfahrungen mit den von ihm geschulten Special Security Forces, dem saudi-arabischen Pendant zur GSG9. Laut Wegener wollen die Saudis mit ihm ein weitreichendes Konzept zur inneren Sicherheit erarbeiten. Helmut Schmidt erklärt, „es bestehe ein hohes Interesse daran, Saudi-Arabien auf diesem Gebiet auch weiterhin zu unterstützen".[29]

Aus dem weiteren Gesprächsvermerk geht hervor, dass Ulrich Wegener bereits die Regierungen von Singapur, den USA, Großbritannien und Israel berät. Demnächst soll die Zusammenarbeit mit der Regierung von Kenia beginnen, einem der wenigen verlässlichen Partner des Westens auf dem afrikanischen Kontinent.

---

[27] Vermerk Volker Busse. Gruppenleiter 13 vom 13. Juli 1981 Herrn Chef des Bundeskanzleramtes. Betr.: Zusammenarbeit mit Saudi-Arabien auf dem Gebiet der inneren Sicherheit. Bezug: Ihre anliegende Weisung vom 8.7.1981, in: BArch Az. n. b.

[28] O. A.: Vermerk vom 8. Juli 1981 – verschlossen –Az. 13 – 211 02 – Bu 101 (NA 1), in: BArch Az. n. b.

[29] Ebd.

Die GSG9 wird zu einem „Exportschlager",[30] wobei Ulrich Wegener Regierungen sehr individuell – das heißt mal mit mehr, mal mit weniger Energie – berät.

Helmut Schmidt thematisiert in dem Gespräch auch die Sicherung des Bundeskanzleramts durch die GSG9. Der Bundeskanzler bittet den Kommandeur, „den Umgangsformen der BGS-Beamten Aufmerksamkeit zuzuwenden".[31]

## Israel

Helmut Schmidt ist der einzige Bundeskanzler, der während seiner Amtszeit nicht nach Israel reist. Niemals war das Verhältnis zwischen der Bundesrepublik Deutschland und Israel derart eisig wie in der Ära Schmidt. Ursachen sind die Annäherung zwischen Westdeutschland und den arabischen Staaten während bzw. nach der „Landshut"-Entführung und Helmut Schmidts Interesse am Handel. Je enger die wirtschaftlichen Verflechtungen, desto weniger wahrscheinlich ein zweiter „Ölschock".

Ende der 70er-Jahre herrscht eine Todfeindschaft zwischen den meisten arabischen Staaten und Israel. Wie erwähnt gilt damals wie heute die politische Doktrin, alle Israelis ins Meer zu treiben. Das ist schon zu dieser Zeit nicht mehr wörtlich zu nehmen, drückt aber das Verhältnis zwischen Israel und seinen Nachbarn aus.

Immerhin kann US-Präsident Jimmy Carter im September 1978 einen „kalten Frieden" zwischen Israel und dem früheren Kriegsgegner Ägypten vermitteln. Das historische Abkommen von Camp David hält bis heute. Es hat den Nahost-Konflikt wenigstens an dieser Grenze beendet – aber auch nicht mehr.

1981 – Israel befindet sich mitten im Wahlkampf – erklärt Bundeskanzler Helmut Schmidt während seines Staatsbesuchs in Riad den moralischen Anspruch der Palästinenser auf einen eigenen Staat. Er tut es dort im Fernsehen, auf dass keinem arabischen Herrscher seine Botschaft entgeht.

---

[30] Herzog 2022, S. 279.
[31] Ebd.

Der amtierende Regierungschef der konservativen Likud-Partei, Menachem Begin, ist außer sich. Mutmaßlich zu Wahlkampfzwecken behauptet er, Helmut Schmidt sei einst ein loyaler Offizier Hitlers gewesen. Menachem Begin will vom Bundeskanzler wissen, was er mit den Juden an der Ostfront getan hat.[32]

Vielleicht ist der Premierminister auch nur falsch informiert. Menachem Begin weist darauf hin, dass Helmut Schmidt an einem Prozesstag des NS-Volksgerichtshofs gegen die Männer des 20. Juli teilgenommen hat. Dieser Besuch, so Begin sinngemäß, illustriert Schmidts Gesinnung. Der Bundeskanzler selbst beteuert sein Leben lang, dorthin entsandt worden zu sein als eine Art Einordnung. Vorher will er mehrfach politisch gelästert haben.

Helmut Schmidt seinerseits macht deutlich, dass er sich Begin nicht als israelischen Premierminister wünscht. Er könnte auch auf seine vierteljüdische Abstammung hinweisen – sein leiblicher Großvater war Jude –, unterlässt es aber. Mutmaßlich fürchtet er die Wirkung eines solchen Bekenntnisses im eigenen Land. Sein Amtsvorgänger Willy Brandt war als Kanzlerkandidat wegen seiner unehelichen Geburt geschmäht worden. 1945 geht das „Dritte Reich" unter, aber der Antisemitismus lebt in Westdeutschland fort. Helmut Schmidt wird vorsorglich mit der Preisgabe dieses Familiengeheimnisses warten, bis er keine politischen Ämter mehr bekleidet.

## Südjemen

Das südjemenitische Regime ist während des Aufenthalts der „Landshut" in Aden zu keinerlei Zusammenarbeit bereit. In Aden wird Kapitän Jürgen Schumann erschossen, aus wohl nie zu klärenden Gründen. Kein Wunder, dass die Bundesregierung das geplante Kapitalhilfe-Abkommen mit der Volksdemokratischen Republik Jemen auf Eis legt. Staatsminister Hans-Jürgen Wischnewski vertagt die Entscheidung in das Jahr 1978. Auf diese Weise möchte er Druck ausüben auf die Regierung, an der Aufklärung von Schumanns Tod mitzuwirken.

---

[32] Vgl. Titelgeschichte Der Spiegel Nr. 20 vom 11. Mai 1981; Bergmann 1998.

Die Südjemeniten mauern weiter, wie ein Fernschreiben des westdeutschen Geschäftsträgers Werner Michel erweist. Darin heißt es, „ich hatte Gelegenheit heute in längerem Gespräch mit Staatssekretär im Außenministerium der DV Jemen Fragen im Zusammenhang mit Ermordung Flugkapitän Schumann zu erläutern. Sie versicherte mir wiederholt, Unterlagen südjemenitischer Stellen enthielten keine Hinweise, dass Kapitän Schumann gezwungen worden sei, in die Maschine zurückzukehren."[33] Es gebe keine Hinweise auf Gespräche zwischen jemenitischen Sicherheitskräften und dem Kapitän.

Der Geschäftsträger war während der Ereignisse persönlich am Flughafen. Er hat, wie er betont, „nicht bemerkt, ob Kapitän Schumanns (sic) aus dem Flugzeug gestiegen ist".[34] Da nur sehr wenige Angehörige der hiesigen Sicherheitskräfte Englisch sprächen, sei außerdem nicht auszuschließen, „dass die Zurufe Kapitän Schumanns nicht verstanden wurden und schon allein deshalb damit gerechnet werden muss, dass südjemenitische Stellen keine zusätzlichen Erkenntnisse beibringen können".[35]

Durch die Brille von damals gesehen hatte die Bundesregierung gute Gründe, über das unkooperative Verhalten der Südjemen verärgert zu sein. Im Licht der Darstellung von Jürgen Vietor vor Lufthansa-Führungskräften erscheint das behauptete Nichtwissen plausibel. Wenn Vietors Darstellung zutrifft, gab es tatsächlich keine Gespräche zwischen jemenitischen Sicherheitskräften und dem Kapitän. Und damit keinen Anlass, ihn zum Flugzeug zurückzubringen.

---

[33] Michel, Werner: Fernschreiben an das Auswärtige Amt, Referat 311, vom 8. November 1978. Az. 530.36-JEV, in: PA AA, Botschaft der Bundesrepublik Deutschland in Abi Dhabi. Entführung Lufthansa (…), Vw 260,30 Pol 300,25 B10/1,5+6.
[34] Ebd.
[35] Ebd.

# Mogadischu

Bis zum 17. Oktober 1977 ist Somalia im Bewusstsein der Bundesregierung ein afrikanisches Land von vielen. Für das Jahr 1977 sieht das Entwicklungshilfeministerium acht Millionen DM Kapitalhilfe und technische Geräte im Wert von fünf Millionen DM vor.[36]

Der solmalische Botschafter in der Bundesrepublik Deutschland, Yusuf Adan Bokah, lädt im Mai 1977 Bundesentwicklungshilfeministerin Marie Schlei in sein Land ein. Zuvor hatte das Auswärtige Amt einen Besuch von Hans-Dietrich Genscher in Somalia abgelehnt. Es wollte keinem sozialistischen Polizeistaatsregime seine Ehre erweisen.[37] Marie Schlei reist nach Mogadischu und bringt von dort die Botschaft mit, dass mehr Geld aus der Bundesrepublik den Schwenk des Regimes hin zum Westen beschleunigen könnte.

Wie gehört, versprechen Bundeskanzler Helmut Schmidt und Staatsminister Hans-Jürgen Wischnewski der somalischen Regierung am Tag, als die entführte „Landshut" in Mogadischu aufsetzt, ziviles Gerät und Geld. Unverhofft setzen sie damit die von Marie Schlei begonnenen Gespräche fort.

Nach ihrer Gastfreundschaft für die GSG9 möchte die somalische Regierung das Eisen schmieden, solange es heiß ist. Am 30. Oktober 1977, etwa zwei Wochen nach der Aktion „Feuerzauber", erreicht die Bundesregierung die Bitte von Präsident Siad Barre um politische und militärische Hilfe. Barre hat zu diesem Zeitpunkt sein Ersuchen um politische Unterstützung und Waffenhilfe in den USA, Großbritannien und Frankreich hinterlegt.[38]

Am selben Tag beschließt Helmut Schmidts Kabinett ein Sofortprogramm, zu dem ein Kredithilferahmen und millionenschwere technische Ausrüstung gehören. Später werden DM-Millionenbeträge in bar hinzukommen. Die Bundesregierung kann selbst keine Waffen exportieren.

---

[36] Vgl. Udo Kollatz (Staatssekretär im Bundesministerium für wirtschaftliche Zusammenarbeit): Kurzvermerk zum Stand der pol. Zusammenarbeit mit Somalia, in: Archiv BK 13-211 20 (2), Beiakte OTB, Bd. 6, S. 476 ff.

[37] Vgl. Geiger 2009, S. 441.

[38] Vgl. Fernschreiben aus Mogadischu an das Auswärtige Amt vom 27. Oktober 1977. Az. POL 321 VS-NFD, in: AdsD, 1/HSAA008748.

Der Bundeskanzler wird den ägyptischen Präsidenten Anwar-as-Sadat für die Lieferung von Waffen an die Somalis gewinnen. Siad Barre bezahlt die Waffen mit deutschem Geld.[39]

Am 3. November besucht Yusuf Adan Bokah, der somalische Botschafter in der Bundesrepublik, Helmut Schmidt in dessen Büro. Am 30. November 1977 kommt eine Regierungsdelegation unter Leitung des somalischen Vizepräsidenten Generalmajor Hussein Kulmie und Außenminister Abduraman Jama Barre in die Bundeshauptstadt. Auch sie wird von Helmut Schmidt empfangen. Am Abend gibt es im Palais Schaumburg ein Essen für die Gäste, bei dem der Bundeskanzler eine Tischrede hält.

Der Historiker Tim Geiger hat das zähe Bemühen des Bundeskanzlers beschrieben, Wort zu halten gegenüber der somalischen Regierung nach „Mogadischu". Je länger das somalische Entgegenkommen zurückliegt, desto mehr schwindet in der Bundeshauptstadt der Wille, auf Worte Taten folgen zu lassen. Helmut Schmidt wendet persönlich viel Kraft und Zeit auf für die Taten. Er will bei Siad Barre als verlässlich gelten. So wie sich Barre ihm gegenüber als verlässlich gezeigt hat.

Außerhalb von Bonn treibt die neue Freundschaft mit Somalia folkloristische Blüten. Gerhard Höper, im Terror-Jahr 1977 deutscher Honorarkonsul von Somalia, fährt sechs Wochen nach der „Landshut"-Entführung in die niederbayerische Stadt, nach der die gekidnappte Maschine zufällig benannt ist. Er will Oberbürgermeister Josef („Dick") Deimer für einen Freundschaftspakt mit der somalischen Hauptstadt gewinnen. Eine Städtepartnerschaft über 6000 km hinweg? Das erscheint zu dieser Zeit aufwendig und teuer. Die Stadtverwaltung zeigt sich gleichwohl bereit, „mit Mogadischu aus Dankbarkeit freundschaftliche Beziehungen zu pflegen".[40]

Der umtriebige Honorarkonsul organisiert aus diesem Anlass eine große Sause in Landshut, die er mit eigenem Geld bezahlt. Das somalische Nationalballett befindet sich zufällig auf Deutschlandtournee und

---

[39] Vgl. ebd., S. 450–455.
[40] O. A.: Das Bündnis mit Mogadischu. Partnerschaft als Dankespflicht, in: Die Zeit vom 7. April 1978.

wird für einen zusätzlichen Auftritt verpflichtet, im Prunksaal des Landshuter Rathauses vor 600 geladenen Gästen.

Das Deutsch-Arabische Reisebüro in Köln erinnert Ende Oktober 1977 daran, dass es bereits seit einem Jahr möglich sei, Pauschalreisen nach Somalia zu buchen. Der Preis pro Person beträgt einschließlich Flug und Logis in First-Class-Hotels 2550 DM. Das ostafrikanische Land empfehle sich für einen Badeurlaub besonders in den Monaten September bis März und Ende April bis Juni.

Im Juni 1978 richtet die Deutsche Lufthansa einen Direktflug zwischen Frankfurt am Main und Mogadischu ein. An Bord der ersten Maschine befinden sich niederbayerische Schuhplattler. Sie sollen die neuen Freundinnen und Freunde am Horn von Afrika mit ihrer Kultur bekannt machen. Später im Jahr nimmt der somalische Botschafter in Deutschland, Yusuf Adan Bokah, mit dem Touristik-Chef des Landes, Ahmed Hussein Bulbul, an der „Landshuter Hochzeit", einem Folklorefest, teil.

Auch politisch hält einstweilen der politische Draht zwischen beiden Hauptstädten. Ende Juni 1980 reist eine Delegation der Bundesregierung unter Leitung von Bundesinnenminister Gerhard Baum nach Mogadischu. Der Bundeskanzler gibt Baum einen persönlichen Brief an Präsident Siad Barre mit, in dem er weitere „humanitäre Hilfe" – sprich Geld – verspricht.

Hier ist nicht der Platz, um die diplomatischen Beziehungen zwischen der Bundesrepublik Deutschland und Somalia weiterzuerzählen. Sie finden mit dem Sturz des somalischen Präsidenten Siad Barre im Januar 1991 ein abruptes Ende. Bald danach versinkt das Land in einem Bürgerkrieg. Stämme teilen das Staatsgebiet untereinander auf. Seine Menschen fliehen für ihr nacktes Überleben – viele von ihnen in die Bundesrepublik Deutschland.

# Triumph und Abgang einer Generation

Helmut Schmidt bezieht aus dem Erfolg von „Mogadischu" viel persönliche Wertschätzung, aber keinen politischen Kredit. Das muss er alsbald erfahren.

Der Schriftsteller Max Frisch kommt auf Einladung des Bundeskanzlers als Gastredner zum SPD-Parteitag am 17. November 1977 nach Hamburg. Sprich kurz nach dem Deutschen Herbst. SPD-Parteitage liefern in den 70er-Jahren seismografische Daten über die Stimmung nicht nur in der Partei, sondern im ganzen Land.

Max Frisch vergisst Helmut Schmidt nicht, dass er sich am Montag, 17. Oktober, dem Tag der Entscheidung in Mogadischu, viel Zeit für das geschilderte Gespräch genommen hat. Frisch drückt in seinem Grußwort seinen Respekt, ja Bewunderung für Helmut Schmidts Nervenstärke aus. In der Sache teilt er die harte Haltung des Bundeskanzlers. „Bejaht man – und das tue ich – den Rigorismus der Regierung", sagt Max Frisch in seiner Parteitagsrede, „der im Elsass zu einem Menschenopfer und in Mogadischu – auch dort mit einem Menschenopfer – zum Erfolg geführt hat – so geht die Logik weiter –, so kann eben diese Regierung, angewiesen auf die ethische Legitimation, für ihren Rigorismus, das große Versprechen auf mehr Demokratie jetzt nicht mehr preisgeben."[1]

Sein Okay knüpft er an einen Vorwurf, der Helmut Schmidt und den Politikern seiner Generation sauer aufstoßen muss. „Ich frage: Wie viel Wirkungsraum wurde dieser Generation eingeräumt, ihre Epoche zusammen mit den Vätern zu gestalten? ... Erwartet wurde ihre Ergebenheit, erwartet wurde ihre Unterwerfung. ... Außer der Einladung zum fröhlichen Konsum als Voraussetzung für Wirtschaftswachstum – was finden sie denn vor, die Heranwachsenden, welches Ziel – über die eigene Person hinaus –, welchen Daseinssinn?"[2]

Soll heißen: Herr Bundeskanzler, Sie und Ihre Kollegen waren klasse im Deutschen Herbst. Aber jetzt muss Schluss sein mit Ihrem generationsbedingten Desinteresse an den Wünschen und Vorstellungen der Jungen!

Nach dem halb tragischen, halb glücklichen Ausgang des Deutschen Herbstes kehrt im politischen Bonn scheinbar der Alltag ein. Die Partei des Bundeskanzlers teilt sich in einen linken und rechten Flügel. Die Koalitionspartner SPD und FDP streiten über Sachthemen. Die Union als Oppositionspartei im Deutschen Bundestag verteufelt so ziemlich alles, was die Bundesregierung beschließt.

Schon beim Erstellen einer Dokumentation über das gemeinsame Handeln im Deutschen Herbst gibt es Krach. Der CSU-Landeschef im Deutschen Bundestag, Friedrich Zimmermann, hat noch vor Kurzem mit dem Bundeskanzler paradiert. Jetzt findet er, dass die Bundesregierung viel zu wenig Einblicke gewährt in die politische Arbeit in den vergangenen Wochen.

Die allgemeine Hysterie in der Bevölkerung, gefolgt von der Euphorie über den geglückten „Feuerzauber", klingt ab. Zugleich weicht der enorme Druck, den die Bundesregierung im Deutschen Herbst auf die Öffentlichkeit und die weiteren Säulen dieses Staates ausgeübt hat. Auf Legislative und Judikative, Deutscher Bundestag und Bundesverfassungsgericht. Auf die umgangssprachlich „Vierte Gewalt", die Medien.

---

[1] Frisch 1977, S. 380. Max Frisch spielt auf einen Satz von Helmut Schmidts sozialdemokratischen Amtsvorgänger Willy Brandt, „Wir wollen mehr Demokratie wagen.", an.
[2] Ebd., S. 381.

Stichwort Legislative: Die Bundesregierung peitschte das „Kontaktsperregesetz" durch das Parlament. Es gilt bis heute. Bundesregierung und Opposition vergingen sich nach Meinung von Kritikern gemeinsam an den Grundrechten.

Stichwort Judikative: Das Bundesverfassungsgericht gab der Bundesregierung im Entführungsfall Schleyer freie Hand. Die Richter taten es unter massivem Druck aus Bonn. Natürlich, Gerichtsurteile fallen nie im politikfreien Raum. Und doch blieb ein schaler Nachgeschmack zurück.

Stichwort Medien: Mit der sogenannten Nachrichtensperre – Presse und Rundfunk sollten nicht über Fahndungsmaßnahmen der Bundesregierung berichten – war die grundgesetzlich verankerte Pressefreiheit aufgehoben.

Der Deutsche Herbst 1977 bleibt im kollektiven Bewusstsein der Westdeutschen eine Zeit mit Polizeistaats-Charakter. Das Bundesinnenministerium ließ so ziemlich jedes Polizeiauto im Land ausschwärmen für Personenkontrollen. Die Polizei durchsuchte so viele Wohnungen und Häuser wie nie vorher und nie mehr danach. In den allermeisten Fällen lautete das Ergebnis: Fehlanzeige.

Druck erzeugt Gegendruck. Die Härte der Kriegsgeneration im Deutschen Herbst ruft Verfechter eines liberalen Staates auf den Plan. Sie fordern wie Max Frisch auf dem SPD-Parteitag eine ernsthafte Auseinandersetzung mit den Ursachen des Terrorismus. Was ist in diesem Staat schiefgelaufen, wenn junge, häufig gebildete Menschen glauben, ihn um jeden Preis – auch um den des eigenen Lebens – wegbomben zu müssen?

Zum Protagonisten dieses neuen Denkens wird Bundesinnenminister Gerhard Baum, Nachfolger des wegen der Stammheimer Selbstmorde zurückgetretenen Werner Maihofer. Er gehört nicht mehr der Kriegsgeneration an. Sein Verständnis politischer Freiheit bildete sich unbelastet von einer Weltkriegsbiografie. Neu ist auch Baums Art – ein modernes Wort – zu kommunizieren. Der Freidemokrat hat schon in jungen Jahren Politik gemacht und spricht kein Juristendeutsch. In Diskussionen hört er genau hin und gibt sich lernfähig.

Fortschrittlich erscheint auch seine Art, dem Bundeskanzler zu begegnen. In einem Vortrag 2024[3] erinnert sich Gerhard Baum an Gespräche

---

[3] Gerhard Baum: Führung ist Führung, in: Kellerhoff/Stubbe da Luz 2024, S. 6–13.

mit Helmut Schmidt über dessen China-Politik. Schmidt hielt es für eine Anmaßung, „anderen Völkern beizubringen, wie sie zu leben hätten".[4] Baum erwiderte sinngemäß: Schwere Verletzungen der Menschenrechte fordern uns heraus, die ethischen Grundlagen der Völkergemeinschaft zu verteidigen.[5]

Der neue Bundesinnenminister Gerhard Baum und der Chef des Bundeskriminalamts, Horst Herold, gehören unterschiedlichen Generationen an. Stehen für unterschiedliche Weltbilder. Kein Wunder, dass es zwischen den beiden von Anfang an knirscht. Wozu mutmaßlich beiträgt, dass die schwere Panne bei der Schleyer-Fahndung mit Herold, dem Erfinder der „Rasterfahndung", heimgeht. Vor dem Deutschen Herbst galt der intellektuell brillante, ungewöhnlich politische Polizist als Datengenie seiner Zunft. Jetzt, da er Hanns Martin Schleyer nicht retten konnte, als Oberschnüffler der Nation.

Horst Herold, im Nachgang des Deutschen Herbstes ein tragischer Held. Er war mit seinen Methoden ziemlich nah dran an der Aufdeckung von Hanns Martin Schleyers Versteck. Ein Polizeibeamter hat es ihm mutmaßlich vermasselt. Horst Herold stellte sein Amt vermeintlich aus gesundheitlichen Gründen zur Verfügung. Bundesinnenminister Gerhard Baum hält ihn nicht davon ab. Seinen Ruhestand verbringt Horst Herold in einem Haus auf einem Kasernengelände der Bundeswehr. Zu seiner persönlichen Sicherheit.

Horst Herolds Abgang erscheint in der historischen Rückschau als Vorbote für den Abgang seiner Generation, der Kriegsgeneration. Am Morgen nach der „Landshut"-Befreiung feierten Helmut Schmidt und die Seinen einen politischen Triumph. Von Tag zwei an geht es für sie politisch bergab.

Das liegt weniger an ihnen als an der politischen Generationenfolge seit der Republikgründung 1949. Mit Konrad Adenauer wurde ein generational viel zu alter Mann Bundeskanzler. Seither war jede politische Leitgeneration älter als die jeweilige gesellschaftliche, sprich als die der Frauen und Männer in gesellschaftlichen Spitzenpositionen.[6]

---

[4] Ebd., S. 10.
[5] Ebd., S. 11.
[6] Vgl. Rupps, Kanzlerdämmerung 2017.

So intellektuell brillant Bundeskanzler Helmut Schmidt sein Amt ausfüllt – viele geselschaftliche Entwicklungen in seiner Regierungszeit versteht er nicht mehr. Etwa die neuen sozialen Bewegungen, die seit Mitte der 70er-Jahre entstehen. Die sogenannten jungen Menschen ruft er in seiner Regierungserklärung am 20. Oktober 1977 oberlehrerhaft zur Ordnung. Ein Wertewandel bricht sich Bahn. Sichtbar am Entstehen einer neuen Partei, den Grünen. Helmut Schmidt kann nichts Gutes daran finden.

Hinzukommt, dass dem westdeutschen Wirtschaftswunder seit 1979/80 die Luft ausgeht. Nach dem Sturz des Schahs im Iran gehen die Erdölexporte des Landes massiv zurück. Die Preise explodieren. Da war die Ölkrise 1973 harmlos dagegen. Das wiederum beschleunigt die industrielle Transformation in Westdeutschland. Die Vorzeige-Unternehmen „Made in Germany" sind technisch immer noch ganz vorn, aber angesichts neuer Konkurrenzprodukte aus Fernost zu teuer. Dual, Grundig, Saba, Telefunken. Die deutsche Unterhaltungselektronik bricht zusammen.

Agfa, Rollei, Bauer. Kamera-Feinmechanik von Weltruf. Es ist vorbei. Toyota, Datsun, Nissan, Honda. Plötzlich kaufen die Westdeutschen japanische Autos, die anfangs vielleicht nicht schön sind, aber mit einem unschlagbaren Preis-Leistungs-Verhältnis überzeugen.

1982 bringt das amerikanische Unternehmen IBM seine größte und zugleich letzte Kugelkopf-Schreibmaschine auf den Markt. Ein technisches Wunderwerk. Unkaputtbar. Doch leider mechanisch. In die nächste Generation zieht Elektronik ein, die Vorstufe zum Personal Computer.

Aus den Druckereien verschwinden die Setzkästen. Viele dieser Setzkästen überleben als Krimskramsregale in westdeutschen Fluren. Die ehemaligen Bleisetzer kleben jetzt Zeitungsseiten aus elektronisch erstellten Bildern und Texten.

Willkommen im Club. Schon Helmut Schmidts Amtsvorgänger Willy Brandt wurde mit dem Sterben ganzer Industrien konfrontiert. In den 60er-Jahren begann das Zechensterben. In den 70ern das Höfesterben der Bauern. Auch die Stahlindustrie wird in diesem Jahrzehnt kräftig gerupft.

Helmut Schmidts politischer Herbst fällt in die Übergangszeit zwischen dem Ende der 70er- und Anfang der 80er-Jahre. Plötzlich erweist sich, wie lange, jahrzehntelang, die Generation Helmut Schmidt schon Politik macht im Land.

Auch alltagskulturell geht im Herbst der Kriegsgeneration viel zu Ende. Ilja Richter hört mit der „Disco" im Zweiten Deutschen Fernsehen auf. Schon vorher stellt das ZDF Rainer Holbes „Starparade" ein. Die Popgruppe Abba macht eine Pause für die nächsten 40 Jahre.

Im Alltagsdesign verschwinden bunte Farben wie Gelb, Orange oder Grün aus Polstern und Tapeten. Deutsche Wohnzimmer, Wohnwagen und Wohnmobile ertrinken in Brauntönen. Die Ära der „skeptischen Generation" mit ihrem Protagonisten Helmut Kohl kündigt sich an. Kohl und Co. werden die biedersten Anzüge und Krawatten tragen als alle westdeutschen Politiker zuvor und danach.

Westberlin. Ein Provisorium. Der Fleck, der die Deutsche Frage offenhält. Ohne Aussicht auf eine Lösung. Es kann nicht immer so weitergehen, denken seine Menschen. Ich werde es nicht mehr erleben, glauben sie.

Von Westberlin ging die sogenannte Studentenbewegung aus, 1967/68. Sie sprang auf Westdeutschland über und befreite Adenauer-Deutschland von seinem Muff. Ende der 70er-Jahre, im Herbst der Kriegsgeneration, wird die Inselstadt wieder zum Schmelztiegel für gesellschaftliche Entwicklungen.

Diesmal gehen die Jungen nicht protestierend auf die Straße, sondern färben ihre Haare und hängen herum. „Punk-Musik" schwappt von der britischen Insel herüber und bringt schrille Mode mit. Die jungen Leute provozieren mit halbkahlen Köpfen. Sie tragen Nietenklamotten. Ein Telefonkabel um den Hals. Ihre Botschaft lautet: Wir wollen anders leben. Der Mensch lebt nicht vom Brot allein.

Wer noch zur Schule geht, ist häufig ein „Schlüsselkind" so wie Christiane Felscherinow. Sie lebt in der Gropius-Stadt, eine der Trabantenstädte in West-Berlin. Als „Christiane F." legt sie 1978 eine Lebensbeichte über ihr Abrutschen in die Drogen- und Stricher-Szene vor. Die Frau ist ein Beispiel von vielen.

Die 15-, 20-, 25-Jährigen in Westberlin lehnen das politische Bonn komplett ab. Bundeskanzler Helmut Schmidts rigider Kurs im Deutschen Herbst hat diese Ablehnung noch verstärkt. Dieser Staat will eine Demokratie sein, doch er missachtet die Grundrechte. Ein Polizeistaat, der willkürlich Menschen filzen und ausspionieren lässt.

Die Enttäuschung der Jungen in Westberlin springt über auf das Bundesgebiet. Dort erlebt „Christiane F."s Buch eine Millionenauflage.

Es wird zur Grundlage für einen Kinofilm. Und zum Schulbuch. Helmut Schmidt und die Angehörigen seiner Generation reagieren entsetzt. Für sie ist jemand wie Christiane Felscherinow eine Lebensverweigerin, die ihre politische und persönliche Freiheit gegen sich selbst kehrt.

Die Herren sind alt geworden in ihren Ämtern. Helmut Schmidt gehört seit 1953, der zweiten Wahlperiode, dem Deutschen Bundestag an. Franz-Josef Strauß, der 1980 Helmut Schmidt als Bundeskanzler ablösen will, seit 1949, der ersten überhaupt. Später wurde er bayerischer Ministerpräsident. Die Alten und die Jungen haben sich politisch nichts zu sagen.

Die Machtdemontage der Männer, die das Land durch den Deutschen Herbst führen, beginnt schon im Deutschen Herbst selbst. Am 29. September 1977 debattiert der Deutsche Bundestag über den Entwurf eines sogenannten Kontaktsperregesetzes. Von ihm war schon die Rede. Justiz und Polizei können in bestimmten Fällen ein Kontaktverbot zwischen inhaftierten Frauen und Männern und ihren Anwältinnen bzw. Anwälten verhängen.

Der sozialdemokratische Bundestagsabgeordnete Wolfgang Coppick erinnert in der Bundestagsdebatte am 29. September 1977 daran, dass die Möglichkeit, sich im Falle der Verhaftung mit einem Rechtsanwalt eigener Wahl zu treffen, zu den grundlegenden Bedingungen eines rechtsstaatlichen Strafverfahrens gehöre. „Ich bezweifle", so Manfred Coppick wörtlich, „ob der Ausschluss dieser Möglichkeit überhaupt mit den Bestimmungen der Menschenrechtskonvention vereinbar ist."[7]

Manfred Coppick gehört damals schon zu den Außenseitern seiner Fraktion. Mit seinen Positionen am linken Rand eckt er an. Coppick ist ein im Denken unangepasster Mann, der Klartext redet ohne Rücksicht auf seine politische Zukunft. Er spricht aus, was mutmaßlich nicht wenige Frauen und Männer im Hohen Haus denken, aber sich nicht zu sagen trauen.

Manfred Coppick wird noch in der laufenden Legislaturperiode mit einem anderen Rebellen, Karlheinz Hansen, aus der SPD-Bundestagsfraktion ausgeschlossen. Coppick und Hansen mögen raus sein – das innerparteiliche Aufbegehren gegen die Politik des Bundeskanzlers ver-

---
[7] Protokoll der Sitzung des Deutschen Bundestags am 29. September 1977, S. 3372.

stummt nicht. Und greift bald mit historischer Wucht auf die Straße über. Helmut Schmidt hat höchstselbst für den Anlass, den sogenannten NATO-Doppelbeschluss über die Stationierung neuer Mittelstreckenwaffen in Westeuropa, gesorgt.

In der historischen Rückschau muss es erstaunen, dass ein solch abstraktes Thema die größte Protestbewegung der alten Bundesrepublik auslöste. Mutmaßlich lag es daran, dass zu der politischen Komponente – die Menschen hatten Angst vor einem Atomkrieg – eine generationale hinzukam. Ein Überdruss an der Kriegsgeneration, die so lange die politischen Geschicke Westdeutschlands bestimmt hat.

Auch auf mittlere Sicht gehen vom Deutschen Herbst bedeutende Weichenstellungen für das Land aus. Sein nachmaliger Pendelschlag hin zu mehr Liberalität und Selbstkritik öffnet das Parteiensystem für Frauen und Männer, die vorher mutmaßlich keine Chance darin gehabt hätten.

Vor dem Deutschen Herbst wäre es undenkbar gewesen, dass Joschka Fischer, ein linker Sponti ohne Berufsabschluss, zunächst hessischer Umweltminister, später Bundesaußenminister und Vize-Kanzler werden kann. Oder der frühere Anwalt der RAF-Terroristin Gudrun Ensslin, Otto Schily, zunächst bei den Grünen, später bei den Sozialdemokraten Karriere macht und es bis zum Bundesinnenminister bringt.

Hans-Christian Ströbele, der den RAF-Terroristen Andreas Baader verteidigt hat, zieht für die Grünen in den Deutschen Bundestag ein. Dort wird er mit seiner intellektuellen Eigenständigkeit zu einer Legende.

Klaus Uwe Benneter, der im Jahr des Deutschen Herbstes als mutmaßlicher Kommunist aus der SPD flog, bekleidet Jahre später das Amt des Generalsekretärs ebendieser Partei.

Fischer, Schily, Ströbele, Benneter, – sie stehen für Lebenswege und -brüche, für die erstmals Platz ist in der Politik. Als Geläuterte und als Köpfe mit politischer Leidenschaft zugleich. Die Republik leistet an ihnen moralisch Abbitte für ihre Härte im Deutschen Herbst. Fischer und Co. dürfen Helmut Schmidt als ihren politischen Ziehvater betrachten.

# Aussöhnung

Mutmaßlich kein politisches Ereignis hat den Politiker Helmut Schmidt seelisch so mitgenommen wie der Mord an Hanns Martin Schleyer. Sein weiteres Leben lang. Die politische Vernunft, auf die er so viel hält, versichert ihm, dass er richtig gehandelt hat. Und doch plagen ihn Schuldgefühle. Mit einer anderen Politik hätte er dieses Menschenleben mutmaßlich gerettet. Einen Menschen, den er persönlich gekannt und politisch geschätzt hat.

Noch im hohen Alter wird Helmut Schmidt Albträume haben mit Bildern aus dem Deutschen Herbst. Das wiegt umso schwerer, als er mit zunehmendem Alter keineswegs sentimentaler, selbstkritischer wird. Er braucht nach eigenem Bekunden keinen Gott, der ihm die Sünden erlässt. Er empfindet auch keine Angst vor dem Tod.

Es bewegt Helmut Schmidt tief, als ihm die Familie Schleyer die Hand zur Versöhnung entgegenstreckt. Doch der Reihe nach.

Helmut Schmidt telefoniert am Tag, nachdem Hanns Martin Schleyer entführt wurde, mit dessen Frau Waltrude. Sie dankt ihm aufrichtig für diese Geste. Es bleibt bei diesem einen Gespräch.

Nach dem Auffinden von Hanns Martin Schleyers Leiche lässt der Bundeskanzler Waltrude Schleyer am Mittag des 20. Oktober einen dreiseitigen, von seinem Büro entworfenen Brief überbringen. Als Briefkopf dient ein schlichtes „BRD – Der BK". Eine Demutsgeste des politisch mächtigsten Mannes im Land.

Der Text des maschinengeschriebenen Briefes liest sich weniger an Waltrude Schleyer gerichtet, denn an die Öffentlichkeit. Die wird gleich mitgedacht. Am Abend geht das Kondolenzschreiben an die Presse.

Das Exemplar an Waltrude Schleyer enthält den öffentlich verbreiteten Text, versehen mit einer handschriftlichen Notiz des Bundeskanzlers. Die lautet wie folgt:

„Verehrte, liebe Frau Schleyer!

Vielleicht hilft es Ihnen ein wenig zu wissen, was wir hier in Bonn alle wissen: Ihr Mann hat sein Leben hingegeben für die freiheitliche Ordnung, an die er glaubte und für die er sein ganzes Leben lang eingetreten ist.

Ich wünsche Ihnen Trost in Gott.

Ihr ergebener

Helmut Schmidt".[1]

Am 25. Oktober 1977 ist die Trauerfeier für Hanns Martin Schleyer im Dom St. Eberhard auf der Stuttgarter Königstraße. Am Eingang stehen Männer in schwarzen Anzügen mit Maschinenpistolen im Anschlag. Im Dom selbst sitzen Waltrude Schleyer und Helmut Schmidt auf der ersten Kirchenbank nebeneinander. Waltrude Schleyer hat zuvor darum gebeten, dass der Bundeskanzler keine Rede hält.

Helmut Schmidt verfolgt die Trauerfeier mit sichtlicher Erschütterung und gesenktem Haupt. Waltrude Schleyer und er haben sich nichts zu sagen. Der Mord an Hanns Martin Schleyer bringt die beiden das erste und einzige Mal persönlich zusammen. Helmut Schmidt wird diese Stunde später als die schwerste seines politischen Lebens bezeichnen.

Waltrude und Hanns Martin Schleyer haben vier Söhne, Hanns-Eberhard, Arndt, Dirk und Jörg. Während der Geiselhaft des Vaters tritt der 32-jährige Jurist Hanns-Eberhard Schleyer als Sprecher der Familie auf. Er macht dabei eine exzellente Figur. Spricht auf Augenhöhe mit den Politikern, die über das Schicksal des Vaters zu entscheiden haben. Übt

---

[1] Archiv BK 13-211 20 (2), Beiakte OTB, Bd. 7, S. 132.

mithilfe der „Bild"-Zeitung öffentlichen Druck aus. Er ruft das Bundesverfassungsgericht an für eine juristische Eilentscheidung.

Hanns-Eberhard steht seinem Vater besonders nah. Wie gehört kann er als Einziger – weil mit Abstand Älteste – der vier Schleyer-Kinder eine reflektierte Beziehung zu ihm entwickeln. Vater und Sohn führen politische Diskussionen. Auch über Hanns Martin Schleyers Verhalten im nationalsozialistischen Deutschland.

Für die jüngeren Brüder Arnd, Dirk und Jörg ist der Vater, wie damals bei Vätern in politischen Spitzenämtern üblich, ein abwesender Vater. Immer im Urlaub nimmt er sich Zeit für die Familie, die Schleyers besitzen ein Ferienhaus in Meersburg am Bodensee. Dorthin kommen auch politische Freunde. Super-8-Filme, die Hanns-Eberhard dreht, zeigen Kurt-Georg Kiesinger in legerer Kleidung und Helmut Kohl in Badehose. Die Badehose hat ihm Waltraud Schleyer aus dem Kleiderschrank ihres Mannes geholt.

Nach der Ermordung seines Vaters, am 12. März 1978, schreibt Arnd Schleyer Bundeskanzler Helmut Schmidt einen Brief. „Ich schreie nicht nach Ihrem Rücktritt …, aber vielleicht erkennen Sie nun, dass eine solche getroffene Entscheidung Ultima Ratio sein muss, die – wenn überhaupt – nur dann moralisch vertretbar ist, wenn *alles* (Hervorhebung A. S., Anm. M. R.) geschehen ist, um das gefährdete Leben zu retten. … Ich unterstelle Ihnen keine Leichtfertigkeit, aber ich werfe Ihnen vor, sich selbstgerecht bei Ihrer Entscheidung damit getröstet zu haben, dass alles geschehen sei (zum Auffinden von H. M. S., Anm. M. R.)."[2]

Arndt Schleyer drückt aus, was mutmaßlich auch seine Mutter und sein älterer Bruder Hanns-Eberhard denken. Und die Jüngsten Dirk und Jörg mindestens empfinden. Doch weder Waltrude noch Hanns-Eberhard Schleyer haben sich je in vergleichbar emotionaler, authentischer Weise in Briefen oder öffentlich geäußert. Während des Deutschen Herbstes nicht und niemals danach.

Auf seine persönliche Zurückhaltung angesprochen, sagt Hanns-Eberhard Schleyer in der historischen Rückschau, als Sprecher der Familie sei ihm an einer konstruktiven Gesprächsebene mit der Bundesregierung gelegen gewesen. Waltrude und Hanns-Eberhard Schleyer wollten

---

[2] AdsD, 1/HSASA010020.

dem persönlichen Stil folgen, für den ihr Vater stand – ein unaufgeregter, rationaler Gesprächspartner, der mit Argumenten zu überzeugen suchte.

Helmut Schmidt kneift mit einer Reaktion auf Arnd Schleyers Brief. Er schreibt „Chef BK" darauf. Heißt: Manfred Schüler soll antworten. Auch diesmal fehlt ihm offenbar der Mumm. Mutmaßlich hat Schmidt die Sorge, dass Arnd Schleyer die Antwort öffentlich macht. Oder dem Bundeskanzler liegt Hanns Martin Schleyers Ermordung so schwer auf der Seele, dass er sich zu einer Antwort außerstande sieht. Vielleicht ist es ist schlichtweg bequemer, jemand anderen damit zu betrauen.

„Die zutage getretenen Umstände bei der Behandlung von Hinweisen auf die Wohnung in Erftstadt haben den Bundeskanzler tief betroffen", versichert Manfred Schüler in seinem Antwortbrief. „Es muss betroffen machen, dass es gleichwohl nicht gelungen war, den Hinweisen auf die Wohnung in Erftstadt in der notwendigen Weise nachzugehen."[3] Der Bundeskanzler habe intensiv darauf hingewirkt, dass ständig und intensiv an der Erreichung der festgelegten grundsätzlichen Ziele gearbeitet worden sei.

Arnd Schleyers Vorwurf, Helmut Schmidt habe selbstgerecht gehandelt, will sein wichtigster Mitarbeiter nicht gelten lassen. „Für den Bundeskanzler ist stete und unbeirrbare Verantwortung vor den Werten unserer Verfassung die Richtschnur seines Handelns gewesen."

Waltrude Schleyer wird Helmut Schmidt zeitlebens nicht verzeihen. Ihre Söhne wählen unterschiedliche Lebenswege, um mit dem Trauma fertigzuwerden. Einen Vater früh zu verlieren, ist schlimm. Ihn vor aller Öffentlichkeit über Wochen leiden zu sehen vor seiner Ermordung, noch viel schlimmer.

Erst nach dem Tod von Waltrude Schleyer im Jahr 2008 kommt eine Aussöhnung der Familie mit Helmut Schmidt infrage. Hanns-Eberhard schlägt seinen Brüdern vor, dass der Altbundeskanzler den Hanns-Martin Schleyer-Preis erhält. Eine Auszeichnung für bedeutende Persönlichkeiten aus Politik, Wirtschaft, Wissenschaft und Gesellschaft. Nicht alle Schleyer-Brüder sind sogleich einverstanden. Hanns-Eberhard Schleyer kann sie schließlich dafür gewinnen.

---

[3] Ebd.

Am 26. April 2013 wird dem ehemaligen Bundeskanzler Helmut Schmidt im Stuttgarter Weißen Schloss der Hanns-Martin-Schleyer-Preis verliehen. Die Laudatio hält der ehemalige französische Staatspräsident Valery Giscard d'Estaing, ein politischer und persönlicher Freund des Bundeskanzlers seit Mitte der 70er-Jahre bis in die Gegenwart.

Helmut Schmidt wirkt sichtlich bewegt von dieser Ehrung. In seiner kurzen Dankesrede[4] bekennt er, er habe die damalige Klage von Waltrude Schleyer und ihren Kindern vor dem Bundesverfassungsgericht gut verstehen können. „Sie stellten das Grundrecht auf Leben ihres Ehemanns und Vaters höher als alle anderen Grundwerte." Die Verantwortlichen in Bonn hätten allerdings nicht abermals zulassen können, „dass freigepresste Verbrecher ihre mörderische Tätigkeit fortsetzen würden. … Es rührt mich heute zutiefst, dass die Familie Schleyer öffentlich ihren Respekt gegenüber meiner damaligen Haltung zum Ausdruck bringt."[5]

Nach dem Festakt werden ausgewählte Gäste zu einem Empfang gebeten. Helmut Schmidt und seine Partnerin Ruth Loah nehmen daran teil, die Schleyer-Brüder mit ihren Partnerinnen, der CDU-Politiker Wolfgang Schäuble. Auch Betroffene der „Landshut"-Entführung, Jürgen Vietor mit seiner Frau Rosi. Gabriele und Ruedeger von Lutzau.

Für Gabriele von Lutzau (geb. Dillmann) und Helmut Schmidt ist es das erste Wiedersehen seit dem Empfang von 1977 im Bonner Bundeskanzleramt. Es herrscht eine gelöste, ja heitere Stimmung, wie sich Gabriele von Lutzau erinnert. Wie schon in der entführten „Landshut" nutzt sie ihre Gabe, gehemmte Münder zum Sprechen und Lachen zu bringen. Ruth Loah erzählt von den Stützstrümpfen, die sie Helmut Schmidt am Morgen anzieht.

So trivial die Gesprächsthemen sein mögen, ist die Begegnung von historischer Bedeutung. Die Familie Schleyer, die im Deutschen Herbst den Vater verlor, Altbundeskanzler Helmut Schmidt als damaliger Entscheider und befreite Geiseln, die Helmut Schmidt indirekt ihr Leben verdanken. Auch das Treffen jetzt bedeutet eine Möglichkeit der Befreiung.

Helmut Schmidt und Hanns-Eberhard Schleyer führen aus Anlass der Preisverleihung ein Gespräch mit Redakteuren des „Süddeutsche Zeitung

---
[4] Vgl. Schmidt 1986.
[5] Ebd., S. 42.

Magazin". „88 Menschen (sic!) sind wichtiger als einer", sagte Helmut Schmidt einst zu Hans-Jürgen Wischnewski, als die entführte „Landshut" in Dubai stand. Fast 36 Jahre später wird er diesen Satz wiederholen, genau in diesem Gespräch.

Helmut Schmidt und Hanns-Eberhard Schleyer erinnern ihre persönliche Annäherung in den Jahrzehnten nach dem Deutschen Herbst. Die ersten Begegnungen misslangen wegen einer wechselseitigen Befangenheit. Die beiden Männer fanden keinen „Draht" miteinander. Auch in den kommenden Jahrzehnten nicht, als sie sich zufällig bei wechselnden Anlässen begegnet sind.

So wie in seiner Stuttgarter Dankesrede zeigt Helmut Schmidt auch in diesem Gespräch Verständnis für das Handeln der Schleyers im Deutschen Herbst. Dass sie die Medien mobilisierte zur Rettung des Ehemanns und Vaters. Und das Bundesverfassungsgericht anrief als juristische Letztinstanz. Der Tenor: Das hätte ich an Ihrer Stelle auch gemacht.

Zugleich lässt der Altkanzler keinen Zweifel daran, dass er heute genauso entscheiden würde wie damals. Kein Nachgeben Schleyers Entführern gegenüber. Keine Freilassung von Terroristen. Selbst wenn es ein Menschenleben kostet.

Helmut Schmidt und Hanns-Eberhard Schleyer gehen weiter mit unterschiedlichen Positionen, aber im wechselseitigen Verständnis auseinander. Zwei Leben, die der Deutsche Herbst 1977 auf schicksalhafte Weise zusammengeführt hat.

# Staatsraison

Ein sperriges Wort steht dem Kapitel voran. Staatsräson. Die Bundesregierung wird mit ihm schon konfrontiert, als der Deutsche Herbst noch gar nicht zu Ende ist. Angehörige von „Landshut"-Geiseln fragen den Staatssekretär im Bundesverkehrsministerium, Ernst Haar, in einem Gespräch am Montag, 17. Oktober 1977, ob der Bundesregierung die Staatsräson wichtiger sei als die Rettung von so vielen Menschenleben.[1]

Der Begriff „Staatsräson" hat seinem Ursprung in der preußischen Geschichte. Er steht für das Handeln von Regierenden zum Wohl des Staates. Für die Stabilität der staatlichen Ordnung. Das Wohl des Staates geht über das Wohl seiner Bürgerinnen und Bürger. Die staatliche Ordnung muss geschützt werden als feste Klammer für das Zusammenleben von Menschen. Um jeden Preis. Auch um den Preis von Menschenleben.

„Räson" meint Vernunft. Auf den Deutschen Herbst bezogen: Die Sprache des Herzens fordert alles zu tun, um Hanns Martin Schleyer zu retten. Die Vernunft gebietet es, die Forderungen seiner Entführer nicht zu erfüllen. Die freigelassenen Terroristen würden weiter morden, um die staatliche Ordnung zu erschüttern.

---

[1] Vgl. Kaiser 1977.

Bundeskanzler Helmut Schmidt sucht in seiner Regierungserklärung vom 20. Oktober im Deutschen Bundestag den Eindruck zu entkräften, seine Regierung habe die Interessen des Staates über die von Hanns Martin Schleyer gestellt. Er unterlegt seine Entscheidungen mit einem geistigen, wertorientierten Fundament. „Es wurde Orientierung gegeben." Will sagen: Die Bundesregierung hat mit ihrem Hartbleiben ein Beispiel gegeben für die Verteidigung der Demokratie.

„Was ist Staatsräson?", fragt schon am nächsten Tag Carl-Christian Kaiser in der „Zeit". Er selbst gibt keine Antwort, doch sagt voraus, die Frage werde nach dem Deutschen Herbst viele Autorinnen und Autoren beschäftigen. Mit dieser Prognose wird er recht behalten.

Am 21. Januar 1978 bekommt Helmut Schmidt den Theodor-Heuss-Preis 1978 verliehen. Die Erinnerung an den Deutschen Herbst ist ganz frisch. „Die Freiheit, die wir verteidigen, ist ein moralisches und ein politisches Gut",[2] begründet der Physiker Carl-Friedrich von Weizsäcker die Entscheidung. Laut von Weizsäcker müssen wir „unsere reale Gesellschaftsordnung verteidigen. Wir werden, wenn wir sie verlieren, keine bessere bekommen."[3] Die FDP-Politikerin Hildegard Hamm-Brücher bescheinigt anschließend dem Bundeskanzler, im Deutschen Herbst eine „vorbildliche, ausstrahlende und überzeugende demokratische Führerschaft" ausgeübt zu haben.[4]

Bundeskanzler Helmut Schmidt selbst erinnert in seiner Dankesrede an die Eigenschaften, die der Soziologe Max Weber einem Politiker aufgegeben hat: Leidenschaft, Augenmaß, Verantwortungsgefühl. „Nach meinem Verständnis ist Politik pragmatisches Handeln zu sittlichen Zwecken (….)."[5] Max Weber ist einer von Helmut Schmidts „Hausapothekern", wie er selbst Lehrer seines politischen Denkens genannt hat. Marc Aurel, Immanuel Kant, Max Weber und Karl Popper.

Die Verleihung des Theodor-Heuss-Preises an Helmut Schmidt ist ein Statement. Die politische, gesellschaftliche, wissenschaftliche Elite der Bundesrepublik Deutschland billigt im Nachhinein Schmidts Hart-

---

[2] Theodor-Heuss-Stiftung 1978, S. 10.
[3] Ebd.
[4] Ebd., S. 19.
[5] Ebd., S. 2.

bleiben im Deutschen Herbst. Sie spricht ihn ausdrücklich von möglichen Vorwürfen wie der Verletzung der Grundrechte frei.

Zugleich ist es ein Statement an die Deutschen. Als politisch geheilt soll die rigide Politik der Bundesregierung in die Geschichtsbücher eingehen. In der kollektiven Erinnerung als ein Erfolg.

Der Freispruch bleibt ein halber. Bei derselben Gelegenheit bekommt auch der Stuttgarter Oberbürgermeister Manfred Rommel den Theodor-Heuss-Preis. Er hat verfügt, dass Andreas Baader, Jan-Carl Raspe und Gudrun Ensslin nebeneinander auf dem Stuttgarter Waldfriedhof beerdigt werden. „Im Tod muss alle Feindschaft enden", lautete sein mutiges, um einen innenpolitischen Frieden bemühtes Credo.

Die doppelte Preisverleihung markiert zugleich einen Generationswechsel. Manfred Rommel gehört nicht mehr der Kriegsgeneration von Helmut Schmidt an. Manfred Rommel steht für ein neues, liberales Politikverständnis. Es soll mit Rommels Ehrung anerkannt und bestärkt werden.

Die politische Geschichte der alten Bundesrepublik kennt manche glücklichen Momente. Die Befreiung der Frauen, Männer und Kinder aus der entführten „Landshut" am 17. Oktober 1977. Der Mauerfall am 11. November 1989. An beiden Anlässen weinte Helmut Schmidt, wie er jeweils später bekennen wird.

Die Episode von Schmidts Freudentränen nach „Mogadischu" erlebt Variationen. Mal bekommt der Bundeskanzler feuchte bis nasse Augen, in anderen Artikeln oder Büchern kullern Tränen bis zum starken Tränenfluss. Das Thema wäre nicht der Rede wert, wenn Helmut Schmidt sein Bekenntnis nicht alsbald bedauern, seine Tränen als „Tatbestand" abtun würde. Da ist der „Tatbestand" schon in der Welt, die Sympathie vieler Menschen gewonnen.

Im Juni 1981 besucht der Bundeskanzler den Evangelischen Kirchentag in Hamburg. Während eines Podiumsgesprächs zum Thema „Wie christlich kann Politik sein?" kommt er auf seine persönliche Entscheidungssituation in Mogadischu zu sprechen.

Vorher versichert ihm der frühere Regierende Bürgermeister von Berlin, Heinrich Albertz, zutiefst nachzufühlen, was in diesen Tagen in Helmut Schmidt vorgegangen sei. „Nur der Unterschied, über den ich nachdenklich geworden bin: Dein Kollege hat nach einer ähnlich schrecklichen Situation, als er die Geiseln im Zug mit Gewalt befreit hat, gesagt: Ich schäme mich, dass ich Gewalt habe einsetzen müssen. Ich habe derartige Töne bei uns nicht gehört, sondern von Helden von Mogadischu gelesen."[6]

Trotz seiner Tränen bleibt Helmut Schmidt nach dem Deutschen Herbst etwas Wichtiges schuldig. Eine Rede, ein Bekenntnis, auch ein Eingeständnis, das über seine Regierungserklärung direkt nach „Mogadischu" hinausgeht. Ein großes Wort, das auch Versäumnisse im Deutschen Herbst und davor benennt. Eine Rede von Demut und von Stolz.

20 Jahre nach dem Deutschen Herbst setzt Heinrich Breloers „Todesspiel", produziert vom Westdeutschen Rundfunk, die Ereignisse in Szene. Eine Folge gilt der Entführung von Hanns Martin Schleyer, die andere dem Irrflug der Lufthansa-Maschine „Landshut". Heinrich Breloer schneidet Spielszenen und Zeitzeugeninterviews zusammen. Erstmals bekommen die Deutschen szenisch vorgeführt, wie es Hanns Martin Schleyer in seinem RAF-Gefängnis bzw. den „Landshut"-Geiseln auf ihrem Entführungsflug ergangen sein muss.

Das Echo nach der Ausstrahlung ist riesig.

Das „Todesspiel" will weniger historisch aufklären als die Protagonisten erzählen lassen, wie sie die damaligen Ereignisse erlebt haben. Nach 20 Jahren hört sich das alles sehr reflektiert und zitierfähig für die Geschichtsbücher an.

Von allen Zeitzeugen inszeniert sich Helmut Schmidt wieder einmal am besten – auch dank Heinrich Breloers Lichtregie, die Schmidts Antlitz an den Komtur in Mozarts „Don Giovanni" denken lässt. Jedes Wort des Helden von Mogadischu zu einem Geschenk an die Welt. Meisterhaft wie immer setzt der Altkanzler Kunstpausen. Zieht tief an einer Zigarette. Er seufzt und sagt: „Ich habe Schuld auf mich geladen." Eine Szene, die im Gedächtnis bleiben soll, mitsamt dem Satz.

Bei anderer Gelegenheit sagt der Altkanzler: „Ich bin in Schuld verstrickt."[7] Auch so ein dramatischer Satz. Ein auslegbarer. Fühlt er sich nicht nur politisch schuldig an Hanns Martin Schleyers Tod? Sondern auch persönlich verantwortlich? Selbstmitleid klingt da ebenfalls durch.

---

[6] Luhmann/Neveling 1981.
[7] Vgl. Schmidt 2007.

Bis zu ihrem Lebensende werden die politischen Entscheider im Deutschen Herbst beteuern, keiner Staatsräson gehuldigt zu haben. Dass sie in dieser Krisensituation nicht zurückgefallen sind in das Herrschaftsdenken eines nicht-demokratischen, absolutistischen Staates.

Nur einer der politischen Entscheider schert für einen Moment aus, Helmut Kohl. 1930 geboren, gehört nicht mehr Helmut Schmidts Kriegsgeneration an, sondern der „skeptischen Generation", wie der Soziologe Helmut Schelsky Kohls Kohorte genannt hat. Ihre Angehörigen wurden in der Spätphase des Weltkriegs und der Nachkriegszeit politisch geprägt.

Am 18. Januar 1977 tritt der Deutsche Bundestag zum ersten Mal nach der Weihnachtspause zusammen. Mutmaßlich hat Helmut Kohl über die Feiertage noch einmal die schrecklichen Ereignisse im Deutschen Herbst Revue passieren lassen. Als er an diesem Januartag das Wort ergreift, behält er seinen Gewissenskonflikt und die eigenen Schuldgefühle nicht für sich.

Hanns Martin Schleyer sei, sagt der Oppositionsführer der Union, „durch die gemeinsame Entscheidung im großen Krisenstab das denkbar schwerste Opfer zugemutet worden".[8] An anderer Stelle in seiner Rede erinnert er – direkt an Bundeskanzler Helmut Schmidt gewandt –, „dass wir ihm (H. M. S., Anmerkung des Autors) ein Opfer zugemutet haben, und dass das längst keine politische Frage mehr ist, sondern eine moralische Anfrage an uns ganz persönlich, wie wir uns dieser Verantwortung stellen".[9]

Helmut Schmidt selbst wird den Vorwurf, im Deutschen Herbst einer Staatsräson gehuldigt zu haben, lebenslang zurückweisen. Tatsächlich war ihm zeitlebens die Stabilität der staatlichen Ordnung wichtiger als die Rettung von Menschenleben. Das offenbart der alte Helmut Schmidt, der nach seinem Ausscheiden aus der Politik unverblümt sagt, was er denkt. Siehe seine Haltung zum Tian'anmen-Massaker des chinesischen Regimes im Juni 1989.[10]

---

[8] Kohl 1978, S. 4983.
[9] Ebd., S. 4985.
[10] Zum Folgenden vgl. Rupps 2022.

Die Weltmacht China interessiert, ja elektrisiert Helmut Schmidt seit seinem Staatsbesuch im Oktober 1975. Es war der erste Besuch eines deutschen Bundeskanzlers in China. Helmut Schmidt hat noch Gelegenheit, den todkranken Mao Zedong zu treffen. Er wird später über diese Begegnung schreiben, mit hohem Respekt vor dieser weltrevolutionären Persönlichkeit.

Helmut Schmidt fühlt sich sein politisches Leben lang hingezogen zu charismatischen Persönlichkeiten. Dazu zählen der Schwede Olof Palme, der Ägypter Anwar-as-Sadat oder eben Mao Zedong. Außerhalb der Politik nennt er Persönlichkeiten wie Siegfried Lenz, Leonard Bernstein oder Justus Frantz seine Freunde.

Mao Zedong ist schon ziemlich altersschwach, wie sich Helmut Schmidt in seinen Memoiren erinnern wird. Der Bundeskanzler weiß sich nicht einmal sicher, ob der Gastgeber seine Ausführungen versteht. Mitsamt seiner zwei Übersetzerinnen. Gleichwohl hat Mao Zedong den Regierungschef eines politisch kleinen, aber wirtschaftlich starken Landes mitten in Europa empfangen.

Mit Mao Zedongs Nachfolger Deng Xiaoping gelingt dem Bundeskanzler ein gemeinsamer Draht. Deng Xiaoping interessiert sich für die westdeutsche, sogenannte Soziale Marktwirtschaft. Vielleicht enthält sie Elemente, von denen die Regierung des Riesenreichs lernen kann? Helmut Schmidt seinerseits will von Deng Xiaoping wissen, wie sein Regime mit der riesigen Bevölkerungsmasse im Land klarkommt. Mit der Schwierigkeit, eine so große Zahl von Menschen politisch zusammenzuhalten.

Helmut Schmidt denkt schon immer in großen Dimensionen. Internationalen. Für seine sprichwörtlich gewordene „Weltwirtschaftsoper" – eine Analyse der Weltwirtschaft in 20, 30 min – wird er bewundert wie belächelt. Helmut Schmidt wollte ursprünglich Städtebauer werden aus Interesse an großen Dimensionen. Daraus wurde nichts wegen seiner langen Jahre in der Wehrmacht.

Schmidts Reisen nach China, wo er massenhaft Menschen auf kleinem Raum trifft, lenken seine Aufmerksamkeit auf das Wachstum der Weltbevölkerung. Bei einem Treffen mit Papst Johannes Paul II. wird er die Haltung der katholischen Kirche zur Geburtenkontrolle scharf kritisieren.

Auch als Buchautor. „Europäer oder Amerikaner, Johannes Paul II. und Ronald Reagan an der Spitze, mögen die chinesischen Regulierungen der Geburtenrate als eine Beeinträchtigung der Freiheit des Einzelnen oder als unchristlich verurteilen – aber was kann der Moralist anderes empfehlen, um der Explosion der Bevölkerung Herr zu werden?"[11]

Vom deutschen Bundeskanzler, der mit Mao Zedong oder Deng Xiaoping Gespräche auf Augenhöhe führte, erzählt Helmut Schmidt ausführlich in seinen Büchern „Menschen und Mächte" und „Weggefährten". Das Massaker auf dem „Platz des Himmlischen Friedens" – im Juni 1989 lässt das Regime protestierende Studentinnen und Studenten von Panzern niederwalzen – kommt beiläufig darin vor.

In einer der wenigen Fußnoten im Buch – und damit umso auffälliger – zweifelt Helmut Schmidt an der Zahl von bis zu 400 Toten bei dem Massaker, die in westlichen Publikationen genannt worden seien. „Die deutsche Botschaft in Peking hat mir wesentlich niedrigere Zahlen genannt."[12] Soll heißen: Es war alles nicht so schlimm. Bei anderer Gelegenheit kritisiert er, „wie das Ereignis im Westen genannt wird …". Das Wort „Massaker" erscheint ihm in der Sache überzogen.

Helmut Schmidt beklagt „westliche Urteile und Kommentare (als) allzu selbstgerecht, wenn sie westlich-demokratische Verfassungsmaßstäbe an China und an Deng Xiaoping anlegten und Menschenrechte einklagten. Wer dagegen chinesische Maßstäbe anlegt …, der weiß, dass es in China auch früher schon Massenopfer gegeben hat."[13]

Will sagen: Das Grundrecht auf Leben und körperliche Unversehrtheit, wie es im Grundrechtekatalog des Grundgesetzes niedergelegt ist, kennt in China kein Pendant. Weder in der kulturellen Tradition noch in der politischen Praxis. Helmut Schmidt nimmt das Regime von Bejing ausdrücklich gegen Kritik des Westens in Schutz.

Helmut Schmidts Haltung erscheint unvereinbar mit dem Konzept universaler Menschenrechte, das den politischen Prinzipien demokratischer Staaten zugrunde liegt – auch dem Staat, den Helmut Schmidt zwischen 1974 und 1982 politisch regiert hat.

---

[11] Helmut Schmidt 1987, S. 395.
[12] Helmut Schmidt 1996, S. 320.
[13] Schmidt, *Weggefährten*, 32.

Wenig wahrscheinlich, dass die chinesischen Gesprächspartnerinnen und -partner dem Gast aus Deutschland das Massaker kleingeredet haben. Die Haltung gründet in der politischen Prägung von Helmut Schmidt selbst. Er wusste genau, von was er schrieb. Was sind schon, zugespitzt formuliert, ein paar Dutzend oder hundert oder tausend tote Studentinnen und Studenten gemessen an über einer Milliarde Menschen, die es politisch in Schach zu halten gilt? Die Stabilität und Handlungsfähigkeit des Staates stehen über dem Recht eines Menschen auf körperliche Unversehrtheit. Stichwort Staatsräson.

Um die chinesischen Verhältnisse zu erklären, kommt häufig der Hinweis auf das geistige Fundament seiner Völker, den über 2000 Jahre alten Konfuzianismus. Helmut Schmidt greift diesen Hinweis auf. Er erinnert daran, „dass Hierarchien keine kommunistische, sondern eine konfuzianische Erfindung sind …".[14] Die Rolle des Individuums sei – anders als in der europäischen Aufklärung – relativ klein.

Der sogenannten Kriegsgeneration ist ein solches Denken nicht fremd. Geboren um das Jahr 1918 herum, wurden Helmut Schmidt und die Seinen nach 1933 „Hitlerjungen" und später NSDAP-Mitglieder. Nolens volens zählten sie zur nationalsozialistischen „Volksgemeinschaft". Ein Helmut Schmidt bekam eingebläut: „Du bist nichts, Dein Volk ist alles."

Auch im Weltkrieg, angezettelt vom NS-Regime, blieben die Schmidts und Herolds Nummern. Niemals Individuen. Persönlichkeiten. Ihr „Fallen" im Krieg, wie diese Art zu sterben bis heute heißt, bedeutete der „Volksgemeinschaft" ethisch und politisch nichts. Nur im Kollektiv erfuhren sie eine Würdigung.

Die sogenannte Kriegsgeneration kann sich erst nach 1945 vom ideologischen Denken der Nazis befreien. Die Prägung durch autoritäre und totalitäre Denkmuster in entscheidenden Lebensjahren bleibt. Helmut Schmidt und Co. werden als „Gelernte Demokraten"[15] die politischen Schaltstellen des westdeutschen Teilstaats besetzen. Zweifellos lernten sie das Handwerk, aber ihre Prägung in einem faschistischen Staat schüttelten sie lebenslang nicht ab.

---

[14] Frank Sieren, *Nachbar China: Helmut Schmidt im Gespräch mit Frank Sieren* (Berlin: Ullstein, 2007), 257.
[15] Vgl. Stephan 1988.

Für Helmut Schmidt als einem Angehörigen der Kriegsgeneration war eine Situation, in der sich Bürgerinnen und -bürger vor einer Terrorbande fürchten müssen, Ausdruck eines schwachen Staates, der seiner Schutzfunktion nicht mehr nachkommt. Sprich seine Legitimation verspielt. Die staatliche Autorität musste wiederhergestellt werden, um jeden Preis. Auch um den Preis eines Menschenlebens, Hanns Martin Schleyer, oder dem der entführten Geiseln in der „Landshut".

Keine Sekunde gab es im Bundeskanzleramt, in der Bundesregierung und in den Krisenstäben ein ernsthaftes Abwägen zwischen dem Gebot des Grundgesetzes, die Würde des einzelnen Menschen über alles zu stellen, und der Bedrohung durch freigelassene Terroristen, die mutmaßlich neue Morde begehen würden. Die Sache war bereits am Abend von Hanns Martin Schleyers Entführung entschieden. Nicht erst, wie Helmut Schmidt Jahrzehnte später im Gespräch mit dem ältesten Sohn des Arbeitgeberpräsidenten behaupten wird, als die Lufthansa-Maschine „Landshut" entführt wurde.

Helmut Schmidt wird nach dem Deutschen Herbst gern an den vermeintlich schweren Gewissenskonflikt der Bonner Spitzenpolitiker in dieser Zeit erinnern. „Wir haben lange mit uns gerungen – zutiefst ergriffen und zugleich auch unter aller unserer Vernunft",[16] sagt der Bundeskanzler auf dem Evangelischen Kirchentag 1981. Nein, das haben Helmut Schmidt und die Seinen nicht. Tatsächlich handeln die politisch Verantwortlichen vom Anfang bis zum Ende des Deutschen Herbstes konsequent. Knallhart.

Das Bundesverfassungsgericht, das von der Familie Schleyer angerufen wurde, billigt diese Härte in seinem Eilurteil vom 16. Oktober 1977. Seitenlang betonen die Richter die Pflicht des demokratischen Staates, seine Bürgerinnen und Bürger zu schützen. Heißt: Hanns Martin Schleyer zu retten. Erst ziemlich am Ende ihrer Urteilsschrift schwenken sie auf die Linie der Bundesregierung ein. Ihre Begründung steht auf analytisch schwachen Füßen.

Der Vorsitzende Richter Ernst Benda wird später gegenüber Hanns-Eberhard Schleyer einräumen, Mitglieder der Bundesregierung hätten

---

[16] Luhmann/Neveling 1981, S. 685.

massiv Druck auf das Gericht ausgeübt. Ein weiteres Beispiel dafür, wie Helmut Schmidts Kabinett die Grenzen des Rechtsstaats im Deutschen Herbst übertreten hat.

Auf eine andere Weise ist die generationale Prägung von Helmut Schmidt und den Seinen im „Stahlbad" des Zweiten Weltkrieg ein Glück. Durch die Brille des Krieges unterschätzten sie die Gewaltbereitschaft der Terroristen als „Gegner" zu keiner Zeit. BKA-Chef Horst Herold fühlt sich tief in die Gedankenwelt des „Gegners" ein. Beinahe wäre mit seiner Methode der Rasterfahndung das Aufspüren von Hanns Martin Schleyers Versteck gelungen.

Ohne Zögern schicken Helmut Schmidt und Co. deutsche Polizeikräfte der entführten „Landshut" hinterher. Es gehörte Mut dazu, die GSG9 tatsächlich stürmen zu lassen. So entschlossen waren zuvor nur die Israelis in Entebbe gewesen. Helmut Schmidt zeigt diesen Mut.

Mit dem wundersamen Erfolg der Aktion „Feuerzauber" fügt die Bundesregierung der RAF eine historische Niederlage zu. Die Selbstmorde von Stuttgart-Stammheim löschen die RAF-Führung der ersten Generation aus. Damit war der RAF-Terror in der Bundesrepublik Deutschland nicht zu Ende, doch er konnte die Bundesrepublik nicht wieder so sehr erschüttern wie im Deutschen Herbst.

Chapeau, Helmut Schmidt und die Seinen! Mutmaßlich keine künftige, in Friedenszeiten geprägte Politiker-Generation in der Bundesrepublik Deutschland hätte vergleichbar die Nerven behalten. Der damalige Bundeskanzler erwies sich in der historischen Rückschau als ein Mann mit großen Stärken, aber auch Schwächen.

Der österreichische Filmemacher Wolfgang Tumler, Autor einer Dokumentation über die Familie von „Landshut"-Kapitän Schumann, bestritt in den 60er-Jahren eine Fernsehdiskussion mit Helmut Schmidt. Beide waren Gäste in einer Ausgabe von „Das Seepferdchen", einer vom Österreichischen Rundfunk produzierten Reihe. Es ging um die Hamburger Sturmflut 1962 und die Rolle von Helmut Schmidt, der damals Innensenator war.

Helmut Schmidt wurde gefragt, wie er mit Plünderern in den verlassenen Häusern umgegangen wäre. Seine Antwort: „Ich hätte auf sie schießen lassen."

# Erratum zu: Showdown in Mogadischu

## Erratum zu:
## M. Rupps, *Showdown in Mogadischu,*
## https://doi.org/10.1007/978-3-658-46730-2

Trotz sorgfältiger Prüfung wurden nachträglich kleinere Fehler in den Kapiteln 1, 2, 3, 4 und 9 festgestellt und in allen verfügbaren Versionen (PDF, Druck, ePub, HTML) korrigiert. Dabei wurden Rechtschreibfehler in Eigennamen, zwei fehlerhafte Datumsangaben sowie Zeichensetzungsfehler bereinigt. Der Verlag bittet seine Leserinnen und Leser um Entschuldigung.

---

Die aktualisierten Versionen dieser Kapitel finden Sie unter
https://doi.org/10.1007/978-3-658-46730-2_1
https://doi.org/10.1007/978-3-658-46730-2_2
https://doi.org/10.1007/978-3-658-46730-2_3
https://doi.org/10.1007/978-3-658-46730-2_4
https://doi.org/10.1007/978-3-658-46730-2_9

# Quellen und Literatur

## Gespräche/Interviews

*Ehemalige „Landshut"-Geiseln*
Hannelore Brauchart (vormals Piegler), gestorben im September 2022
Gaby Coldewey
Hartwig Faby
Beate Keller (geb. Zerbst)
Jutta Knauff (vormals Brod)
Mike Brod
Diana Müll
Gabriele von Lutzau (geb. Dillmann)
Brigitte Paul (vormals Pittelkow)
Birgit Röhll
Stefan Röhll
Jürgen Vietor

## Gespräche mit Angehörigen ehemaliger „Landshut"-Geiseln

Mike Brod, Sohn der ehemaligen „Landshut"-Geisel Jutta Knauff (vormals Brod).
Agnes Hanke, Tochter der ehemaligen „Landshut"-Geisel Karl Hanke.
Eva Filius-Joepgen, Tochter der ehemaligen „Landshut"-Geiseln Julia Sost (ehem. Filius) und Dietrich Filius.
Dorothe Köster, Tochter der ehemaligen „Landshut"-Geisel Matthias Rath.
Felicitas und Jörn von Lutzau (Kinder von Gabriele von Lutzau, geb. Dillmann, und Ruediger von Lutzau, Co-Pilot der Lufthansa-Maschine am 17. Oktober 1977 von Frankfurt am Main nach Mogadischu, gestorben am 2. August 2021.
Hedwig Rath, Witwe der ehemaligen „Landshut"-Geisel Matthias Rath, gestorben am 11. November 2011.
Ralph Regelmann, Ehemann von Simone Regelmann (geb. Liedtke). Die ehemalige „Landshut"-Geisel ist am 19. August 2020 gestorben.
Horst Meijer-Werner, Sohn der ehemaligen „Landshut"-Geisel Cäcilie Meijer-Werner.
Daniela Schiefner, Nachlassverwalterin der ehemaligen „Landshut"-Geisel Edelgard Wolff.

## Gespräche mit ehemaligen Angehörigen der Grenzschutztruppe 9 des Bundesgrenzschutzes

Dieter Fox, stellv. Kommandeur
  Aribert Martin
  Ulrich Wegener, Kommandeur

# Weiter unterstützen das Projekt durch ihre Bereitschaft zum Gespräch oder Hilfe bei den Recherchen

Volker Busse, Mitarbeiter im Büro von Bundeskanzler Helmut Schmidt und Protokollant des sogenannten „Operationstagebuchs" im Deutschen Herbst 1977.
Hanns-Eberhard Schleyer, Sohn von Hanns Martin Schleyer.
Sophie Hartmann, Historikerin.
Dorothea Hauser, Historikerin.
Michaela Huber, Diplom-Psychologin und approbierte Psychologische Psychotherapeutin.
Carola Kapitza, ehemalige Leiterin Firmenarchiv der Deutschen Lufthansa.
Peter Kiewitt, Persönlicher Referent von Staatsminister Hans-Jürgen Wischnewski. Er begleitete seinen Chef am 17. Oktober 1977 nach Mogadischu.
Rosvita Krausz, Hörfunk-Journalistin mit dem Themenschwerpunkt Traumata und ihren Folgen.
Prof. Paula Lutum-Lenger, Direktorin des Hauses der Geschichte Baden-Württemberg Initiatorin der Ausstellung „RAF – Terror im Südwesten" 2013/14 in Stuttgart (später auch Berlin).
Anne Ameri-Siemens, Buch- und Filmautorin.
Kurt Stenzel, 1977 Nahost-Korrespondent des Süddeutschen Rundfunks für die ARD (gestorben am 3. April 2012).
Bernhard Vogel, ehemaliger Ministerpräsident von Rheinland-Pfalz und Thüringen.
Barbara Wüsten, Referentin Opferrecht beim Weißen Ring, Bundesgeschäftsstelle Mainz.
Bernd Zeitler, im Jahr 1977 Angehöriger der Deutschen Botschaft in Mogadischu/Somalia.

## Ungedruckte Quellen

Mitschnitt von Teilen des Funkverkehrs zwischen dem Lufthansa-Krisenstab in Frankfurt am Main und Lufthansa-Beschäftigten auf dem Flugplatz Mogadischu durch den Amateurfunker Ludwig Hildebrand.

Akten des Bundeskanzleramts: Freigegebener Teil des sogenannten Operationstagebuchs, der Gesprächsprotokolle und Materialien von *Kleiner Lage* und *Großem politischen Beratungskreis* im Herbst 1977 im Bundeskanzleramt. Erweiterte Ausgabe vom Oktober 2021, Berlin.

Akten des Bundesministeriums für Arbeit und Sozialordnung und des Bundesministeriums für Justiz im Bundesarchiv Koblenz.

Akten der Helmut und Loki Schmidt-Stiftung, Hamburg.

Akten im Archiv Helmut Schmidt im Archiv der sozialen Demokratie der Friedrich-Ebert-Stiftung, Bonn.

Gerhard Baum: Abschrift eines Gesprächs mit der Südwestrundfunk-Redakteurin Martina Treuter am 30. März 2017 in Köln. Typoskript (Ausschnitte in Treuter 2017b).

Gespräche von Dorothea Hauser mit ehemaligen Politikern im Rahmen eines Zeitzeugenprojekts für die Helmut und Loki Schmidt-Stiftung, Hamburg. Im Einzelnen:

Gespräche mit Horst Herold am 29. November 1995 und 8. März 1996 in Rosenheim. OH12, B. 1–164, Mappe 1/1

Gespräch mit Heinz Ruhnau am 15. Mai 1995 in Bonn. OH20, B. l 1–17, Mappe 1/1.

Gespräch mit Hans-Jochen Vogel am 17. Oktober 1995 in München. HSA: OH29, B. 1–49, Mappe 1/1.

Gespräch mit Hans-Jürgen Wischnewski am 15. September 1995 in Bonn. HSA: OH30, B. 1–58, Mappe 1/1; zeitweilig zugegen: Heinz Ruhnau.

Gespräch mit Friedrich Zimmermann am 19. September 1995 in München. HSA OH31, B. 1–26, Mappe 1/1.

Gespräch mit Klaus Bölling am 15. September 1994 in Berlin. HSA: OH4, B. 1–164, Mappe 1/11.

Sophie Hartmann: Die Entführung der „Landshut" im Jahr 1977 – Wie nah ist das Medium Film an der historischen Wirklichkeit? Hausarbeit zur

Erlangung des Magister-Grades im Oktober 2009 am Historischen Seminar der Ludwig-Maximilians-Universität München, Typoskript.

Deutsche Lufthansa: 0Z1-Ereignis-Log. Vorgang: Entführung LH181/ 130ct B737C DABCE 13. Oct. 1977 – 18. Oct. 1977, Typoskript, undatiert.

Persönliche Notizen von Jürgen Vietor zur Vorbereitung einer Zeugenaussage im Prozess gegen Souhaila Andrawes, Typoskript, 1996.

Auszüge aus der Ermittlungsakte des Bundeskriminalamts zum Prozess gegen Souhaila Andrawes (1996), in: BArch B131/1173.

„Stern"-Reporter Gerd Heidemann im Gespräch mit Jürgen Vietor am 19. Oktober 1977 im Privathaus von Jürgen Vietor (gemeinsam mit Renate Vietor) in Bensheim und am 22. Oktober 1977 im „Steigenberger Airport Hotel", Frankfurt. Dort zeitweilig gemeinsam mit Gabriele von Lutzau (geb. Dillmann) und Ruedeger von Lutzau.

Abschriften von Gesprächen des Psychologen Wolfgang Salewski mit den „Landshut"-Crew-Mitgliedern und Ragna Albrecht, Lufthansa-Flugbegleiterin und Passagierin auf dem Entführungsflug (Auftraggeber: Deutsche Lufthansa). Die meisten Gespräche – darunter die Gruppengespräche – fanden während eines Treffens von Lufthansa-Führungskräften und zwei Beamten des Bundeskriminalamts am 13. und 15. Dezember in Frankfurt statt. Weitere Einzelgespräche fallen in denselben Zeitraum, Datum und Ort sind nicht mehr rekonstruierbar. Im Einzelnen:

Gespräch Brauchardt (ehem. Piegler)/Salewski.
Gespräch Staringer/Salewski.
Gespräch Vietor/Salewski, Band S/I.
Gespräch Vietor/Salewski, Band S/I. Rückseite.
Gespräch Vietor/Salewski, Band S/II.
Gespräch von Lutzau/Salewski.
Gruppengespräch I Crew/Salewski.
Gruppengespräch II Crew/Salewski.
Gruppengespräch III Crew/Salewski.
Gespräch Ragna Albrecht (privat reisende Flugbegleiterin)/Salewski.

Protokoll der Vernehmung von Peter Heldt, Flottenchef der Hauptabteilung Flugzeugführer B737 der Deutschen Lufthansa, beim Bundeskriminalamt in Wiesbaden vom 25. Oktober 1977, in: Lufthansa-Archiv Frankfurt am Main.

Auszug aus dem Protokoll einer Vorstandssitzung der Deutschen Lufthansa vom 26. Oktober 1977, in: Lufthansa-Archiv Frankfurt am Main.

… Seemann: Aktennotiz. Entführung LH 181/13. Oktober 1977 vom 16. Dezember 1977, Typoskript, in: Lufthansa-Archiv Frankfurt am Main.

Caesar, Heino: CF-Analyse der „Landshut"-Entführung, 19. Dezember 1977, Typoskript, in: Lufthansa-Archiv Frankfurt am Main.

Fox, Dieter: Gespräch mit dem Journalisten Christian Stücken am 14. März 2023 in Düsseldorf, Typoskript.

Müll, Diane: Gespräch mit dem Journalisten Christian Stücken am 9. März 2023 in Friedrichshafen, Typoskript.

Vietor, Jürgen: Vorbereitung zur Zeugenaussage im Andrawes-Prozess, Typoskript, undatiert (mutmaßlich 1986, dem Jahr des Andrawes-Prozesses).

Wegener, Ulrich: Gespräch mit dem SWR-Journalisten und ARD-Terrorismusexperten Holger Schmidt und dem Autor am 5. Dezember 2016 in St. Augustin-Windhagen.

Persönliche Materialsammlungen der ehemaligen „Landshut"-Geiseln Diana Müll, Beate Keller, Jutta Knauff und Birgitt Röhll.

## Unveröffentlichtes Filmmaterial

Vollständig gefilmte Gespräche des Südwestrundfunk (ehem. Südwestfunk) -Redakteurs Ebbo Demant mit ehemaligen „Landshut-Geiseln" (1980). Hierzu zählen:
Hannelore Brauchart (ehem. Piegler)
Gabriele von Lutzau (geb. Dillmann)
Hartwig Faby
Karl Hanke
Beate Keller (ehem. Zerbst)
Cäcilie Meijer-Werner
Matthias Rath
Rhett Waida
Edelgard Wolff

Ebbo Demant führte diese Gespräche 1980 für die Fernsehdokumentationen „Menschen und Straßen. Flugplatz Mogadischu" (Demand 1981), und „Mogadischu. Erinnerungen und Bewertungen" (Demand 1982).

## Gedruckte Quellen

Mitschnitt des Funkverkehrs zwischen dem Tower des Flughafens Mogadischu und dem „Landshut"-Cockpit (aufgezeichnet vom amerikanischen Geheimdienst CIA). Beiheft in: Hermann, Kai/Koch, Peter: Entscheidung in Mogadischu. Die 50 Tage nach Schleyers Entführung. Dokumente – Bilder – Zeugen, Hamburg 1977.
Eine Audio-Kopie des Mitschnitts befindet sich in der Hörfunkdatenbank des Südwestrundfunks (ehem. Südwestfunk).
Institut für Zeitgeschichte im Auswärtigen Amt (Hg.). Möller, Horst (Haupthg.); Hildebrand, Klaus; Schöllgen, Gregor (Mithg.): Akten zur Auswärtigen Politik der Bundesrepublik Deutschland 1977. Band II: 1. Juli bis 31. Dezember 1977. Dok. 284, 289–295, 299. Pautsch, Ilse Dorothee (Wiss. Ltg.), München 2008.

## Literatur

Albrecht, Henning: „Pragmatisches Handeln zu sittlichen Zwecken". Helmut Schmidt und die Philosophie, Bremen 2008.
Ameri-Siemens, Anne: Für die RAF war er das System, für mich der Vater. Die andere Geschichte des deutschen Terrorismus, München 2007.
Bärnthaler, Thomas/Hein, Theresa: „Man hat sich nicht um uns gekümmert", in: Süddeutsche Zeitung Magazin 15/2024, München.
Bahners, Patrick: Im Mantel der Geschichte. Helmut Kohl oder die Unsterblichkeit, Berlin 1998.
Bauer, Martin/Hacke, Jens (Hg.): Schmidt, Bonn, Suhrkamp. Aus Siegfried Unselds „Chronik", in: Zeitschrift für Ideengeschichte Heft IV/4 Winter 2010. Autorität. München 2010, S. 99–106.

Belz, Christopher: 30 Jahre nach Mogadischu: Was geschah mit der „Landshut"? In: transmission, Oktober 2007, S. 8 f.

Ders.: „Wie ein Sechser im Lotto. Nur umgekehrt". Im Interview: Hans Dieter Coldewey, in: ebd., S. 4–6.

Bergmann, Werner: Realpolitik versus Geschichtspolitik. Der Schmidt-Begin-Konflikt von 1981, in: Jahrbuch für Antisemitismusforschung 7 (1998), S. 266–287.

Biesenbach, Klaus (Hg.): Zur Vorstellung des Terrors. Die RAF (2 Bd.), Göttingen/Berlin 2005.

Blank, Ulrich/Darchinger, Jupp: Helmut Schmidt. Bundeskanzler, Hamburg 1974.

Bönisch, Georg/Röbel, Sven: Fernschreiben 827. Der Fall Schleyer, die RAF und die Stasi, Köln 2021.

Bösch, Frank Dahlke, Matthias: Zwischen Schah und Khomeini. Die Bundesrepublik Deutschland und die islamische Revolution im Iran, in: Vierteljahreshefte für Zeitgeschichte, Heft 3./2015, S. 319–349.

Borgmann, Wolfgang: Boeing 737. Die Flugzeugstars, Stuttgart 2018.

Ders.: Die Entführung der „Landshut" in Zeitzeugenberichten, Stuttgart 2021.

Botzat, Tatjana u. a.: Ein deutscher Herbst. Zustände 1977, Frankfurt am Main 1979.

Breloer, Heinrich: Todesspiel. Von der Schleyer-Entführung bis Mogadischu. Eine dokumentarische Erzählung, Köln 1997.

Brunner, José: Die Politik des Traumas. Gewalterfahrungen und psychisches Leid in den USA, in Deutschland und im Israel/Palästina-Konflikt. Frankfurter Adorno-Vorlesungen 2019, Berlin 2014.

Busse, Volker/Hofmann, Hans: Bundeskanzleramt und Bundesregierung. Aufgaben. Organisation. Arbeitsweise. 5., neu bearbeitete und aktualisierte Auflage, Heidelberg 2010.

Dahlke, Matthias: „Nur eingeschränkte Krisenbereitschaft", in: Vierteljahreshefte für Zeitgeschichte, Heft 4/2007, S. 641–678.

Davies, Barry: Fire Magic, London 1994.

Decker, Julia/Siemens, Anne: Bühne frei! 30 Jahre nach dem Deutschen Herbst. Ein Gespräch zwischen Gabriele von Lutzau und Claus Peymann über Verbrechen und Vergebung, in: Süddeutsche Zeitung Magazin Nr. 13/2007, unter: http://sz-magazin.sueddeutsche.de/texte/anzeigen/2637 (abgerufen am 24. April 2024).

Dehm, Diether (Hg.): „Ich will hier nicht das letzte Wort". Heinz Rudolf Kunze und Egon Krenz im Gespräch, Berlin 2016.

Delius, Friedrich Christan: Mogadischu Fensterplatz. Roman, Reinbek 1987.

Ders.: Die Dialektik des Deutschen Herbstes. Drei Thesen über das Terrorjahr 1977 und die Folgen, in: Die Zeit vom 25. Juli 1997.

Deutsche Lufthansa (Hg.): Bobby. Die Boeing 737 bei Lufthansa, Mainz 2016.

Dunz, Kristina: Überleben und Leben. Ex-Stewardess von Lutzau, unter: https://www.n-tv.de/politik/dossier/Ex-Stewardess-von-Lutzau-article235538.html (abgerufen am 24. April 2024).

Fellinger, Raimund/Reiner, Matthias: Siegfried Unseld. Sein Leben in Bildern und Texten, Berlin 2014.

Frisch, Max: Grußwort beim Parteitag der Sozialdemokratischen Partei Deutschlands am 17. November 1977 in Hamburg, in: SPD-Parteivorstand (Hg.): Parteitag der Sozialdemokratischen Partei Deutschlands vom 15. bis 19. November 1977. Congress Centrum Hamburg. Protokoll der Verhandlungen. Anlagen, Bonn o. J. (1977/78), S. 378–383.

Geiger, Tim: Die „Landshut" in Mogadischu. Das außenpolitische Krisenmanagement der Bundesregierung angesichts der terroristischen Herausforderung 1977, in: Vierteljahreshefte für Zeitgeschichte 3/2009, S. 413–456.

Glotz, Peter: Kampagne in Deutschland. Politisches Tagebuch 1981–1983. Hamburg 1986.

Götschenberg, Michael: GSG9. Terror im Visier. Mythos und Realität einer Spezialeinheit, Berlin 2022.

Goltermann, Svenja: Die Gesellschaft der Überlebenden. Deutsche Kriegsheimkehrer und ihre Gewalterfahrungen im Zweiten Weltkrieg, 2. Aufl. München 2009 (2007).

Dies.: Opfer. Die Wahrnehmung von Krieg und Gewalt in der Moderne, Frankfurt am Main 2017.

Hachmeister, Lutz: Schleyer. Eine deutsche Geschichte, München 2004.

Häntzschel, Jörg: Wortwatte im Winterwunderland, in: Süddeutsche Zeitung v. 18. November 2021.

Hagenkötter, Beate: Die Opfer einer Flugzeugentführung in der Nachuntersuchung. Auswertungsansatz nach dem Modell der erlernten Hilflosigkeit (Seligman), Dissertation. Referent: Dr. med. Dipl.-Psych. A. Ploeger, Typoskript 1993.

Hanke, Karl: Fünf Tage als Geisel. In: Die Zeit vom 5. Mai 1978.

Haus der Geschichte Baden-Württemberg: RAF – Terror im Südwesten, Aalen 2013.

Hauser, Baader und Herold: Beschreibung eines Kampfes, Hamburg Berlin 2007 (Frankfurt am Main 1998).

Herbert, Ulrich: Drei politische Generationen im 20. Jahrhundert, in: Reulecke, Jürgen (Hrsg.) unter Mitarbeit von Elisabeth Müller-Luckner. Generationalität und Lebensgeschichte im 20. Jahrhundert. Schriften des Historischen Kollegs. Kolloquien 58, München 2003.

Hermann, Kai/Koch, Peter: Entscheidung in Mogadischu. Die 50 Tage nach Schleyers Entführung. Dokumente – Bilder – Zeugen, Hamburg 1977.

Herzog, Martin: GSG9. Ein deutscher Mythos, Berlin 2022.

Jürgs, Michael: Der Tag danach. Vom Verlust der Macht und dem Ende einer Liebe, vom schnellen Tod und von einem neuen Leben. Deutsche Biografien, München 2005.

Kellerhoff, Sven Felix: Eine kurze Geschichte der RAF, Stuttgart 2020.

Ders./Stubbe da Luz (Hg.): Vorbild Helmut Schmidt? Politische Führung in Krisen und Katastrophen, Hamburg 2024.

Koch, Peter: Das Duell. Franz Josef Strauß gegen Helmut Schmidt, Hamburg 1979.

Kohl, Helmut: Rede in der 65. Sitzung des Deutschen Bundestages anlässlich der Aussprache über die Regierungserklärung zur innen- und außenpolitischen Lage am 19. Januar 1978, Plenarprotokoll 8/65, S. 4973–4987, Bonn 1978.

Kühn, Alexander: Der tote Kapitän und die Ehre, in: „Stern" vom 30. November 2008, unter (https://www.stern.de/kultur/tv/tv-drama%2D%2Dmogadischu%2D%2Dder-tote-kapitaen-und-die-ehre-3746150.html (abgerufen am 24. April 2024).

Lahme, Tilmann/Lüssi, Kathrin (Hg.): Golo Mann. Briefe 1932–1992, Göttingen 2006.

Leber, Hubert: Rüstungsexporte und Holocaust-Erinnerung. Saudi-Arabien, der Leopard 2 und die geheime Israel-Klausel von 1982, in: Vierteljahreshefte für Zeitgeschichte, Nr. 3/2020, S. 337–373.

Leonhardt, Rudolf Walter: Der Hölle von Somalia entronnen. Wie Menschen reagieren, wenn sie dem Tod ins Auge sehen, in: Die Zeit Nr. 44 vom 28. Oktober 1977.

Luhmann, Hans-Jochen/Neveling, Gundel (Hg. Präsidium des Deutschen Evangelischen Kirchentags): Deutscher Evangelischer Kirchentag Hamburg 1981. Dokumente, Stuttgart/Berlin 1981.

Metzler, Gabriele: „Denen musste es mal gezeigt werden". Antiterrorpolitik als Politik der Männlichkeit. Beitrag zum Themenschwerpunkt „Europäische Geschichte – Geschlechtergeschichte", in: Themenportal Europäische Geschichte (2014), unter: https://www.europa.clio-online.de/essay/id/fdae-1644 (abgerufen am 24. April 2024).

Kortner, Tim: Mogadischu. Das Entführungsdrama der „Landshut", München 2009.

Münkel, Daniela: Wer war die „Generation Godesberg"? In: Schönhoven, Klaus/Braun, Bernd (Hg.): Generationen in der Arbeiterbewegung, S. 343–358, München 2004.

Musolff, Andreas: Terrorismus im öffentlichen Diskurs der BRD. Seine Deutung als Kriegsgeschehen und die Folgen, in: Weinhauer, Klaus/Requate, Jörg/Haupt, Heinz-Gerhard: Terrorismus in der Bundesrepublik. Medien, Staat und Subkulturen in den 1970er Jahren, Frankfurt/New York 2006.

Nannen, Henri (Hg.): Das war 77, Hamburg 1978.

Neumann, Hans Joachim: Die Entführung der „Landshut" 1977, in: Bettzuege, Reinhard: Auf Posten … Berichte und Erinnerungen aus 50 Jahren deutscher Außenpolitik, S. 185–191, München/Landsberg am Lech 1996.

Ohler, Norman: Der totale Rausch. Drogen im Dritten Reich, Köln 2017.

Peters, Butz: 1977. RAF gegen Bundesrepublik, München 2017.

Piegler, Hannelore: Entführung. Hundert Stunden zwischen Angst und Hoffnung, Wien 1978.

Ploeger, Andreas/Schmitz-Gielsdorf, Rosemarie: Tiefenpsychologisch fundierte Psychotraumatherapie bei den Geiseln der in Mogadischu befreiten Lufthansa-Maschine „Landshut", in: Gruppenpsychotherapie und Gruppendynamik 15/1980, S. 353–361, Göttingen.

Ders/Joachim Schmitt: Die Geiselnahme und ihre Folgen, in: Faust, Volker (Hg.): Angst – Furcht – Panik, Stuttgart 1986, S. 177–183.

Presse- und Informationsamt der Bundesregierung: Dokumentation zu den Ereignissen und Entscheidungen im Zusammenhang mit der Entführung von Hanns Martin Schleyer und der Lufthansa-Maschine „Landshut", Köln 1977.

Richter, Maren: Leben im Ausnahmezustand. Terrorismus und Personenschutz in der Bundesrepublik Deutschland (1970–1993), Frankfurt/New York 2014.

Rommel, Manfred: Trotz allem heiter. Erinnerungen, Stuttgart 1998.

Rupps, Martin: Die Überlebenden von Mogadischu, Frankfurt/M 2012.

Ders.: Der Lotse. Helmut Schmidt und die Deutschen, Zürich 2015.

Ders.: Mehr als eine Maschine, in: Der Freitag vom 9. Februar 2017.

Ders.: Kanzlerdämmerung. Wer zu spät kommt, darf regieren, Zürich 2017.

Ders.: Die Brutalität des Zufalls, in: Süddeutsche Zeitung vom 3. August 2017.

Ders.: Nur eine wehrhafte Demokratie ist stabil – das zeigt die „Landshut". Gespräch mit Sven Felix Kellerhoff, unter: https://www.welt.de/geschichte/raf/article231279251/Mogadischu-1977-Die-Landshut-und-die-wehrhafte-Demokratie.html (abgerufen am 24. April 2024).

Ders.: Entscheidungsschlacht. Das emotionale Schema der Generation Helmut Schmidt im Deutschen Herbst 1977, in: Hendrik W. Ohnesorge/Xuewu Gu (Hg.): Der Faktor Persönlichkeit in der internationalen Politik. Perspektiven aus Wissenschaft, Politik und Journalismus, S. 275–292, Wiesbaden/Berlin 2021.

Ders.: Xuewu Gu, Helmut Schmidt und Mao Zedong. Wie es ein chinesisch-deutscher Professor in die „ZDF heute-show" schaffte, in: Hendrik W. Ohnesorge: Macht und Machtverschiebung. Schlüsselphänomene internationaler Politik – Festschrift für Xuewu Gu zum 65. Geburtstag, Berlin 2022, S. 25–36.

Sarasin, Philipp: 1977. Eine kurze Geschichte der Gegenwart, Berlin 2021.

Scharfenberg, Günther: Jahre am Bab el-Mandeb. Als Botschafter in der Volksdemokratischen Republik Jemen, Berlin 2012.

Schmidt, Helmut: Die Kriegsgeneration. Mein Weg zur Sozialdemokratie, in: Neue Gesellschaft/Frankfurter Hefte, Nr. 6/1988, S. 479 ff., Bonn 1968.

Ders.: Menschen und Mächte, Berlin 1987.

Ders.: Weggefährten. Erinnerungen und Reflexionen, Berlin 1996.

Ders.: Wir werden den Frieden nach innen und außen bewahren. Rede auf dem Essener SPD-Parteitag am 9. Juni 1980, in: Neue Gesellschaft/Frankfurter Hefte Nr. 27/1980, S. 566 ff., Bonn.

Ders.: Laudatio auf Roman Herzog zur Verleihung des Willy-Brandt-Preises am 29. März 2003, Typoskript.

Ders. (im Gespräch mit Giovanni di Lorenzo) „Ich bin in Schuld verstrickt", in: Die Zeit vom 30.08.2007, Hamburg.

Ders.: Gewissensentscheidung im Konflikt. Dankesrede bei der Verleihung des Hanns Martin Schleyer-Preises 2012 am 26. April 2013 in Stuttgart, in: Hanns Martin Schleyer-Stiftung: Hanns Martin Schleyer-Preis 2012/13 (Veröffentlichungen der Hanns Martin Schleyer-Stiftung; Bd. 83), S. 41–43, Düsseldorf.

Ders./Hanns-Eberhard Schleyer: „Ich würde wieder genauso handeln", in: Süddeutsche Zeitung Magazin Nr. 30/2013, München.

Schmidt, Holger: Terrorabwehr in Deutschland. Eine kritische Bilanz, Zürich 2017.

Schmitt, Joachim: Extreme seelische Belastung. Verarbeitungsprozesse während einer Flugzeugentführung und ihr Zusammenhang mit längerfristigen Folgewirkungen, Diss. TU Aachen 1987, Typoskript.

Schrep, Bruno: „Mogadischu hat an meiner Seele gezerrt", in: Der Spiegel Nr. 9 vom 26. Februar 1996.

Stauch, Günter (Hg.): Das große Buch der Lufthansa. Von der „Tante Ju" bis zum Super-Jumbo, München 2003.

Steffahn, Harald: Helmut Schmidt mit Selbstzeugnissen und Bilddokumenten dargestellt von Harald Steffahn, Reinbek 1990.

Stephan, Klaus: Gelernte Demokraten. Helmut Schmidt und Franz Josef Strauß, Reinbek 1988.

Strömsdörfer, Lars/Niemann, Wolfgang: Einsatz in Mogadischu. Der Irrflug der „Landshut" und die Befreiung der 86 Geiseln durch die GSG9, Bergisch Gladbach 1977.

Rau, Johannes: Rede bei der Veranstaltung zum Gedenken an die Opfer der Terroranschläge des Jahres 1977 am 18. Oktober 2002 in Berlin, unter: https://www.bundespraesident.de/SharedDocs/Reden/DE/Johannes-Rau/Reden/2002/10/20021018_Rede.html (abgerufen am 24. April 20024).

Stubbe da Luz, Helmut: „Extreme Situationen, schnelle Entscheidungen. Helmut Schmidt gegen Sturmflut und RAF-Terror (Hg.: Bibliothek der Helmut-Schmidt-Universität), Bremen 2022.

Terhoeven, Petra: Deutsch-italienische Gegenübertragungen. Ein Flugzeug und drei Tote zu viel. Die italienische „Regierung der nationalen Solidarität" und das deutsche Dilemma, in: Diess.: Deutscher Herbst in Europa. Der Linksterrorismus der siebziger Jahre als transnationales Phänomen, S. 505–530, München 2014.

Theodor-Heuss-Stiftung: Theodor-Heuss-Preis 1978. Verteidigung der Freiheit, o. V.

Vowinckel, Annette: Flugzeugentführungen. Eine Kulturgeschichte, Göttingen 2011.

Weinhauer, Klaus. Generationen, Jugenddelinquenz und innere Sicherheit. Die 1960er und frühen 1970er Jahre in der Bundesrepublik, in: Jörg Requate (Hg.): Recht und Justiz im gesellschaftlichen Aufbruch (1960–1975). Bundesrepublik Deutschland, Italien und Frankreich im Vergleich, S. 33–58, Baden-Baden 2003.

Wiegrefe, Klaus. 2008. „Schrecklicher Zustand". Der Spiegel 10 (08), S. 68 f., Hamburg.

Weisswange, Jan-Phillipp/Sünkler, Sören: GSG9. Die Spezialeinheit der Bundespolizei. Speerspitze im Kampf gegen Terrorismus, Bad Ems 2017.

Zander, Ulrike/Biermann, Harald (Hg.): Ulrich Wegener. GSG9. Stärker als der Terror, 2. überarb. und erw. Aufl., Berlin 2018.

# Hörfunkproduktionen

Aktuelle Berichterstattung des Südwestrundfunks (ehem. Südwestfunk) Baden-Baden am 17. und 18. Oktober 1977.

Hortenbach, Kristina: An Bord der „Landshut". Co-Pilot und Passagierin, Teil 1: Kopilot Jürgen Vietor, Südwestrundfunk 2008.

Koch, Thomas Friedrich: An Bord der „Landshut". Co-Pilot und Passagierin. Teil 2: Passagierin Julia Sost, Südwestrundfunk 2008.

Krausz, Rosvita: Fünf Tage im Oktober. Psychogramm einer Geiselnahme, Typoskript, Südwestfunk 1978.

Diess.: Die zweite Befreiung oder die Träume der Überlebenden. Zur Psychotherapie von Geiselopfern, Typoskript, Hessischer Rundfunk 1980.

Krause-Burger, Sybille: Im Gespräch mit Hans-Jürgen Wischnewski, Süddeutscher Rundfunk 1987.

Nagel, Petra: Gabriele von Lutzau. Der Engel von Mogadischu, Südwestrundfunk 2007.

Rein, Gerhard: Die Träume der Überlebenden. Über Spätfolgen bei Geiselopfern, in: Dienstagsredaktion vom 30. Januar 1979, Süddeutscher Rundfunk.

Reissenberger, Michael: Die „Landshut" war sein Schicksal. Ein Opfer des Geiseldramas von Mogadischu erinnert sich, Süddeutscher Rundfunk 1988.

# Fernseh- und Spielfilmproduktionen

Adelhardt, Christine/Munz, Martin/Semler, Ulrich: Anne Herr Schmidt hat Geburtstag. Der Bundeskanzler a. D. wird 85, Norddeutscher Rundfunk 2003.

Ameri-Siemens/Rütten, Henning: Wer gab euch das Recht zu morden. Die Geschichte der RAF-Opfer, Rundfunk Berlin-Brandenburg 2007.

Aust, Stefan/Büchel, Helmar: Die RAF (Teil 1/2: Der Krieg der Bürgerkinder; Teil 2/2: Der Herbst des Terrors), Norddeutscher Rundfunk 2007.

Bechert, Hilde: Die Flugzeugentführung nach Mogadischu. Monika Schumann und ihr neues Leben, Radio Bremen 1993.

Beckmann, Reinhold: Beckmann, u. a. mit Monika Schumann, Norddeutscher Rundfunk 2007.

Boers, Eva: Live or die in Entebbe, 2013, Eigenvertrieb.

Bott, Gerhard: Die kostbarsten Wochen des Jahres. Filmprotokoll eines Durchschnittsurlaubes, Norddeutscher Rundfunk 1973.

Brauburger, Stefan/Helmburger, Oliver/Vogel, Stephan: Das Wunder von Mogadischu, Zweites Deutsches Fernsehen 2007.

Breloer, Heinrich: Todesspiel (zwei Teile), Westdeutscher Rundfunk 1997.

Ders.: Mogadischu. Tage des Schreckens, Norddeutscher Rundfunk 1997.

Brustellin, Alf: u. a., Deutschland im Herbst, 1977/1978, Studiocanal S. A. 1978.

Demant, Ebbo: Menschen und Straßen. Flugplatz Mogadischu, Südwestfunk 1981.

Ders., Mogadischu. Erinnerungen und Bewertungen, Südwestfunk 1982.

Ders./Helm, Ingo: Im fliegenden Sarg. Die „Landshut"-Entführung aus Sicht der Geiseln, Südwestrundfunk 2011.

Diehn, Timur: Rückblick auf ein Trauma. Die Deutschen und die RAF, Deutsche Welle TV 2007.

Diezemann, Kai: Leben und Arbeiten in der JVA Wittlich. Jobs hinter Gittern, Südwestrundfunk 2023.

Eichinger, Bernd: Der Baader-Meinhof-Komplex (zwei Teile), Norddeutscher Rundfunk 2009 (Kinofassung 2008).

Eser, Ruprecht/Salewski, Wolfgang: Mogadischu. 106 Stunden zwischen Palma und Mogadischu. Die „Landshut"-Passagiere heute, Zweites Deutsches Fernsehen 1978.

Froidevaux, Marc/Obermann, Emil: Nach Mogadischu. Die Nacht der Geiseln, Süddeutscher Rundfunk 1977.

Gensch, Goggo: 30 Jahre danach. Der Deutsche Herbst in Stuttgart, Südwestrundfunk 2007.

Gressmann, Hans u. a.: Gewalt aus dem Dunkel – Terrorismus in Deutschland. Die Folgen (Teil 2/2), Südwestfunk 1978.

Hegetusch-Weißenbacher, Constanze: Als Geisel in Mogadischu, Bayerischer Rundfunk 1995.

Heldt, Peter: Protokoll Zeugenvernehmung beim Bundeskriminalamt. Aktenzeichen EO 1-LH-181 vom 25. Oktober 1977.

Helm, Ingo: Der Tag der Entscheidung. Mogadischu, den 17. Oktober 1977, Südwestrundfunk 2011.

Jamin, Peter: Der Engel von Mogadischu, Westdeutscher Rundfunk 1995.

Jeans, Chris: Von der Vergangenheit eingeholt. Die Terroristin von „Mogadischu" und die Witwe des Piloten, Westdeutscher Rundfunk 1996.

Kienzle, Ulrich: Weltmacht Terrorismus? Zehn Jahre nach Mogadischu, Radio Bremen 1987.

Klünder, Irene: Die Witwe und der Mörder. Die vergessenen Opfer der RAF, Südwestrundfunk 2011.

Kölmel, Andreas/Stolpe, Jörg: Abflug in den Urlaub (Teil 1/2: Als die Fernreise noch Luxus war; Teil 2/2: Von Düsseldorf an den Strand), Westdeutscher Rundfunk 2011.

Koch, Egmont R.: Tödliche Schokolade. Ein Giftmord des Mossad und die Entführung der „Landshut", Südwestrundfunk 2010.

Laborey, Claire: Christiane F. – Wir Kinder vom Bahnhof Zoo. Lost Generation, Arte 2022.

Nachtarock. Studiogespräch mit Jutta Knauff, Horst Gregorio Canellas, Prof. Andreas Ploeger und Ulrich Wegener; Diskussionsleiter Christoph Deumling, Bayerischer Rundfunk 1990.

Reimer, Thomas u. a.: Gewalt aus dem Dunkel. Terrorismus in Deutschland. Die Ursachen (Teil 1/2), Südwestfunk 1978.

Remy, Maurice Philip: Mogadischu. Die Dokumentation, Südwestrundfunk 2008.

Richter, Roland Suso/Remy, Maurice Philip: Mogadischu, Südwestrundfunk 2008.

Sanchez, Roberto/Schaaf, Stefan: Späte Rache für Mogadischu? Die „Landshut"-Entführerin vor Gericht, Süddeutscher Rundfunk 1996.

Schoen, Hartmut: In den besten Jahren, Westdeutscher Rundfunk 2011.

Tagesschau- und heute-Ausgaben zwischen dem 13. und 22. Oktober 1977 (ARD/ZDF).

Sprengel, Bernhard: Kaserne trägt Namen von Terror-Opfer, in: Pinneberger Tageblatt vom 25. November 2021.

Treuter, Martina: Die Rückkehr der „Landshut", Südwestrundfunk 2017.

Diess.: Die Geiseln von Mogadischu. Das Leben nach der „Landshut"-Entführung, Südwestrundfunk 2017.

Tumler, Wolfgang: Vorbild Schumann? Ein Porträt des ermordeten Kapitäns der Lufthansa-Maschine, Sender Freies Berlin 1978.

Walther, Connie: Schattenwelt, Bayerischer Rundfunk 2006.

Warncke, Finn: Luftwaffenstandort offiziell umbenannt, in: Quickborner Tageblatt vom 25. November 2021.

Will, Anne: Terror in der Luft. Mogadischu und die Lehren, Norddeutscher Rundfunk 2008.

Wortmann, Michael: Mogadischu-Geiseln heute, in: Journal 3 vom 10. November 1980, Westdeutscher Rundfunk.

## Online-Produktionen

Haus der Geschichte der Bundesrepublik Deutschland (Hg.): Portal Flug LH-181. Die fünftägige Entführung der „Landshut", erzählt aus der Sicht von Zeitzeugen, unter: https://www.landshut77.de/de (abgerufen am 24. April 2024).

# Anhang

Kontakt zum Autor

**Bitte zögern Sie nicht, mir zu schreiben. Ich würde mich freuen.**
martin.rupps@t-online.de

MIX
Papier aus verantwortungsvollen Quellen
Paper from responsible sources
FSC® C105338

If you have any concerns about our products,
you can contact us on
**ProductSafety@springernature.com**

In case Publisher is established outside the EU,
the EU authorized representative is:
**Springer Nature Customer Service Center GmbH
Europaplatz 3, 69115 Heidelberg, Germany**

Printed by Libri Plureos GmbH
in Hamburg, Germany